현대 교육철학의 다양한 흐름

I

Nigel Blake · Paul Smeyers · Richard Smith · Paul Standish 편집

강선보 · 고미숙 · 권명옥 · 김성봉 · 김희선 · 심승환 · 정윤경 · 정훈 · 조우진 공역

학지사

The Blackwell Guide to the Philosophy of Education
by N. Blake, P. Smeyers, R. Smith, & P. Standish

| 역자 서문 |

이 책의 원제는 '*The Blackwell Guide to the Philosophy of Education*'이다. 블랙웰 출판사는 그간 철학 및 교육철학 분야의 많은 양서들을 출간해 왔는데, 이 책은 인식론, 윤리론, 정치철학, 과학철학 등 현대 철학 분야의 주요한 주제들을 대상으로 엮은 블랙웰 철학 가이드(Blackwell Philosophy Guide) 시리즈 중 하나다. 비록 이 같은 시리즈 분류는 다분히 상업적 의도가 담겨 있지만, 이를 감안하더라도 철학자들조차 이제는 교육철학을 철학의 주요한 주제 영역 중의 하나로 본다는 사실을 알 수 있다. 물론 교육철학이 철학의 하위 분야 혹은 그중의 한 주제 영역인지, 아니면 철학과 일정 부분의 공집합을 가지고 있지만 나름대로의 독립된 연구방법 및 대상을 갖춘 독립 학문 영역인지는 깊은 논의를 요한다. 그러나 불과 50년 전만 하더라도 철학자들 중에 교육철학이란 영역을 인정하고 그에 주목한 사람들은 많지 않았다. 다만 철학자들의 논의 중 일부가 교육적 주제와 관련되는 정도이거나, 일부 교육학자들이 철학자들의 관점을 교육적 문제에 비추어 알기 쉽게 소개한 정도였다. 전자의 경우는 교육이라는 사태의 특수한 배경으로부터 문제 제기 및 접근방법이 도출되었다고 보기 어렵고, 후자의 경우는 다른 학문 영역과 구별되는 철학적 연구방법을 보여 주지 못한 경우가 많았다.

아직까지 '교육철학이란 무엇이다.' 라고 전 세계적으로 합의되어 정립된 어떠한 정의나 준거는 없다. 그러나 분명한 것은 특히 20세기 후반기 이래 세계 도처에서 이 분야의 전문적인 연구 및 교육 활동이 늘어났고 이 학자들이 지역과 관점, 심지어는 시대적 맥락을 넘어 학문적 교류를 시도하였다는 점이다. 이러한 심화되고 특화된 연구 및 상호교류를 통해 교육철학은 다양하면서도 일정 부분 공유된 문제의식 및 접근방법을 발달시켜 왔다. 교육은 개인의 삶 전반에 관련된 것이며 사회 및 문화의 역동적 변화과정과 긴밀하게 연결된 활동이기에, 이 분야에 대한 연구는 불가피하게 다양한 국면을 그 대상으로 할 수밖에 없다. 철학적 논의는 어떠한 사태나 진술의 배경 및 근거를 밝히며, 문제 상황을 진단 · 평가하고 규범적 방향성을 논하며, 다양한 상황을 구분하거나 종합하는 복합적 성격을 가진다. 그러므로 철학적 연구는 분석적, 비판적, 규범적, 사변적인 다양한 접근방법을 취한다고 하겠다. 이에 교육철학을 가장 간단하게 '교육' 이란 대상을 '철학적' 방법에 의하여 탐구하는 학문 영역이라고 정의한다고 하여도 그 연구 대상과 방법은 실로 방대하다고 하겠다. 만일 어떤 교육철학자가 이를 보다 협소하게 국한시키려 한다면 인간 삶, 사회, 교육, 철학의 폭넓은 국면의 상호작용을 인식할 때 어려움에 처하게 될 것이다.

이 책은 바로 교육철학의 이러한 다양성을 보여 주는 데 특히 주력하였다. 이 책의 원서는 총 5부로 구성되어 있다. 1부 '사회 및 문화이론' 은 프래그머티즘, 비판이론, 포스트모더니즘 및 후기구조주의, 페미니즘을, 2부 '정치 및 교육' 은 자유주의 및 공동체주의, 민주 시민성, 교육과 시장, 다문화교육을, 3부 '교육으로서의 철학' 은 철학활동과 교육실천, 비판적 사고, 실천이성을, 4부 '교수와 교육과정' 은 고등교육, 정보 및 의사소통 기술, 인식론, 직업교육, 진보주의를, 그리고 5부 '윤리학과 도야' 는 성인과 아이들, 자율성 및 본래성, 도덕교육, 영성 등을 다루었다. 이 주제들 중 상당 부분은 그동안 교육철학 분야에서 잘 다루어지지 않은 것들이다. 특히 그간 한국의 교육철학 분야 문헌들을 보면 '~주의' '~이즘' '~의 교육사상' 등 특정한 사조나 사상가들의 관점, 이론들을 병렬적으로 정리하여 나열하는 것이 대부분이었고, 교육 현실의 다양한 문제를 폭넓게 수용하지 못하였다. 이에 비해 이 책은 교육 현실 및 교육연구의 주요 문제와 주제들을 중심으로 각 장이 구성되었고, 각 장의 내용에서도 특정 이론을 일반적으로 정리하는 방식이 아니라 그 주제와 관련하여 지금까지 제기되고 논의된 수많은 문제들과 관점들을 소개하고 평가하였다. 이 책의 서술 방식 역시 이러한 다양성을 보여 주고자 한다. 머리말 및 서문에서 언급되듯이, 각 장은 그 분야에서 현재 세계적으로 권위 있는 연구자들 두 명이 짝을 이루어 작업하였고, 대부분의 장에서 두 연구자들은 그 분야 내에서도 서로 다른 관점을 보여 준다. 이 책의 제목을 '현대 교육철학의 다양한 흐름'으로 정한 이유가 바로 여기에 있다. 교육철학은 어떤 잘 정리된 사전이나 처방책이 아니다. 혹 독자들이 이런 것을 기대하였다면 이 책은 다소 실망감을 줄지 모른다. 역자가 미국에서 공부할 때 미국 헤겔철학회 편집장인 콜린스(A. Collins) 교수가 해 준 말이 기억난다. "생각의 극한에 도달했다고 느낄 때 바로 그 지점에서 철학이 시작된다." 이 책은 바로 교육 실제에 대한 다양한 사고의 흐름을 보여 주며 독자들로 하여금 그에 관해 보다 폭넓고 깊게 사유할 수 있도록 안내하는 데 그 목적이 있다.

이러한 측면에서 이 책은 플라톤, 루소, 듀이 등 교육에 관해 비교적 많은 분량을 할애하여 저술한 사상가들의 사고를 잘 정리하여 소개하거나, 교육의 개념에 대해 분석적으로 고찰하는 기존의 교육철학 경향과는 다소 상이한 접근을 취한다. 어떤 장을 보면 플라톤, 아리스토텔레스, 칸트, 듀이, 자유주의, 분석철학, 비판이론 등의 다양한 관점이 특정한 주제와 관련해 함께 다루어지는 것도 볼 수 있다. 특히 시장경제체제, 정보 및 의사소통 기술, 직업 교육 · 훈련, 다문화교육, 영성 및 종교 등의 주제들은 기존 교육철학의 일반적 주제 영역에 비추어 볼 때 상당히 이질적인 것이다. 아마도 일부 보수적인 교육철학자들은 "저렇게 산만하고 잡다하게 늘어놓는 것이 교육철학인가?" 혹은 "저런 주제는 다른 데서 다루어야지 어떻게 교육철학에서 다루는가?"와 같은 비난을 할 것이다. 그러나 이제 교육철학도 시대적 흐름과 함께 중요한 전환을 해야 할 시점이다. 즉, 본질, 보편성, 합의, 일관성, 효과성을 추구하는 모던의 접근방식에서 실제, 다양성, 차이, 모순성, 비판을 추구하는 포스트모던의 접근방식으로의 전환이다. 물론 전자의 방식을 전적으로 부정하고 후자의 방식으로 이행하자는 것 자체도 포스트모던의 방식은 아닐 것이다. 그것은 기존의 것을 지속적으로 반성하는 열린 접근으로 바로 끊임없이 새로운 각도에서 보도록 시도하는 방식일 것이다. 독자들은 이 책을 읽으며 교육이라는 원천으로부터 흘러나온 수많은 사고의 물줄기들이 제각기 상이한 방향, 속도, 모양을 가지고 흐르다가 한곳에서 합쳐지기도 하고 다시금 분할되기도 하는 역동적인 체험을 할 것이다.

사실 이 책을 번역하게 된 배경은 작은 스터디 모임에서 비롯되었다. 고려대학교 대학원에서 교육사·철학을 전공하던 몇몇 사람들이 이 책을 읽으며 함께 공부하다가 이를 번역하면 좋을 것 같아 몇몇 선배들과 함께 각기 관심 분야를 맡아 번역하기로 한 것이다. 이 책의 내용이 상당한 배경지식을 요하고 문장 표현도 다소 난해한 것들이 많아 사실 번역자들의 역량을 벗어난 부분들이 많았다. 조금 더 정확하게, 그리고 우리말에 맞게 더 알기 쉽고 부드럽게 번역하지 못한 점에 대하여 미리 독자들에게 머리 숙여 사과 드린다. 어떤 부분은 정말 원어민이 아니면 그 정확한 뜻과 뉘앙스를 파악하기 어려웠고, 어떤 부분은 그 뜻을 알아도 우리말로 적당하게 옮기지 못해 답답해하기도 하였다. 조금 더 보고 찾고 검토하며 생각했더라면 좀 더 좋은 번역이 나왔을 것인데 그렇지 못한 점에 대해 독자들의 양해를 구한다. 아울러 잘못되었거나 더 나은 표현이 있다면 주저하지 말고 역자들이나 출판사에 지적해 주기를 바란다. 상술하였듯이, 이 책은 각 분야를 알기 쉽게 정리한 참고서가 아니어서 교육철학을 처음 시작하려고 하는 사람들에게는 다소 난해할 것이다. 따라서 교육학 및 철학에 대한 어느 정도의 예비 지식을 갖춘 사람들에게 특별히 이 책을 권하고 싶다. 특히 이 책은 교육철학을 본격적으로 진지하게 연구하려고 하는 사람들에게 아주 유용할 것이다. 그 이유는 전술하였던 책 내용뿐만 아니라 본문에 소개된 교육철학의 분야별 권위적인 학자들 및 방대한 참고문헌이 제시되어 있기 때문이다. 독자들은 교육철학의 다양한 분야에서 현재 가장 이슈가 되고 있는 핵심 논점들을 알 수 있고, 각 분야의 전문가들은 누구이며 그들의 저작들은 무엇인지를 한눈에 알 수 있다. 따라서 특별히 각 장 내용 중간중간에 인용된 학자들 및 참고문헌과 장의 말미에 제시된 추천도서, 책의 말미에 수록된 참고문헌과 원저자 소개를 충분히 활용할 것을 제안한다. 혹시 유학을 생각하고 있는 후학들이 있다면 특히 원저자 소개를 잘 참고하기 바란다. 과거에 유학을 갈 때는 교육철학 각 분야의 권위자가 누구이며 그들이 현재 어디서 무엇을 하는지를 파악하기가 힘들었다. 바로 이 책의 원저자 소개에는 현재 왕성히 활동하는 교육철학 각 분야의 권위자들에 대한 자세한 소개가 있기에 독자들이 유용하게 활용할 수 있으리라 본다.

이 책을 보다 깊이 읽으려면 원서 및 관련 참고문헌을 옆에 두고 메모하면서 읽기 바란다. 읽어 나가는 데 중점을 두지 말고, 어떤 논점이 어떻게 생성되고 다양하게 논의되며 각각은 어떻게 평가될 수 있는지 깊이 이해하면서 독자 나름대로의 생각을 정리하며 읽기 바란다. 이런 식으로 이 책을 독파한다면 교육철학 분야에서 상당한 실력과 사고를 갖추리라 믿는다. 이 책의 원서는 한 권으로 되어 있으나, 한글로 번역하고 독자들이 보기 좋게 편집하는 과정에서 그 분량이 많아 두 권으로 나누는 것이 좋겠다고 판단하였다. I권은 주로 이론적인 내용이 많고 II권은 현실적이며 실천적인 주제들을 위주로 엮었다.

끝으로 이 책의 출간에 도움을 주신 학지사 사장님과 편집부 상무님, 판권 담당자, 그 밖의 모든 관계자 분들에게 감사 드린다. 아울러 역자들을 가르쳐 주신 은사님들과 좋은 아이디어로 도와주신 많은 선후배님들께 감사 드린다. 또한 역자들이 번역에 집중할 수 있도록 여건을 마련해 준 역자들의 가족들과 일터의 모든 관계자 분들 그리고 사랑하며 존경하는 우리 학생들에게 진심 어린 감사를 표한다.

2009년 5월

역자 일동

| 머리말 |

교육철학은 철학만큼이나 오래된 것이다. 지식의 본질, 좋은 삶, 정의로운 사회에 대한 탐구는 모두 명시적으로나 잠재적으로 배움에 관한 문제를 수반한다. 즉, 이런 탐구들은 사람들이 지향해야 할 실제와 갖추어야 할 가치들에 관한 문제를 수반한다. 아마도 이러한 파급적인 현재성 때문에 교육철학의 역사는 복합적이라 하겠다. 어떤 지역에서는 교육문제에 관해 비교적 체계적인 철학적 탐구가 장기간에 걸쳐 잘 성립되어 왔지만(예: 미국, 스칸디나비아, 독일), 영국의 경우는 교육철학 분야의 자아비판적인 학구적 연구가 단지 40년 정도밖에 되지 않았다. 영국 분석철학 운동의 정점기로부터 시작하여 당대의 수많은 주도적인 사상가의 연구에 영향을 받아 드디어 소수의 철학자들이 교육문제에 주목하기 시작하였고, 현재 이 분야의 고전적 저작이 된 일련의 연구물들이 발표되면서 교육 목표 및 과정에 관한 학문적으로 체계화된 철학적 성찰이 전개되었던 것이다. 교육철학은 때때로 장구한 철학의 역사에 걸쳐 있는 수많은 사상가들의 생각들에 주목하면서도, 주로 현재 교육의 이상들 안에 존재하는 개념적인 관계, 논리적인 구조, 정당화의 방식들을 해명하고 비판적으로 조사하는 복합적인 시도를 추구하였다. 교육철학이 교육의 이론과 실제에 준 분명한 영향은 완전히 새로운 어떤 교육적 신조나 실제적 정책보다는 중요한 문제들에 대한 논의였다. 교육에 대한 이러한 새로운 철학적 접근의 중요성은 유사한 발전과정이 북미를 포함한 전 세계에 걸쳐 일어났다는 점에서 영국뿐만 아니라 광범위한 지역에 걸친 문제라고 볼 수 있다. 교육철학은 새로운 시각으로 '정착하였다' 고 할 수 있다.

그러나 시대의 정신과 상응하여 이 같은 새로운 접근방식에 잠재된 몇몇 근본적인 철학적 주장들은 검토되지 않은 채로 남아 있게 되었고, 이러한 선구적인 접근이 천명하고자 하는 교육사상의 강력한 전통 안에서 그리고 그것이 강력하게 도용하는 철학적인 방법 안에서 사전에 용인되었다. 그 후 대략 15~20년이 지나서야 이러한 주장들에 대한 비판적인 성찰이 시작되었고, 교육철학의 영역은 더욱 새롭고 흥미진진하며 다양한 범주로 전개되어 갔다. 공교육에 대한 새로운 요구, 영국 및 타 지역의 광범위한 사회경제적 변화 그리고 영국, 미국, 유럽 대륙의 철학 분야 발달의 영향을 받아, 교육철학은 보다 풍성하고 실험적인 활동으로서 진보적으로 변모해 갔다. 교육은 개인적으로 그리고 모든 형태의 인격적 · 사회적 · 제도적 관계를 통하여, 인간의 인격 성장에 관련된 모든 관심사를 총망라하는 것으로 폭넓게 인식되기에 이른다. 일반적인 현대 서양철학의 전개 맥락에서 현저히 강조되었던 계몽주의의 주요 주장들 중 특히 인간 본성, 이성, 가치, 사회적 관계와 관련된 주장들은 교육철학의 초기 연구에서 매우 강력하게 부각되었다. 이러한 배경에서 교육철학이란 학문 분야는 현재의 역동적인 영역으로 성숙하고 교육의 이론과 실제의 가장 근본적인 문제들에 대해 우리가 보다 깊이 인식하도록 이끌었다.

이 책은 현재 교육철학 분야의 최고 학자들이 팀을 이루어 작업한 것이다. 각 분야 전문가들의 깊은 성찰이 담긴 이 책은 교육철학의 핵심적인 질문들에 대해 우리가 적절히 사고하도록 안내해 줄 것이다. 이 책은 교육철학의 역사와 성과를 보여 줄 것이다. 그러나 이는 단순한 제시라기보다는 교육이 무엇이며 그것은 실제에서 어떻게 최선으로 수행될지에 대한 우리의 심오한 이해에 근거하여 심각한 철학적 연구의 높은 중요성을 드러내는 방법이라고 하겠다. 이것은 의심할 바 없이 하나의 획을 긋는 연구물로서 우선 현재의 주요 논쟁들을 알기 위해 필요하며, 현대사회가 직면한 많은 난해한 교육적인 딜레마들의 해답을 찾고자 하는 모두가 반드시 활용하여야 할 책이다.

폴 허스트(Paul H. Hirst)
케임브리지 대학교 교육학과 명예교수

| 차 례 |

『현대 교육철학의 다양한 흐름』 II권 차례

| 서 론 |

Nigel Blake, Paul Smeyers, Richard Smith, & Paul Standish / 정윤경 역

이 책은 최근 교육철학 분야에서 중요한 창조적 작업이 이루어지고 있다는 생각에서 나오게 되었다. 최근 언급되고 있는 문제들과 주제들을 집대성하고 그것을 제기한 학자들을 종합해 보는 것은 가치 있는 일이라고 생각한다. 여기에서 우리는 이 책에 등장하는 내용이 과거로부터 얼마나 변화되었으며 또 얼마나 지속적인 주제들인가를 언급하고자 한다. 이 책은 크게 세 부분으로 이루어졌는데, 영어권 전통, 유럽 대륙 전통[1] 그리고 교육철학의 제도적 한계와 가능성 부분이다. 이 세 영역의 결합을 통해 우리가 다루는 주제의 현재와 같은 풍성한 조건 대부분이 야기되었다고 생각하기 때문에 이런 방식으로 책을 구성하였다.

I

교육에 관심 있는 철학자들은 늘 있었다. 그러나 일부 철학자들만이 교육을 자신의 사회 · 정치 철학의 중심으로 삼았다. 플라톤(Plato), 아퀴나스(T. Aquinas), 로크(J. Locke), 루소(J. J. Rousseau) 등이 대표적이다. 한편 듀이(J. Dewey)는 교육이 '가장 종합적인 단계' 에서의 철학이라고 주장하기까지 했다. 칸트(I. Kant)와 헤겔(G. W. F. Hegel) 역시 대학에 관심을 보

였고, 니체(F. Nietzsche)의 글에도 교육적 통찰력이 풍부하게 들어 있다. 세계 도처에 자신이 살던 시대와 문화에 많은 영향력을 준 교육에 관한 글을 남긴 이들이 있었다는 것을 잊어서는 안 되는데, 현대 교육철학은 마이모니데스(Maimonides),[1] 공자, 노자 등을 자주 망각하고 있다. 교육철학은 때로 정확하게 과거가 없거나 과거의 영향이 적은 것처럼 행동하는 것 때문에 비난을 받는다. 그렇지만 자기 고유의 문헌, 전통, 문제의식을 갖고 있는 하위 학문으로서의 교육철학은 19세기 이후에야 발달하기 시작한다. 그리고 심지어 이렇게 말하는 것은 학문을 우리가 일반적으로 다루는 것보다 훨씬 더 느슨하게 언급하는 것이 된다. 그 증거로 학술지 간행, 컨퍼런스, 학술회의 등은 20세기 초에 뒤늦게 확립되었다(자세한 설명은 Kaminsky, 1993, 참조). 1941년의 미국교육철학회(American Philosophy of Education Society) 설립과 그로부터 10년 후의 학술지 『교육이론(*Educational Theory*)』 간행이라는 특히 중요한 두 가지 이정표가 시작되었다. 1960년대 중후반에는 영어권 국가의 학문에서 발판이 되었던 것이 강한 토대를 이루었다. 『교육철학(*Journal of Philosophy of Education*)』, 『철학과 교육연구(*Studies in Philosophy and Education*)』, 『교육철학과 이론(*Educational Philosophy and Theory*)』 등의 새로운 학술지가 간행되기 시작했다. 더불어 교육철학 고유의 활동이 나타나기 시작하는데, 잘 알려진 것으로 미국에서 출판된 쉐플러(I. Scheffler)의 『교육의 언어(*The Language of Education*)』(1960), 영국에서 출판된 피터스(R. S. Peters)의 『윤리학과 교육(*Ethics and Education*)』(1966)이 있고, 이후 영국 런던 대학의 동료인 허스트(P. Hirst)와 디어든(R. F. Dearden)의 저작이 그 뒤를 이었다. 이들 학자들과 그들의 학생들이 영어권 국가 대학의 교육학부에 교육철학의 영향을 퍼뜨렸다.

---

1) 12세기의 유대인 철학자.

따라서 잘 알려진 것처럼 주된 교육철학의 스타일은 분석적인 것이었다. 영어권 국가에서 제2차 세계 대전 후 '일상 언어철학'의 발달을 따르면서, 분석적 교육철학은 교육철학의 내용에서 새롭게 '엄격함'이라는 것을 추구하였다. 다양한 이론적 학문 분야가 구분되지 않은 다소 분명하지 않은 교육이론에서 학생들이 플라톤, 루소 등 위대한 사상가의 아이디어로부터 피상적인 지식을 얻었다면, 새로운 교육철학은 보다 체계적인 어떤 것을 목적으로 하였다. 새로운 교육철학은 사려 깊지 않은 사고로 인해 야기되는 혼란과 신비화를 없애는 것을 그 과제로 삼았다. 사려 깊지 않은 사고로 야기되는 혼란과 신비화란 로크와 비트겐슈타인(R. Wittgenstein)처럼 다른 관점에서 다양하게 이해되는 철학자에게 익숙한 개념이다. 철저하게 합리주의자이고 인지적인 것을 강조하는 이들은 교육을 사회화나 치료 같은 것과 분명하게 구분하고자 할 것이며, 일반적으로 진보주의 시대에 관해서는 중요한 경계를 흐릿하게 하고 교육 목적과 내용에 관한 것을 망각한다는 점에서 비판적일 것이다. 이와 같이 다소 엄격하고 타협적이지 않은 스타일의 교육철학에서 훈련받은 이들은 추론하는 데 있어서 지식사회학에 의해 고무된 윤리적 상대주의와 인식론적 환원론 같은 근본적 오류와 싸우기 위해 잘못을 확인하고 드러내 보이고자 하였다. 분석적 교육철학의 대표작은 디어든, 허스트 및 피터스가 편집한 『교육과 이성의 발달(*Education and the Development of Reason*)』(1972)과 옥스퍼드 도서목록 철학 시리즈인 피터스의 『교육철학(*Philosophy of Education*)』(1973)이다.

이와 같은 교육철학 발달단계에 고무된 이들은 스스로를 교육적 신념과 실제를 정합적이고 체계적으로 합리화하는 것을 목적으로 하는 사람들로 간주한다. 그리고 이것은 엄격함을 받아들이고 철학에서 언어적 · 분석적 방법의 이데올로기적 중립성을 가정함으로써 성취되었다. 따라서 아이러니하게도 새로운 학생운동이 '이데올로기의 종언'이라는 시대의 이데올로기를 비판하기 시작하였고, 급진적인 대륙철학이 그렇게 할 때 교육철학은 앵글로색슨족의 분석철학의 발달에 호소하면서 그것을 포스트이데올로기 치하의 어느 학문에나 요구되는 방법론적 엄격함에 적용하였다.

영국 교육철학 혁명에 중요한 사람이었던 디어든은 이 혁명의 시기를 다음과 같이 특징짓는다.

> 1950년대 동안 일반 철학의 발달에 대응하여 새로운 교육철학의 개념이 서서히 형성되어 산발적으로 나타나기 시작하였다. 그러나 이 모든 것은 다양한 학문 분야 중 하나로서의 교육철학이 될 교육연구라고 생각할 수 있는 사태와는 거리가 먼 것이었다. 1977년경 워녹(M. Warnock)은 『사상의 학파(*School of Thought*)』에서 "더 이상 교육철학 같은 것이 있다는 것을 심각하게 의심할 수 없다."고 말하면서 논쟁의 여지를 없애고 있다(Dearden, 1982, p. 57).

디어든은 느슨하고 제대로 정의되지 않은 학문 분야로서의 교육철학에서 합법적인 학문 분야로 이양되는 과정을 보여 주고 있다. 이러한 이양은 언어적 · 분석적 발달 경향에 전문성을 부여하면서 이루어진 것이다. 따라서 교육철학은 교육에서 이데올로기적으로 근본적인 것이 아니라 인식론적으로 근본적인 것으로 이해되기 시작한다. 인식론적으로 근본적이라는 말은 교육철학이 가치와 의미의 문제를 판단하는 역할이자 교육의 장에서 인간 행동을 설명하는 적합한 이론을 중재하는 역할로서 이해된다는 의미다.

그 이후 25년 동안 많은 것이 변했다. 그러나 만일 그동안 일어난 변화를 기록하기 위해서만 이 책을 펴낸다면 그것은 분석철학의 폐지를 축하하기 위한 것이 아니다. 분석적 교육철학은 특수한 용어, 유행어, 일반적으로 인정되는 견해, 모든 종류의 슬로건 등을 참을 수 없어하는 신선함을 가져다주었다. 분석적 교육철학이 인간 노력의 한 분야로서 교육의 자율성을 강조하는 것은 최근에 더욱더 요청되는 유산이다. 비록 명료함이라는 은유

자체가 그 당시 유행어 속에 '열려 있고(unpacked)' 진리가 이제는 훨씬 덜 순수한 것으로 간주되기는 하지만, 분석적 교육철학이 어김없이 명료함과 진실을 추구하고 잘못 이끌 수 있는 은유에 관한 안목을 지닌 것은 여전히 존경받을 만하다. 이것은 25년이 지난 지금도 필요한 특성이다. 더욱이 교육의 상업화가 증대되고 정부의 통제정책의 증가로 그 혼란이 가중되는 이때에는 더욱 필요한 일이다.

그렇지만 분명히 보다 일반적으로 분석적인 철학에 대한 비판이 있을 수 있다. 분석적 교육철학은 일상 언어로 된 특징이 회복되고 명료화되면 특정 경향을 지닌 사고방식과 저술방식에 의해 도입된 모호함을 없앨 수 있는 힘을 갖는다는 생각에 지나치게 의존하고 있다. 교육 개념의 논리적 지리학을 만들고자 하는 분석적 교육철학의 이러한 열망은 단일의 이차원적인 지리학 같은 것이 있다고 가정한다는 점에서 너무 순진하다. 그런 개념이 사용되고 적용되는 규칙이나 조건을 명료화하는 문제인 이러한 개념 분석은 후기 비트겐슈타인의 규칙을 따르는 활동 개념에서 차용한 것이다. 그러나 그것은 그런 개념이 교육철학자들이 추구하는 필요조건과 충분조건을 드러낼 수 없다는 사실을 모르는 것이다.

윤리학 영역에서 분석적 교육철학은 그것이 의존하려고 하는 전통 때문에 특히 제대로 기여하지 못했다. 흄(D. Hume)의 종교적 신념의 황폐 상태로부터 에이어(A. J. Ayer)가 도덕적 · 심미적 이야기를 가령 설득(또는 덜 공손하게 말해 파워 게임) 같은 것으로 그 가치를 훼손하는 것까지, 순수한 분석은 항상 규범과 가치에 호의적이지 않았다. 고집스럽고 반상대주의적인 이런 실증주의적 전통은 그 그림자로 규범에 대해 철저한 회의주의적 태도를 가져왔고, 실증할 수 있는 원칙은 그것을 형식의 적용에 의해 '난센스'라고까지 악명 높게 소외되게 하였다. 그러나 교육자들은 그들이 한편으로는 가치에 대해, 다른 한편으로는 도그마에 대해 불구적인 불가지론자가 되는 것을 피하기 위해서 규범적인 이야기를 합리적인 것으로 볼 필요가 있다. 더욱이 분석적 접근은 경험론으로부터 다양한 아이디어를 차용하는데, 그 아이디어의 결과로서 일어나는 일은 견고함에 의심을 던져 주고 있는 것이 사실이다. 그런 아이디어는 종종 교육철학이 취할 수 있는 범위를 제한하는 효과를 갖기도 한다. 예를 들어, '사실-당위 간의 괴리' 나 '자연주의적 오류' 의 경우는 그 효과가 풍부한 윤리학 분야를 '가치판단' 을 하는 문제로 축소시킨다. 최근 경험주의자의 인식론에 대한 재평가가 경험주의자 고유의 주관주의적 경향성과 상대주의적 경향성을 드러내고 있다. 이런 경향성은 여전히 누군가가 경험주의자의 경향에 넣고 싶어 하는 반상대주의자적 역할이 적합하지 않다는 것을 보여 준다.

교육에 대한 학문으로서 등장한 교육철학은 다른 학문, 특히 사회학과의 공동 협력과 경쟁 속에서 세워졌다. 특히 객관성과 상대성에 관한 이슈는 학문 간의 논쟁점으로 쉽게 철학적 관심의 중심으로 옮겨진다. 분석적 교육철학은 때로 철학하기를 단순히 테크닉을 연습하는 문제로 간주하기도 하여, 마치 분석하고 있는 내용이나 주제에 상관없이 그리고 그 내용에 대한 지식이 없어도 테크닉을 연습할 수 있는 것처럼 생각한다. 따라서 분석적 교육철학은 주로 철학의 역사에 무관심하고 같은 분야의 철학, 즉 정치철학이나 미학 같은 분야에서 이루어지는 활동에 무관심하다. 끝으로 분석적 교육철학은 영어권 국가 이외의 곳에서 이루어지는 활동을 전적으로 무시한다.

비트겐슈타인식으로 간주관성(intersubjectivity)을 곧 객관성으로 이해하는 경향은 가치 있는 새로운 방향으로 향할 수 있게 해 주었다. 이와 같은 간주관성으로 새롭게 사회적인 것과 사회적 실천에 철학적인 관심을 갖게 되었고, 따라서 교육에 대해서도 진지하게 고려할 필요가 생겼다. 이것은 이제 지금까지 간과된 규범적 영역—즉, 도덕적 숙고, 정치적 논쟁, 예술, 종교적 삶의 방식, 일의 세계와 스포츠의 세계—과 관련된 실천의 합리성을 새롭게 열어 주었다. 참으로 간주관성을 지닌 비트겐슈타인식의 객관성은 어떤 합리적 실천이든지 내적 규범 없이도 인식적 정합성이라는 규범을 넘어설 수 있다는 것에 대해 의문을 제기한다. 그러나 심지어 후기 비트겐슈타인의 언어분석 형식도 윤리적인 것, 심미적인 것 또는 교육철학이 요구되는 다른 규범적 영역의 합리성에 대한 통찰력의 깊이를 보장하는 데 충분치 않다. 예컨대, 헤어(R. M. Hare)가 제시한 도덕적 언어 분석도 순수하게 형식적인 보편성의 필요조건이 도덕적 주장의 준거라고 인정하는 것 이상까지는 가지 못했다. 그리고 그것은 실제로 어떤 구체적인 도덕적 헌신을 정당화할 수 있을 것처럼 보이지도 않는다. (그리고 물론 이런 접근은 미학을 이런 형식적 지원조차 없는 상태로 내버려둔다.) 따라서 이와 같이 새롭게 혁신된 형식 분석 역시 여전히 부적합하다. 분석적 교육철학자들에게는 특히 자유, 평등, 인간 존중, 민주주의를 개념화하는 어떤 방식이 요구되고, 정의, 한층 더 친밀한 관심이 요구되는 윤리학에서의 의무론적 전통을 개념화하는 방식이 필요하다. 그리고 이것은 필연적으로 주된 원천이 되는 칸트와 칸트식의 보편주의와 관련된다(특히 Peters, 1966 참조).

고전이 된 글에서 에델(A. Edel, 1972)은 분석적 교육철학이 갈림길에 서 있다고 주장한 바 있는데, 그 가망성은 아직 실현되지 않았다. 더욱이 분석적 교육철학에 대한 비판이 증가하고 있고, 특히 심한 사회변혁의 시기에 가르침의 문제를 고민하는 젊은 학자들은 분석적 교육철학으로부터 그러한 안내를 받을 수 없다고 보기 때문에 분석적 교육철학이 매우 적합하지 않다고 생각한다. 이 책에서의 교육철학에 관한 균형 잡힌 개관은 이런 위기에 교육철학의 발전과 한계에 미치는 칸트의 영향력에 관해 비판적으로 평가하는 것을 포함해야 한다.

1970년대 중반 즈음, 영국에서 피터스와 허스트가 한 중요한 작업은 모범이 될 만한 일련의 관심과 논쟁을 확립하였다. 회고해 보건대, 그것은 피터스와 허스트가 당시 생각했던 것보다 훨씬 더 엄격하게 짜여진 것 같다. 자유민주주의 시민을 위한 교육은 필연적으로 교화보다는 정치적으로 편향되지 않은 교육을 뜻한다. 따라서 교육과정은 특정한 활동이 정치적 · 경제적으로, 즉 사회 통제의 관점에서 수단적으로 적절하기보다는 내재적으로 가치 있는 것이라는 인식에 기초한다. 지식의 형식을 지적으로 이해하는 사람들은 이러한 가치 있는 활동을 특히 교육적으로 중요한 것으로 여긴다. 왜냐하면 각각의 지식 형식이 모여 이룬 다양한 그룹은 공동으로 개인적 자율성의 구성요소인 합리성의 기초가 되었기 때문이다. 그리고 그러한 것은 자유민주주의 국가에서 교화를 막는 개인적 자율성을 합법화하는 한편, 서로 존중하고 책임감 있는 민주 시민의 사고와 행위를 적합하게 지도한다. 따라서 자율성은 일차적인 교육의 목적이고, 학생들의 자율성을 존중하는 것은 교수하는 데 중요한 요건이다.

칸트의 영향력 정도는 직접 언급하는 것보다 자율성의 다양한 개념과 구체적인 예시를 보면 알 수 있다. 어떤 활동을 내재적으로 가치 있는 것으로 간주하는 것은 사회적 · 정치적 · 문화적 요구로부터 가치의 자율성을 보호하는 것이다. 지식의 형식을 분화하는 것은 지식의 형식 각자가 갖는 상호 자율성인 진리와 합리성의 독자성, 다시 말해 과학에서의 진리와 합리성과 정치학 또는 철학에서의 진리와 합리성이 독자적이라는 것을 나타낸다. 피터스와 허스트의 실제 논의는 특히 비트겐슈타인의 언어 게임과 삶의 형식 개념으로부터 영감을 받은 것처럼 보이지만, 두 사람의 사상은 일찍이 칸트의 '순수이성 비판' '실천이성 비판' '판단력 비판'의 아이디어를 존중한다. 칸트의 비판은 과학적 자율성, 윤리적 자율성, 심미적 자율성(이 가운데 특히 윤리적 자율성)을 확실하게 하고 있다.

여기에서 우리는 그 당시 철학과 사회학이 왜 그토록 서로 사이가 안 좋았고 이후 각자 발달하게 되었는지 실마리를 밝혀 보기로 한다. 당시 철학자들은 사람들, 학문, 제도 그리고 삶의 형식 사이의 분화, 상호 간의 독자성, 상호 영향력의 비합리적 형식의 비합법성을 매우 강조했고, 사회학은 정확하게 그 반대였다. 즉, 사회학은 마르크스(K. Marx)는 아니라 하더라도 파슨스(T. Parsons)의 예에서처럼 교육을 전체적인 종합 속에 위치 짓고자 하였다. (대조적으로 많은 철학자들은 후기 칸트주의적인 베버[M. Weber]에게 더 익숙하다.) 전형적으로 사회학적 관심은 개인과 이데올로기적으로 결정된 개인의 사고 간의 이질성에 관심이 있다. 그러나 아이러니하게도 철학 자체가 리요타르(J. F. Lyotard)가 말한 '자율성을 향한 불신'에 기울기 시작한 것은 리요타르(1984)가 발표한 바 있고 또 교육철학이 항상 나타냈던 사회 · 문화 이론이 전체화하는 이론에 회의적이 되기 시작한 이후부터다. 그리고 이와 같은 증가된 불신으로 분석적 특성으로부터 떠나오게 되었다.

1970, 1980년대에 교육 의제가 변하고(예를 들어, 우리는 보수적 교육정책이 점차 도구적이고 직업적인 형태를 띤다는 전통에 관해서 덜 듣게 되었다.) 내적인 문제인 의무론적 전망이 분명해지면서, 한편으로 다른 영향력도 두드러지기 시작했다. 윤리학 분야에서 아리스토텔레스(Aristotle)를 강조하는 경향이 다시 나타났다. 그런 이들은 푸트(P. Foot), 안스콤(G. E. M. Anscombe), 워녹과 같이 새로운 옥스퍼드 자연주의에 주로 의존하는 사람들이지만, 매킨타이어(A. MacIntyre)의 후기 마르크스주의적 사회철학에서 더욱 강하게 나타나고, 이후 테일러(C. Taylor)와 샌들(M. Sandel)과 같이 자유주의를 비판하는 사람들의 저작에서 두드러진다. 아리스토텔레스를 그대로 받아들이는 너스바움(M. Nussbaum)의 저작 역시 중요한 영향력을 끼쳤다. 그런데 이들이 발달하면서 일부는 공동체주의의 특징을 나타냈고, 또 의무론적 전통의 근대적 기념비라고 할 수 있는 롤즈(J. Rawls)의 정의론에 대한 반작용으로 나타나기도 했다. 롤즈의 정의론의 영향력은 영어권 교육철학에서 과장일 수가 없고, 미국 교육의 정치적 이론에서 작은 학문적인 토대를 제공한다. 미국에서도 과학철학에 기원을 두는 쉐플러의 유물이 풍부한 열매를 맺었다.

특정 시기에 분석적이고 칸트적인 접근을 하는 관심에서 벗어나기 시작하는 특유의 문제와 이슈가 나타났다. 첫째, 자유주의의 문제가 영어권 세계의 많은 나라(예: 영국, 미국, 뉴질랜드)에서 점점 뚜렷해졌다. 이런 국가들의 신자유주의 정부는 정치적 자유주의와 경제적 자유주의 간의 모호함을 두드러지게 나타냈는데, 이 모호함은 양립할 수 있는 것으로 간주되지 않는다. 경제적 자유주의가 교육 조항, 선택, 분리, 특권의 내적 문제를 야기하는 동안, 영국과 미국에서는 사회적(교육적) 권위주의가 두드러지게 나타난다. 이것은 이미 진행되고 있던 사회적 주류에 의해 사회적으로 소외된 그룹의 분리를 더욱 강화하고 악화시키는 결과를 야기한다. 교육에서의 다문화는 그런 문제의 일차적인 지표였다(인종이라는 이슈에 의해 잘못 특징지어지는). 젠더, 섹슈얼리티, 민족성, 종교를 둘러싸고 제기되는 정체성 이슈 역시 곧 분명하게 나타났다. 만일 이런 문제가 근본주의가 중요한 이슈로 등장하는 미국에서 가장 극적으로 나타난다면, 그것은 선진국이나 개발도상국에 상관없이 두드러지게 된다. (남아프리카의 특별한 문제는 이런 맥락에서 특별하게 인정될 필요가 있다.)

따라서 정체성과 공동체에 관한 이슈는 자유주의가 점차 의문시되는 바로 같은 시대에 중요한 이슈가 된다. 자유주의에서 공식적인 중립성으로 인정되던 것이 일차적으로 의문시되고, 점차 공동체주의자의 면밀한 조사 아래 도덕적인 것의 절대적 특성을 설명하고 구체적인 도덕적 신념을 합법화하는 것이 부적합하다고 논박되었다. 자유주의적 중립성의 권위는 주로 초월적이고 순전히 형식적인 후기 칸트주의적 자아의 보편적 선의지(universal good will)에 초사회적으로 호소하는 것에 의존한다. 이런 자아의 독트린이 정체성과 공동체에 별 관련이 없다고 말하게 된 이후, 신칸트주의적 전망이 마침내 많은 분야에서 부적합한 것으로 보이게 되었다. 윤리적 보편주의는 더 이상 매력적인 것이 아니라 문제가 많은 것이 된 것이다.

우리가 앞으로 살펴보게 될 유럽의 대륙 상황에서, 우리는 모더니티의 위기가 교육이론의 합법성의 위기로 나타나고 이론과 실천 문제의 재평가가 조장된다는 것을 알게 될 것이다. 영어권 교육의 세계에서 지각된 자유주의의 위기는 당연히 근대적 합법성의 위기가 된다. 신우익의 정치적 영향 이후로 어느 것도 이 위기의 철학적이 아닌 측면과 근원을 경시할 수 없었기 때문에, 모더니티와 모더니즘의 사회적 개념이 영어권 교육연구 전통에서 중요한 것이 되었다는 것은 놀랄 일이 아니다. 탁월한 포스트모더니즘의 이론가 리요타르가 포스트모던을 대서사의 종말과 소서사의 출현으로 특징짓는다면(Lyotard, 1984), 포스트모더니즘 이론들이 많은 철학자들을 포함해서 현재 정체성과 다원주의 이슈에 관심이 많은 교육자들에게 큰 소리로 말하고 있다는 것은 그리 놀랍지 않다. 따라서 영어권 국가뿐만 아니라 유럽 대륙에서도 모더니티, 합법성, 실천이 윤리학과 인식론 분야에서 보편주의에 관한 새로운 회의론과 함께 교육철학의 새로운 지평을 열고 있다.

따라서 오늘날 많은 교육철학자들은 자신의 지향을 위한 두 가지 근본적인 문제에 새롭게 직면하고 있다. 그것은 '보편주의의 종말로 이론이 더 이상 보편적 타당성을 지닐 수 없다면 우리는 교육과 교육철학에서 '실천(practice)' 을 어떻게 볼 것인가?' 와 '이론은 어디에서 나오며, 아직도 이론이 필요한가?' 의 문제다. 아리스토텔레스와 해석학적 전통은 교육적 실천의 자율성을 옹호하고자 하는 사람들에게 매우 도움이 되는 원천이다. 그것은 이론과 실천을 분리함으로써 이론–실천 문제를 해결한다. 교육은 점점 그 자체로 내재적 합리성을 지니며 전통에 의해 중재되는 실천으로서, 철학적인 가치론을 포함한 '교육에 관한 학문(교육학)' 같은 외재적 이론의 도움을 받을 필요가 없다고 주장된다. 그리고 교육에서 실천적 행위는 높은 수준의 일반론을 특정한 경우에 적용하는 기술주의자(technicist) 모델로 생각해서는 안 된다. 이런 점에서는 특히 교육 이론과 실천의 토대로서의 철학이라는 아이디어에 저항하는 듀이식의 프래그머티즘의 부활이 두드러진다.

만일 보편성에 관한 새로운 회의론이 실천을 위한 이론적 토대의 필요성을 악화시킨다면, 이것은 철학이 일반적으로 기초를 제공하는 것으로 간주되어 온 것을 포기하는 것이다. 정초(foundation)를 추구하는 것은 더 근본적인 진리 주장은 분명하게 알려질 수 있고, 따라서 보편적인 것으로 인정할 수 있다고 함으로써 진리 주장을 구별하고자 하는 것이다. 특히 사회학적 마음의 경향을 두려워하는 사람들이 있다. 그들은 정초를 추구하는 것을 포기하는 것이 곧 특정한 환경, 맥락, 언어, 담론, 이론들을 초월할 수 있는 진리라는 아이디어를 포기하는 것이라고 생각하는 사람들이다. 그러나 이러한 것은 의문을 남긴다. 정초를 참조하여 진리를 구분하는 프로젝트를 포기하는 것이 진리 전체에 대한 신념을 포기하는 것은 아니다. 또 정초를 포기하는 것이 직접 새로운 상대주의로 바뀌는 것은 아니다. 비록 그런 방향으로 이끌고자 하는 사람들이 있기는 하지만 말이다. 정초를 포기하는 것은 한편으로는—사회제도에서부터 개인적 경험까지, 문학에서 철학 및 과학까지, 자아와 담론에서 교수-학습까지—언어가 실천과 실재에 어떻게 관련되는가를 깊게 재고하게 한다.

따라서 정초를 추구하는 것이 심각한 철학적 오류로서 거부되는 것은 콰인(W. V. Quine), 셀라스(W. Sellars), 특히 로티(R. Rorty) 등에 의해 새롭게 환기되고 있는 것으로, 단지 프래그머티즘 안에서만의 일은 아니다. 영어권 국가 과학철학에서의 후기 분석적 발달 역시 같은 방식을 나타내며, 정초를 추구하는 것이 철학적 오류라는 것이 더 잘 평가되어서 그와 같은 교훈이 후기 비트겐슈타인의 저작(그리고 라일[G. Ryle]이나 스트로슨[P. F. Strawson] 같은 후기 비트겐슈타인 추종자들의 저작)에도 나타난다. 1990년대 영어권 철학자들이 당시까지 해 오던 것보다 훨씬 더 많이 유럽의 철학자들, 즉 하이데거(M. Heidegger), 푸코(M. Foucault), 리요타르, 데리다(J. Derrida), 하버마스(J. Habermas), 가다머(H.-G. Gadamer), 레비나스(E. Levinas) 같은 비판이론가, 후기구조주의자, 해체주의자, 해석학자, 현상학자들을 진지하게 읽고 고려하게 된 것은 우연이 아니다. 이들 이론가들은 어떤 면에서 모두 정초를 추구하는 것이 오류라고 간주하여 거부하는 이들이다. 일단 정초를 추구하려는 전쟁이 포기되자, 철학이 진정으로 무엇을 할 수 있고 또 어떻게 쓰는 것이 적합한가 하는 것에 관한 심도 있는 논의가 새롭게 세계적인 반향을 일으키고 있다. 따라서 교육철학의 제도적 분야가 다른 학문 분야에서와 마찬가지로 지난 10년 동안 광범위한 국제화에 관심을 보였고, 따라서 인터넷—이 책에 기고한 사람의 범위에 반영된 국제화—의 도움으로 새로운 의사소통과 연구의 기회를 가질 수 있어서 더욱 발전할 수 있었던 것도 우연은 아니다.

그런데 교육실천이 한때 그랬던 것과 같은 방식으로 이론을 필요로 하지 않는다면 왜 이론이 이토록 번성하는 것일까? 이론이 번성하는 것은 한편으로 교육실천 자체가 새로운 경영주의의 극단적인 압력하에 있기 때문이다. 리요타르의 유명한 분석에 따르면 새로운 경영주의의 목적은 '경제 시스템의 수행 능력을 극대화하는 것' 이다. 세계화에 의해 강요된 이 새로운 교육적 프래그머티즘은 규범적인 관심과 정당성의 실천을 점점 고갈시키고 있는 것 같다. 오랫동안 교수-학습을 중재해 왔던 전통이 이제는 경제적 위기라는 당연시되는 세계관 안에서 작용하면서 경영주의적 개혁가로부터 심한 공격을 받고 있다. 세계화는 모든 사람들로부터 직업적 성취에서 경쟁적 우위를 점하는 것, 즉 노동력으로 환원되는 것을 강요한다. 실패의 대가는 급격한 경제적 쇠퇴다. 시민으로서 그리고 행위와 경험의 자율적 주체로서의 개인의 권리와 이익은 필연적으로 사라지거나 혹은 차츰 줄어든다. (이러한 당황스러운 이분법에 대한 해결책으로 평생학습에 대한 개인적 희열이 종종 제시된다.)

물론 이 새로운 경영주의를 지도하는 이론들은 심하게 비철학적이다. 그 이론들은 이러한 것이 실증주의에 따라다녔던 심각한 문제였고, 정통 철학에서 실증주의를 무력하게 했다는 것도 모른 채 상식이나 실증주의로서 자신을 이론화한다. 이 새로운 이론은 통계학이나 계산 · 관찰 · 평가 가능한 것, 유용하고 효력이 있는 것에 초점을 둔다. 이런 새로운 이론의 모토는 기술, 능력, 테크닉, 유연성, 독립성, 목표와 수행 지표, 자격과 자격증, 학습 결과물 등이다. 만약 이론적 · 실천적 전망에 의거하여 이런 특정 지표에 대하여 단호히 반대할 경우, 그 비판은 냉엄한 교육 현실을 방관한 채 게으르고 방만하게 주의를 딴 데로 돌리는 것으로 간주되어 폐기되고, 종종 1960년대 교육적 진보주의의 실패와 공범으로 간주되기도 한다. 이런 운동의 진행과정을 상징하는 기준 자체가 바로 '기준을 올리는 것' 이다.

이와 같이 교육 전통이 매수당하는 현실을 개탄하고 저항하는 철학자들은 새롭게 이론에 의지할 필요를 느낀다. 실천으로서의 교육의 자율성은 보호될 필요가 있다. 보호의 목적과 이해는 다시 이론화를 필요로 한다. 원리와 행위의 적법성으로서가 아니라, 바로 교육적 기업의 특성과 시사점에 관한 깊은 성찰의 형태로서 이론이 필요한 것이다. 이렇게 생각하면 이론의 역할을 '설명' (우리는 여기서 비트겐슈타인이 철학의 역할을 바로 이와 같이 기술하고 있음을 기억할 수 있다.)보다는 '해석' 으로 볼 수 있다. 새로운 경영주의는 그 어떤 것보다 어휘, 문체, 문서, 담론과 문서보관소에 의해 더 많이 특징지어진다. 따라서 담론과 대화에 관한 철학적 관심과 그것을 이론화하는 방식은 경영주의에 저항하는 데 중요한 것으로 보인다. 왜냐하면 그것이 실천의 이론가를 위한 것이기 때문이다. 유럽적 전통은 특히 이런 관점에서 유익한 보탬이 된다. 텍스트, 정전(正典), 담론을 세심하게 읽는 것은 경영주의 이전의 교육 전통을 새롭게 기릴 수 있는 힘을 드러내고 줄 수 있다. 후기구조주의자의 운동 역시 우리에게 인간 주체를 '읽을' 수 있는 방식을 가르쳐 준다. 후기구조주의는 경험과 행위로 파편화되고 시달리는 주체에 대한 새로운 이해를 열어 준다. 특히 해체주의는 교육을 텍스트, 담론, 독자의 활동으로 보는 데 있어 그 해석적 깊이와 미묘함에 관한 인식을 강화시켜 준다. 만일 주체가 불가피하게 지식과 권력의 활동에 잡혀 있다면, '무슨 지식이고, 어떤 권력인가?' 를 묻는 것은 여전히 가치 있는 일이다.

II

유럽 대륙에서 교육철학은 칸트와 헤르바르트(J. F. Herbart)의 교육사상으로부터 발달했다.[2] 여기서 교육철학에 대한 접근은 항상 학문적으로 보다 확고하게 철학적 정전에 기원을 둔다. 유럽의 학자들은 전문화라는 똑같은 요구에 직면하지 않았기 때문에 영어권에서 언어적 · 분석적 철학에 보이는 관심을 일반적으로 나타내지 않고, (물론 몇몇 눈에 띄는 예외도 있지만) 그들은 사회학적 이론과 인류학적 이론 그리고 사회철학에 보다 많은 관심을 보인다. 전후 영어권 세계의 교육철학이 전적으로는 아니지만 주로 학교교육에 관한 분석과 고려를 하고 있는 것과는 대조적으로, 유럽에서의 교육철학은 주로 아동–양육이라는 보다 넓은 분야에서의 문제를 다루고 있다. 유럽 교육철학의 주요 주제는 아동기와 성숙기 사이의 이동, 아동의 문화 전통에의 입문이다. 이러한 문화화된 성숙은 강제적인 형태(도야, Bildung)로 간주되었다. 이 프로그램과 그에 대한 비판은 모두 계몽주의 전통 속에서 확립된 것으로 유럽 대륙에서 학문의 발달을 지배해 왔다. 이런 철학적 입장에서 교육은 제대로 된 인간, 말하자면 이성적인 인간이 되기 위한 '수단' 이 될 수 있다. 이성의 안내를 받고 성향과 감정의 지배를 피하게 함으로써, 사람은 실제 자신의 참된 본성을 실현한다. 그러나 '실현' 을 위한 '수단' 으로서의 교육 개념은 종종 제기되는 것처럼 좁게 도구적인 수단–목적의 방식으로 해석되는 것은 아니다. 또한 그것은 개인주의 형태를 주장하는 것도 아니다. 왜냐하면 합리성의 조건은 잠재적으로 인류 전체를 위한 보편적인 것, 즉 모든 사람을 위한 것일 수 있으며 허위의식과 소외를 배제하기 때문이다.

도야 패러다임은 현재 심각하게 도전을 받고 있다. 강화된 문화적 다원주의를 반영하는 급진적인 사회적 요구가 영어권 세계만이 아니라 유럽에서도 교육의 위기를 야기하고 있다. 이러한 급진적인 사회적 요구는 유럽의 교육철학에서 학교교육은 무엇을 제공해야 하는가와 관련해서 위기를 야기한다. 그런데 혹자는 더 멀리 나아가 이 문제를 보다 넓게 합리성의 위기 측면에서 바라본다. 그 질문의 핵심은 '이성이 또는 이성만이 행위의 타당한 안내자가 될 수 있는가' 와 니체 이후 논박되어 온 문제인 '합리적 사고가 객관적이고 보편적인 안내자인가' 하는 점이다. (물론 영국 경험론을 계승한 사람들에게는 이러한 심한 불안이 흄(D. Hume)까지 거슬러 올라간다.) 현상학, 실존주의, 신마르크스주의, 프랑크푸르트 학파 그리고 다른 전통들 모두 '이성에 의한 이성에 대한 비판' 이라는 정신으로 합리성의 계몽주의적 기획의 과도한 야심에 대해 합리적인 비판을 시도한다. 이러한 비판 자체도 계몽주의적 전통의 일부라고 할 수 있다. 특히 비판은 기술주의적 합리성 또는 목적-수단의 합리성에 대해 이루어진다. 혹자는 기술주의적 합리성이 칸트 철학과 칸트의 '형성되어 가는 인간(becoming human)' 개념에 관련된 문제에 암시되어 있는 것을 발견할 수 있다고 주장한다.

영어권 세계와 유럽 대륙이 공유하고 있는 것 중 널리 퍼진 인식은 우리가 전환점에 도달했다는 것, 즉 '모더니티' 의 한계에 이르렀다는 것이다. 우리가 처한 새로운 조건을 진보한 모던(advanced modern), 뒤떨어진 모던(late modern) 또는 모던 이후(postmodern) 중 어느 것으로 간주하든, 그러한 곤경은 위에서 개괄한 교육 프로그램의 재평가를 요구하고, 무엇을 보전하고 무엇을 버려야 할지를 재고하게 한다. 전통적 접근 또는 교육의 틀이 위에서 언급한 것과 같은 동향의 비판적 통찰에서 20세기 교육 철학자에 의해 비판되어 왔다는 것은 놀랍지 않다.

앞서 암시한 대로 변화하는 교육철학의 정의는 철학에서의 새로운 발전 못지않게 변화하는 교육의 개념을 가져다준다. 북유럽 교육에서 급진적인 비판가의 주된 관심은 아동중심 운동, 즉 '개혁교육학' 이다. 그들에게 적법한 아동 양육은 아동을 성인이 되도록 하기 위해 단지 성인에 의해 추구되는 행위로 특징지어지지 않는다. 왜냐하면 이것은 아동을 도구적으로 조작하는 것을 야기하기 때문이다. 따라서 후기 칸트주의자의 '도야' 라는 아이디어의 타당성은 현재 의문시되고 있다. 그러나 모두가 이런 급진적인 입장을 취하는 것은 아니다. 상이한 교육철학의 핵심을 넘어서 다양한 풍경이 나타나고 있다. 어떤 교육철학자는 마치 실제로는 변한 것이 아무것도 없다는 듯이 계속해서 전통적인 길을 따르고자 하기도 한다. 결국 전통적인 북유럽적 접근 안에서 몇몇 패러다임을 발견할 수 있다. 즉, 현상학, 실존주의, 초월적(칸트적) 교육학, 비판적 합리성, 정신과학적 해석학, 비판적 해방론이 그것이다.

이론-실천 문제에 대한 주된 전통적 접근은 일반교양(Allgemeinbildung)에 대한 강조다(Klafki in Tillmann, 1877; Pleines, 1987 참조). 이것은 '일반적 발달' 로 번역할 수 있다. 일반교양의 목적은 자기 결정이다. 일반교양의 일반적인 특성은 칸트의 실천철학과 인간의 자유를 목적 자체로 인식하는 것을 참조하여 정당화된다. 교육은 필요하다. 실제로 칸트식의 자기 결정은 주어진 것이 아니라 성취되는 것으로 교사에 의한 양성을 필요로 하기 때문이다. 자기 결정에 가장 적합한 교육내용은 상세화되고 정당화되어야 한다. 바로 이것이 인식론적으로 일반적이고 도덕적으로 보편적인 것에 관련된 문제점, 그리고 자기 결정과 공동체적 유대 간의 관계에서의 의문점을 제기한다. 이에 대해 오서(Oser, 1986)는 콜버그(L. Kohlberg)의 개인의 도덕적 합리성의 발달 법칙에 대한 통찰을 제기한다. 물론 이 전통적 접근은 영어권 전통에서도 반향을 일으키고 있다.

그럼에도 불구하고 일반적으로 대세는 주로 이런 입장을 의문시하는 사람들이 지배하고 있다(예: *Zeitscrift für Pädagogik*, 1990, vol. 36, no. 1 참조). 이런 저자들 중 일부는 특히 독일 문헌에서 교육이론의 후기 근대적 위기를 적법성 또는 정당화로 보며, 따라서 이론과 실천 간의 관계에 관한 논의가 널리 퍼져 있다. 영어권 세계의 보수적 학파 안에서 어떤 이들은 이론과 실천의 문제를 '상식' 에 호소하며 간단하게 융합하고자 한다(Herrmann et al., 1987 참조). 그러나 정확하게 상식이란 무엇이며 어떻게 그것이 공통의 것인가? 후기 마르크스주의자들은 대신 프락시스(praxis)를 말하며, 다른 분야에서처럼 교육에서 비판적 실천 자체는 폐기 가능한 이론에 의해 가득 채워진다. 반면 마르크주의자에 반대하는 루만과 쇼어(Luhmann & Schorr, 1982)의 체계이론에서 기본적인 주장은 이론은 행위 적법성을 위한 어떤 규칙도 공식화할 수 없다는 것이다. 대신 교육실천은 체계의 자기 충족에 의해 특징지어져야 한다. 참으로 인간 행위자 자신은 자기 참조적인 체계로 이해되어야 한다. 그리고 이것은 역시 어떤 기술주의적 접근의 종류와는 양립할 수 없는 것이다. 그러나 체계이론은 실천을 합법화하지 않는다. 오히려 체계이론은 마치 적법성 자체가 주어져 피할 수 없는 체계의 내적 기능에 지나지 않는 것처럼 적법성에 대한 요구 자체를 문제 삼는다.

그런데 하버마스의 후기 저작에서처럼 루만식의 체계이론—급진적인 해방적 전통으로 주로 프랑크푸르트 학파에 의존하며 일반교양의 자율성에 관한 많은 관심을 공유한다—의 냉소적 비관주의에 저항하는 이도 있다.

따라서 비판적 해방 전통은 영어권 세계에서 널리 풍미하지 않은 것과 달리 유럽에서는 살아남았다. 호르크하이머(M. Horkheimer)와 아도르노(T. Adorno)의 『계몽의 변증법(*Dialectic of Enlightenment*)』(1947)의 비관론이야말로 하버마스 이전 프랑크푸르트 학파의 가장 두드러진 특징으로 보인다. 그러나 유럽 대륙에서 역시 비판이론은 교육에 대해서는 이야기하는 바가 없다. 만일 이성이 본성과의 전반성적(prereflective) 유대감으로부터 거리를 두고, 이에 본성을 대상으로 변형할 수 있는 가능성이 지배적이 되면, 그 결과는 자연의 일부로서 타자를 지배할 수 있는 의지를 야기하게 된다. 따라서 교육이 이성의 도야라면 교육은 지배할 수 있는 열쇠가 되는 셈이다. 이것은 1960년대 후반의 학생 폭동에 대한 대항으로 영어권 세계에서 거절당한 '수치스러운 신념'이다. 이와 대조적으로 유럽 대륙에 적합한 비판적 해방 전통은 프랑크푸르트 학파 1세대의 초기와 후기 저작, 그리고 하버마스와 그 후계자들의 구성주의적 저작에 의존한다. 이것은 북미 담론 윤리학에 관한 관심을 통해 그 흔적을 볼 수는 있지만 비교적 영어권 세계에는 잘 알려지지 않았다.

보다 최근의 다른 급진적인 대항은 반(反)교육학(antipedagogy)이다(Giesecke, 1987 참조). 만일 급변하는 미래에 대한 안내자로 확립된 지식을 더 이상 의존할 수 없다면, 교육의 정당화를 위해 미래를 위한 준비에 의존하는 교육은 더 이상 정당화될 수 없다. 이런 상황에서 교육은 개인적 책임감을 상실하고 관계와 의사소통을 조작할 수 있는 사회화 형태에 불과하게 된다. 북유럽의 몇몇 교육철학자들이 보이는 이런 의혹은 모든 교육학을 전적으로 비판하는 것으로 전개된다. 반교육학이 바로 이런 입장을 취하는데, 이는 1980년대 후반 만발한 포스트모더니즘으로 계승되어 서구 세계를 지배해 온 정초적 개념 틀과 합리성을 거부하고 해체한다.

III

교육철학의 성격과 발달은 특히 영어권 국가에서는 두 가지 제도적 이슈와의 관계에 의해 크게 영향을 받는다. 두 가지 이슈는 서로 밀접하게 관련된 것인데 '전문적 교사교육'과 '교육연구'가 그것이다. 많은 나라에서 교사교육은 지난 40년간 급격하게 변해 왔다. 이 변화는 직접적으로 이론과 실천 간의 적합성 개념과 관련된다. 직전 교사교육에 관한 이론 중심적 연구는 여러 나라에서 보다 실천적인 접근이라고 생각되는 연구로 대치되고 있다. 이런 실천적 접근은 기술과 능력이라는 어휘를 지지하고 있는데도 어떤 면에서는 교사를 무능력하게 만드는 결과를 초래한다. 과거의 교육연구가 직전 교사교육을 직접 지원했던 것과 달리, 이제는 교육과 연구가 이전에 비해 보다 분리되는 경향을 나타낸다. 즉, 한편으로는 교사가 교육과정을 효과적으로 전달할 수 있도록 기술과 능력을 단련시키고, 다른 한편으로는 연구가 정책에 영향을 주거나 정책을 지도할 수 있는 증거를 제시할 수 있도록 기대된다. 이런 경향을 가속화하는 연구를 지원하는 외부 재정이 두드러지게 증가하고 있다는 것은 더 말할 필요도 없다.

이런 변화는 적어도 두 수준에서 교육에 관한 불확실성이라는 배경에 역행해서 일어나고 있다. 첫째, 교사들이 젊은 세대를 점점 복잡해지는 세계에서 살아갈 수 있도록 준비시키는 데 성공하고 있는가에 대해 회의적인 경향이 있다. 어느 나라에서는 교사들이 이와 관련해서 실패하고 있다고 상습적으로 비난받기도 한다. 둘째, 교육연구에 대한 신뢰가 의문시된다. 어떤 사람은 교육연구를 '어리석은 이론'으로 비난하고, 더 광범위한 대중은 아닐지라도 학문 분야 내의 더 많은 일반적인 반응은 교육연구를 과학적 신뢰성이 부족한 것으로 간주하여 기초가 잘못 놓인 아이디어와 가짜 혼합어로 가득하다고 본다. 이런 요인들이 대학에서의 교육에 관한 연구 분야에 간섭하고 변화를 가져오게 했다. 그리고 학교 공동체 내에서 연구의 역할과 교육연구의 근거에 관한 동요 및 자의식을 낳게 되는 결과를 초래했다.

이런 관점에서 교육연구의 방법론에 관한 문헌이 쏟아지고 있는 것은 놀랄 일이 아니다. 양적 연구와 질적 연구 간의 관계에 대한 의문점이 지배적이어서, 한쪽 끝에서는 경험과학의 높은 기준을 맞추려고 안달이고 다른 한쪽 끝에서는 포스트모더니즘적 통찰력과 접근을 하는 것과 같은 노선을 취하려고 한다. 사회과학적 엄격성을 성취하는 것을 방해하는 요인으로는 두 가지가 있다. 첫째 요인은 절대적인 교육실천의 복잡성과 그로 인한 난점 그리고 연구를 위해 요인들을 독립적으로 분리시키는 것의 정당성에 관한 의문이다. 이것은 어떤 교육실천이든지 영향을 주는 수많은 변인을 다루는 문제뿐만 아니라 그런 실천을 특징짓는 용어를 확인하고 적합하게 다루는 것에 관한 것이다. 따라서 복합적인 변인문제와 관련해서 영국 교육연구에서 주도적인 사람 중 하나는 최근 교육에서의 연구는 교육의 모학문이 찾는 분명하고 보다 확실한 결과보다는 '흐릿한 종합'을 제공해야 한다고 논의한 바 있다(Bassey, 2001). 둘째 요인은 '더 잘하기' 위해 연구자는 단지 기술하는 수준에 그칠 것이 아니라 증거를 제시해야 한다는 외관상의 연구자의 의무다. 그런데 그에 관한 현대적 논의는 점차 쇠퇴하고 있다. '더 잘한다'는 것은 사회과학분야에서 전형적으로 행하는 경험적 연구 같은 것을 넘어서는 규범적인 가정의 정도에 달려 있다. 따라서 종종 연구에서는 기술적 요인과 처방적 요인의 불안정한 혼합이 보인다. 때로 이 문제는 연구자가 지녀야 할 실질적인 교육 가치를 인정하기 꺼리는 것 때문에 더 악화된다. 이렇게 꺼리는 것은 '과학적인' 객관성의 입장을 자의적으로 채용하는 것 때문에, 또는 '판단적인 것'에 대하여 궁극적으로 상대주의적 입장에서 거부감을 갖기 때문에 비롯된다. 포스트모더니스트의 아이디어에 설득력을 제공하는 후기구조주의자 사상에 기초하는 학문적 배경 없이 포스트모더니스트의 아이디어를 받아들이는 것도 문제이다. 교육에 관한 포스트모더니스트의 이론은 데리다, 푸코, 리요타르 같은 이들로부터 나오는 아이디어보다 1970년대의 지식사회학으로 회귀하는 것에 더 근접해 보이는 주관주의, 상대주의, 회의론에 붙들려 있는 것 같다.

이제까지 설명한 대로 많은 국가, 특히 영어권 세계에서 교육철학의 제도적인 위치는 교육사와 교육사회학에서처럼 학교 효과성과 학교개혁 같은 성장 산업을 선호하는 시기 동안에는 많은 점에서 약화되어 왔다. 이런 경향을 개탄하는 것은 말할 필요도 없고, 그것이 모든 나라에서 반복되지 않는 것을 기쁘게 여기는 것 역시 당연하다. 그러나 이것은 우리에게 "교육연구에 관해 철학은 무엇을 말해야 하는가?' 하는 질문으로 이끌어야 한다.

프링(R. Pring)은 최근 그의 책 『교육연구의 철학(*Philosophy of Educational Research*)』에서 교육연구에서의 철학의 위치에 관해 강한 주장을 한 바 있다. 그는 철학의 특성을 단지 연구가 행해지고 있는 것으로 분명하게 한정짓지 않는다. 프링은 양적 연구와 질적 연구의 이분법 속에서 채택되는 비현실적인 입장의 오류를 효과적으로 보여 준다. 그러나 철학의 역할은 여기에서 개념적 명료화에 국한되지 않는다. 철학적 입장에 기초한 교육 연구자와 드물게 명시되는 철학적 입장 간에는 심한 괴리가 있다. 사회실천과 교육실천을 설명할 때는 우리가 사용하는 언어에 세심하게 주의를 기울일 필요가 있다. 프링의 논의에 의하면 연구는 각종 '~주의' 라는 이념으로부터 침해되는 것을 피해야 하지만, 대신 돌아가서 그런 실천이 형성된 일상 언어와 관계 지어야 한다. 교육실천의 의미와 중요성에 기울이는 세심한 주의—학습, 교수, 개인적 · 사회적 발달, 문화 같은 문제에 관한 특징을 세심하게 끌어내는 것—는 사회과학적 열망이 대규모의 일반화에 있는 연구자에게는 좌절일 수 있다. "이러한 특징을 확인하는 데 실패하는 것은 과거에는 실천에 단순하게 적용할 수 없는 학습이론들을 지나치게 높게 평가하도록 했고, 이제는 우리를 지나치게 단순화된 교수학으로 이끌고 있다." (Pring, 2000, p. 158) 그리고 학습과 교수 같은 문제들은 그런 문제들이 헌신하는 탐구와 가치 전통 속에서 맥락화되지 않으면 아주 형식적인 방식으로 개념화될 수 있다.

앞서 언급한 대로 교육연구의 성격과 기능에 관한 활발한 논쟁이 이루어지고 있다. 그런데 이들 논쟁은 일종의 쓸데없는 것이다. 프링의 논의는 이런 논쟁이 쓸모없다는 것을 잘 보여 주고 있다. 그 논쟁의 진지함은 교육에서 좋은 연구실천의 성격에 관한 일종의 경건함을 야기하는데, 이것은 부분적으로 완전히 성숙하여 독립된 학문으로서의 신뢰를 찾고자 하는 불안에서 생긴 것이다. 한편으로 그런 관심은 전적으로 정당한 것이지만, 그에 대해 회의적인 이유가 충분히 있다. 특히 교육실천의 환경이 인정하지 않는 엄격함에 관한 주장을 하는 경우에는 회의적이다. 지난 10여 년간 소위 학교 효과성과 학교개혁에 대한 연구가 두드러졌는데, 이런 연구들은 많은 점에서 학교정책을 지지할 증거들을 제공함으로써 정책을 만드는 사람들의 요구를 충족시키는 것처럼 보였다. 그러나 이런 분야가 당연히 학문 분야로 간주될 수 있다고 보기는 어렵다. 참으로 교육 자체는 분명히 많은 학문으로부터의 다양한 접근을 포함하는 연구 분야임에 틀림없다. 역사, 심리학, 사회학, 철학 같은 학문의 교육에 대한 영향력을 약화시키는 결과는 정합성과 엄격함의 원천인 비판적인 탐구 전통을 결여한 가짜 학문, 가짜 접근을 성장시켰다. 이러한 가짜 학문은 어떤 학문이든지 의존해야 하는 오랜 시간에 걸쳐 축적된 학술자료 및 이를 둘러싼 학문 공동체가 부족하다. 따라서 결과적으로 급조된 '전문가'를 탄생시킨다.

교육연구에 관한 보다 정합적인 접근은 심리학, 사회학, 역사, 교육철학 같은 학문으로의 회귀를 의미한다. 이러한 회귀에는 많은 조건이 부가된다. 역사를 연구하는 것의 훌륭한 가치 중 하나는 역사가 우리에게 사건이 어떻게 다르게 행해질 수 있는가를 제시해 줄 수 있다는 점이다. 따라서 이러한 학문들을 가로지른 비교연구를 위한 중요한 역할이 있다. 마찬가지로 심리학과 사회학, 특히 경제학 이론에서 현재의 실천에 관한 자료를 모으고 분석하는 것으로부터 얻을 수 있는 가치는 의문시될 수 없다.

교육에 대한 철학적 접근은 다양한 형태를 띨 수 있고, 또 사회과학, 심리치료, 언어학 등의 문헌으로부터 얻는 이해를 위한 수단과 혼합될 수 있다. 첫째, 철학적 분석은 계속해서 교육적 담론에서의 언어 사용에 뿌리박힌 문제에 관심을 가져야 한다. 앞에서 언급한 분석적 전통에서의 초기 개념에 따르면, [교육]철학자의 역할은 개념적으로 볼 때 하청업자에 비유할 수 있다. 즉, 교육심리학, 교육사회학, 여타 교육학 분야의 이론 및 실천에서 나타나는 문제들(예: 지능, 기술, 발달 같은 개념에 대한 성찰), 그리고 현 정책과 실천의 문제들(예: 평생학습 및 시민성)에 보다 확고한 명료성을 제공하는 것을 목표로 한다. 분석적인 테크닉은 여전히 유용하다. 그러나 여기에서 사용된 명료함의 개념은 명확함으로서의 명료함이라는 협의의 개념이다. 명료함이 항상 우리의 주된 목적은 아니다. 교육철학은 더 이상 언어에 대한 다른 철학적 접근의 광범위함, 즉 언어행위 이론, 담론이론, 후기구조주의, 해체주의, 비트겐슈타인식의 의미론 재음미 등을 무시할 수 없다. 이들 접근이 제공하는 것이 때로는 명료함일지라도 반드시 명료함만은 아니다. 이들 접근은 불명료한 것에 대한 통찰력과 때로는 비트겐슈타인이 말한 언어에 의한 지성의 매력이라는 것에 저항할 수 있는 상이한 종류의 전문적 지식을 제공한다. 교육사상과 교육적인 문헌은 여전히 이런 형태의 통찰력을 필요로 한다.

둘째, 교육철학은 여전히 교육연구에서 다른 학문적 전통에 내재된 가정과 가치를 언급할 수 있다. 이것은 명시적으로 조장되기도 하고 암묵적으로 가정되기도 한다. 그러나 교육철학이 더 이상 할 수 없는 것은 교육철학을 분석의 다른 수준에 위치 짓는 것이고, 따라서 권위적이고 무시하는 태도로 입장을 처방하고 금지하는 것이다. 최근 몇 년 동안 다른 학문은 자기 고유의 기획의 높은 수준의 이해를 단련해 왔다. 그들은 철학자들에게 같은 수준의 추상으로 그리고 종종 같은 문헌을 참조하여 말하고 싶어 한다. 더욱이 적어도 어떤 철학 학파는 자기 고유의 실천을 제한하고 만드는 초철학적 압력에 관한 보다 위대한 자의식을 성취했다. 아마 모든 것 중에 가장 중요한 것은 통치자로서의 철학 개념은 우리가 보아 온 것처럼 정확하게 지금은 대체로 상실된 정초에 대한 신념에 의존한다는 것이다. 논란의 여지가 있지만, 철학과 다른 학문 간의 논쟁은 현재 똑같은 용어 사용과 경계에 대해 덜 관심을 가질 것을 요구한다.

셋째, 더욱 야심적으로 교육철학은 교육이 무엇이고 또 무엇이어야 하는가를 탐구하는 것에 관여할 수 있다. 그 과업은 강제적인 것이 되어 '분명한 것의 정치학' 으로서 억압적인 것이 될 수 있다. 이것은 플라톤, 루소, 듀이가 대규모로 관여했던 종류의 것으로 재음미될 수 있다. 그러나 그것은 교육의 목적, 지식의 성격, 특정 교육과정의 내용에 관한 점, 인간 본성, 인간의 실천에 관한 문제에 대해 정전적인 의문점을 제기해 볼 수 있다. 왜냐하면 현재 이런 의문점 자체가 잘못 이끌고 있는 것으로 보이기 때문이다.

특히 그들은 본질주의자의 답을 선호하는데, 그것은 더 이상 정초의 상실 속에서 그럴듯하다고 인정받지 못할 것이다. 그리고 근대교육의 개념을 형성해 온 중요한 텍스트가 문학적인 또는 혼성적인 형태(예: 플라톤의 『공화국』이나 루소의 『에밀』)라는 것을 주목할 필요가 있다. 그들은 분명히 위에서 언급한 새로운 종류의 언어 분석을 면치 못할 것이다.

물론 페미니즘, 프래그머티즘, 현상학, 후기구조주의, 후기실증주의 같은 탐구의 상이한 철학적 전통에서 보이는 여러 종류의 접근에서 많은 특징들이 나올 수 있다. 이런 특징들에 관해 지나치게 관심을 보이게 되면 교육이 마땅히 언급해야 할 실천적인 문제로부터 벗어나게 된다. 기억해야 할 것은 교육이 광범위하고 복합적이라는 것이다. 만일 교육실천에 관한 탐구가 아주 심오한 종류의 문제가 제기되는 식으로 이루어진다면, 그것은 철학의 주된 영역인 인식론, 윤리학, 형이상학, 정치학, 미학뿐만 아니라 과학철학, 역사철학 등을 다루게 될 것이다. 따라서 교육철학은 철학의 하위 학문이 아니라 오히려 '응용된' 철학 분야라고 말하는 게 합리적일 것이다. 그러나 이 역시 철학이 문제를 분류하고 교육실천에 대한 해결책을 제시하는 것처럼 말하고 있어서 아주 옳다고 할 수는 없다. 이 책에서 반복되는 관심은 실천이성의 연습과 실천 속의 철학(5~7장 참조)이다. 따라서 교육철학은 일반적으로 협소한 관심을 요구하지 않고, 모학문의 상이한 측면으로부터 특정하지만 전형적으로 매우 복합적인 실천문제와 관련해서 유연하고 상상력 풍부한 것을 도출할 것을 요구한다. 그리고 이렇게 교육철학의 역할을 행하는 것은 협소한 전문, 전문가라는 안전한 안식처를 위협하는 것으로 혼란을 야기할 수 있다.

여기에서 옹호되는 학문으로 돌아가는 것은 간학문성을 부인하는 것으로 보이지 않는다. 학문은 탐구 전통의 역사적 발달을 통해 발달한다. 탐구 전통은 전통 각자가 자기 비판과 반대를 포함하고, 때로는 경쟁적인 패러다임과 접근으로 분열된 모든 것을 합친다. 학문의 경계는 특성상 불명확하고, 경계 논쟁은 거의 가치가 없다. 그러나 이들 중 어떤 것도 그런 학문의 가치를 저해하지 않는다. 그것들이 없으면 연구는 공중에 몰려 발길질당하는 위험에 처하게 되고, 일시적 유행과 변덕에 내몰리게 된다. 무엇보다 우리는 학문으로의 회귀가 각 학문의 구성을 기꺼이 재평가하는 것을 방해하지 않으며 수용될 필요가 있다는 것을 강조할 것이다. 이 책의 어떤 장은 40년 전 교육철학을 실천하는 사람들에게는 교육철학처럼 보이지 않을지도 모른다. 이것이 교육철학 진화의 일부분이다.

교육에서의 활동은 그 연구의 사용자, 즉 정책 결정자, 행정가, 교사가 '접근할' 수 있어야 한다는 익숙한 요구가 있다. 교육철학에서 그런 저술이 광범위한 독자층에 대해 시도하는 충분한 이유가 있다. 그러나 교육철학의 연구 스타일이 항상 이런 스타일로 이루어져야 한다고 말하는 것은 잘못이다. 때로는 복합적인 철학적 전통이 교육 이론과 실천이 관련된 담론의 개념적 매듭을 노출시켜 풀 수 있어야 한다. 때로 가치문제에 대한 접근은 상식적이고 전문적인 이해를 반대하는 방식으로 지배적인 담론의 변화를 요구한다. 왜냐하면 상식적이고 전문적인 이해 역시 정확히 지배적 담론에 젖어 있기 때문이다. 때로 고대, 근대의 주요 철학자에 의해 발달한 사상 노선도 있다. 이런 경향은 사상에 대한 간단한 해석이 그 사상을 곡해할 수 있는 곳에서 탐구되고 해석될 가치가 있다. 때로 교육철학은 생각되고 말해지는 것에 위험을 감수하는 것이 바람직하다.

그런 작품의 영향은 간접적이고, 그런 종류의 영향력은 부분적으로는 정치적 결정의 기능을 하게 된다. 행정가와 정책 입안자가 그런 연구를 인식할 수 있도록 장려되고 있는가? 만일 초기 교사교육이 이런 문제를 심도 있게 다룰 수 있는 곳이 되지 못한다면, 계속적인 교사의 전문성 발달을 위한 재교육이 교사들을 철학에서 주로 하는 문제제기에 입문시킴으로써 그들이 무엇을 하고 있는지에 대해 반성할 수 있게 할 수 있다. 최근 영국과 다른 국가의 많은 대학들에서는 유망한 교사가 되기 위한 것이 아닌 교육 분야의 학위과정이 시작되고 있다. 이렇게 함으로써 지속적으로 강요되어 온 교육과 학교교육 간의 연계성이 분리되고, 이것으로 인해 교육철학과 보다 넓은 의미의 교육에 대한 생각을 자유롭게 해방시키는 효과를 가져올 수 있게 되었다. 이와 같이 핵심을 확대하는 것을 통해 궁극적으로 학교교육 자체도 이익을 보게 된다.

이 책 시리즈가 이전의 시리즈와 얼마나 다른가 하는 점은 이 책 제목의 'Guide' [2]라는 단어에서도 분명하게 드러난다. 우리는 교육철학이 내부적인 성찰로부터 벗어나 보다 넓은 생각과 실천의 세계에 대한 영향으로 옮겨 가는 방식을 그리고자 하였다.* 따라서 1부[3]에서는(예컨대, 페미니즘의 경우) 교육철학과 20세기의 가장 중요한 이론적 운동의 일부 간의 연결점을 고찰한다. 2부[4]에서 논의된 이슈는 세계 도처에서 익숙한 것으로 다룬 문헌의 범위가 이슈를 분명하게 할 것이다. 3부[5]에서는 교육철학 자체의 실천의 교육적인 측면을 다루고, 교육이 교육과 분리된 사업으로서의 철학이라기보다는 철학적이 아닌 교육을 다룬다. 4부[6]에서는 최근 16세 이후의 교육, 평생학습, 정보와 의사소통 기술, 평가와 기술과 능력 그리고 종종 이상적인 진보주의의 토대를 이루는 지속적인 의미에 관한 철학적 이해를 다루는 학자들을 모아 보았다. 마지막 5부[7]에서는 철학 자체의 오래된 관심뿐만 아니라 자아, 타자와 자아의 도덕적 관계에 관한 변화된 개념에 의해서 새로운 관심을 환기시키는 문제에 관한 통찰력을 제공한다.

---

*) 본 서론에서 밝히는 목차는 원본의 목차이다. 번역본은 원본을 두 부분(I권, II권)으로 나누어 출판하였기 때문에 목차는 원본과 다르게 구성되었다.

2) 이 책의 원제는 '*The Blackwell Guide to the Philosophy of Education*' 이다.

3) 이 책의 1부는 원래 '사회 및 문화이론(Social and Cultural Theories)' 이다.

4) 2부는 '정치학과 교육(Politics and Education)' 이다.

5) 3부는 '교육으로서의 철학(Philosophy as Education)' 이다.

6) 4부는 '교수와 교육과정(Teaching and Curriculum)' 이다.

7) 5부는 '윤리학과 도야(Ethics and Upbringing)' 다.

우리는 저자들에게 서로 짝을 이루어 집필해 줄 것을 부탁했다. 그런 식으로 했을 때 각 주제에 대한 대조와 상이한 접근이 보다 살아날 수 있다고 생각했기 때문이다. 이런 점을 어떤 식으로 운용할지는 전적으로 집필자에게 맡겼다. 어떤 이들은 각각의 독자성을 장 안에서 합쳤고, 어떤 이들은 각각 별도로 집필하였으며, 어떤 이들은 각각 집필하여 연결하였다. 또 어떤 이들은 서로 논쟁을 전개하였고, 어떤 이들은 서로 대화하는 방식으로 전개하였다. 여기에서 다른 스타일의 교육철학이 나타나고, 다양한 집필자들의 상이한 전통과 배경이 드러난다. 우리는 그들 모두 아직도 서로 이야기하고 있다고 생각한다. 그리고 이러한 협력으로 교육철학에서 더 재미있는 저작이 나올 수 있을 것으로 기대한다.

미 주

1 물론 여기에서 나눈 전통들 간에는 구별되는 많은 중요한 특징들이 있다. '유럽 대륙 전통' 같은 것은 없다. 하지만 이를 적합하게 모두 다루는 것은 더 많고 더 복합적인 소론을 필요로 한다.

2 여기서는 구분이 필요할 것 같다. 칸트와 헤르바르트의 영향을 강하게 받은 곳은 특히 북유럽이다.

제1장

프래그머티즘과 교육

Jim Garrison & Alven Neiman / 심승환 역

I

번스타인(R. Bernstein)의 소위 '프래그머틱한 정신' (Bernstein, 1992, p. 323)이라는 표현으로부터 이야기를 시작해 보자. 먼저 프래그머티즘(pragmatism)은 의미의 이론에서 나온다고 볼 수 있다. 퍼스(C. Peirce)는 1878년에 다음과 같은 유명한 말로 프래그머티즘을 소개한다. "어떤 결과가 나올지, 어떤 실제적인 산물이 나올지를 고려할 때, 우리는 개념의 대상을 알게 된다. 이런 결과의 개념은 대상의 개념의 전체다." (Peirce, [1878] 1992, p. 132) 결과의 차이를 알 수 없다면 의미의 차이도 없다. 만약 두 개념의 결과가 똑같다면 그 의미도 똑같을 것이다. 이러한 결과에 대한 강조는 거의 모든 프래그머틱한 분석의 출발점이라 하겠다.

이렇게 결과를 강조하는 것은 프래그머티즘의 기초라고 볼 수 있는데,

번스타인은 반정초주의(antifoundationalism)가 바로 프래그머틱한 정신 중에서 으뜸 요소라고 주장한다. 그런데 이상하게도 번스타인은 결과를 언급하지 않는데, 아마도 그것은 거의 모든 프래그머티스트들이 이미 그 중요성을 알고 있기 때문인 듯하다. 그렇지만 반정초주의와 결과의 중요성을 연관시킬 때 많은 혼돈을 이끌 수 있는 내부적 모순이 생긴다. 우리는 이를 '프래그머틱한 모순(pragmatic paradox)' 으로 부를 수 있다. 그런데 저자들은 바로 이 프래그머틱한 모순이야말로 프래그머티즘의 주요한 강점 중의 하나라고 생각한다. 프래그머티즘의 정신은 매우 개방적이고 유연하며 적용력이 강하다. 즉, 프래그머티즘은 하나의 단일한 도그마적 비전으로 단정 짓는 것을 거부한다.

번스타인에 따르면 프래그머틱한 정신의 두 번째 요소는 오류 가능성이다(아마도 프래그머티즘 자체도 잘못일 수 있다.). 프래그머틱한 정신은 '자아의 사회적 성격' 을 강조하며 이와 관련하여 '비판적인 탐구자들의 공동체' 를 필요로 한다(Bernstein, 1992, p. 328). 프래그머티즘은 태생적 자유의지와 많은 현대철학에 의해 강조된 합리성을 가지고 태어난 원자적인 개인을 거부한다. 대신 정신과 자아는 공동체에 속한 타인들과의 비판적이고 창조적인 대화를 통해 사회적으로 구성된다. 세 번째, "프래그머티스트들에게 우발성과 기회는 단지 인간의 무지의 신호가 아니며 바로 그것이 세계의 필수적이며 전반적인 모습이다."(같은 책, p. 329) 네 번째, 다원성이다. 여기서 다원성은 단지 학제적일 뿐 아니라 학과(분과)들이 사고, 느낌, 행동의 다원성을 억누를 때 반학과적일 수 있다. 번스타인은 '우리가 우리 자신의 사고방식을 최대한 고수하면서도 타자의 타자성을 부인하거나 억누르지 않고 타인의 소리에 귀 기울이는 오류 가능성을 인정하는 다원성' 의 개념을 주장한다(같은 책, p. 336). 오류 가능성을 인정하는 다원성은 듣기에 충실하며, 결과적으로 프래그머티즘은 다른 철학 및 인식 방법들에 대해 관대하다. 바로 이 점에서 프래그머티즘은 교육과 같이 이론과 실제가 결합된 영역에 있어 이상적인 철학이라고 하겠다. 저자들은 교육의 장에서 프래그머티즘의 풍부한 의미를 탐색하는 방법에 대한 다양한 접근들을 나누는 대화에 참여함으로써 바로 이러한 열린 관대함을 보여 주고자 한다. 우리는 독자들을 프래그머틱한 정신에 의해 열린 대화로 초대함으로써 결론에 이를 것이다.

제임스(W. James)와 듀이(J. Dewey)와 달리, 퍼스는 그의 저작에서 교육을 충분히 다루지 않았다. 그렇지만 우리는 직접적으로 교육적 적용이 가능한 프래그머티즘의 세 가지 핵심 사상을 지적할 수 있다.[1] 그것들은 모두 이후의 프래그머티스트들에게 큰 영향을 주었다. 첫째, 프래그머틱한 접근 자체라 할 수 있다. 교육적 사고, 제안 등의 의미를 창조적 상상, 반성적 사고, 실제적 실험을 활용하여 그 결과를 통해 규명하는 것은 큰 교육적 낭비를 없앨 수 있다.

둘째, 퍼스는 믿음이 느낌을 증명하는 행동의 체현된 습관이라고 본다. "우리의 믿음은 우리의 열망을 인도하고 우리의 행동을 형성시킨다. …믿음이라는 감정은 우리의 본성 안에 행동을 결정하는 어떤 습관이 설정되었음을 나타낸다."(Peirce, [1887] 1992, p. 114) 퍼스는 다음과 같이 결론 내린다.

> 진정한 종합적 의식 혹은 학습의 과정에 대한 감각은 이성의 현저한 요소이자 진수인데, 이는 가장 특징적인 신경계의 성질인 습관을 형성하는 힘에서 분명하게 그 생리적 기초를 가진다(같은 책, p. 264).

여기서 교육학적 함의는 분명하다. 학습은 분명히 생물학적 기초를 지니며, 정신은 신체, 감정, 열망, 흥미와 분리되지 않는다. 더욱이 학습, 믿음, 인식은 행위와 감정의 밀접한 일부다. 교육자들이 이들의 밀접한 관계를 무시하는 것은 위험스러운 일이라 하겠다.

탐구의 목적은 우리가 설정한 가설 및 믿고 있던 습관들의 의미가 타당한지, 그리고 그들의 주장이 참인지 결정하기 위해 그것들의 결과를 조사하는 것이다. 이상적으로 교육받은 사람은 충분한 의식과 완전한 자기통제를 통해, 그리고 가장 크고 지속적인 공동체에 의해 지금까지 수행된 가장 훌륭한 탐색들의 결과와 상응하여 자신의 믿음의 습관들을 견지할 것이다.

셋째, 퍼스는 실재 자체의 궁극적 의미를 결정하는 데 큰 역할을 하는 탐구의 공동체를 상정한다. 그는 다음과 같이 설명한다.

> 따라서 실재는 어떤 정보와 추론이 조만간 맞이하게 되는 결과로, 개개인의 순간적인 변덕과 구별되는 것이다. 그러므로 실재 개념의 기원은 이 개념이 본질적으로 공동체라는 의미를 수반함을 보여 준다. 다시 말하면, 그것은 명확한 한계 없이 지식의 무한한 증가가 가능한 의미라 하겠다(Peirce, [1868] 1992, p. 52).

퍼스는 개인이 공동체에 속하여 있음을 특별히 강조한다. 한편 제임스는 '주체' 에 대해 다소 강조하며, 듀이는 이 둘의 중간 정도에 위치한다고 볼 수 있다. 하지만 세 사상가 모두 자아의 사회적 본성이 중요하며 자아는 공동체 및 공동체로부터 출현하며 발전되는 의미들에 참여함으로써 자신의 존재를 확장시켜 나간다는 점에 동의한다. 또한 그들 모두 개인을 교육함에 있어 공동체의 역할을 강조하였다.

퍼스의 절친한 친구인 제임스는 프래그머티즘의 성격과 방향을 극적으로 전환시켰다. 듀이의 평가에 따르면, "퍼스가 무엇보다 논리학자였던 반면, 제임스는 교육자이자 인본주의자로서 일반 대중에게 어떤 철학적 논의들은 사람들의 신조를 낳고 그것이 상이한 행위 양식을 이끌기 때문에 인류에게 중요함을 설득시키고자 하였다." (Dewey, [1925] 1984, p. 8) 제임스를 통해 프래그머티즘은 비로소 올림포스 신전으로부터 내려와 일상의 실제적인 일들과 관계되기 시작하였다. 더욱이 제임스는 유명한 『교사를 위한 심리학(*Talks To Teachers on Psychology*)』(James, [1899] 1958)에서 교육을 직접적으로 언급한다. 제임스를 통해 '교육적 흥미(educational interest)'라는 주제가 매우 광범위하게 인식되었는데, 그 결과로 사람들은 심지어 이 주제가 어떤 학자로부터 시작되었는지 알지 못한다. 순차적인 논의 전개를 위해 제임스의 주요 개념 중 습관이라는 주제로부터 이야기를 시작해 보자.

제임스는 학습과 습관의 관계에 대한 퍼스의 이해를 실제적으로 활용하면서 다음과 같은 교육학적 원리를 제시한다.

> 그러므로 모든 교육에서 가장 중요한 것은 우리의 신경계를 우리의 적이 아닌 동조자로 만드는 일이다. …이를 위해 우리는 가능한 한 많은 유용한 행동들을 가능한 한 이른 시기에 자동적이고 습관적으로 만들어야 한다. …우리의 일상적인 삶이 자동적이 되면 될수록 정신의 고차원적인 힘이 그에 합당한 일을 할 수 있도록 더욱 자유롭게 해방될 것이다(James, 1890/1950, vol. I, p. 122).

순수한 인지심리학자들은 정신과 신체, 사고와 감정을 분리시켜서 이와 같은 도전적인 결론에 결코 도달할 수 없었다. 그러나 학교에서는 거의 완전히 인지적인 교육과정이 득세하고 있고, 따라서 위와 같은 제임스의 도전적이고 간단한 원리는 여전히 무시되고 있다. 보통 우리는 신체적 측면을 체육교과에 한정하며 감정은 학습 동기를 저해하는 훈육문제의 원천으로 간주한다.

습관에 대한 성찰을 통해 제임스는 다음과 같이 개인과 사회의 연결을 확증한다. "그러므로 습관은 사회를 움직이는 거대한 수레바퀴이며 사회를 지탱하는 가장 귀중한 동인이다."(같은 책, p. 122) 우리는 우리의 거주지(habitat)로부터, 특히 우리의 사회적 거주지인 공동체의 관습으로부터 습관을 획득한다. 퍼스와 같이 제임스도 습관이 우리의 통제하에 있으므로 반성적 학습이 중요함을 강조한다. 좀 더 깊이 보자면, 이는 문화적 비판이 중요함을 시사한다. 문화는 우리가 그것을 소유하기 이전에 우리에게 이미 작용하고 있다. 만약 우리가 우리 자아를 소유하고 우리의 독특한 잠재성을 깨닫고자 한다면 그보다 먼저 우리에게 이미 작용하고 있는 문화를 비판하고 재건해야 한다.

제임스의 프래그머티즘은 인간의 필요, 관심, 의도들을 사고와 행동에서 중요한 요소로서 부각시킨다. 그는 "나의 사고는 시작부터 끝까지 항상 나의 행동을 지향하며, 나는 오직 한 번에 한 가지 일만을 할 수 있다."고 주장한다(James, [1890] 1950, vol. Ⅱ, p. 333). 이러한 입장을 통해 제임스는 서양 사상에서 가장 중요시되었던 도그마들 중의 하나, 곧 영원불변의 본질이라는 이상을 거부한다. 제임스는 다음과 같이 도전적으로 선언한다. "본질의 유일한 의미는 목적론적으로 결정되며, 범주화와 개념은 순수하게 정신의 목적론적 무기라 할 수 있다. 사물의 본질은 그것의 속성들 중의 하나로 다른 것에 비해서 자신이 아주 중요시 여기는 것이라 하겠다."(같은 책, p. 335) 이것은 제임스의 목적론적 지향의 한 예이지만 특히 놀랄 만한 지적이다. 바로 이 지적은 인간의 의도와 관심 밑에 논리적 본질을 복속시킨다. 이는 본질은 형이상학적 실존의 문제가 아닌 실제적 탐구의 문제이며, 제임스에게 모든 탐구는 실제적이라는 점을 상기시키는 것이다. 이러한 관점에서 존재론(본질)은 형이상학의 문제가 아니다. 한 화학자는 H_2O가 물의 본질이라고 주장하겠지만, 제임스에 따르면 그것은 단지 '그의 추론과 간결한 정의를 내리기 위해서만' 그러할 뿐이다(같은 책, p. 335). 하지만 이러한 관점은 실재(reality)를 부인하는 주관주의(subjectivism)는 아니다.

어떤 존재의 특정한 부분이 유일한 '참' 실존이라고 주장하는 이에게,

제임스는 그러한 사람은 "사물을 명명하는 행위와 같이 단지 그 자신의 사소한 의도에 부합하여 사물의 한 부분을 주장할 뿐이거나 혹은 대중적인 요구를 충족시키는 기사를 만들기 위해 일부분을 주장할 뿐이며, 여기서 실재(reality)는 이 모든 의도들을 넘어선다."고 설명할 것이다(같은 책, p. 334). 여기서 '넘어선다'는 표현이 중요하다. 이것은 제임스의 『심리학(*Psychology*)』 1권 4장의 '의식의 흐름'을 연상시킨다. 실재의 참다움과 경험은 지속적인 흐름이라는 인식은 영국 경험론자인 로크(J. Locke), 버클리(G. Berkeley), 흄(D. Hume)의 원자론(atomism)에 직접적으로 도전한다. 제임스에게 경험은 지속적이고 전체적이다. 즉, 선택적 관심에 의해 결정된 선택적 주의는 우리의 제한된 필요, 열망, 관심, 의도에 따라 실존의 무한한 역동성으로부터 대상들을 격리시킨다.

이러한 주장에서 찾을 수 있는 교육적 함의는 막대하다. 첫째, 만약 본질이 단지 정신의 목적론적 무기라면 인류의 본질은 무엇인가? 이에 대한 대답은 분명하다. 우리는 우선적으로 존재하는 본질을 갖지 못한다. 대신 각 개인은 때때로 자신들을 발견할 수 있는 문화 안에서 그들의 실존의 본질을 탐색해야만 한다. 특히 이는 인류의 본질은 '합리적 존재'가 아님을 의미한다. 즉, 고정된 교육목적은 없다는 것이다. 이에 따를 때 교육과정의 방향 또한 명백하다. 미리 정해진 가장 가치 있는 지식의 체계란 있을 수 없다. 더욱이 신체와 감정, 특히 선택적 관심들이 매우 중요한 요소들이라고 할 때 교육과정을 인지적인 것에 한정하는 것은 의미가 없다. 우리가 참여하는 세계야말로 우리가 응답하는 세계다. 만약 우리가 세계에 진지하게 참여하지 못한다면 우리의 추론이 아무리 완전하다 해도 우리는 바보가 될 것이다. 제임스에게 영향을 받은 교육자들은 그리스 고전의 신체에 대한 관심과 선을 열망하는 에로스(열정적인 욕구)를 교육시키는 것에 다시금 관심을 가질 것이다.

제임스는 인간을 본체(substance)로 보는 대신에 교류적인 기능을 수행하는 기본적인 행위의 단위로 본다. 그의 심리학은 북미의 지배적 심리학이 되었던 완전히 목적론적인 기능주의를 선호하는 형이상학적(사색적) 본체로서의 정신의 개념을 거부한다. 제임스는 이 점에서 다른 유명한 심리학파들에 영향을 주었다. 예컨대, 제임스 워치(J. Wertsch)는 "비고츠키(Vygotsky)는 제임스에 대해 상당한 경의를 표했는데, 이는 제임스가 본체주의(substantialism)를 거부했기 때문이다."라고 지적한다(Wertsch, 1985, p. 200). 제임스는 살아 있는 기능적 유기체가 환경 안에서 성장하는 동안 지속적으로 역동적 평형을 유지하기 위해 노력하는 과정에 전적으로 주목한다. 교육자들은 역동적으로 기능하는 아동들이 교실 환경 안에서 성장하는 동안 역동적 평형을 유지하기 위해 끊임없이 노력한다는 것과 이는 컴퓨터가 정보를 처리하는 단순한 과정이 아님을 유념해야 한다. 우리가 선택하는 비유들은 우리의 교육에 대한 생각에 영향을 준다. 그러나 살아 있는 유기체는 단지 비유가 아니다.

『교사를 위한 심리학』의 서문에서 제임스는 이 책의 논의들 중의 하나는 그의 '철학적 에세이들'과 관련되며 '다원적인 혹은 개별적인 철학'을 다룬다고 지적한다(James, [1899] 1958, p. 19). "전적으로 대중적이며 보편적인 관점이란 없고 사적이며 특수한 인식들이 항상 존재하는데, 문제는 사람들이 외부로부터 이 특수한 인식들을 찾으면서 어디에서 발견할지를 모른다는 점이다."(같은 책, p. 19) 제임스는 각 개인은 '열정적인 내부 관념'을 가진다는 사실을 다원적 민주주의에 연결시킨다. 여기서 다원적 민주주의와 관련된 교육에 대한 함의는 명백하다. 즉, 교육자들은 개개인의 특수성을 존중해야 하며 그들이 특수성을 살려 사회적으로 기여할 수 있도록 이끌어 주어야 한다는 점이다.

제임스는 비록 과학적 심리학의 선구자였지만 다음과 같이 경고한다.

> 만약 당신이 심리학은 정신 법칙을 다루는 과학으로서 즉각적으로 교

> 실활동에 활용할 수 있는 교수 방법 및 구조, 결정적인 프로그램들을 찾을 수 있다고 생각한다면 진정 커다란 실수를 저지르는 것이다. 심리학은 과학이며 가르침은 예술이다. 그리고 과학은 결코 그 자체로부터 즉각적인 기술을 생산해 낼 수 없다. 지속적인 창조적 정신은 그 독창성을 활용함으로써 적용을 도모해야 한다(같은 책, p. 24).

20세기에 교육 연구자, 정책 분석가, 교육 기술관들은 이러한 제임스의 지혜를 무시하였다. 대신에 연구자들은 제임스의 제자인 손다이크(E. Thorndike)의 소위 '학습 법칙' 을 지향해 왔다. 손다이크는 '연관주의' 라 부르는 연관론으로부터 법칙들을 도출해 내었다. 영국 경험론자들의 연관법칙과 달리, 이 법칙은 사고보다는 환경과 반응의 연결을 추구하였다. 다른 심리학자들은 자극과 반응의 연결 법칙을 추구하였다. 그럼에도 불구하고 일종의 심리학적 원자론이 득세하게 되었다.

일단 우리가 이러한 과학 법칙을 수용하면, 그것은 교육정책과 교수 실제를 세부적으로 통제할 것이다. 이런 상황에서 도출되는 결과는 기술관들이 교사의 개입을 완전 배제한 교육과정과 같은 전문적 시스템을 고안하여 적절히 관리하는 것뿐이다. 적절한 관리는 또 다른 손다이크의 원칙에 의존한다. 『분별력 있는 실증주의자(*Sane Positivist*)』라는 손다이크의 전기에서, 제럴딘 존시치(G. Joncich)는 손다이크의 『교육심리학(*Educational Psychology*)』으로부터 인용한 구절을 담은 장으로 이야기를 시작한다. "우리는 자연의 사실들을 관찰하고 실험함으로써 그것을 지배한다. 우리는 이 자연 사실들을 측정함으로써 그것을 우리의 요구에 복속시킨다." (Joncich, 1968, p. 282) 유명한 손다이크의 원칙은 측정에 대한 그의 형이상학적 예찬론이다. "실존하는 모든 것은 일정한 양으로 존재한다. 그것을 측정하는 것은 바로 그것의 다양한 양들을 아는 것이다." (Joncich, 1968, p. 282에서 인용) 우리가 객관식 답안을 고안하고 연필과 종이, 자동 평가용 기구, 표준화 시험을 고안할 때, 교육 영역에서 중요한 것은 사실들을 우리의 요구에 복속시키는 것인 듯하다. 이들 시험들은 학생의 학습과 교사의 '생산성' 을 측정하는 숫자를 제공한다. 표준화 시험은 민주적 개인들을 특수하게 만들어 주는 '열정적인 내부 관념' 을 무시한다는 점에서 다원적 민주정치를 침해한다. '표준' 은 다원적 민주정치에서는 가치가 별로 없다.

실증주의는 철학적으로는 거의 사장되었다고 볼 수 있지만, 실제적으로는 여전히 막대한 영향력을 미친다. 손다이크가 국제적으로 인정받은 사실은 많은 교육자들이 프래그머티즘을 무시하였던 이유 중의 하나다. 듀이는 제임스의 제자로 20세기 교육계에 제임스에 걸맞는 명성을 가진 학자라고 볼 수 있다. 세계의 많은 국가들에서의 논의는 듀이에 관한 것이었지만, 실제는 손다이크에 관한 것이었다.

듀이는 그의 자서전적 에세이, '절대주의에서 실험주의로' 에서 '정신(*psyche*)의 생물학적 개념' 이 윌리엄 제임스의 『심리학』의 발견으로부터 큰 영향을 받았음을 지적한다(Dewey, [1930] 1984, p. 157).[2] 듀이의 신다윈주의와 결합하여, 제임스는 유기체의 중요성을 강조하면서 듀이의 자연주의를 인정하였다. 듀이는 "많은 철학자들은 유기체 관념에 대해 각자 다양한 관점들을 가지고 있지만 그것들은 구조적이고 고정적으로 구성되어 있다. 바로 이러한 측면에서 삶을 [고정적인 것이 아닌] 활동하는 삶으로 규정한 제임스의 시각이 의미가 있다."고 고찰했다(같은 책, p. 158). 비록 프래그머티스트들은 대부분 지적 활동에 관심이 있지만, 원래 프래그머티즘의 어원은 활동, 행동, 일을 의미하는 고대 그리스의 'pragma' 다. 제임스에게 생물학적 기능과 정신적 기능을 연결시키는 핵심적인 개념은 바로 습관이다. 습관은 듀이의 교육철학에서도 중요한 역할을 한다. 우리는 제임스의 교육학적 원칙들, 생물학적 관점, 습관에 대한 강조로부터 듀이의 교육철학의 상당 부분을 도출해 낼 수 있을 것이다.

지면이 한정되어 있기에 우리는 그동안 간과되었던 부분, 즉 듀이가 펴스 및 제임스의 습관에 대한 강조를 어떻게 수용 · 발전시켰는지를 집중적으로 고찰해 보겠다. 습관의 기능에 대한 듀이의 이해는 결코 기계적이거나 합리적인 것 중 한편에 치우치지 않는다. 듀이는 "합리성은… 충동과 습관에 반하여 발생하는 힘이 아니다. 그것은 다양한 열망들 사이에 생동하는 균형을 이루는 것이다. 명사로서의 '이성'은 다양한 성질들의 행복한 협력을 의미한다."고 설명한다(Dewey, [1922] 1983a, p. 136). 듀이에게 습관은 그의 스승들과 마찬가지로 인간의 감정을 확증시키는 활동하려는 성질이다. 듀이에게 "'이성'은 만병통치약으로 작용하는 선재적인 힘이 아니다. 그것은 지속적으로 일하는 것이 필요한 습관의 노작적인 성취라 하겠다."(같은 책). 다양한 열망들 사이에서 생동하는 조화를 이루어 내기 위해서는 합리성을 인지적으로뿐만 아니라 심미적으로 이해하여야 할 것이다. 또한 이러한 조화의 성취는 도덕적이다.

듀이는 또한 "제임스 심리학의 객관적인 생물학적 접근은 사회적인 범주, 특히 의사소통과 참여의 중요성을 시사한다."고 밝혔다(Dewey, [1930] 1984, p. 159). 듀이의 『인간 본성과 행동(*Human Nature and Conduct*)』이란 유명한 책의 부제가 '사회심리학에 대한 서론'임을 우리는 주목하여야 할 것이다. 또한 이 책의 첫 장 제목이 '사회적 기능으로서의 습관'이란 점도 중요하다(Dewey, [1922] 1983a, p. 15). 한 문화의 관습들은 습관으로서 생물학적 신체에 각인된다.[3] 바로 이러한 자아의 사회적 본성은 프래그머틱한 정신의 중요한 일부라 하겠다.

듀이는 적자생존의 원칙과 관련된 자기 충족적이고 반민주주의적인 개념을 가진 '사회적 다윈주의'를 분명히 거부하였다. 여기서 그 적합함이란 과연 무엇을 위한 것인가라는 질문이 항상 대두된다. 듀이는 심지어 자유방임주의 경제학자라도 아름다운 꽃들을 원한다면 정원을 손질해야 한다는 헉슬리(Huxley)의 주장에 동조한다. 인간은 반성하는 존재이며 사고를 통해 인간의 행위를 결정하는 데 있어서 환경이 반드시 필연적이지 않고 우연적인 것임을 알 수 있다. 창조적 탐색을 통해 인간은 자신의 열망에 따라 세계를 변화시킬 수 있다. 우리는 단지 조야한 자본주의에서 우수한 자들뿐만이 아니라 모든 이들이 살기에 적합하며 번영하는 세계를 창조할 수 있다. 인간은 종종 선택의 조건을 결정할 수 있고 성공의 유일한 척도라는 것은 불필요할 것이다.

공동체는 번영을 위해 다양한 분야의 필수적인 기능들을 수행하는 개인들을 필요로 한다. 만약 공동체가 오직 소수의 기능인들, 말하자면 기업적 성공을 가져오는 자들만을 보상하려 한다면 사회의 붕괴를 초래할 것이다. 신다윈주의자로서 듀이는 생존의 열쇠는 단일성이 아닌 다원성임을 안다. 인종차별주의자는 과학적으로 오류를 범하고 있다. 듀이는 다양한 업무에서 신체적이고 인지적인 수행의 개별적 차이가 존재하지만 민주적 공동체는 주로 도덕적 평등에 주목함을 지적한다. 그는 '도덕적 평등은 비교 불가능성 및 공통의 양적 표준의 적용 불가능성' 임을 지적한다(Dewey, [1922] 1983, p. 299). 듀이는 모든 개인은 타고난 신체적 · 심리적 차이에 관계없이 고유한 잠재성을 소유하고 있다고 본다. 교육의 목적은 각 개인을 도와 그들의 고유한 잠재성을 실현시켜 사회에서 각자 고유한 기여를 할 수 있도록 이끌어 주는 것이다. 그 결과는 모든 이들이 각자의 영역에서 최고가 되어 다스리는 사회인 것이다.

> 이런 의미에서 민주주의란 각자의 역량을 최대한 발휘한 정치라 말할 수 있다. 개인으로서의 모든 인간은 각자 특정한 목표를 위한 최선이며, 따라서 특정한 영역에서 지배하고 이끄는 데 가장 적합하다고 할 수 있다. 고정되고 수량화된 제한적 분류의 습관은 진정한 정치 및 민주주의의 적이라 하겠다(같은 책, pp. 297-298).

사회적 다원주의가 하나의 토대로서 기능할 수 있는 점은 위계적이지 않은 공동체를 옹호한다는 것이다. 사회적 다원주의는 거의 모든 자본주의 국가들의 정치적 생활에 영향을 미쳐 왔다. 그러나 그것은 공동체를 복잡하고 다양하며 끊임없이 변하는 환경 안에서 존재하는 기능적으로 복잡한 유기체로 이해하지 못한다.

듀이는 교육을 사회적 기능이라고 본다. 우리는 어떤 종류의 사회가 최선인지를 알 때에야 비로소 어떤 종류의 교육이 최선인지를 알 수 있다. 듀이는 사회를 평가하는 데 두 가지 준거를 상정한다. 그것은 '얼마나 다양하고 많은 관심들을 의식적으로 공유하는가?' 와 '얼마나 충분하고 자유롭게 다른 형식의 단체와 상호작용하는가?' 다(Dewey, [1916] 1980, p. 89). 사회적 다원주의를 지지하는 억압적 사회는 강력한 소수의 특정 관심을 위해 다양한 관심들을 묵살한다. 그러한 사회는 사회적 환경에 지속적으로 대응하지 못하기에 적응력이 나쁘다고 하겠다. 다원성은 대안들을 제공하며, 이는 자유를 지원한다. 듀이에 따르면 협소한 관심만을 보유하는 사회의 위험성은 '타인들의 관심과 그들의 표현의 가능성에 주목하는 대신에 기존의 권익만을 보호하려고 하며 다양한 관계를 통한 재편과 진보를 무시한다.' 는 점에 있다(같은 책, p. 91). 격리주의(isolationism)는 자유로운 선택과 활동을 돕는 대안적 가능성을 상상하는 능력을 저해하기 때문에 자유를 침해한다고 볼 수 있다. 격리주의는 자기 억압이다. 듀이는 다음과 같이 결론을 내린다.

> 우리 준거의 두 요소는 모두 민주주의를 지향한다. 첫 번째 요소는 공유되는 공통 관심사가 더욱 다양하고 많을 뿐 아니라 사회 통제의 한 요소로서 상호 관심사를 더욱 크게 인정한다는 점이다. 두 번째 요소는 사회단체 간의 더욱 자유로운 상호작용뿐만 아니라 사회적 습관의 변화—다양한 교류에 의해 생산된 새로운 상황들을 맞이하는 것을 통한 지속적인 재조정—를 의미한다(같은 책, p. 92).

듀이는 자유, 창의성, 대화라는 기준에 의한 다원적 민주주의가 성장을 지원하는 데 최선의 사회라고 본다.

듀이는 민주주의를 정치적일 뿐 아니라 도덕적, 경제적, 교육적인 것으로 이해한다. 민주주의에 대한 듀이의 다원적 이해는 다음과 같은 정의를 이끈다.

> 민주주의는 정부의 한 형태 그 이상이다. 그것은 주로 관련된 삶의 방식, 연결된 의사소통 경험의 양식이다. 자신과 타인의 행동을 연관시키며 타인의 행동을 통해 자신의 행동의 방향을 성찰하려는 개개인이 늘어나는 현상은 인간이 자신의 활동의 충분한 의미를 인식하는 것을 막는 계층, 성, 국가 구분의 장벽을 허무는 것이라 하겠다(같은 책, p. 93).

민주주의의 정부 구조는 부차적 문제다. 이 구조가 의사소통을 증진시키는 한 문제가 없다고 할 수 있다. 듀이는 대화가 의미를 창출하고 공유하는 것이자 성장에 관련된 것이라고 본다. 우리는 많은 다양한 방식으로 대화를 보호하고 지속시킬 수 있는데, 이런 다양성은 창조적 의사소통의 열쇠라 하겠다. 또한 다양성은 좋은 교실의 열쇠이기도 하다.

듀이는 민주주의가 가장 합리적인 정부 형태라고 본다. 더욱이 그는 민주주의가 논리를 추구하는 최선의 길이라 주장한다. 듀이는 "논리에 있어서 궁극적인 활동성은 직접적인 교류를 통한 대면적 관계에서 달성된다. 논리의 성취는 이 단어의 원시적 의미, 곧 대화(dialogue)로 돌아간다. 의사소통되고 공유되며 표현에서 재탄생되지 못한 생각들은 단지 [독단적] 독백인데, 그것은 깨어지고 불완전한 사고일 뿐이다."라고 확증한다(Dewey, [1927] 1984, pp. 371). 듀이의 어원론은 타당하다. 로고스(Logos)는 고대 그리스어의 말, 단어 혹은 대화로부터 기원한다. 대화에서 색다른 목소리를 추가함으로써 우리는 합리적 탐색의 조건을 바꿀 수 있다. 또 그럼으로써 우리는 사회적 조건을 재건할 수 있을 것이다. 심지어 합리성에 대한 정통적 인식도 바꿀 수 있을지 모른다. 듀이는 합리성 및 민주적 사회활동에 대한 의사소통적 이론을 제시한다.

듀이 교육철학의 목적은 성장을 위해 인간 잠재력을 실현시키는 것이다. 듀이는 자유, 창의성, 대화를 통한 성장이야말로 포괄적인 이상이자 최대의 선이라 본다. 그는 "성장이 삶의 특징이기에 교육은 모두 이 성장하는 것과 관련되며 그 이상의 다른 목적은 없다."고 확신한다(Dewey, [1916] 1980, p. 58). 그는 성장을 배양하는 능력은 모든 사회제도의 질을 평가하는 준거라고 본다.

듀이에 따르면 민주주의는 지성을 성장할 수 있도록 자유롭게 해 주는 데 주목적을 가진 사회구조이며, 그러므로 교육은 민주적이어야 한다. 그는 다음과 같이 설명한다.

> 교육의 목적은 개인이 자신의 교육을 지속할 수 있도록 해 주는 것이며… 학습의 대상 및 보상은 성장을 위한 지속적 능력이다. 그렇지만 상호 간의 대화가 없다면, 그리고 평등하게 공유되는 관심으로부터 나오는 폭넓은 자극에 의한 사회적 습관과 제도의 재건을 위한 적절한 제공이 없다면, 이러한 이상은 사회의 모든 구성원에게 적용될 수 없을 것이다. 그리고 이것은 민주적 사회를 의미한다(같은 책, p. 107).

듀이는 고정적으로 계획된 사회보다는 역동적인 계획을 선호한다. 그는 공동체, 의사소통, 지적 탐구를 강조하는 교육을 생각하였고, 재건적 태도가 지속적으로 변화하는 세계의 시민들에게 가장 잘 기여할 수 있다고 보았다. 듀이는 민주적 사회가 장기적으로 최선의 선택임을 확신하였다. 그렇지만 그는 모든 제도, 사업, 산업, 단체, 정부가 민주적이지 않는 한 민주적 사회를 이룰 수 없다고 보았다. 적어도 시민들이 참여적 민주주의자들이 되어야만 그들이 참석하는 학교도 참여적 의미에서 민주적이 된다.

여기서 듀이의 교육학적 방법론을 자세하게 다루지는 못하더라도, 우리는 한 가지 공통된 오류를 지적하고 바로잡을 필요가 있다. 듀이는 '아동이 원하는 대로 놔두는' 방식의 '학생 중심적 교수'를 신봉하지는 않았다. 실제로 듀이는 『경험과 교육(*Experience and Education*)』에서 과도한 진보주의가 초래한 자신의 저작에 대한 오해를 바로잡고자 하였다. 듀이의 방법론에 대한 입장은 이 같은 오해를 극복하는 데 도움을 줄 것이다.

듀이는 방법은 교과와 분리할 수 없음을 확신한다. 그에게 방법 혹은 구조는 목표를 위한 구조다. "방법은 활용에 있어 그것을 가장 효과적으로 만드는 교과의 배열을 의미한다. 방법은 결코 교과의 외부에 있는 것이 아니다."(Dewey, [1916] 1980, p. 172) 그 활용이 교수에 관한 것일 때, 우리는 교과를 정비하여 그것을 타인을 가르치는 데 가장 효과적이게 만들 수 있어야 한다. 듀이는 "학습자의 교과는… 형식화되고 정제되고 체계화된 성인의 교과와 같지 않다."고 확실히 지적한다(같은 책, p. 190). 이 사실은 다른 교수 상황에서도 마찬가지다. 즉, "교사는 교과 자체에 몰두해 있는 것이 아니라 그 교과와 학생의 현재 필요 및 능력 간의 상호작용에 관심을 두는 것이다. 그러므로 단순한 교과 전수만으로는 불충분하다."(같은 책, p. 191)

교과에 대한 지식만 갖추고는 훌륭한 교사라 할 수 없다. 교사는 교과를 학생에게 가르친다. 이것은 교수 상황에서 삼각관계를 드러낸다. 단지 교과를 잘 가르치는 것이 잘 가르치는 것을 의미하지 않는다. 잘 가르치기 위해 교사는 학생과 교사가 자신들을 발견하는 물리적, 사회적, 정치적 맥락 안에서 교과를 학생의 필요, 열망, 관심, 인지발달 단계 등과 연결시켜야 한다. 훌륭한 가르침은 학생의 필요와 능력에 대한 인지적일 뿐 아니라 도덕적이고 심미적인 인식을 요구한다. 이것은 또한 모든 개별 학생의 필요를 충족시키기 위해 교과를 변형시킬 수 있도록 교과를 완전하고 확실히 통제할 수 있는 능력을 요구한다.

제임스의 영향을 인정하면서, 듀이는 다음과 같은 중요한 지적을 한다.

> 제임스의 영향이 『믿음에의 의지(*Will to Believe*)』『다원적 세계(*Pluralistic Universe*)』『프래그머티즘(*Pragmatism*)』과 같은 저작들보다는 『심리학』으로부터 나온다는 주장은 설명이 필요하다. 나는 『심리학』에서 두 가지 화해되지 않는 조류들이 있다고 생각하기 때문이다. 하나는 이전의 심리학적 전통의 주관적 방향의 수용이며… 다른 하나는 정신의 보다 이른 생물학적 개념으로의 회귀에 근거한 객관적 경향이다(Dewey, [1930] 1984, p. 157).

듀이의 저작에서 심리학 이외의 다른 저작의 영향을 찾아내는 것은 쉬운 일이다. 그럼에도 불구하고 듀이는 제임스의 철학에서 주관론, 이원론, 의식의 철학이 잔존해 있다고 보았고 그것으로부터 벗어나려고 하였다.

II

프래그머티즘의 다른 얼굴: 윌리엄 제임스의 경험의 다양성

I절에서는 프래그머티즘의 개방적이고 다원적이며 심지어는 역설적인 성질에 집중하였다. 모순을 회피하는 것은 항상 가능한 일이지만, 우리는 이런 모순들을 포함시키고 오히려 그것을 밝히고자 한다. 만약 모순을 밝히는 것이 기대치 못한 방면에서 프래그머티즘의 중요한 함의들을 제시하며 정교화하도록 이끈다면 특별히 의미 있는 일일 것이다. 여기서 우리가 염두에 두는 기대치 못한 방면이란 영성과 교육의 분야다. 더 구체적으로 이 절

은 매우 자주 오해되어 왔던 프래그머티즘의 고전인 윌리엄 제임스의 『종교적 경험의 다양성(*The Varieties of Religious Experience*)』을 보다 깊이 이해하게 될 때 발생하는 프래그머틱한 모순의 국면들을 고찰할 것이다.

제임스는 다원주의에 대한 열렬한 신봉자로서 그가 세계를 하나의 철학적 비전 이상으로, 하나의 입장 이상으로 제시하려고 했다는 사실은 놀라운 일이 아니다. 그러나 여전히 제임스의 '핵심적 비전' 혹은 '유일한' 철학을 너무 쉽게 찾으려고 하는 자들이 있다. 제임스 자신도 자신의 이론에 대해서건 '전체로서의 실재'에 대해서건 너무 쉽게 이러한 태도를 취하는 것에 대해 심각하게 경고한다. 예컨대, 제임스의 『교사를 위한 심리학』의 서문에 나타난 다음의 지적들을 고찰해 보자.

> (다원적) 철학에 따른다면, 비록 정신이 '절대적'이라고 간주되더라도 진리란 것은 너무 거대하여 하나의 실제 정신이 그 전체를 아는 것은 불가능하다. 삶의 사실들과 가치들은 그들을 수용할 인식자(cognizer)가 필요하다. 그런데 완전히 공적이고 보편적인 관점이란 있을 수 없다. 사적이며 특수한 인식들이 항상 존재하는데, 문제는 사람들이 외부로부터 이런 인식들을 찾으면서 어디에서 발견할지를 모른다는 점이다 (James, 1992, p. 708).

심지어 제임스를 다원주의자로 규정하려는 경향조차 위험하다. 이러한 태도는 다른 오만한 단정과 마찬가지로 또다시 이 복잡하고 '깊이를 알 수 없는' 사람을 단지 단편적으로 다가가는 것이 될 것이다.

제임스를 보다 유연하게 접근하는 리처드 포이리에(R. Poirier)의 최근 시도는 이러한 문제를 다루는 데 도움이 될 것이다(Poirier, 1992).[4] 논의를 시작하면서, 포이리에는 제임스를 완전히 이해하고 설명하여 하나의 수단(방법)으로 만들 수 있다는 '충분히 활용'하려는 접근을 제임스가 싫어함을 지적한다. 포이리에에 따르면 제임스에 대한 다양한 규정(예: 의사, 생리학자, 과학적 심리학자, 프래그머티스트, 급진적 경험론자, 다원주의자)은 그의 다양한 국면들 중 단지 일부만을 주장하는 것이다. 포이리에는 제임스가 '실재를 움켜 쥐려는' 언어 능력에 대한 깊은 회의를 가지며 여러 가지 의도를 지닌 다양한 '자아'를 드러낸다고 지적한다.

포이리에는 우리는 제임스를 '과학적' 프래그머티스트보다는 '시적(poetic)' 프래그머티스트로 생각할 수 있다고 독창적으로 주장한다. 이렇게 볼 때, 제임스는 퍼스, 듀이, 미드(Mead)를 포함하는 이론가들에서 멀어져 에머슨(Emerson), 프로스트(Frost), 스타인(Stein)과 같은 창작가의 선상에 놓고 볼 수 있다. 시적이고 (역설적인) 프래그머티스트의 시각에서 이해는 능숙한 저자들이 복합적이고 변화하는 의미를 제시하는 텍스트를 생산할 수 있게 하는 심원하지만 건강한 아이러니에서 나타난다. 자아는 이전의 제안들이 끊임없이 '다시 쓰이는' 동안에 지속적으로 새롭게 발견된다(Poirier, 1987). '자아를 다시 쓰면서' 시적 프래그머티스트는 '포스트모던의 형이상학'(자아란 없다!)과 같은 극단적 입장도 회피한다. '자아 표현'이란 것은 너무 문자적으로 취하지 말아야 한다. 계속 변화하는 의미 안에서 뉘앙스를 주목함으로써 작가들은 그들의 저작과 그들의 삶의 형식과 구조 안에서 늘 현존하여 체현되는 것이다.

포이리에의 프래그머티즘에 대한 이러한 거대담론을 활용하면서, 나는 여기서 전술한 짐 게리슨(J. Garrison)의 다소 전형적인 접근과 대조되는 '또 다른 제임스'를 제시하고자 한다. 그럼으로써 제임스의 사상에 대한 '골수 같은 핵심'을 강조하려는 경향의 위험성을 제시하고자 한다. 어쨌든 제임스의 프래그머티즘에서의 모순적 측면을 완전히 회피할 수는 없다.

철학과 개인 모두에 있어서 복합적인 제임스라는 한 인간을 그려 내기 위해 먼저 리처드 게일(R. Gale)의 최근 관점들을 보자. 제임스의 '다국면의 모습'을 통해 포스트모더니즘의 사막 안에서 여행하는 교육자들이 분열된 조각 안의 통합이라는 사실을 배우게 될 것이다. 게일에 따르면 '또 다른 제임스' 의 탐색을 시작하는 최선의 길은 과학자일 뿐 아니라 예술가인 제임스가 (듀이와 대조적으로) 위대한 '블루스 가수' 임을 심각하게 생각해 보는 것이다. (게일에 의하면 듀이는 블루스에 전혀 문외한이었다!) 나는 우리가 이 비유를 심각하게 생각할 때 제임스를 블루스의 영성 안에서 영성의 영역을 드러내는 위대한 영적 스승으로 쉽게 다가갈 수 있음을 지적하고 싶다. 달리 말하면, 『종교적 경험의 다양성』(이하 VRE)에서 비극에 대한 구원적 교육철학을 더 잘 발견할 수 있을 것이다. 구원적 교육철학이란 조각난 포스트모던의 자아가 포스트모던의 성인들로 변화할 수 있는 교육을 말한다.

VRE의 서두에서 제임스는 생명력 있는 '종교의 과학' 을 찾고 있음을 분명히 제안한다. 이 과학은 그의 다른 저작들, 특히 그의 위대한 『심리학의 제 원리(*Principles of Psychology*)』를 보완할 것이다. 그러나 그러한 접근은 그의 저작들에 대한 이해를 왜곡시킬 것으로 우려된다. 사실상 VRE가 단지 '심리학적 과학' 의 시도라면 우리는 제임스에 대한 많은 비판들을 주관적인 것으로 승인해야 할 것이다. 우리는 생산적인 과학을 위해서는 제임스가 너무 감정적이고 너무 자전적이며 너무 여성적이며 너무 자기 경험에 집착한다는 퍼스의 지적에 동의해야 할 것이다. 따라서 여기서 나는 이러한 비판들이 제임스의 심리학에서의 과업들의 많은 부분들을 놓치고 있음을 제시할 것이다.

VRE가 한 작가에 의해 수행된 삶의 비극을 드러내는 것이라고 가정해 보자. 만약 우리가 비극 공연의 요점을 이해한다면 우리가 공부하고 논의할 수 있는 인간 조건에 대한 이런저런 주장과 같은 객관적으로 '저기 떨어진 지식' 을 얻기 위해 주제로부터 우리 자신을 멀리하는 데 '주목하지' 않을 것이다. 비극의 요점은 우리에게 단지 이론을 주는 것이 아니다. 대신에 비극은 청중의 사무치는 반응과 응답을 불러일으키는 것을 목적으로 한다.

내가 하고 싶은 말은 VRE를 읽을 때 그것이 공포와 동정을 불러일으키며, 그 감정들이 '충분히 작동되며', 청중이자 참여자들의 성숙하고 변화된 인격으로 강력하게 경험되고 통합될 수 있도록 하는 상황들로부터 연출됨을 느낄 수 있어야 한다는 점이다. 우리가 VRE를 이론이나 교리의 진술 이상의 어떤 것으로 보지 않는 한 VRE의 교육적 가치를 이해할 수 없다. 위대한 철학적 역사가인 피에르 해도(P. Hadot)의 지적을 기억하면서, 우리는 VRE를 비극을 통한 영적 훈련의 실천으로, 그리고 더 나아가 '이론으로서의 철학' 이 아닌 '삶의 방식으로서의 철학' 으로 읽어야 한다(Hadot, 1995). 이런 읽기에서 이 책의 가장 중요한 종교의 '과학' 이란 부분은 실제로 테오리아(*theoria*), 즉 사유적 학문(contemplative discipline)인 것이다.

그렇다고 이런 관점은 (게일이 표현하듯) '프로메테우스적인' 제임스나 비극적이지 않은 것의 가치를 부인하는 것은 아니다. 게리슨의 제안에 따를 때, 분명 제임스의 저작과 삶 안에는 자유로운 활동을 가로막으며 세계를 (순수한) 사유적 자아와 분리하였던 형이상학의 전통에 대한 위대한 도전자로서 그를 생산적으로 이해할 충분한 근거가 있다. 이런 설명에 따르면 제임스는 데카르트를 벗어나 다윈의 이론을 추종한 프래그머티즘의 개척자로서 적응적이고 생산적인 사회변혁을 추진할 현실적 자아를 동기화하는 강력한 교육적 틀의 핵심 요소들을 창조하였다. 최근 로티(R. Rorty)의 다소 과장된 표현에 따르면, 프래그머티즘은 우리로 하여금 기회와 우연성의 현실적 세계로부터 벗어나는 플라톤적인 도피보다는 삶의 방식으로서의 민주주의가 가장 위대한 선이자 모험으로 존재하는 탈형이상학적(postmetaphysical) 문화를 상상하게 한다(Rorty, 1989).

적어도 하나의 잘 알려진 프래그머티즘의 거대담론에 따르면 이런 플라톤적이고 세계 도피적인 형태의 형이상학은 진정으로 이론적일 뿐만 아니라 실제적인 합리성이 불가능할 때만 성행할 필요가 있다. 바로 이러한 주장을 제시하면서 듀이에게 세례 요한과도 같이 선구자적 역할을 했다는 점이 제임스의 가장 큰 기여라 하겠다. 이런 관점에서 보다 정교한 듀이는 그의 스승 제임스의 의미 있지만 다소 혼란스러운 아이디어를 취해 보다 보완된 실천이성의 탈다원적 비전으로 발전시킨다. 이러한 비전 안에서 지속적으로 발전하는 기술적 정복의 수단은 마침내 실현된 지성으로 연결된다. 이 비전에 대한 로티의 적극적인 노력을 통해 프로메테우스적인 프래그머티즘의 최후의 승리는 극단의 처방약으로서의 형이상학의 필요성이 사라지는 날에 적절히 교육받은 인간이 인간 행동의 끝없는 자유로운 가능성을 이해하는 시기를 맞게 된다. 우리 자신을 초월하거나 그 외부의 누군가 혹은 무엇(아마도 '신' 혹은 '진리')에 대해 대답할 필요로부터 해방되어서, 마침내 인간은 진정으로 민주사회의 구성원으로서 충만한 잠재력을 발달시키게 된다.

듀이와 같은 프로메테우스적인 사람들에게 비극은 질문으로부터 나온다(Boisvert, 1999 참조). 아마도 궁극적인 프로메테우스적 인간은 플라톤이었을 것이다. 그는 고통이 불필요한 세계와 그런 세계가 실현되는 삶의 방식을 상상하였다. 그런데 상술하였던 논의에서 프래그머티즘은 이런 종류의 플라톤적인 초월을 거부한다. 시드니 후크(S. Hook)는 프래그머티즘이 일상의 인간적인 것을 초월함 없이 인간의 상호작용에 고유한 비극을 다룰 수 있다고 본다(Hook, 1974). 필요악들이 없이는 선도 없는 상황에서, 정직하게 우리가 할 수 있는 최선을 다하고, 실제적으로 인간 지성의 방법을 사용함으로써 그렇게 할 수 있는 것이다. 그러나 어떻게 제임스는 훅과 다르며 그는 이런 비극을 다루기 위해 무엇을 제안하는가? '삶의 비극적 감각'에 대한 제임스의 생각을 고려해 보는 것은 가치 있을 것이다.

> [현재는 그 어느 때보다] 무의미함, 이해 불가능함이… 항상 모든 방면에서 우리 주변에 존재한다. 이 불명료함은 단지 우리 주변의 세계에 있는 것이 아니다. 그것은 우리 안에 거주한다. 우리는 우리 자신에 대해서

> 도 잘 알지 못하며 많은 우리의 생각들은 확실하지 못하고 모호하다(이는 또한 무한한 자기현혹 능력의 결과도 아니다.)(Lash, 1988, p. 221).

VRE는 단지 종교적 대화의 심리학에서만 가치 있는 시도는 아니다. 그것은 우리 시대의 가장 깊은 문제와 투쟁하는 위대한 큰 시야를 가진 인간의 지속적인 저작이라고 할 수 있다.

이 저작의 한 유명한 구절이 있다. 제임스는 '아픈 영혼' 의 다양한 영역을 묘사하면서 고통받는 한 프랑스인의 '급격한 공포' 를 설명한다. 다음은 그 설명의 일부다.

> 일전에 내가 어떤 보호소에서 보았던 검은 머리에 녹색빛이 감도는 피부색을 가진, 완전히 바보 같은 간질병 환자의 모습이 마음속에 떠오른다. …그는 이집트 고양이 상이나 페루의 미라와 같이 거기 앉아서 오직 눈동자만 움직였고 전혀 사람 같아 보이지 않았다. 이 모습과 나의 공포는 서로 결합되어 있었다. 그것이 나를 만들어 갔고, 나는 이를 잠재적으로 느꼈다. 시간이 그를 습격했듯이 나를 또한 습격했기에, 내가 소유한 그 어떤 것도 그 운명을 막을 수 없었다.

이 구절이 유명한 것은 정확히 말해 이 급격한 공포가 제임스 자신의 첫 번째 시련의 경험으로부터 나왔음을 우리가 알기 때문이다. 현재는 불신임되는 지나치게 프로메테우스적인 제임스의 변화과정에 따르면, 그는 위대한 의지인인 샤를르 르누비에(C. Renouvier)의 저작을 읽음으로써 그 병적인 정신 상태에서 완전히 벗어나게 되었다. 그의 관점은 프로메테우스적인 '완전한' 회복의 양상을 보여 준다.

> 나는 어제가 내 인생의 위기였다고 생각한다. 나는 르누비에의 두 번째 에세이의 첫 장을 다 읽었고 그의 자유의지(다른 생각들 중에서 하나

> 의 생각을 선택해야 할 때 이를 지지하는)에 대한 정의가 왜 환상의 정의여야 하는지 그 이유를 발견하지 못했다. …나는 현재 추측한다. …이것이 환상이 아님을. 내 자유의지에 의한 첫 행동은 자유의지를 믿는 행동일 것이다(Simon, 1999, p. 127에서 인용).

새로운 세대의 전기작가 및 주석가의 연구에 따라서, 우리는 1870년의 이 글이 제임스의 병적 정신 상태의 종말을 알리는 것임을 단순히 믿으려 하지는 않는다. 우리는 현재 제임스가 VRE라는 저술을 탄생시킨 지포드(Gifford) 강의가 있었던 그 시기에도 수많은 신경증적인 고통들을 겪었기에 정신적 시련을 완전히 끝내지 못했음을 잘 안다(Simon, 1999, pp. 290ff.). VRE는 영혼의 어두운 밤과 용감하게 싸우는 프로메테우스적인 자아를 우리에게 보여 준다. 더욱이 그것은 프로메테우스적인 사람도 새롭게 태어나기 위해서는 때로 어두움에 영광스럽게 굴복할 수도 있는 방법을 제시한다. 최근 제임스의 전기작가인 린다 사이먼(L. Simon)에 따르면 VRE는 적어도 부분적으로 제임스가 초기적인 광기의 공포, 통제력의 상실, 죽음에 대한 공포를 벗어나기 위해 치열하게 몸부림친 결과다. 그러나 이 책은 의학적 물질주의, 과학자로서의 주제에 대한 묘사, 인격 상태로서의 건강한 정신의 묘사, 종교적 대화의 방법 등의 분석적 장들과 함께 비교적 조용하게 시작한다. 건강한 정신을 찬양하는 몇몇 강의들 후에 제임스는 다음과 같은 설명을 한다.

> 악을 오직 대상들에 대한 부적응 혹은 자신의 삶을 환경에 잘못 대응시킨 것으로 여기는 사람들이 있다. …그러나 악을 단지 특정한 외부의 대상들에 대한 주체의 관계로가 아니라 보다 급진적이고 일반적인 어떤 것, 단지 환경의 변화나 내부 자아의 피상적인 재조정으로 치료할 수 없는 그 자신의 본질적 성격 안에 있는 잘못이나 악덕으로 여기는 다른 사

람들도 있다(James, 1985, p. 134).

제임스가 보는 병적인 정신 상태를 가진 사람들에게 삶은 본래 혼동스럽고 일관되지 않으며 모순투성이일 수밖에 없으며 항상 혼돈에 의해 위협을 받는 세계인 것이다. 일단 악의 본질을 인식하면, 어두움은 영원한 생각의 일부로 잔존한다. 여기에 비극의 요소들이 있다. "삶의 정상적인 과정이라도 광적인 정신적 시련으로 충만한 자들처럼 나쁜 순간들을 포함하며 급진적인 악이 스며들고 구체적으로 발동하는 순간들을 포함한다. 미치광이의 공포에 대한 생각들은 일상적인 사실로부터 나온다…."(같은 책, p. 163) 프래그머티즘이 초월적인 플라톤주의로부터 인간을 해방시키도록 만든 다원의 사상은 또한 죽음 없이는 삶도 없고 악이 없이는 선도 없다는 살아 있는 세계를 드러낸다.

> 여기 우리 마음속의 우리 정원들 안에 지옥의 고양이가 헐떡거리는 쥐와 함께 논다. 혹은 그 고양이는 자기 앞에서 펄럭거리는 새를 잡는다. 이 순간 악어와 방울뱀과 비단뱀들이 아주 실제적으로 우리 삶에 나타난다. …그리고 그것들이나 다른 야생동물들이 그들의 살아 있는 먹이를 잡을 때마다 죽음과 같은 공포, 즉 정신적 고통이 그 상황에 반응한다(같은 책, p. 164).

제임스에 따르면 이 아픈 영혼은 오직 이중의 미스터리 같은 세계를 볼 수 있다.

> 평화는 단순히 삶에서 플러스 되는 것을 추가하고 마이너스 되는 것들을 제거함으로써 도달되는 것은 아니다. 자연적인 선은 단순히 양과 변화에 있어서만 부족한 것이 아니며 존재의 바로 그 안에 오류를 내포

> 하고 있는 것이다. 만약 이전의 적들이 아니라면 죽음에 의해 모든 것이 사라질 것이다. 궁극적인 조화란 없으며 지속적인 번영을 꾀하는 것은 있을 수 없다(같은 책, p. 166).

만약 이 관점이 옳다면, 만약 건강한 정신의 '단층적인' 비전이 부적절하다면, 후크의 비극에 대한 프래그머틱한 대응은 적절할 것이다. 그러나 제임스가 옳다는 것을, 혹은 프로메테우스적인 프래그머티스트와 그의 건강한 정신의 친구들보다 복층적인(double-storied) 관점이 더 완전하고 더 옳은 것임을 우리는 어떻게 알 수 있는가?

확실히 우리는 많은 주장들을 접한다. 그러나 대개 우리가 접하는 것은 이야기다. 즉, 톨스토이(Tolstoy)와 존 번연(J. Bunyan)과 같은 유명한 사람들과 헨리 얼라인(H. Alline)과 빌리 브레이(B. Bray)와 같은 덜 유명한 사람들, 그리고 무엇보다 비록 간접적이지만 제임스와 같은 사람들의 이야기들을 접한다. 이것은 우연이 아니다. 비극에서 이것은 이야기이지 주장이 아니다. 바로 이 점이 핵심이다. 비극의 인식은 교육에서의 인식과 같이 논의의 타당성이나 적절성의 인식 이상이거나 아마도 완전히 다른 어떤 것이다. 제임스와 그의 이야기에서, 현명한 독자는 구원을 필요로 하는 한 고통받는 인간을 인식할 것이다. 그들은 열심히 생각한 끝에 이야기가 어떻게 전개될지 기다리게 된다. 무엇보다도 그들은 그들의 연민과 공포 안에서 이 이야기가 그들 자신의 것도 될 수 있음을 인식할 것이다.

어떻게 제임스는 우리를 비극으로 데려가고 그것을 경험하게 하며 거기서 빠져나오게 하는가? 여기서도 비록 논의들이 관여하지만 이야기가 바로 열쇠다. 이 이야기들은 성스러움의 국면들을 조명한다. 그런데 성스러움이란 무엇인가? 제임스의 설명은 새로운 것이 아니다.

> 형이상학적인 미스터리… 죽음을 먹고 사는 사람, 인간을 먹고 사는

> 사람이 우수하고 탁월하게 삶을 소유하며 우주의 비밀스러운 요구들을 가장 잘 수행한다는 것은 신실한 챔피언이었던 금욕주의(즉, 중생의 철학)의 진리다. 지성인들에게는 이해할 수 없는 어리석은 짓이었던 십자가는 파괴할 수 없는 강력한 의미를 지닌다(같은 책, pp. 32, 364).

제임스에 따르면 성스러움은 지식과 변화의 분명한 과정을 수반한다. 첫째, 성스러움은 죽음 앞에서 우리의 궁극적인 무력함을 느끼는 본래적인 인식의 산출자인 자아에 대한 고찰을 요구한다. 둘째, 성스러움은 쉽게 포기하지 않는 불굴의 의지와 공동체 내에서, 그리고 신을 향하여 자신보다 더 위대한 그 무엇에 자신의 의지와 삶을 의뢰하는 판단을 요구한다. 이러한 절차는 다시 타자와의 관계에서 발견되는 진정한 자아와 자아 안에서 발견되는 타자, 그리고 편안한 서점에서 '영혼의 양식'을 추구하는 사람보다는 군인에게서 더 많이 발견되는 장점들을 모은 인식에 기초하여 새롭게 창출되는 연민의 표출 능력을 이끌어 낸다. 그것은 마치 우리가 한편으로는 더 이상 프로메테우스주의가 아니면서 다른 한편으로는 '전쟁과 도덕적으로 동일한 의미의' 이중의 프로메테우스주의에 도달하는 것과 같다. 그러므로 그것은 사람이 다시 태어나려면 고통과 자기희생이 필요하다는 것을 경건하게 이해하는 것이다. 아무도 남에게 어떤 것을 빚지고 있지는 않지만 우리는 서로 모두에게 책임이 있다는 인식에 나타난 사랑의 태도를 발견하는 것은 오직 성자(saint)를 통해서다.

교육 이론가 및 실천가들로서의 우리의 역할에 직접 적용해 본다면 제임스의 수행은 매우 교훈적이다. 왜냐하면 그것은 아무것도 신뢰하지 않는 허무주의적이고 포스트모던적인 관점뿐만 아니라 완전한 교육에 대한 우리의 지나친 계몽적 믿음까지도 의심하게끔 인도하기 때문이다. 만약 플라톤의 반비극주의에 대한 제임스의 비판을 '삶의 일상적인 과정'에 적용해 본다면 그것은 교육과 같이 일상적인 것에 적용 가능할 것이다. VRE를 정독한 후라면 우리는 어렵지 않게 교육이란 본질적으로 비극적인 것임을 깨닫게 될 것이다.

'교육의 비극적 성격'에 대한 니콜라스 버불스(N. Burbules)와 렌 아실라(R. Arcilla)의 최근 논의는 이러한 제임스의 관점에 주목하게 한다. 버불스는 시드니 후크의 비극에 대한 견해를 논평하며 교육 연구가나 실천가에게 단지 더 나은 결과를 염두에 두는 희망만으로는 충분치 않음을 주장한다(Burbules, 1990). 제임스의 용어를 사용하자면 그러한 희망은 특히 비극적 상황에 처하였을 때 그 상황에 대한 다차원적인 시각의 필요성을 인식하지 못하게 할 것이다. 더 특별히 필요한 것은 아마도 그 자체로 체험해 볼 가치가 있는 교육이며, 아실라가 묘사하듯이 단지 무엇을 더하고 무엇은 빼는 것에 의해 설명할 수 없는 보다 깊은 차원의 자아와 자아의 의무에 대한 감각인 것이다(Arcilla, 1992).

그러므로 버불스와 아실라는 제임스의 성찰에 이미 나타난 교육적 입장을 강조한다. 버불스의 주목할 만한 제안은 바로 교육의 영역에서 우리는 단지 결과에 관한 프래그머틱한 희망에 의해서만이 아니라 비극의 절망을 거쳐 교육자로서의 우리의 정합성(integrity)을 통찰함으로써 전진한다는 것이다. 아실라는 버불스의 주장에 기초하여 이러한 관점을 사랑과 목격의 힘 안에 작용하는 파스칼적인 신념으로 규정한다. 워즈워스(Wordsworth)의 '송시(頌詩, Intimations Ode)'에 나타난 비극을 논평하면서, 아실라는 "그러한 상실의 기억을 현재의 실존으로 변화시키는 힘, 즉 이러한 변화의 기적이야말로 우리의 교육적 노력에서 주목해야 한다."고 지적한다(Arcilla, 1992, p. 480). 나의 관점을 정리해 보자면 VRE에서 우리는 우리 자신의 노력과 은총에 힘입어서 방금 말한 변화의 노력을 아름답게 체현할 수 있고 이런 체험을 통해 발견하고 기뻐하며 혜택을 누린다는 점이다. 아실라에 의하면, "교육은 드라마의 한 장면처럼 우리에게 다가올 수 있다. 즉, 우리는 자신의 행동에 의해 삶에 상처를 주는 비극의 주인공들(우리 자신 포함)을 보게 되는 것이다."(같은 책) 아실라의 워즈워스에 대한 논의에 기초하여, 나는 VRE가 또한 "우리의 교육적 노력이 어떻게 비극적 순간에 작용할 수 있을지뿐만 아니라 비극 자체가 지닌 교육적 힘을 보여 준다."는 점을 제안하고 싶다(같은 책). 이런 방식으로 철학적 교육은 또한 '영혼의 교육'이 될 수 있다. 삶의 방식으로서의 철학적 교육은 비극을 수행할 수 있다. 소크라테스의 말을 빌리자면, 이것은 우리로 하여금 '어떻게 죽을 것인지를 배우도록' 도와준다(Neiman, 2000).

마지막으로 '성스러움의 가치'에 관한 장에서 십자가가 하나의 해결로서 작용하는 형이상학적 기적을 언급하면서 제임스(1985)는 다음과 같이 말한다. "인간이 아무리 연약할지라도 그가 기꺼이 죽음을 무릅쓸 각오가 되어 있다면, 그리고 이런 상황을 용감하게 겪을 준비가 되어 있다면, 바로 그가 선택한 이 순간이 그를 영원히 신성하게 만들 것이다."(p. 364) 자아의 죽음이 무엇을 의미하든지 이런 의미는 사실상 말로 표현하는 데 한계가 있다. 만약 이런 의미가 말로 표현될 수 있는 것이라면 프로메테우스주의자들이 제임스를 형이상학자로 비난하는 것은 옳은 것이 아니겠는가? 제임스를 단순히 프로메테우스적 입장으로 '확신'해 버리는 입장에 항거하기 위해서는, 프래그머티즘에 대한 포이리에의 정신을 살리기 위해서는, 존경할 만한 천재이자 알 수 없는, 프로메테우스적이면서도 아픈 영혼을 지닌, 주목할 만하지만 동시에 미지의 영웅인, 그리고 희망의 작은 섬을 넘어 믿음을 노래한 윌리엄 제임스의 삶의 드라마인 VRE라는 텍스트의 구조 안에서 자아와 자아의 죽음의 의미가 체현되어야 할 것이다.

만약 하나님이 뜻하신다면 당신도 나처럼 그를 조금이나마 알 수 있기를 바랍니다.

미 주

1 퍼스의 기호학과 신호 없이는 사고할 수 없다는 그의 입장을 논의하지 않을 수 없다. 즉, 우리 자신이 신호인데, 퍼스([1868] 1992)는 이 신호에 대해 "당신은 우리가 당신에게 가르쳐 주지 않은 어떤 것도 의미할 수 없다."(p. 54)고 말할 것이다. 기술, 사회제도, 특히 타인을 포함해 모든 것이 잠재적으로는 신호이기 때문에 이런 진술은 매우 큰 함의를 지닌다. 여기에 이것을 충분히 설명할 수는 없다. 하지만 이러한 논의는 프래그머틱한 연구자료들 중의 하나로서 독자들이 스스로 탐구하기를 바란다.

2 퍼스는 듀이의 박사학위 심사위원회의 일원으로서 그의 듀이에 대한 영향력은 분명한 것이었지만 듀이의 저작들에서 그의 영향을 분명하게 밝힌 부분은 없다.

3 로티(1982)는 어떻게 사회가 개체를 점거하는가라는 주제에 관해 듀이와 푸코가 유사한 입장을 취했음을 올바로 지적하였다.

4 포이리에에 대한 이러한 해석은 수전 에저스톤(S. H. Edgerstone)의 문학 장르로서의 가르침에 대한 설명과 지식의 조건으로서의 자서전에 대한 논의로부터 영향을 받았다(Edgerstone, 1997).

추 천 도 서

Hook, S. (1974). *Pragmatism and the Tragic of Life,* Basic Books.

Rorty, R. (1980). *Philosophy and the Mirror of Nature,* Blackwell.

Thayer, H. S. (1981). *Meaning and Action: A Critical History of Pragmatism,* Hackett Publishing Co.

West, C. (1989). *The American Evasion of Philosophy: A Genealogy of Pragmatism,* University of Wisconsin Press.

제2장

포스트모더니즘과 포스트구조주의

Michael Peters & Kenneth Wain / 강선보 역

포스트모더니즘의 의미

최근 10년간 교육계에서는 포스트모더니즘과 후기구조주의(포스트구조주의, 탈구조주의)에 관한 많은 연구물들이 등장했다.[1] 그러나 지금에 와서는

1) 포스트구조주의와 포스트모더니즘은 서로 동의어도 아니며, 그렇다고 서로 반대어도 아니다. 포스트모더니즘은 한편으로는 포스트구조주의와 몇몇 중요한 면에서 공통점을 지니고 있는 반면, 다른 한편으로는 그것과 또 다른 중요한 면에서 적지 않은 차이점을 보여 주고 있기 때문이다. 무엇보다도 포스트모더니즘은 포스트구조주의보다 한결 더 포괄적이고 광범위한 개념이다. 다시 말해서, 포스트구조주의는 포스트모더니즘의 개념적 우산 속에 들어간다고 할 수 있다.

포스트모더니즘은 가장 좁은 의미로는 문학을 비롯한 예술 분야, 좀 더 넓은 의미로는 문화 전반, 그리고 가장 넓은 의미에서는 20세기 후반의 시대 정신이나 정신 구조 또는 세계관과 관련된 매우 폭넓은 현상이라고 할 수 있다. 한편 포스트구조주의는 주로 철학이나 사회과학에 나타난 포스트모더니즘 현상이라고 할 수 있다. 바꾸어 말해서, 포스트구조주의는 문학이나 예술보다는 오히려 철학이론이나 사회이론과 관련된 개념이다.

이러한 연구물들이 포스트모더니즘과 후기구조주의의 학문적 폭과 깊이를 위협하는 경향도 있다. 만약 우리가 사회과학과 인문학계에서 나온 유사한 연구물들을 셀 수 있다면, 이처럼 중첩되는 연구물들은 너무나 많아서 이를 요약하거나 종합하는 학자들의 노력이 결코 무시될 수 없을 것이다. 많은 학자들은 이제 포스트모더니즘에 대한 연구물들을 역사적 발달에 따라 도표화하거나 연대기적으로 정리하기 시작했다. 찰스 젠크스(C. Jencks)는 '탈산업의(post-industrial)' '포스트미니멀리즘(postminimalism)' '포스트마르크시즘(post-Marxism)' 그리고 '포스트자유주의 시대(post-liberal era)'를 포함해서 포스트모더니즘과 관련된 70가지의 용법들을 기록했다. 그리고 그것을 포스트모더니즘 발생 이전(1870~1950), 명확한 정의의 시기(1950~1980), 그리고 그에 대한 비판과 선집 제작으로 특징지어지는 마지막 단계인 포스트모더니즘의 계보화를 시도하였다(Jencks, 1996, pp. 14-15).

'포스트모던' 이라는 말의 기원과 의미를 규명하는 것은 매우 어렵다. 이를 위해 서로 다른 방향에서 몇 가지 시도가 이루어졌다. 리오타르(Lyotard)의 『포스트모던적 조건(*The Postmodern Condition*)』에 영향을 받은 이하브 하산(I. Hassan, 1993)은 페데리코 드 오니스(F. de Onis)가 1934년에 포스트모던이라는 단어를 처음 사용했다고 주장했는데, 이는 토인비(Toynbee)가 1939년에 이 말을 처음으로 사용했다는 도처티(Docherty, 1993)의 주장과는 상반되는 것이다. 반면 베스트(Best)와 켈너(Kellner)는 그 기원을 훨씬 앞으로 보고 있다(Best & Kellner, 1991). 그들은 포스트모던이란 단어의 계보(genealogy)는 니힐리즘(nihilism)이라는 새로운 시대가 열렸다는 니체의 주장을 추종했던 루돌프 파노비츠(R. Pannowitz)가 1917년

그뿐 아니라 포스트구조주의가 주로 공시적 개념으로 사용되는 반면, 포스트모더니티는 흔히 통시적 개념으로 사용된다. 즉, 전자가 역사적으로 특정한 한 시대에 풍미하는 현상을 가리키기 위해 사용된다면, 후자는 어디까지나 특정한 역사적 시기에 국한되지 않고 일반적 의미로 널리 사용된다(김욱동 편, 1991, 『포스트모더니즘과 포스트구조주의』, 서울: 현암사, pp. 15-18).

당시 유럽의 역사적인 붕괴를 지켜보면서 사용한 데서 연원한다고 주장한다. 파노비츠는 이러한 붕괴가 '포스트모던적 인간' 인 파시스트 세대를 탄생시켰다고 주장했다.

베스트와 켈너는 1950년대에 어떻게 포스트모더니즘이 각광받기 시작했는지를 설명한다. 바우하우스의 자기 지시적인 형식주의에 대한 반작용으로 포스트모더니즘은 문화적 현상으로 주목받게 되었으며, 로버트 벤추리(R. Venturi), 데니즈 브라운(D. Brown), 찰스 젠크스와 같은 학자들이 건축철학으로 이론화하였다. 그들은 건축학에서 시작된 포스트모더니즘에 관한 논쟁이 미국의 다른 학문 분야로 빠르게 확산되었으며 쟁점이 되었다고 말한다. 하산은 그 용어가 1950년대 후반에 '위대한 근대주의적 운동의 몰락' 과 관련이 있는 단어라고 다소 우울하게 언급한다. 그러나 그는 1960년대에 자신과 레슬리 피들러(L. Fiedler)가 섣부르게 '포스트모던' 을 다른 사람들에게 추천하고 허세를 부리며 사용했다고 말하였다. 1980년대까지 "포스트모던 담론은 새로운 발전들을 비난하는 문화적 보수주의자들과 새로운 발달을 경축하는 아방가르드로 구분되었다." (Best & Kellner, 1991, p. 15)

베스트와 켈너는 포스트모던적 주장들에 대해 프랑스가 개방적인 이유로 그것이 드 사드(de Sade), 바타이유(Bataille), 아르토(Artaud), 보들레르(Baudelaire), 랭보(Rimbaud)를 낳은 프랑스의 문학과 지적인 문화를 통해서 발달한 오래된 반계몽주의, 반이성주의, 낭만적 분위기와 잘 어울리기 때문이라고 지적한다. 또한 당시의 칸트주의/후기 칸트주의를 반박하며 하만(Hamann), 헤르더(Herder), 피히테(Fichte) 등을 거쳐 발달하였고 키에르케고르와 니체의 주장을 수용한 독일의 반이성주의적인 전통도 이러한 포스트모던적 주장들과 연관된 것으로 볼 수 있겠다. 이러한 전통의 영향은 제2차 세계 대전 이후에 힘을 받기 시작하는데, 이 시기는 많은 다른 국가들처럼 프랑스에서도 근대화가 급속히 불안정해지던 시기였다. 이러한 경험은 변화의 역동성을 명료하게 표현하기 위한 많은 사회이론들을 만들어 내었다. 그리고 이러한 담론들의 핵심 구절은 비록 1980년대 프랑스의 근대화과정의 일부를 설명하는 데 사용되기는 했지만, 다니엘 벨(D. Bell)과 앨레인 투렌(A. Touraine)이 거의 동시에 발달시켰던 '후기 산업사회적(postindustrial)' 이라는 표현이었다. 그러나 결과적으로 '포스트모던주의자' 라고 불리게 된 프랑스의 학자들에게 결정적인 철학적 영향을 준 학자들은 독일인인 니체와 하이데거였으며, 사회이론에 영향을 준 학자들도 독일의 베버 학파와 프랑크푸르트 학파였다. 이러한 계보를 가지고 있는 포스트모더니즘이 '단일한 것' 이 아닌 매우 복잡한 담론으로 이루어져 있다는 사실은 전혀 이상한 일이 아니다. 그러나 사회 이론가들이 포스트모더니즘을 정의하는 방식은 리오타르가 유명하게 만들었던 것같이 '거대담론(metanarratives)에 대한 깊은 회의' 로 대표되는 일반적인 문화적 풍토다.

리오타르는 포스트모더니즘이 근대성(modern)의 급진적 파괴, 새로운 시대의 횃불을 표명하는 총체적 문화 파열이 아니라 '근대에서 표현하지 못하던 것을 표현하는 것 자체' 로 간주되어야 한다고 주장한다(Lyotard, 1984, p. 81). 즉, 포스트모더니즘 개념은 현재의 판단이나 분류에 구속되지 않는데, 그 이유는 그것이 그 규칙과 준거 밖에서 기능하며 하나의 사건이라는 특성을 지니기 때문이다. 요컨대, 표현하지 못하는 것은 순수한 독창성(creativity)이다. 리오타르가 근대의 삽화예술(art illustrates)에서 예로 든 것과 같이 아방가르드(avant-garde: 전위예술)[2]가 바로 그것이다. 그렇다

2) 미국 · 영국의 모더니즘과는 다른 계열에 속하는 것으로서 프랑스와 독일을 중심으로 전개된 상징주의, 입체파, 초현실주의, 표현주의의 총칭. 아방가르드(avant-garde)는 원래 군사 용어로서 전투할 때 선두에 서서 돌진하는 부대를 뜻하는 것이었다. 이후 19세기 초에 계급투쟁의 선봉에 선 정당과 당원을 가리키는 정치 용어로 사용되었고, 19세기 중반부터 미지의 문제와 대결하여 지금까지의 예술을 변화시키는 혁명적 예술 경향이나 그 운동을 뜻하는 예술 용어로 정착되었다. 전위예술의 일반적 특징은 다음 네 가지로 설명될 수 있다. 첫째는 미학적 자의식 또는 자기 반영성이다. 둘째는 동시성이다. 전위예술가들 가운데 특히 소설가는 작품 안에 연속적인 시간이 아닌 과거, 현재, 미래를 응축시킨 심리적 시간을 중요하게 다룬다. 셋째는 역설, 모호성, 불확실성이다. 19세기 후반에 전위예술가들은 현실 속에서 극히 모호한 이미지와 서술에 관심을 갖게 되었다. 넷째는 주체의 붕괴 또는 비인간화다(엠파스 백과사전).

면 포스트모던주의자는 도대체 누구인가? 하산은 다양한 분야의 많은 사람들을 들고 있다. 그러나 이 용어는 적어도 철학적인 영역만 놓고 본다면 리오타르, 데리다, 푸코, 들뢰즈(Deleuze), 가타리(Guattari), 보드리야르(Baudrillard)와 같은 오늘날의 프랑스 학자들을 주로 지칭하는 말이며, 영어권 학자로는 리처드 로티가 있다. 하지만 확고부동한 정의를 내리려 한다면 위의 분류는 큰 도움이 되지 못한다. 왜냐하면 상이한 시대의 이 학자들 대부분은 자신이 포스트모던주의자임을 부정했기 때문이다. 그러나 이것은 우리가 포스트모던주의자를 포스트구조주의자와 구분하는 데 있어 매우 신중해야 한다는 것을 뜻한다.

소위 '이성에 대한 비판' 및 르네상스 및 계몽주의의 거대서사(grand récits)에 대한 비판은 리오타르가 『포스트모던적 조건』에서 주요한 관심사로 삼았던 주제인데, 이는 여전히 비판철학에 있어 핵심 질문이다. 즉, 기술적 이성 및 관리적 이성을 표명하는 '근대'의 출현에 상응한 지식의 정당화에 대한 비판이 바로 포스트모던의 중심 주제인 것이다. 현행 국가 교육체제는 여전히 이러한 양쪽의 요구, 즉 국가 기구(state apparatus)의 관리적인 이성과 시장 및 산업주의에 의해 증진되는 기술적인 이성을 모두 충족시키는 데 몰입되어 있다. 현재의 포스트모던 논의에 친숙한 사람들이 아는 것처럼, 포스트모더니즘에 대한 가장 고전적인 주장은 1979년 프랑스에서 출판된 리오타르의 『포스트모던적 조건』에서 등장하게 된다.

우리는 '포스트모더니즘'이란 용어가 점차적으로 이 단어 자체의 언어적인 제한에 도달했다는 것, 즉 이 용어에 대한 담론의 끝에 이르렀다는 사실에 놀라서는 안 된다. 우리는 리오타르의 에세이 "'포스트모더니즘이란 무엇인가'에 대한 응답"의 통찰을 이해해야 할 것이다. 즉, 포스트모더니즘은 모더니즘의 결말적인 상태가 아니라 오히려 발생적인 상태이며 이 상태는 지속적이라는 점을 이해할 필요가 있다(Lyotard, 1984, p. 79). 바로 이 점을 이해할 때, 우리는 문화적인 측면에서 포스트모더니즘이란 개념을 예상할 수 있다. 리오타르는 칸트 학파의 숭고(sublime: 예술적 설명을 부인하는 압도적인 심미적 경험) 개념과 현재 그 힘이 소멸된 아방가르드의 특징인 표현 불가능한 것을 표현하려는 시도를 논의하면서 '포스트모던' 이란 주제를 제기한다. 그의 통찰력을 살펴보자.

> 그러면 포스트모던이란 무엇인가? 이미지나 서사의 규칙들에서 나온 많은 질문들의 요동치는 맥락에서 과연 이 포스트모던이란 개념은 어디에 놓여야 하는가? 그것은 의심할 여지없이 모던의 한 부분이다. 어제를 포함하여 우리가 지금까지 받아들인 모든 것들을 반드시 의심해 봐야 한다. 세잔(Cézanne)이 도전한 영역은 무엇인가? 인상파(impressionist)다. 피카소(Picasso)와 브라크(Braque)가 도전했던 작품(object)들은 무엇이었는가? 세잔의 작품이다. 1912년에 뒤샹(Duchamp)이 깨트려 버린 전제는 무엇인가? 누군가 그림을 그려야만 한다는 전제다. 입체파(cubist)가 이를 보여 줬다. 그리고 뷔렝(Buren)은 다른 전제들이 뒤샹의 작품에 의해 영향 받지 않은 채 남아 있다는 것을 의심했다. 즉, 일을 표현하는 공간이 그것이다. 놀라운 속도로 세대는 자신의 세대를 침식시키고 있다. 하나의 작품은 먼저 포스트모던이 되어야만 모던이 될 수 있다(Lyotard, 1984, p. 79).

후(post)를 '이후에 오는 것(what comes after)' 의 지표로 간주하는 입장은 역사적으로 칸트 이후의 철학을 정의했던 고전적 근대주의자들의 견해다. 과거와의 파괴나 '단절' 은 "사실상 과거를 억누르거나 잊으려는 방식이며, 다시 말해서 과거를 반복하는 것이지 그것을 초월하는 것은 아니다." (Lyotard, 1992, p. 90) 그러나 리오타르는 예술과 문학과 철학과 정치학에 대해 다음과 같이 말한다.

> '포스트모던' 의 '포스트(post)' 는 컴백(comeback), 플래시백

> (flashback) 또는 피드백(feedback)의 움직임을 의미하지 않는다. 즉, '포스트'는 반복(repetition)의 의미가 아니라 재고('ana-')의 절차다. 즉, 분석(analysis), 상기(anamnesis), 신비적 의미(anagogy), 상의 왜곡(anamorphosis)과 같은 절차, 즉 임시적인 망각의 과정을 포함하는 절차를 의미한다(Lyotard, 1992, p. 93).

우리가 교육 분야와 관련해서 포스트모더니즘을 이해하고자 할 때는 반드시 다음의 두 가지 특질들을 감안해야 할 것이다. 첫째, 예술 분야의 변화로서의 포스트모더니즘이다. 이것은 예술 교육과정을 위해 중요한 함의를 지니며 교육을 하나의 예술로 간주할 때 중요한 의의를 지닌다. 또한 이것은 현대 비평의 전통에서 발달해 온 새로운 접근을 위해 중요하다. 둘째, 포스트모더니티로서의 포스트모더니즘이다. 이것은 '근대'에 대한 역사적인 평가에서 도출되는 정신, 태도, 스타일 같은 것이다.

포스트모더니즘과 교육과 관련된 초기 주장 중 앙리 지루(H. Giroux)는 1988년에 출판된 「포스트모더니즘과 교육적 비판의 담화」(in Aronowitz & Giroux, 1991)라는 논문에서 '전체성과 정초주의의 위기' '문화와 타자의 문제' '언어, 표현, 행위자의 위기'라는 세 가지 주제를 제시하며 포스트모더니즘과 교육의 문제를 제기했다. 지루는 '해방적 포스트모더니즘(an emancipatory postmodernism)'을 '비판적 · 성찰적 모더니즘(a critical and reflexive modernism)'과 결합시키려는 시도에 대한 반성으로 여전히 위기라는 단어를 사용하는데, 주요 주제에 대한 그의 주장은 교육 영역을 포함하는 것으로 매우 통찰력 있다. 1988년 지루가 처음 글을 쓴 이래로 교육계에서 많은 학자들이 포스트모더니즘에 대해 다루는 논문과 책을 펴냈다.

후기구조주의의 의미

앞서 논의했듯이, 문학계에서는 포스트모더니즘과 후기구조주의를 융합시키려는 경향이 있었다. 지금부터 우리는 간략하게 포스트모더니즘과 후기구조주의의 용어 차이를 정리하고 후기구조주의의 주요 특징들을 개관한 후 교육적인 의의와 중요성을 논하도록 하겠다.

후기구조주의자들은 후기구조주의를 교육이론과 교육연구의 영역으로 놓는 데 반대할 것이다. 왜냐하면 교육이론의 주류만을 놓고 따지면 명백하게 보수적인 성향을 띠고 주로 국가로부터 지원을 받았으며 역사적으로 정당한 연구 영역으로 여겨지는 실증주의적인 윤리로부터 강하게 영향을 받았기 때문이다. 또한 우리가 단순화의 오류 위험을 무릅쓰고 논한다면 넓게 보아 후기구조주의는 구조주의의 과학적인 가식(pretension)에 대한 철학적인 반발로 나타난 것이기 때문이다. 다시 말해, (후기구조주의적 입장은) 오늘날 교육연구에서 강조하는 계몽주의적인 입장인 '진리' '객관성' '진보' 와 같은 개념에 대한 비판이기 때문이다. 오늘날 철학적 운동으로서 후기구조주의는 다양한 이론, 제도에 대한 비판, 새로운 개념, 권력에 대한 분석의 형식 등 교육연구에 있어 적절하고 중요한 것들을 많이 제시했고, 후기구조주의자들은 교육에 대해 깊은 관심을 보이는 글들을 많이 썼다.

후기구조주의는 정의하기 어려운 용어다. 많은 사람들은 비슷한 용어인 포스트모더니즘과 후기구조주의를 혼동해 왔으며, 실제로 어떤 비평가는 포스트모더니즘이 후기구조주의를 포괄한다고 주장하기도 했다. 그러나 두 입장은 그 이론적인 연구 대상(object of study)에서 차이가 난다. 포스트모더니즘은 모더니즘을, 후기구조주의는 구조주의를 연구 대상으로 삼는다. 후기구조주의는 하나의 사고방식, 철학하는 방식, 글쓰기의 일종이라 지칭할 수 있다. 그렇지만 이 용어가 동일성, 단일성, 통일성을 지닌 단어는 아니다. 후기구조주의라는 용어 자체는 여전히 논쟁적이다. 마크 포스터(M. Poster)는 후기구조주의라는 용어가 미국에서 처음 등장하였으며, '후기구조주의자들의 이론'은 미국 학자들의 독특한 성과물, 즉 다양한 범위의 이론 작업들을 동화시킨 것에 기반하고 있다고 주장한다(Poster, 1989, p. 6).

보다 일반적으로 우리는 후기구조주의라는 용어를 클로드 레비스트로스(C. Lévi-Strauss, 인류학), 루이 알튀세(L. Althusser, 마르크스주의), 자크 라캉(J. Lacan, 정신분석학), 롤랑 바르트(R. Barthes, 문학) 등 다양한 분야 학자들의 작업으로 특징지어지는 구조주의에 대한 철학적인 반응을 기술하는 영어권 학자 공동체에서 사용되는 용어라고 볼 수 있다(Gadet, 1989 참조). 현대 독일 철학자인 만프레드 프랑크(M. Frank, 1988)는 구조주의와의 연속성을 강조하면서 '신구조주의(neo-structuralism)'라는 단어를 선호한다. 이 같은 입장은 존 스투록(J. Sturrock)과 같다. 스투록은 데리다를 주로 연구하였는데, 데리다를 독보적인 '후기구조주의자'로서 구조주의에 대해 가장 무게감 있고 신랄한 비판을 했던 사람이라고 평하였다. 그리고 후기구조주의의 '후(post)'를 "구조주의에 뒤따라오며 구조주의를 올바른 방향으로 확장시키는 노력"으로 규정하였다(Sturrock, 1986, p. 137). 그는 계속해서 "'후기구조주의'는 구조주의 내에서 수행되고 있는 구조주의에 대한 비판이다. 즉, 이는 구조주의에 대한 구조주의적인 논의이며, 구조주의자들이 무시해 왔던 방법상의 근본적 불일치를 지적하고 있다."고 주장한다(같은 책). 반면 리처드 할랜드(R. Harland, 1987)는 구조주의, 후기구조주의, (유럽) 기호학, 알튀세, 라캉, 푸코 등의 주장에서 내재된 공통적인 가정을 바탕으로 '초구조주의(superstructualism)'라는 용어를 제시하였다(Harland, 1993, pp. ix-x). '후기구조주의' '신구조주의' '초구조주의'와 같은 용어들은 역사적, 관례적(institution), 이론적으로 구조주의와 가깝다는 특징이 있다. 그러나 후기구조주의는 단순히 일련의 공통된 가정, 하나의 방법, 이론 또는 학파로 정의될 수 없다. 그것은 다양한 비판적 실천의 형태를 포함하는 복잡한 사상적 흐름으로 이해하는 것이 타당할 것이다. 후기구조주의는 분명 간학문적이고 서로 다르면서도 관련되는 요소들을 지니고 있다.

따라서 후기구조주의는 구조주의의 추정된 과학적인 지위에 대한, 즉 사회과학의 메타패러다임으로서의 구조주의의 지위에 대한 철학적인 반응으로 이해될 수 있다. 후기구조주의는 또한 니체, 하이데거 등의 학자로부터 영감을 받은 운동으로서 체계적으로 구조를 탈중심화하려고 시도하고, 구조주의의 과학적 지위를 무너뜨리려고 하며, 구조주의에 내재된 형이상학을 비판하고, 구조주의를 다양한 다른 방향으로 확장하려고 하는 사람들의 학문적 운동이라 볼 수 있다. 그러나 이와 함께 후기구조주의자들은 인간적인 주제에 대한 구조주의자들의 비판에서 핵심적인 요소들을 보존하려고 했던 이들이기도 하다. 후기구조주의의 이론적인 경향과 혁신은 구조주의와의 유사점 및 차이점과 관련하여 다음과 같이 정리할 수 있다.

유사점

1. 르네상스 인문주의 철학에 대한 비판 및 인문주의 사상의 합리적, 자율적, 자기 투시적 주체에 대한 비판(예: Foucault, 1972). 양자(구조주의와 후기구조주의)는 모두 자율적이고 직접적으로 접근 가능하며, 역사적 해석, 이해, 행동의 유일한 근거로서 인간의 의식을 특권화하는 현상학과 실존주의의 입장에 대해 의심한다.
2. 언어학과 상징적 체계의 관점에서 언어와 문화에 대한 일반 이론적인 이해. 구성요소들의 상호관계는 상호 고립된 요소들보다 더 중요하게 간주된다. 구조주의와 후기구조주의는 둘 다 언어학적 기호들이 지시적(referentially)이기보다 상관적(relationally)으로 행동한다는 소쉬르

학파(Saussurean)의 신념—그리고 그것의 통찰력에 근거한 혁신적인 방법론들—을 취한다(Saussure, 1959 참조).

3. 대부분 우리의 행동을 통제하고 강요하게 만드는 무의식과 잠재적 구조 또는 사회역사적 힘에 대한 일반적인 신념. 구조주의와 후기구조주의의 혁신 중 많은 부분은 프로이트(Freud)의 무의식 연구 및 임상 실험으로부터 영향을 받았다. 그의 연구와 실험은 주체의 순수한 합리성 및 자기 투시성에 대한 유력한 철학관에 도전하면서 전통적인 이성/반이성(광기)의 구분을 질문하는 보다 다층적 관점을 대두시켰다.
4. 소쉬르(Saussure), 야콥슨(Jacobson), 러시아의 형식주의자(formalists), 프로이트, 마르크스 그리고 다른 사상가들에 근거한 공통의 지적인 유산과 전통. 이러한 공통의 지적 역사는 많은 가닥들을 가지고 있는 복잡한 타래와 같다. 우리는 그것을 혁명 이전의 러시아, 제네바 그리고 예나에서 시작되어 문학과 과학, 예술, 시, 언어학에서 동시에 중복되어 일어난 유럽의 형식주의(European Formalism)의 한 측면이라고 불러야 할지 모른다.

차이점

1. 역사의 재해석(reintroduction). 구조주의가 구조의 공시적 분석을 통해 역사를 지워 없애고자 했던 반면, 후기구조주의는 통시적 분석에 대한 재강조를 통해 변천, 변형 및 구조의 불연속성, 연속화(serialization), 반복, '고고학'에 관하여, 그리고 아마도 가장 중요하게는 니체를 따른 푸코가 계보학이라고 불렀던 것에 관하여 비판적 역사에 대한 새로운 흥미를 불러일으킨다. 계보학은 어원적이고 개념적인 정밀조사를 모두 포함하여 기술의 다양성을 통한 가치의 구조와 형식을 조사하는 역사적 분석의 한 형식이다. 계보학적 서사는 본체론

(ontology)을 대신하거나, 달리 표현하면 본체론의 질문들을 역사화하는 것으로 간주된다.

2. 인문과학에서 과학만능주의(scientism)에 대한 도전, 인식론에서의 반정초주의(antifoundationalism), 그리고 해석에서 관점주의(perspectivism)에 대한 새로운 강조. 후기구조주의는 합리주의와 실재주의에 도전한다. 반면 구조주의는 실증주의에서 연장된 것으로 모든 문화와 인간 정신의 보편적인 구조를 규명하고 식별하기 위한 구조주의적 접근법의 능력 및 과학적 방법에 대한 프로메테우스적인 믿음을 가지고 있다.
3. '최후의 형이상학자(last metaphysician)'로서의 니체에 대한 하이데거의 해석과 니체의 재발견. 니체의 업적은 인간 주체들의 자기 극복(self-overcoming)과 정체(constitution)에 대한 갈망과 권력의 종잡을 수 없는 기능을 생각해 내고 이론화하는 새로운 방식을 제공해 준 것이다. 1961년에 처음 출간된 그의 여러 권으로 된 책 『니체(*Nietzsche*)』(Heidegger, 1991)에서, 하이데거는 『권력에의 의지(*The Will to Power*)』—니체의 여동생에 의해 사후에 처음으로 출판되고, 각주를 모아 만들어진 작품—에 주목했다. 그리고 니체를 최후의 형이상학자로 해석했다. 특히 데리다는 하이데거의 '환원적인(reductive)' 해석에서 쟁점을 끌어내고, 서양 형이상학의 역사에 대한 하이데거의 '파괴(destruction)'를 '해체(deconstruction)'로 변형시켰다. 데리다와 관련하여 유명한 '해체'라는 용어는 문체에 대한 질문의 해석에 깊이 의존하는 비평과 분석의 양식이며, 읽기와 쓰기의 실제다. 여기서 데리다는 바울에서부터 칸트와 밀 그리고 마르크스에 이르기까지 서양의 모든 형이상학의 원천인 플라톤주의를 거부하는 니체-하이데거 철학 계보의 사상을 따른다. 하이데거가 여전히 니체에게서 전도된(inverted) 플라톤주의의 마지막 요소를 보았던 곳은 『권력에의 의지』의 형이상학에 구속된다. 그리고 최초의 순수한 후기(탈)형이상

학적 사상가로 자신을 묘사하는 데리다는 자신의 사상이 이전 사상의 흐름으로부터 영향받았음을 인정하면서, 형이상학의 향수 어린 흔적이 남아 있는 하이데거의 존재(Being)의 개념에 주목한다. 그는 가장 중요한 철학적 임무는 우리의 시야를 가리고 서구 문명에서 허무주의의 충동을 표명하는 서양 철학의 '로고스중심주의(logocentrism)'—자기 현전(self-presence), 즉시성(immediacy), 단성성(univocity)—로부터 벗어나는 것이라는 하이데거의 관점에 동의한다. 그런데 '벗어나는 것(breaking free)'이 형이상학을 극복하는 것을 의미하지는 않는다. 해체는 표현 불가능하거나 형언할 수 없는 것들을 위한 텍스트들에 집중된 비판적 관습(practice)을 대체한다. 이러한 해체과정은 언어의 형이상학적 특징을 벗어나려고 시도하는 것에 의해서가 아니라 그것을 드러내고 비판함으로써 이루어진다. 본질적 내용으로 보이는 것들에 반발하기 위해 텍스트의 우발적 특징을 부각시키며, 문법적 구조에 대항하여 수사학적 요소들을 제기한다. '인간'을 초월하여 사유하려는 하이데거의 전략은 일종의 기교를 사용하지는 않았을 것이다. 하지만 데리다는 '양식의 변화'가 필요하다고 제안했다.

4. **기술(technology)에 대한 비판적 철학.** 후기구조주의 역사의 상당 부분은 하이데거의 기술에 대한 인식을 혁신적으로 발전시킨 일련의 이론적 접근으로 묘사될 수 있다. 하이데거의 기술철학은 서양의 형이상학 역사와 존재의 노출(disclosure)에 대한 비판과 관련된다. 기술의 본질은 그러한 노출(진리, aletheia)에 근거한 생성(poiesis) 또는 '내어놓음(bringing forth)'이다. 근대 기술의 본질은 소위 '틀 짜기(enframing)' 안에서 드러나며, 이는 소모될 것을 예측하여 축척해 둔 자원들을 언급하는 개념인 '상비군(standing reserve)'으로 나타난다. 근대 기술은 형이상학의 역사에서 그 마지막 시기를 니힐리즘(nihilism)이라 명명하는데, 이 특정한 시기에 존재가 드러나게 되는

방식은 원칙적으로 완전하게 알 수 있고 전적으로 인간이 사용하도록 비축해 놓은 것(stockpiling)을 통해서다. 그는 기술의 본질은 기술적인 것이 아니라고 주장했다. 그것은 기술의 모든 부분을 포괄하는 하나의 제도로서, 기계 기술이 인간의 행동과 기대를 왜곡시키면서 인간의 존재 양식을 변화시키는 방식에 초점을 둔 인간 실존의 한 양식이다. 그는 자신의 업적은 누군가를 니힐리즘으로부터 구해 내고 의연한 개개인이 본래성에 도달하도록 허용하는 새로운 시작을 위한 준비로 보았다.

5. **계몽주의의 가치들에 대한 정치적 비판과 민주주의의 심화.** 후기구조주의는 근대 자유민주주의가 몇몇 다른 그룹의 사람들을 '타자화(othering)' 시키거나 배제시키는 효과를 지닌 일련의 두 가지 반대 개념들(예: 우리/그들, 시민/비시민, 책임감 있는/무책임한, 합법적인/불법의)에 근거해서 정치적 동일성(identity)을 구성하는 방식을 비판한다. 서구 국가들은 시민들에게 권리—이는 시민권에 달려 있다—를 보장한다. 그리고 비시민(noncitizen), 즉 이주민, 요양소 및 보호소 등을 찾는 자들을 '이방인' 으로 간주한다. 후기구조주의 일부는 이러한 경계들의 사회적 형성 및 정착 방식 그리고 그 유지방식에 주목한다. 특히 차이의 철학들과 두 가지 반대 개념들을 구성하고 있는 가치의 정치적 위계의 해체는 현재 다문화주의 및 페미니즘 논의에서 매우 의미심장한 것이며, 대표제(representation) 및 합의에 대한 후기구조주의의 비판과 연결된 것으로 보인다.
6. **정부 주도성(governmentality) 및 정치적 이성.** '정부 주도성' (Foucault, 1991b)' 개념에 근거하는 푸코의 후기 연구는 정치적 이성을 직접적으로 다루는 정치철학을 중심으로 추진되었다. 푸코는 자유주의와 신자유주의의 분석에 입각해서 '정부 주도성' 을 접근하며, 이를 국가 이성에 대한 비판과 관련된 원칙에서 생성된 것으로 본다. 푸코는 '정부

주도성' 이라는 용어를 통치 기술(the art of government)로 이해하며, 근대 자유주의 정치학의 토대가 된 규칙의 특별한 유형의 출현을 나타내는 데 사용하고 있다. 그는 '통치 기술' 이 16세기에 출현하여 다양한 문제들과 연관된다고 주장한다. 즉, 우리 자신의 정부(개인적인 품행), 영혼들의 정부(목가적인 선언), 어린이들의 정부(교육학)의 문제다. '경제' 가 국가의 정부 주도화(governmentalization)의 일부분으로서 정치적 실행에 도입되었던 것은 거의 같은 시기였다. 푸코의 접근법에서 특이한 것은 그가 권력이 어떻게 영향을 미치는가 하는 의문에 흥미를 가졌다는 것이다. 푸코는 국가의 문제를 과대평가하며 이를 특정한 기능에 기초한 통일성 혹은 단일성으로 축소시키는 현대의 경향에 대해 비판하고 있다. 푸코와 데리다는 모두 칸트의 세계 정책적인(cosmopolitical) 저서들을 참조하면서 세계적 통치(global governance)에 대해 전망했다. 그리고 데리다는 민주주의의 심화 및 새로운 기술들의 발전을 환영하는 '도래할 민주주의(democracy to come)' 에 관하여 언급했다(예: Derrida, 1997 참조).

7. **차이의 철학(philosophies of difference).** 만약 후기구조주의를 특징짓는 한 가지 요소가 존재한다면 그것은 다양한 사상가들이 다른 방식으로 사용하고 발전시키고 적용하고 있는 '차이(difference)' 라는 개념이다. 차이 개념은 니체, 소쉬르, 하이데거로부터 기원한다. 『니체와 철학(*Nietzsche and Philosophy*)』(Deleuze, [1962] 1983)에서 들뢰즈는 니체의 차이의 원리에 따라 철학을 해석하고 있으며, 헤겔 학파의 변증법에 대한 공격으로 이 해석을 발전시키고 있다. 데리다의 차이 개념은 두 가지 원천으로 거슬러 올라갈 수 있다. 소쉬르의 언어학적 체계는 차이를 통해 구성된다는 통찰과 하이데거의 차이 개념이 그것이다. 첫 번째의 차이 개념(1959년)으로부터 '차연(différance)' 이라는 개념으로 발전하기까지는 거의 10년이 걸렸다. 데리다가 언급한

바와 같이(Derrida, 1981, pp. 8-9) 차연은 우리의 언어를 만드는 모든 위치상의 개념들의 공통된 뿌리와 모든 표현(signification)을 위한 조건들로서 나타난다. 단지 보류, 연기, 우회, 위탁, 유예, 위임, 지체에 의해서 미루는 것을 구성하는 운동만이 아니라, 마지막으로 하이데거가 존재와 존재들 사이의 차이라고 명명했던 존재-존재론적(ontico-ontological) 차이인 '차이의 표명(unfolding)' 을 나타낸다. 이와 같이 차연은 주체의 언어학적인 한계를 구분해 주는 것으로서 여겨진다. 반면에 리오타르는 실존의 담론을 위한 바로 그 조건을 수립하고 제안하는 '충돌(différend)' 개념을 고안해 낸다. "보통 유사한 장르 간에 어떤 보편적인 판단 규칙은 없다."(Lyotard, 1988b, p. xi) 혹은 "어떤 장르의 헤게모니도 타인들을 지배하는 것은 정당하지 않다."(같은 책, p. 158) 리오타르가 정의한 바대로, "충돌은 (적어도) 두 주장 사이의 일종의 갈등이며, 양쪽 주장에 모두 적용 가능한 판단 법칙이 없기 때문에 일률적으로 해결될 수 없다."(같은 책, p. xi) 반본질주의(antiessentialism)를 강조하는 후기구조주의의 차이 개념들은 성과 민족성과 관련하여 발달해 왔다. 미국의 페미니스트 철학자인 아이리스 영(I. Young)은 『정의와 다름의 정치학(*Just and the Politics of Difference*)』(1990)을 저술했으며, 아프리카계 미국인 철학자 코넬 웨스트(C. West)는 『차이에 대한 새로운 문화정치학(*The New Cultural Politics of Difference*)』(1993)을 저술했다.

8. 거대담론(metanarratives)에 대한 회의. '포스트모던의 조건' 에 대한 리오타르의 정의는 결정적인 어휘들 및 규범적인 기술들에 대한 반대와 결합되어 있기에, 소위 선험적인 주장들과 관점들에 대한 의심이라고 할 수 있는 후기구조주의의 한 특징을 제시한다. 특히 '거대담론에 대한 회의' 는 다양한 대서사들이 국가 권력의 정당화로서 대두되어 왔던 근대 시기의 정당화 문제를 의미한다. 지식의 사변적인 통일성을

재생산하거나 경쟁적인 담론들, 주장들, 관점들을 조정할 수 있는 종합적인 혹은 중립적인 지배 담론이란 존재하지 않는다. 20세기 철학과 사회과학의 '언어학적 전환(linguistic turn)'은 메타언어의 중립성이나 정초적인 인식론적 특권이라는 가정을 보장하지 않는다.

9. '지식/권력'의 진단과 푸코의 권력에 대한 분석에 근거한 지배 기술의 폭로. 푸코에게 권력은 생산적이다. 그것은 사회체제를 통해서 전파되며 밀접하게 지식과 관련된다. 그것은 억압적이라기보다는 생산적이며 새로운 지식(해방시킬지도 모르는)을 창출한다. 그것은 어느 한 곳에 위치하기보다 국가와 같이 확산된다. 그리고 그것은 '지식/권력' 집합의 부분이다. 지식은 광범위한 실천이라는 의미에서는 인구 통제에서 권력의 활용을 통해 생성되는 것을 의미하기도 한다. 푸코는 이러한 논제를 감옥과 학교와 같은 근대 제도들의 발달에 관한 그의 계보학적 연구를 통해 발전시켰다. 그리고 대응하는 사회과학들의 출현은 사회 통제의 새로운 방법들을 고안하도록 도왔다.

10. 세계적인 지식/정보 사회/경제의 정치학. 후기구조주의는 지적인 원천들을 교육철학자들에게 제공한다. 세계적 경제/사회와 같이 세계화라는 지배적인 신자유주의 패러다임을 구성하는 데 사용되는 현행의 우세한 가정들을 뽑아내는 것은 이른바 '자유무역'과 지식의 개념에 근거하고 있다. 지식의 새로운 생산과 세계적인 지식 경제는 합리성, 개성, 자기 이해(self-interest)의 고전적 가정들과 함께 지식 해체와 비판을 위한 중요한 구성 역할을 할 것이다. 그것들은 또한 대안적인 개념을 위한 개념적 장이 되기도 한다.

후기구조주의의 교육과 정치학

푸코는 에토스(ethos)를 태도와 실천을 동시에 포함하는 동시적인 실재(contemporary reality)로 정의한다(Foucault, 1984). 근대 세계로부터의 성숙한 출발로서의 포스트모던 에토스는 모더니즘의 해방 및 진보의 대서사에 대한 깊은 의심으로 규정할 수 있다. 우리는 후기구조주의를 부분적으로 구조주의에 대한 재인식으로서 이해할 수 있다고 제안하였다. 그러나 계보학이나 해체는 특정한 이론의 저술을 시도하지 않는다. 로티의 설명에 따르자면 그 모두가 구성적인 활동이기보다는 저술에 대한 반응의 방식이라고 볼 수 있다(Rorty, 1980).

그런데 후기구조주의를 단순히 구조주의의 재이론화(retheorizing)로 해석하는 것은 또한 니체와 하이데거가 후기구조주의의 사상에서 행했던 중대한 역할에 대한 시각을 놓칠 위험이 있다. 요컨대, 우리가 후기구조주의를 데리다, 푸코, 리오타르 등의 연구들과 관련하여 언급하려 한다면, 그들의 연구들을 단지 '구조주의의 추정된 과학적 상태에 대한 특별한 철학적 반응'으로 묘사하는 것은 이러한 복잡성에 대하여 바르게 나타내지 못하는 것이며 그들의 저술방식을 오해하는 것이다. 1950, 1960년대 프랑스에서 들뢰즈, 데리다, 푸코, 리오타르 등의 학자들은 니체와 하이데거를 탐구하기 시작했고, 그들의 관점을 통해 구조주의의 과학적이며 보편주의적인 가식을 질문하였고, 동시에 구조주의 및 헤겔주의를 초월하고자 하였다(M. Peters, 1996, 1997 참조). 이러한 프랑스의 니체에 대한 수용은 특히 미국의 '후기구조주의' 및 '해체'와 같은 지적 형성과정에 결정적으로 작용하였다.

우리는 앞서 해체를 구성하는 읽기와 쓰기의 새로운 방법들에 대해 언급했다. 이러한 새로운 비판적 방법들은 예일 대학교의 문학비평가 해럴드 블룸(H. Bloom), 폴 드 망(P. de Man), 힐리스 밀러(H. Miller), 그리고 제프리 하트먼(G. Hartman) 등의 작품에서 활기를 띠면서 빠르게 제도화되었다. 예일 대학교의 업적은 많은 비평들을 형성해 나가면서 소위 서양의 정경(canon)이라는 것의 구조와 고등고육 커리큘럼 양쪽 모두에 관심을 기울인 것이다. 보수적인 평론가 앨런 블룸(A. Bloom)은 『미국 정신의 종말(*The Closing of American Mind*)』(1987)에서 20세기 미국의 사회적이고 정치적인 위기는 관용으로 위장된 상대주의, 허무주의와 절망이라는 대륙적 관념들의 보급에 의해 야기된 진정한 지적인 위기라고 강력하게 주장했다. 그는 미국의 대학이 서양의 전통 원칙들에 대해, 그리고 특히 최초로 대학을 일으킨 서양의 정신적인 유산에 대해 닫혀 있다고 주장하고 있다.

프랑스의 후기구조주의를 프랑스의 니체 연구로 축소시키는 것은 상당히 위험하다(M. Peters, 1998a, pp. 6-18 참조). 니체에 대한 현대 프랑스 사상가들의 관점과 그들이 니체의 작품을 사용하는 방식은 서로 매우 다르며, 리오타르와 같은 사람들은 그들의 사고에서 오히려 칸트의 중요성을 강조하면서 니체의 중요성을 부인한다. 우리는 후기구조주의를 페리(Ferry)와 르노(Renaut) 등의 주장에 근거한 '프랑스식 니체주의(French Nietzscheanism)'로 읽는 (프랑스의) '신자유주의적(neoliberal)' 환원주의에 적극적으로 저항해야만 한다(Ferry & Renaut, 1990, 특히 pp. 15-17; 또한 M. Peters et al., 2000 참조).

뿐만 아니라 후기구조주의가 비록 '주의(ism)'라고 명명되었다 할지라도 이를 하나의 '운동(movement)'으로서 보지 말아야 할 근거들이 있다. 오히려 우리는 후기구조주의를 언급하는 데 '운동'이라는 개념을 모더니즘적인 프로젝트로서가 아니라 음악에서의 악장(movement)으로서 볼 수도 있다. 즉, 일련의 반복되는 후렴 또는 주제들, 심지어는 화음(그리고 불협화음)들은 그 자체의 독특한 구조를 갖는다. 사회적 혹은 정치적 운동의 개념은 포스트모더니즘보다는 오히려 모더니즘적인 정치학의 언어 게임에 속한다. 그러나 구체적인 후기구조주의자들의 정치적 행동주의는 비장기적인 해방을 위한 의제를 이야기하고, 단체의 일시적인 연대만을 요구하는 지엽적이고 구체적인 이슈들에 역점을 둔다. 바로 이런 경향에 의하면 후기구조주의자들에게는 일반적이거나 공유하는 행동, 원인 혹은 정치적 프로그램에 대한 이론이 없다고 논의될 수도 있다. 실제로 초기의 한 경향은 후기구조주의를 니체주의적인 감화(inspiration)라는 포스트모던적 정신으로 간주하기도 하였다. 이는 하버마스가 그것을 니체의 '재생(revitalization)'으로 보는 방식이다(Habermas, 1990b). 니체는 권력과 지식의 역할, 기존 틀을 넘나드는 자유, 시적 풍자와 자기 창조, 타인을 굴복시키려는 의도 없이 싸움에 참여하려는 논쟁적인 정치 원리에 대한 후기구조주의자의 관점에 영향을 주었다.

프랑스 사상가들은 '순수 언어의 꿈 포기'를 희망하고 '잡음 없고(noise-free)' 완전히 투명한 의사소통의 영역을 주장하는 하버마스의 모더니즘적이고 보편주의적인 시각에 구체적으로 의문을 제기하고자 한다. 웰베리(Wellbery)는 다음과 같이 저술하고 있다.

> 하버마스는 투명한 의사소통의 이상을 주장하는 반면, 프랑스 사상가들은 말 자체에 내재된 불투명성(애매성)을 고려한다. 하버마스는 합의의 조화로운 양상을 강조하는 반면, 프랑스 사상가들은 합의는 오직 배제의 행동 위에서 성립 가능하다고 본다. 또한 하버마스는 언어 위에 존재하며 자체의 타당성을 제공하는 타당성의 준거, 진리, 진실함과 같은 개념을 추구하는 반면, 프랑스 사상가들은 이러한 개념들을 말과 타인을 통제하려는 전략으로 간주한다(Wellbery, 1985, p. 233).

스티븐 화이트(S. White)는 하버마스의 최근 연구(즉, 1971년 이래)가 '합리성과 윤리학에 대한 보편주의적인 관점'에 사로잡혀 있다고 주장했다. 그리고 이러한 관점은 점차적으로, 특히 1970년대에 논의의 쟁점이 되었다.

> 계몽시대의 보편주의적, 합리주의적 전통은 다양한 분야로부터의 강력한 도전을 받았다. 맥락주의 및 상대주의적 입장은 분석철학자, 도덕 및 정치 이론가, 사회인류학자, 여성학자, 후기구조주의자들에 의해 정교하게 발달하였다(White, 1988, p. 1).

화이트는 이러한 압력을 받게 되면서 하버마스가 그의 입장을 '모든 행위자의 발화 행위에 내재된 것에 대한 확신에서 현대 사회의 경쟁적 구성원들의 직관에 대한 확신으로' 변경하였다고 설명한다(White, 1988, p. 2). 새 천년이 시작되면서 가치다원주의에 대한 인식의 고양, 탈식민지화(decolonization)의 가속, 자생적인 문화와 전통의 재생, 서양 철학과 과학에 내재된 성 편향적인 본질에 대한 인식, 중국, 인도, 회교도, 아프리카의 철학들에 대한 재인식 등의 동향이 일어나면서, 하버마스의 보편주의적 주장에 담긴 유럽중심주의를 면밀하게 검토할 필요성이 증대되었다.

이러한 비평들은 또한 하버마스의 의사소통적 합리성 이론 및 '학습과정'을 통해 고등교육 모델을 만들고자 하는 교육 이론가들에게도 적용된다(예: Barnett, 1990). 혹은 그 학습과정은 일상적 담화 안에 내재되어 있고 그 담화에서 도출 가능한 의사소통적 합리성의 목적인(telos)을 추구한다. 여기에 대학의 통일성이라는 하버마스적인 해석에 대한 일련의 비평들이 있다. 의사소통적 합리성은 지식의 분화와 새로운 학문적 언어 게임의 발생을 막기에 충분히 강력한가? 합의(consensus)의 개념이 정말로 롤즈 학파적인 '중복되는(overlapping)' 본질 안에서조차 대학의 자유주의적인 이상을 발전시키도록 도울 수 있는가? 이런 합의의 개념은 주류의 관심과 학문 분야와 다른 것들을 배제시키는 데 어느 정도로 협력해 왔는가? (M.

Peters, 1999 참조)

후기구조주의의 정치적 방향성은 분명하지만, 그러한 정치성 때문에 오랜 기간 후기구조주의가 비판에 종속되었다는 의미는 아니다. 다만 이러한 비평이 교육에 관한 담론으로서의 후기구조주의의 신뢰성에 중요한 함의를 지니기 때문에 이러한 정치성을 강조하는 것이다. 반응적인 성향을 보이는 후기구조주의 학자들은 사실상 그들이 반대하는 것에 대해서는 매우 분명하지만 지지하는 것에 대해서는 분명하지 않다. 즉, 비평가들에 의하면 후기구조주의자들은 특정한 입장이 없다. 서양의 이성에 대한 공격으로 말미암아 결국 후기구조주의는 비합리적이라는 멍에를 지게 되었다. 윤리학과 정치학에 대한 후기구조주의의 입장도 무책임성이라는 비판을 받게 되었다. 즉, 후기구조주의는 허무주의나 무정부주의 혹은 지적 반달족(vandals)이라는 것이다. 그렇다면 후기구조주의는 교육에 무엇을 공헌할 수 있을 것인가?

후기구조주의가 교육에 관해 제기하는 비판과 문제점들을 살펴보자. 버튼스(Bertens)는 데리다 학파의 해체주의가 1980년대 초기에 결정적인 영향을 주었다고 말하고 있다. 그러나 대략적으로 1980년대 중반에는 푸코가 유력한 역할을 했다. "[그의] 영향력은 마치 1시간 동안의 산책 후에 놀랍게도 온몸을 젖게 만드는 이슬비처럼 알아채지 못하게 갑자기 구체화되었다." (Bertens, 1995, p. 7)

해체는 언어의 자기 성찰에서 그 자체를 받아들이는 점과 텍스트와 간텍스트(intertexts)에만 관심을 제한하는 점에서 버튼스를 포함한 비평가들로부터 비판을 받았다. 버튼스는 "표상(representation)에 대한 비난은 그 자체로 중요한 정치적 행동임을 확신하면서 소위 주체의 죽음을 경축하는 데 만족해하고 있으며, 이러한 표상이 제기하는 중요한 정치적 문제들은 간과한다."고 주장한다(같은 책, p. 7). 푸코의 계보적 분석은 해체주의의 텍스트와 언어에 대한 강조를 지식/권력과 그것의 현대적 주체의 구성에 대한 강조로 바꾸어 놓았다. 다른 비평가 중 한 사람인 메르쿠아(Merquior)는 푸코를 언급하면서 "후기구조주의를 '해체' 의 텍스트 중심의 관점에서 멀리 벗어나 윤리-정치적(ethico-political) 토대에 두려고 노력했던 사람" 이라는 버튼스의 주장을 지지한다(Merquior, 1985, p. 14). 그러나 설령 푸코가 지식/권력에 대한 관심을 보였다고 해도 이는 데리다에 반대하여 제기된 유희적인 무책임이라는 비난으로부터 자유롭지 못했다. 이러한 비난은 후기구조주의자들이 자유와 정의의 문제들에 대해 특정한 입장을 취하기를 거부하며, '정치적 체스판' 에서 어떤 입장을 취해도 상관없다는 태도를 취하는 데서 비롯된다. 특히 데리다는 파리의 폭동 기간 동안에 마르크스주의에 대한 입장을 취하기를 거부한 것에 대해 비난받았다. 푸코는『감시와 처벌(*Discipline and Punish*)』등에서 매우 비참하게 묘사했던 훈육 기술들과 지식/권력 체제에 관하여 중립적인 인상을 주었다고 비난받았다.

푸코의 권력에 대한 주장에 대해 찰스 테일러(C. Taylor)와 다른 비평가들은 일관적이지 않다고 비판하였다. 테일러는 푸코의 관점은 권력과 지배를 동일시하고 있으며 자유에 대한 반대 개념을 제시하지 못한다고 주장하였다(Taylor, 1985b). 호이(Hoy)는 "푸코가 스스로 진단한 사회 부패에 대한 예측이나 처방을 상술하기를 거부하면서 독자들에게 계보학이 고고학만큼 중대하지 않고 무책임하다는 사실을 제안한다." 고 비평하였다(Hoy, 1986, p. 67). 마이클 월저(M. Walzer)는 푸코의 정치학을 '천진한 좌익사상(infantile leftism)' 의 한 형태라고 결론지었고(같은 책, p. 51), 리처드 로티는 그것을 '자기 관대적인 정치 스타일(self-indulgent political chic)' 이라고 묘사하였다(같은 책, p. 71). 메르쿠아는 더 나아가서 대륙철학에 대한 푸코의 영향을 '불행한' 것으로 묘사하면서 그를 혁명적인 '자발주의자(spontaneist)' 및 나쁜 무정부주의자라고 언급했다(Merquior, 1985, p. 154). 요컨대, "그[푸코]는 규범적으로 혼동하고 있고 스스로 묘사한 사회 현상들에 대한 비판의 근거를 소멸시켰다." 고 비평가들은 주장한다

(Patten, 1989, p. 22).

후기구조주의자인 로티는 『철학과 자연의 거울(*Philosophy and the Mirror of Nature*)』 이후의 철학적 성찰에 있어서 프랑스의 후기구조주의를 일반적으로 철학적으로는 옳지만 정치적으로는 어리석다고 묘사했다(Rorty, 1992). 그러나 사회적 민주주의라는 '희망의 정치학'에 찬성하는 로티의 정치적 입장은 비평들로부터 자유롭지 못했다. 그의 정치학을 포스트모더니즘에 대한 그의 지적 편향과 화해시키려는 노력은 좌파 및 페미니스트들에게 문제로 인식되었다. 로티(1990a)는 철학이 교육과 정치학 모두에 부적절하다는 결론을 도출하는 데 있어서 후기구조주의적 전망을 취하고 있기 때문에 특히 우리의 관심을 끈다(Peters & Ghiraldelli, 2001 참조).

'포스트모던'이라는 형용사를 상술하는 것 또한 중요하다. 포스트모던의 지적 방향성 혹은 기풍(ethos)은 현대 서양사회의 사회문화적 실재를 언급하는 데 사용된다. 기든스(Giddens, 1991), 벡(U. Beck, 1992) 등의 사회이론가들은 이러한 경향을 실존적 방황에 의해 특징지어지는 '위기의 사회'로 묘사하였다. 그들은 이런 경향을 포스트모던 외에 '고도의 현대(high modern)' '후기 현대(late modern)' '반성의 현대(reflexive modern)' 등의 다른 용어로도 묘사하였다. 리오타르에 의해 언급된 근대의 대서사에 대한 회의는 부분적으로 이러한 방황을 설명하고 있다. 간단히 말하자면, 포스트모던은 어떠한 기풍을 의미하며, 또 현대 서양 세계의 실재를 의미한다. 후자의 의미에서 사람들은 부득이하게 포스트모던 세계에 살고 있지만 반드시 포스트모던의 관점이나 방침을 받아들일 필요는 없다. 이것은 우리의 학습기관, 학습 실제, 학습정책들이 현 세계의 기풍에 관련되는 한 반드시 포스트모던 세계에 반응해야 하지만, 동시에 포스트모던의 정치에 저항할 수도 있다는 것을 시사해 준다.

이것은 키질티안(Kiziltian), 바인(Bain) 및 카니자레스(Canizares)에 의해 취해진 입장인데, 그들은 "현행 교육은 다양한 활동들(예: 가르침, 훈육, 평가, 수준별 학급편성 등)의 제도적인 배열을 통해 포스트모던한 더 넓은 사회와 교차한다."고 본다(Kiziltan et al., 1990, p. 353). 그러나 그들은 또한 '교육의 편파성을 드러내는 것과 인식론적이고 형이상학적인 가설들의 비현실성과 연약함을 폭로하는 것'에서 포스트모더니즘이 공교육의 가능성을 급진적인 방식으로 위협한다는 사실을 발견한다. 따라서 이러한 포스트모던의 관점은 [교육적 관점에서 볼 때] 제지되어야만 한다(같은 책, p. 355). 이 부분에 있어서 어셔(Usher)와 에드워즈(Edwards)는 공교육에 어떤 즉각적인 위험이 있을 것이라고 생각하지는 않았다. 왜냐하면 우리의 교육제도들에 모더니티의 영향력이 아직도 강하게 남아 있어서 실제로 "교육은 특히 포스트모던의 '메시지'에 저항적이기 때문이다."(Usher & Edwards, 1994, p. 2) 그러나 포스트모더니즘의 '메시지'에 현혹되는 것의 위험은 다른 학자들에 의해 주장되었다. 예를 들어, 하버마스의 견해에 동의하는 앤디 그린(A. Green)은 다음과 같이 경고한다. "그것의 극단에 이르러서 포스트모더니즘은 오직 도덕적 허무주의와 정치적 냉담 그리고 뜻하지 않은 혼란으로 지성인들의 자포자기로 인도할 수밖에 없을 것이다."(Green, 1994, p. 74) 그린은 더욱이 포스트모던이 주장하는 논리는 "여러 가지 점에서 신우익인 자유 시장경제 옹호론자들의 주장과 유사한 개인주의적인 교육소비주의를 강조하게 된다."고 지적한다(같은 책, p. 76).

이것은 로티가 『우연성, 반어 및 연대(*Contingency, Irony, and Solidarity*)』에서 포스트모던을 자유 유토피아를 위한 정치적 프로그램으로 취급한 입장과 맥을 같이한다(Rorty, 1989). 로티는 후기구조주의가 고무시키는 일종의 심미적인 조망은 단지 사람들의 사생활 영역에 국한되어야만 한다고 주장한다. 그리고 그는 우리에게 교육을 하나의 계속적인 과정이 아닌 더 낮은 차원과 더 높은 차원의 두 개의 구별된 것들로 생각할 것을 요청한다(Rorty, 1990b). 첫 번째는 학생들에게 문화를 직접적으로 전수해 주는 학교교육(schooling)이고, 두 번째는 학생들을 도야시키고 그들의 특수한 개성을 증진시키는 비직업적인 대학(nonvocational university)이다. 이 제안은 학생 개인의 실존을 공적인 영역과 사적인 영역으로 양분하여 그에 상응하여 교육도 문화화와 개성화의 양분된 영역으로 구축하자는 것인데, 이러한 제안에 대해 실로 많은 반대 주장들이 제기되었다. 폴 스탠디시(P. Standish)는 후기구조주의의 자아를 표현하는 방식에 대해 이어지지 않는 경험들의 망 또는 중심적 자기 또는 자아의 부인과 같다고 문제를 제기하였다(Standish, 1995). 자아가 이런 방식에 처하게 되면 스스로 교육받는다는 사실을 식별하기가 어렵게 된다. 포스트모던의 접근은 또한 교육은 '전인'을 육성하는 것이라는 일반적인 인식을 무의미하게 만든다. 한 가지 비판을 덧붙이자면, 포스트모던의 접근은 교육이 이성적으로 자율적인 주체의 육성이라는 오래된 자유주의의 관점에 반대하는 것이기도 하다. 그러나 스탠디시는 현대 사회에 속한 개개인들이 일종의 사회화를 받는 것을 문제시하는 포스트모더니즘의 입장을 긍정한 인물이기도 하다.

아로노비츠(Aronowitz)와 지루는 한때 '해방의' 포스트모더니즘이라고 언급하면서 '우익' 또는 하버마스에 의해 규명된 허무주의 부류와는 다른 포스트모더니즘을 밝혀내고자 하였다(Aronowitz & Giroux, 1991). 현행 학교교육에서 반영되고 있는 모더니즘의 어떤 헤게모니적 측면들에 관하여 결정적인 의문을 제기하는 것은 별도의 문제로 하고, 그들은 포스트모더니즘이 인종적, 성적, 민족적 차이에 관한 정치를 지지하면서 현대 사회를 비영역화하고 그것의 정치적, 사회적, 문화적 경계들을 다시 긋는다는 급진적 약속을 제시한다고 주장했다. 포스트모더니즘은 마르크스와 프로이트의 거대담론에 별다른 감흥을 보이지 않는 작금의 세계 내에 사는 우리의 입장을 되돌아보게 한다. 그리고 포스트모더니즘은 전자 매스미디어와 정보 기술들의 증가된 영향과 관련된 변화, 후기 산업자본주의 사회의 계급 및 사회 형식들의 변화, 삶과 예술 및 고차원적이고 대중적인 문화, 그리고 상(image)과 실재 간의 경계 초월에 대한 관심을 요청한다. 그러나 '위기의 사회' 를 주장하는 사회학자들은 우리 세계 내의 포스트모던적 재입장에 대하여 방향 감각을 상실한 것으로 이야기한다. 몇몇 사람들은 리오타르의 포스트모더니즘 정의에 따른다면 비록 '해방의 포스트모더니즘' 은 결코 해방과 관련된 작은 이야기들을 명확히 배제하지는 않을지라도 자체로 모순된 관점이라고 주장한다. 이러한 비판적 시각에서 그린은 아로노비츠와 지루가 포스트모더니즘의 생각들 중 일부를 뻔뻔스럽게 자신들이 지지하는 급진적 민주주의와 사회정의라는 모더니즘의 프로젝트에 도용하고자 했다고 비판한다.

아로노비츠와 지루의 입장과 유사하게, 베이어(Bayer)와 리스턴(Liston)은 포스트모더니즘 연구들이 학교 및 사회에서의 소외문제와 특정 집단들 및 소수의 배제문제에 대한 관심을 이끌어 낸다는 긍정적인 사실들에 주목했다. 그러나 포스트모더니즘은 모든 형식의 일반성 및 해방적인 주장을 불신하고 어떤 공동의 큰 문제에 대한 해결의 운동을 추진하기보다 지엽적인 것을 강조하기 때문에 이러한 긍정적인 노력은 실패한다. 이것은 어떤 환경에서는 효과적인 것일지도 모른다고 그들은 주장한다. 하지만 그들에 따르면, "대안적인 사회 · 교육적 행동들에 대해서도 복잡한 문제를 제기하며 도전하게 된다." (Bayer & Liston, 1992, p. 371) 포스트모더니즘은 협력적 사회 행동을 막는데, 특히 소외된 자들을 위한 개혁조차 막게 된다. 마지막으로 그들은 또 다른 걱정을 표명하고 있다. 포스트모더니즘이 일반적인 정치적 동기에서가 아닌 개인적 동기에서 '지적으로 노력하며 변혁적인 실천을 하고자 하는' 교육자들에게도 심각한 문제를 제기한다는 것이다(같은 책, p. 371). 롭 길버트(R. Gilbert) 또한 포스트모던 저서들에 관하여 긍정적인 것들을 이야기하고 있지만, 그것들이 일반적으로 정치교육과 시민의식에 대한 생각을 위협하고 있다고 염려한다(Gilbert, 1992). 그의 관점에서 보면, 보다 근본적으로 그것들은 민주주의의 개념 자체를 위협한다. 요컨대, 비록 많은 사람들이 "완전한 포스트모더니즘(postmodernism proper; 리오타르, 보드리야르 등에 의해 제기된)은 어떤 독특한 관점을 제시하거나 풍성한 이론을 발달시키는 데는 거의 공헌하지 못했으며 그러한 시도조차 부정하는 듯하다."는 그린의 명백한 부정적 판단에 동의하지는 않을지라도, 대부분은 이러한 염려들을 가지고 있다(A. Green, 1994, pp. 74-75).

우리는 그린의 '완전한 포스트모더니즘'이 무엇을 의미하는지 확신하지 못한다. 그러나 그것은 말할 필요 없이 후기구조주의를 이해하는 데도 논쟁의 여지가 있는 결론이다. 그린 자신은 푸코와 교육에 관한 스티븐 볼(S. Ball)의 책(1990)은 푸코의 담론 분석이 학교 및 교실의 미시적 · 거시적 수준의 이데올로기, 정책, 권력관계를 해독하는 유용한 수단이 될 수 있음을 증명하는 좋은 예라고 시인한다(A. Green, 1994, p. 174). 제임스 마샬(J. Marshall)과 같은 다른 작가들은 처벌에 관한 푸코의 저작의 적절성을 인정하였고 통치 및 지배의 상이한 훈육 기제의 권력을 통해 자아가 예속화된다는 그의 주장을 긍정하였다. 이런 훈육 기제는 현대 기구들의 관습적 실태를 통해 창출된 것으로 자백, 감시, 처방과 같은 기술로 행사되었고, 특히 학교교육의 실제에도 이 같은 방식으로 적용되었다(Marshall, 1996).

로티는 대학에서 자기 창조에 관한 푸코의 보다 긍정적인 숙고에 동의하고, 우리가 보아 왔던 것처럼 학교교육의 특정한 역할을 부인하고 있다. 우리는 이러한 움직임을 부인하는 동시에 교육을 하나의 지속적인 성장으로 보지 않고 두 가지 상이한 국면으로 간주하는 전제를 부인한다. 푸코는 우리가 교육을 포스트모던 시대의 자기 창조과정으로 보는 데 좋은 자료들을 제시하였다. 리오타르의 수행성(performativity) 개념을 현대 교육 실제와 제도와 관련하여 언급한 수많은 책들과 논문들이 있는데, 그것들은 단지 학교교육뿐만 아니라 대학들과 성인교육까지 포함한 것이다. 그리고 리오타르의 포스트모던 사회에서의 지식과 기술의 지위에 대한 설명 및 '교수'의 미래에 대한 설명은 교육의 미래에 대한 현재의 논쟁을 촉발하였다(M. Peters, 1995; Dhillon & Standish, 2000; Blake & Standish, 2000 참조). 마지막으로, 리오타르 관점의 영향을 받은 한 저술에서, 나이젤 블레이크(N. Blake), 폴 스마이어스(P. Smeyers), 리처드 스미스(R. Smith) 및 폴 스탠디시는 교육이론이 현재 막다른 곳에 처해 있다는 많은 이들의 생각을 고려하면서 후기구조주의 학자들의 연구가 교육연구를 새롭게 하며 교육 저술들을 해체적으로 읽을 수 있도록 인도한다고 주장한다(Blake et al., 1998). 그들은 앞서 베이어와 리스턴이 지적했듯이 포스트모던 맥락에서 자신들이 '지적 참여 및 변혁적 실제' 에 참여할 필요성이 있음을 역설한다.

'후기구조주의' 의 관점들로부터 교육적 문제들을 생각할 때, 우리는 그것이 현재의 실재들과 문제점들— '수행성의 논리(the logic of performativity)' (리오타르)에서 유발되는 차이의 근절을 양성하는 제도, 우리를 지배하고 통제하는 동시에 자유롭게 하는 인문학의 '지식/권력' , 지식과 교육제도의 상품화, 논리 중심적인 현존의 형이상학으로부터 발현되는 교육과 자아의 '과학 기술화' , '차이' 를 목격하거나 인지할 수 없게 하는 타인의 동화 및 자유주의적 여론의 합의 형성—에 대한 위대한 정치적 인식을 제공한다고 믿는다.

물론 이러한 인식을 발전시키는 사고와 철학들은 우리가 하나의 새로운 상품 혹은 어떤 신념이나 가치를 선택할 때처럼 선택 가능한 고정되고 안정된 이론적 실체가 아니다. 그것들은 '만들어져 가고 있는' 입장들이고, 막 폭발하려고 하는 탄도와 같으며, 발전되고 있는 논의들이다. 오직 상당한 지혜를 가지고서만이 적어도 이러한 '움직임들(movements)' 의 강점과 약점들을 파악하는 것이 가능하며, 이에 대한 최후 판단은 거의 내리지 못할 것이다. 이러한 이유에서 현재 [포스트모더니즘 및 후기구조주의에 대해] 어떤 평가를 내리는 데 상당한 주의가 필요하다. 특별히 '후기구조주의' 의 입장들은 현재에도 형성과정에 있다. 이러한 입장들은 우리의 참여를 기다리고 있다. 현재 교육철학 연구의 한 지류는 후기구조주의와 유사한 주제들을 연구하고자 하고 있다. 그 지류는 니체주의적 비트겐슈타인 학파

(Nietzschean-Wittgensteinian)의 관점으로부터 자아의 교육학(pedagogy of the self)을 강조하면서 앵글로아메리칸의 전통과 후기구조주의 관점들 간의 교차점을 엮고자 시도하고 있다(예: Peters & Marshall, 1999; Peters et al., 2000 참조). 후기구조주의적 자아의 페다고지는 포스트모던적 위기의 사회 속에서 니체주의자들의 아모르 파티(amor fati)[3] 개념에 반응하면서 개인을 자기 창조의 변혁적 형식으로 이끄는 개념에 근거하며, 한편으로는 타인에 대한 배려의 윤리학과 연결된다.

추천도서

Lyotard, J.-F. (1984). *The Postmodern Condition: A Report on Knowledge,* trans. G. Bennington and Brian Massumi, Foreword by F. Jameson, University of Minnesota Press.

Kellner, D., & Best, S. (1991). *Postmodern Theory: Critical Interrogations,* Macmillan.

Peters, M. A. (ed.) (1995). *Education and the Postmodern Condition,* Bergin & Garvey.

Usher, R., & Edwards, R. (1994). *Postmodernism and Education,* Routledge.

3) 독일 철학자 니체의 운명관을 나타내는 말로서 '운명애(運命愛)'라고 번역된다. 그에 의하면 운명은 필연적인 것으로 인간에게 닥쳐오지만 이를 인정하는 것만으로는 창조성이 없고, 오히려 운명의 필연성을 긍정하고 자기 것으로 받아들여 사랑할 수 있을 때 비로소 인간 본래의 창조성을 발휘할 수 있다.

제3장

민주 시민성

Penny Enslin & Patricia White / 조우진 역

도 입

만약 정치이론 주제에 관한 인기 순위표가 있다면, 1990년대 이후에는 분명 '시민성(citizenship)'[1]이 정상을 차지할 것이다. 물론 항상 그랬던 것은 아니다. 1970년대 후반에는 유행에서 사라진 주제로 여겼는데(van Gunsteren, 1978, p. 9) 무엇이 이런 변화를 가져왔을까? '시민성'과 '시민성 교육(citizenship education)'에 관심이 높아진 데는 서로 다른 맥락의 몇

1) citizenship은 시민권 및 그것과 함께하는 책임을 수용하는 시민(citizen)의 지위나 상태를 말한다고 할 수 있다. 현재 번역어로 시민권, 시민의식, 시민성, 시민자격 등이 사용되고 있으나, 여기서는 전체적인 문맥과 용어의 통일성을 고려하여 '시민성'으로 사용하고자 한다. Citizenship: 1. the legal right to belong to a particular country. 2. the state of being a citizen and accepting the responsible of it(*Oxford Advanced Learner's Dictionary*, Oxford Univ. Press, 2005, p. 266)

가지 요인이 있을 것이다. 정치적 무관심과 참여 수준 저하에 대한 지각 (Frazer, 1999), 민족주의 부활과 서구 유럽 사회의 다문화적 인구의 출현 (Kymlicka & Norman, 1994), 지역의 정치적 및 경제적 재구성, 예를 들면 유럽 통합을 향한 움직임, 민주주의로 가려는 사회의 민주적 통합 문제 등이다. 그리고 이런 관심이 민주 시민성의 재검토를 불러일으키곤 한다는 것은 놀라운 일이 아니다.

시사적이고 실질적인 관심이 아래의 첫 번째 절에서 논의할 다양한 철학적 이슈들의 배경이다. 그 첫 부분은 여전히 해결해야 할 문제들이 계속 발생되고 있지만 처방을 위해 한동안 주목했던 의제에 관한 것이다. 뒷부분은 그 의제에 비해 상대적으로 새로운 것들에 대한 탐구다.

점점 더 많은 논의가 진행되는 부문에 대해 학자들은 일반적으로 어떤 질서를 부여할 필요가 있다고 생각하게 되었고, 이 목적을 위해 다양한 이분법들이 소개된다. 최대의/최소의(maximal/minimal), 능동적인/수동적인(active/passive) 것과 같은 구별은 잘 알려져 있으며, 일반적으로 한 쌍의 용어들 중 앞의 것은 민주 시민성이 희망하는 바람직한 상태를 나타낸다. 그러나 실질적인 이슈들을 토론할 때면 문제가 그리 분명하지 않을 수도 있다. 그 구별은 분간될 필요가 있는 수많은 방식으로 적용된다. 그것은 아마도 최대의/능동적인 시민성이 그 긍정적인 측면에도 불구하고 분명 매력적이지 않고 부정적인 최소의/수동적인 시민성보다 항상 선호되지 않을 수도 있기 때문이다. 어떻게 이런 구별들이 적용되고 사용되는가가 첫 번째 절과 교육적으로 다루어지는 두 번째 절의 주제다.

경계 짓기

최대의 혹은 최소의, 능동적인 혹은 수동적인(이런 용어들의 몇 가지 의미가 어떠하든) 시민성은 한 국가에 의해 부여된 하나의 법적인 지위다. 그것은 그 자체로 사람들을 변화시킨다. 제5공화국(the Fifth Republic)과 비시 부역 정권(Vichy regime)하의 국민들은 물리적으로 같은 사람들이지만 다른 시민들이다(Shklar, 1995, p. 8 참조). 바이마르 공화국(Weimar Republic)과 제3제국(the Third Riech)에서도 마찬가지다. 제공된 권리, 요구된 의무, 북돋워진 시민적 열망, 선한 시민(good citizens)의 개념 등 모든 것이 정권이 바뀌면서 변해 버렸다.

생물학적 또는 사회적으로 주어진 것 이상의 시민성이 부여된 후부터 정치 공동체는 누가 그것을 갖고 누가 그것을 갖지 못하는가를 결정한다. 몇 가지 예를 들면, 우리가 떠올릴 수 있는 민주주의 체제의 마지막 세기에 여성들은 단지 시민성 지위만 인정되었을 뿐이며, 외국인 노동자들은 현재 일부 유럽 국가에서 시민성이 배제되어 있다. 그리고 다양한 연령의 어린이들은 대부분의 국가에서 시민성 주체로부터 벗어나 있다.

무엇이 이런 배제의 근거가 될 수 있을까? 그들 모두 민주 공동체에서 보호될 수 있는가? 배제의 근거를 살피는 것이 시민성의 적절한 기준을 밝혀 줄 수 있는가?

전통적으로 여성은 공적 사회생활에서 인정되는 역할이 없고 국무에 참여할 관련 지식이 부족하다는 표면상의 이유로 배제되었다. 그들은 어린이와 함께했고 두 집단(어린이와 여성)은 남성인 가장의 보살핌을 받는 데 관심을 가졌다. 외국인 노동자들은 시민들이 사회에서 천하다고 여기거나 위험하다고 여기는 영역에 노동력을 제공하지만, 관광객과 마찬가지로 확장된 시민성을 갖고 있지 않다(Walzer, 1983, 2장).

결국(배제의 원인인) 부족한 자격이란 역사적으로 어린이와 여성의 경우는 지식과 성숙한 판단력이며, 외국인 노동자의 경우는 지속되는 공동체에서 타인들에 대한 장기간의 기여와 같은 것이다. 이런 배제가 공정한가라는 문제는 제쳐두더라도 그것이 시민성을 부여하고 거둬들이는 데 쓸 수 있는 민주 공동체를 위한 적절한 기준들인가? 결정적인 자격이란 지식과 헌신인가? 그렇다면 이것은 교육과 관련해 의미 있는 것인가? 민주주의는 민주 정체에 기여하는 공적 덕목을 장려하고 관련 지식을 증진하는 시민교육(civic education)을 필요로 하는가? 그럼 시민성을 부여받기 전에 이런 지식과 헌신에 대한 검증을 받아야 하는가?

그렇지 않다면 시민성이 적절한 자격을 요구한다는 가정은 우리를 환영받지 못할 방향으로 이끄는 것인가? 시민성을 얻어지는 것으로 보는 것과는 다른 하나의 대안적 관점은 그것이 정치적 평등이라는 민주적 이념의 구현으로 민주 정체에서 모두가 공유하도록 부여하는 하나의 지위라고 보는 것이다. 그렇지 않으면 문자 그대로 국민들이 정체(the polity)의 경계를 넘어선 것이 된다. "들리지 않는 것은 존재하지 않는 것이고, 가시성이 없는 것은 정치적으로 있지 않은 것이다." (이러한 주장을 잘 표현한 것으로 Shklar, 1995를 보라.)

민주 시민성은 정체에 있는 모두가 공유하는 지위라는 견해로부터 생각할 수 있는 것은 무엇인가? 어린이의 예를 다시 생각해 보면, 유아들이 길을 횡단할 수 있다고 투표할 수 있는 것은 아니다. 하지만 그들은 학대받지 않을 권리와 같이 성인들과 많은 권리들을 공유한다. 외국인 노동자의 경우도 비슷하다. 그들이 자신이 일하고 있는 나라와 원래 자기 나라의 이중 시민성 같은 것을 갖기 때문에 다른 시민들이 지닌 대부분의 권리를 누리지 못할 이유가 있는가? 그러나 이런 주장들이 지지를 얻는다면 그것은 시민성을 위해 교육과 헌신이 요구되지 않는다는 반직관적인(counterintuitive) 결론으로 이어지는가?

전혀 그렇지 않다. 그들이 주목하는 것은 시민성의 이원적 성격이다. 한편으로는 하나의 공유하는 지위라는 것이고, 다른 한편으로는 규범적인 이념이라는 것이다. 시민들은 선한 시민이 되길 바랄 수 있다. 선한 시민이란 다양한 형식으로 다가설 수 있다. 때로 시민과 선한 시민의 구분은 최소의/

최대의 그리고 수동적인/능동적인 구분의 형식처럼 표현되기도 한다. 하지만 주지하다시피, 이것은 너무 거칠고 구별을 위한 구별이어서 모든 중요한 가능성들을 얻을 수 없다.

그래서 시민성 지위를 갖는다는 것은 교육과 헌신의 기회와 동력을 제공하는 것이다. 이것은 미국에서 흑인에게 투표권을 확대할 때(Shklar, 1995, p. 52ff. 참조) 그리고 민주주의의 교육적 기능을 주장할 때(J. S. Mill 참조) 사람들이 쓰는 논리와 비슷하다.

권리를 지닌 시민

모든 시민에게 부여되는 이 지위란 무엇인가? 시민에게 무슨 권리가 제공되어야 하는가? 제공되는 권리 부문을 변화시키고 확대하는 것보다 민주사회를 갈망하고 민주주의 전단계의 제도를 발전시키는 시민성의 성격을 더 분명하게 표현하는 것은 없다. 마샬(T. H. Marshall)은 잠재성을 고려하며, 18세기에서 20세기까지 시민권(예: 재산권)에서부터 정치권(예: 투표권), 사회권(예: 건강보호와 사회적 안전에 관한 최소한의 권리)에 이르는 서구 민주주의의 진보를 말한다(Marshall, 1950). 그러나 시민성의 정당한 확장을 향한 진보과정에 대한 주장은 의심의 여지가 없지는 않다. 시민성에 딸려 있는 유일하게 합법적인 권리는 '자유' 권(예: 임의 체포로부터의 자유, 투표권, 언론의 자유)이다. 소위 '복지' 권을 공공연히 요구하고 있지만 아마도 실현 불가능할지도 모른다(M. Cranston's statement of this position, 1967, pp. 50-53; J. Waldron's response, 1995, p. 580 참조).

권리를 지닌 시민 개념 안에서(Kymlicka & Norman, 1994, p. 354), 자유권에 기반을 둔 시민성의 최소의 개념과 복지권에 기반을 둔 시민성의 최대의 개념 사이를 구별하면서 최소의/최대의 구별은 그 이상으로 응용될 수 있다.

그러나 다른 관점에서 복지권을 포함한 최대의 시민성 개념은 젠더에 민감하지(gender-sensitive) 못할 경우 최소한의 것으로 보일 수 있다. 앞으로 논의하겠지만(뒤의 '페미니즘 이론과 능동적인 시민성' 참조), 아마도 그것은 복지권을 한 벌 차려 입은 사회의 가사 책임이라는 구속이 수년 만에 한 번씩 투표소에 잠깐 등장하는 여성의 정치적 참여를 효과적으로 억제할지도 모르기 때문이다(Phillips, 1991, p. 157f.).

권리를 지닌 개인으로서의 시민 개념은 더 큰 정의에 대한 관심으로 또 다른 측면에 도전해 왔다. 시민성의 보다 확대된 개념이 구체화된 것이라 이해할 수 있는 사례들은 집단권(group rights)으로 만들어졌고(Phillips, 1996; Kymlicka, 1996), 집단에 직접적으로 영향을 미치는 문제에 대해서는 억압받는 집단을 위한 거부권의 힘을 형성하기도 했다(Young, 1990a, pp. 183-191). 적어도 부분적으로 대표제(representation)가 정체성에 근거한다면, 이것은 어떤 집단 대표제의 옹호자들이 너무나 잘 알고 있는 많은 문제(예: 개인의 정체성에 관한 바람직하지 않은 실존주의를 강요하는 문제)를 이끌어 낸다. 그럼에도 불구하고 그 옹호자들은 집단 대표제를 알기 위한 프로젝트를 포기하기보다는 그런 문제를 사회정의에 대한 관심에서 붙들고 싸워야 한다고 생각한다.

시민은 시민의 덕이 필요한가

시민의 개념을 본질적으로 시민성 최소의 뜻을 구성하는 권력의 보유자로 보는 것은 지나치게 단순한 것이다. 우리가 이해하고 있는 것처럼, 문제는 보다 복잡하다. 권리를 지닌 시민 개념은 그 자체로 더 넓거나 좁게 해석될 수 있다. 하지만 이런 보다 정교한 구별을 고려하지 않는다면, 최소의/최대의 구별을 사용하는 가장 흔한 방식은 수동적인 권리 보유자인 시민 개념과 공적 영역에서 능동적으로 덕을 갖춘 시민 개념 간의 차이를 말하는 것이다.

그러나 다양하게 이해할 수 있는 이 구별을 가장 엄밀한 형식으로 대비하는 것은 권리(자유권뿐 아니라 복지권) 보유자인 시민과 가장 굳건한 공화주의자의 미덕을 지닌 시민 사이에 있다. 후자의 경우 정치문제에 대한 참여는 본질적인 가치이고, 사회의 정치적 삶에 능동적으로 참여하는 것은 가족, 개인적 관계, 일에 대한 사적인 기쁨보다 우위에 놓인다. 공민 공화주의자(civic republicans)는 고대 그리스를 특징짓는 능동적인 시민성과 오늘날 빈약해진 정치참여를 대비시키고, 사적인 삶보다 공적인 삶에 무게를 두는 것이 어느 시민에게나 분명 적절한 태도라고 생각하는 경향이 있다(Shklar, 1995, pp. 11-12; Oldfield, 1990). 스키너(Q. Skinner)는 시민의 덕에 관한 공화주의자의 비전이 실제로 개인적 자유를 향한 최상의 길이라고 주장하면서 좀 더 세부적인 변론을 제공한다. 그가 표현한 것처럼, "우리가 개인적 자유를 최대화하기 바란다면, 우리는 지배자들을 신뢰할 것이 아니라 우리 스스로 정치 영역을 맡아야 한다."(Skinner, 1992, p. 219ff.)

개인의 삶에서 가장 가치로운 활동으로서의 시민성은 서로 다른 개인들에 의해 다양하게 중요할 수 있는 개인적 삶의 한 측면으로서의 보다 공통적이고 현대적인 시민성에 대한 관점과 대조되는 것이다. 그것은 결국 정치가 그러하듯 개인적이면서 공유하고 있는 프로젝트 안에서 개인들을 지원하기 위해 존재한다는 것이다. 극단적인 형태에서 이런 관점은 시민성의 역할을 개인의 사적 역할에 대한 명목상의 첨가물로 본다. 공화주의적 덕으로 충만한 시민에 반해, 이 개인적인 요구는 이런 목적을 위해 수세기 동안 연마된 민주적 제도(예: 법적 반대, 자유로운 언론, 독립적인 사법제도)에 의해 확인된 정치과정에 대한 필수적인 민주적 경계 때문에 시민다운 본질(a civic kind)과 거의 관계가 없다. 따라서 시민의 '특성 표준화(character standardization)'와 전체주의자의 강요에 대한 잠재성을 지닌 충성스러운 시민을 형성할 필요가 없다. 정교한 민주적인 기제(democratic machinery)

가 시민의 덕을 대신한다.

그러나 이것은 좀 성급하다. 아마도 확고한 정치적 충성은 기꺼이 없이도 지낼 수 있는 자질인 반면, 민주주의가 전적으로 가치로부터 자유로운 사람들에 의해 이루질 수 있다는 것은 분명하지 않다. 홈스(S. Holmes)가 옳게 지지한 민주적 기제를 지원하고 운영해야만 하는 시민은 그 기제가 오용될 것에 열려 있지 않다면 어떤 성향이 필요하다. 예를 들어, 자유로운 언론은 시민들이 대중적이지 않은 견해들은 듣고 싶어 하지 않는 사회에서는 불가능하다. 금지법뿐만 아니라 자기 검열과 공적 무관심은 자유로운 언론을 억제한다. 따라서 잘 발달한 정치적 기제를 지닌 사회에서 시민은 신뢰와 불신 그리고 공명정대함 같은 기초적인 정치적 덕이 필요하다(P. White, 1996, pp. 52-65).

한 걸음 더 나아간 질문은 어느 정도까지 시민의 덕을 필수적이고 바람직한 것으로 의미 있게 나눌 수 있는가, 그리고 얼마나 세밀하게 그 구별을 끌어 낼 수 있는가다(Kymlicka, 1999). 예를 들어, 희망은 필수적인가? 체면과 예절은 어떠한가? 만일 그런 구별이 의미가 있다면, 이것은 교육을 위한 함의를 지닌 최대의/최소의 구별의 또 다른 적용일 수 있다.

국적과 시민성

만일 시민성이 정치 공동체의 소속감을 포함한다면, 그것은 또한 동료 시민과 공유하고 있는 공동체의식을 위한 기반으로서 국민 정체성(national identity)을 요구하는가? 국민 정체성은 최근 시민성을 받쳐주는 사회적 통일성(social unity)을 위한 기초로서 그 지지를 다시 회복하고 있다. 이런 발전은 국가주의(nationalism)를 다시 생각하게 했고, 그 일부는 역사적 기원과 사건의 비합리적인 신화화뿐만 아니라 국수주의, 외국인 혐오증, 군국주의 등과 결탁해 왔다.

시민성을 주장할 수 있는 기반으로 국민 정체성을 지지하는 이들은 시민성의 유기적 개념들이 일치할 수 없다고 주장하는데, 그것은 인종적인 것에 기인하거나 국민이 아닌 이들을 향해 공격적일 수 있다. 밀러(D. Miller, 1992)에게 시민성과 국적은 서로 보완적이다. 시민은 그들을 함께 묶어 주며 공동체의식을 제공하는 공유된 국민 정체성이 필요하다. 이 공동의 정체성은 능동적인 시민으로서 그들의 공동체를 구축하는 데 함께 일하게 한다. 그런 국적(nationality) 개념은 합리적으로 믿어질 수 있으며 국가주의에 나쁜 이름을 부여한 공격적인 형태를 벗어날 수 있다(Miller, 1992, p. 86). 마찬가지로 타미르(Y. Tamir, 1993)는 국가주의가 자민족 중심적인(ethnocentric) 것이 아니라 하나의 정치 공동체 내에 민족 다원성의 가능성을 인식한 다중심적인(polycentric) 것이라고 변호한다. 밀러와 같이, 타미르도 국가주의의 유기적 해석을 거부한다. 맥락, 근원 그리고 인간 번영을 위한 속성의 가치를 강조하면서, 타미르(1993, pp. 79-82)는 보편적 인권뿐만 아니라 특수한 문화에 관한 자유주의적인 인식을 바탕으로 국가주의를 변호한다. 교육에서 국가적 정서가 조장되는 것에 대해, 존 화이트(J. White, 1996)는 그것이 반드시 국수주의적이거나 자유민주주의적 가치와 양립할 수 없는 것은 아니라고 주장한다. 서로 확인할 수 있는 공동체 소속감을 필요로 할 때, 국가적 정서는 "개인적 그리고 문화적 정체성의 근거로서 바람직할 수 있다."(1996, p. 327) 개인은 존재하기 위해 하나의 구조(framework)가 필요하다. 밀러(1989)에 따르면 화이트는 국가적 정서가 시민들 사이에 자원을 재분배하려는 동기를 제공할 수도 있다는 것을 본 것이다.

그러나 국가주의, 국가 정체성 혹은 국가 정서의 옹호자들이 유기적, 자민족 중심적 그리고 구성원이 아닌 이들에 대한 공격적 표현들과 분리하고 싶을지라도, 밀러와 타미르에 의해 기술된 국가주의 묘사와는 다른 발칸과 중앙아프리카에서와 같은 국가주의의 실제적 발로가 있다. 자유민주주의의 전통이 약하거나 결여된 곳에서는, 설사 인종청소나 인종학살의 난폭함은 없더라도 민주 시민성으로 가는 과도기에 있는 대부분의 다민족 국민국가에서처럼 국가 정체성이 자율과 평등한 존중이라는 민주주의적 가치를 위태롭게 하는 날아가 버리기 쉬운 실재를 지니고 있다(Enslin, 1999 참조). 이제 만들어진 건국신화와 함께(Smith, 1986) 하나의 창조물로서의 국가는 밀러가 가정했던 국가 공동체들 내에서 가능했던 것보다, 비판적으로 이해할 수 있는 합리적인 신념의 대상이기 쉽지 않다.

시민성에 대한 밀러의 개념은 공공연히 국가가 정체성에 대해 능동적인 시민성을 인정하면서 최소의 의미를 채택한다. 그러나 지구화가 가속화되고, 정치적 · 문화적 · 경제적 활동의 중심지로서의 국가 공동체는 약화되고, 국가 공동체와 함께하는 능동적 시민성이 초국적 시민성의 발전과 지구화에 추월당한 듯하다. 시민성에 대한 이런 발전의 의미는 심의민주주의에 관한 최근의 글에서 보이는 진술들에 의해 더욱 명료해진다.

심의로서의 시민성

심의민주주의(deliberative democracy)란 민주주의 이론에서 최근 만들어진 개념으로, 우리가 시민성의 실제 개념과 포괄적인 것을 위한 잠재적인 개념의 측면에서, 그리고 새로운 시민 정체성뿐만 아니라 민주주의적 시민성을 위한 새로운 공간의 창조라는 측면에서 시민성을 이해하는 데 폭넓은 함의를 지닌다. 그것은 공공집회에서 시민들에게 연설하는 모델을 재창조하면서, 고대 그리스의 시민성 성격을 다시 생각하게 한다. 이런 민주주의 모델은(Benhabib, 1996a 참조) 그 출발점으로 자유롭고 평등한 시민들의 심의(deliberation)를 든다. 그것은 놓인 문제들에 대해 다른 시민들이 받아들이지 않을 수 없도록 설득할 수 있는 근거들을 제시할 의무를 시민들 모두가 공유하며 집단적인 의사결정이 행해지는 것이다. 심의민주주의는 개인들이 결정을 따라야만 한다면, 합리적으로 모두가 수용하길 기대하도록 정당화되어야 함을 전제로 한다(Thompson, 1999, p. 120).

의사소통 유형에 있어 심의민주주의는 보다 포괄적인 시민성을 만드는 방식을 제안한다. 영(I. M. Young, 1996)은 가장 심의적인 이론에서 최상의 논쟁에 근거한 이유를 받아들이거나 제시하는 것을 지나치게 강조하는 것은 여성, 소수 구성원 그리고 비서구 문화와 같이 비판적인 논쟁술에 덜 숙련된 이들을 배제하고 논쟁에 가장 정통한 이들을 선호한다는 것이다. 영의 의사소통적 심의 모델에서 논쟁의 경우 이전에는 공적인 심의로부터 배제되었던 이들에게서 보다 쉽게 나타날 수 있는 정서적이고 구체화된 이야기가 추가된다. 차이의 경우는 이야기하기(storytelling)와 같이 시민들 간의 다른 상호작용 형식을 포함하여 민주적 토론을 통해 이해에 도달하기 위한 하나의 자원이 된다.

고대 그리스에서와 같이 모든 시민이 참여하는 심의적 집회는 현대 사회에서 더 이상 생명력이 없다. 대신 심의 이론가들은 심의가 실제로 이루어질 수 있는 폭넓은 맥락들을 그린다. 이 '연합 유형의 다원성(plurality of modes of association)'은(Benhabib, 1996a, p. 73) 정당, 압력단체, 사회운동, 자원활동 연합, 직능별 노조 그리고 아마도 교육기관처럼 시민사회의 다양한 연합과 조직의 네트워크를 구성한다. 그러나 심의는 역시 공식적인 정치기관 및 그것과 시민의 관계에 의한 수행(conduct)이 특징이라 할 수 있다.

거트만(A. Gutmann)과 톰슨(D. Thompson)은 "심의라는 자원은 민주주의의 다른 개념들이 제공하는 것보다 대의제의 도전에 답할 수 있는 더 정당한 방식을 제공한다."고 주장한다(1996, p. 132). 심의적인 민주주의 대표는 영향받는 이들이 받아들일 수 있도록 그들의 행동과 정책을 도덕적으로 정당화할 필요가 있다. 대의정부는 심의를 되풀이할 것을 요구하며, 그 안에서 대표들은 제안하고, 그에 대해 시민들은 반응하고, 다시 대표들이

답하고, 계속되는 교류가 진행된다. 이런 방식으로 대표들은 시민들에게 심의할 수 있는 기회를 제공함으로써 민주주의를 고양시킬 수 있고, 대의제 자체 또한 보다 심의하는 방식으로 구성되어 고양되는 것이다. 공직자들은 단지 그들을 선출한 이들뿐만 아니라, 공적 대표가 한 결정에 영향을 받기 쉽거나 엮여 있는 사람인 '도덕적 선거구민(moral constituents)' (Thompson, 1999, p. 120)에게 복종해야 한다.

시민들은 많은 경우 판단을 보류하기도 하고, 전문가의 주장을 ~에 의존하기도 하지만, 정치적 결정이 항상 폭넓은 공적 참여의 결과여야 한다는 요구 대신, 현대 민주주의에서 민주적 권위가 의미하는 것은 그 권위에 도전할 수 있는 가능성이다. 이 역할은 압력단체, 비정부 조직 그리고 언론에 의해 수행될 것이다. 심의민주주의는 많은 경우 판단을 보류한 채 내버려두거나 혹은 그들에게 중요하거나 그들이 어느 정도 전문성을 갖춘 문제들에 관심을 집중시키며, 모든 시민에 의한 심의결과의 결정에 의존하지만은 않을 것이다.

세계적인 시민성

심의민주주의에서 어떤 경우에는(예: Benhabib, 1996a; Bohman, 1997, 1998) 시민들 간의 심의적인 교류가 국민국가 단위로 분리되는 것이 아니며, 결정에 의해 잠재적으로 영향을 줄 수 있는 모든 이들에게 열려 있다. 민주주의 시민성은 공통적으로 관할 영토에 의한 국경 내에서 효력이 발휘되는 것으로 생각되지만, 지구화 환경에서 심의는 분리된 영토 내에서 민주주의의 전통적 위치를 약화시키며 옛 경계를 넘어선다(Dryzek, 1999 참조). 특수한 상황에서 취해진 결정은 점점 그 경계 밖에 놓인 것들에 영향을 미치고, 의사소통의 진보는 보다 쉽게 경계를 넘어 그것의 활기를 드러내며 시민성의 새로운 틀인 심의를 만든다.

국경이 모호해지는 것의 제도적 의미에 대해 민주주의의 새로운 형식과 위치를 장려하는 지구화 조건 아래서, 심의의 잠재력에 대한 이론가들 사이의 고찰은 몇 가지 다른 방향으로 나타난다. 지역 경계를 넘어 시민 아닌 이들이 개별 국가가 정한 어떤 결정에 영향을 받는데, 예를 들면 이민, 무역, 환경 정책과 관련해 개별 국가 내 공직자들의 도덕적 선거구들을 볼 수 있다. 그러나 그것은 국가 결정에 영향을 받은 모든 이들이 그것을 만드는 데 포함된다고 주장할 정도는 아니다(Thompson, 1999, p. 120).

세계적인 심의가 민주적 시민성을 위한 새로운 기회를 만들고 있는 다른 방향은 고래잡이와 생물자원 수탈에 반대하는 것과 같은 환경 캠페인과 운동에서 가장 분명하게 초국적 시민사회의 성장 안에 놓여 있다(Dryzek, 1999). 국제 시민사회가 등장하면서 국제적으로 인권과 초국적으로 시민권을 증진시키며, 홍보를 통해 민주주의를 확산하려는 인권운동가들처럼 세계적인 사회는 조직이나 단체 간에 점증하고 있는 커뮤니케이션 네트워크를 활용하고 있다. 이것은 현존하는 정치기관의 형태, 조직, 행동에 영향을 줄 수 있는 잠재력을 지니고 있다(Bohman, 1997, p. 180). 그러나 세계적인 네트워크는 그 네트워크에 다가갈 수 있는 이들이 영향받는 모든 것에 대해 만족할 만한 공적 동의라는 보다 장기적인 목적을 추구하면서 심의할 수 있도록 시작하고 있지만, 심의적 이론가들은 아직 하나의 보편 국가의 세계정부 출현을 그리지 않고 있다(Bohman, 1997). 사실 공동선을 위한 국가의 의사결정과 지방정부의 역할을 무시하거나, 시민사회 조직들이 추구하는 분야별 목적에 대한 관심을 넘어설 정도로 국제 시민사회의 영향이 과대평가되어서는 안 된다(Thompson, 1999, pp. 116-117). 1990년대 국제 인권문화의 등장을 보면서, 국제사회의 대중이 인권에 대한 존중과 인식을 위한 캠페인에 주목했던 것은 현존하는 국가 정부에 크게 의존한 것이라는 논거가 남아 있다.

심의민주주의는 시민성을 확대하려 한다는 잠재성과는 별도로, 일련의 민주주의적 역량과 덕을 발전시킬 것을 요구하며 전제로 한다. 그리고 타인과 논쟁할 수 있는 심의적 기술과 주장이 가장 큰 강제력을 행사할 수 있다고 판단할 수 있는 것뿐만 아니라 심의하는 자유롭고 평등한 참가자로서 타인을 기꺼이 인정하고 상호관계를 생각하는 성향을 요구한다. 차이를 넘어 의사소통하려는 노력은 심의하는 이들이 관심을 전달하는 이로서가 아니라 상황도 다르고 말하는 스타일도 다른 사람들의 정의에 대한 요구를 기꺼이 인식하는 이로서 행동한다. 폭넓은 대중을 넘어 심의에 참여하는 시민은 그들 스스로 문제에 대한 정보를 확보하고 대중의 의견을 조심스럽게 따르면서, 판단을 보류해야 할 때와 그렇지 않을 때를 알 필요가 있다. 심의가 점점 더 전자 미디어를 통해 이루어질수록, 시민들은 정보와 커뮤니케이션 기술에 관한 지식을 획득하고 숙달할 필요가 생길 것이다. 이렇게 복잡하고 필요한 기능과 성향의 영역은 최대한으로 알고 있으나 (많은 경우) 최소한으로 능동적인 시민성을 의미하기 쉽다. 그런 상황에서 능동적인 시민성과 수동적인 시민성의 단순한 구별은 유용하지 않을 수 있다. 그리고 최소한의 그리고 최대한의 시민성 사이의 보다 미묘한 구별은 구조를 변경할 필요가 있다.

심의민주주의는 참여와 대표제 간의 구별에 다른 빛을 드리운다. 그것은 때로 최대의 그리고 최소의 시민성 사이의 구별과 연결된다. 민주주의의 모델로서 심의가 가능한 곳에 시민의 참여도 요구하고, 또 보다 심의적인 대표제를 만드는 것도 수용한다. 민주주의의 조심스러움은 형식과 활동이라는 두 가지 모두에서 실현될지 모른다. 그러나 초국가적 심의는 민주주의적 시민성에 새로운 차원을 더하는 동시에, 대의제뿐만 아니라 참여를 위한 문제를 일으킨다. 심의적 참여는 대부분의 시민들에게 더 작고 더 지역적인 맥락에 제한될지 모른다. 국민국가의 경계를 넘어 민주적으로 선출된 정부기구의 부재 상태에서 누가 시민의 이해를 대표할 것인가? 시민들 간의 상호작용을 조직하는 데 영토의 의미가 줄어들수록 민주주의적 대표의 전통적 개념들의 연관성은 줄어들지도 모른다(Rosenau, 1998, p. 40). 어떤 새로운 대의제 메커니즘과 책무가 나타날지 궁금하다.

이런 고려는 초국적으로 확대되는 보다 심의적인 조건 아래서 고양될 수 있는 민주 시민성의 잠재성에 대해 순진한 낙관주의적 견해를 취하는 것을 경계한다. 지구화의 부정적인 결과는 그 안에서 정치학은 국경을 넘어서고 있는데 '지금 여기서는 특수하게 시민성의 특권이 작용한다.' 는 것일 수 있다(Bohman, 1998, p. 200). 그리고 지구화는 국제적인 비판적 대중에 의한 더 면밀한 조사를 통해 국제적인 척도에 근거한 시민성의 성장을 약속하지만, 만일 지구화에 의해 가장 압박당하는 사회 시민들의 민주적 권력이 발전하지 않는다면 시민성의 이로움에 대한 그들의 접근성은 조장되기보다 방해받을 것이다.

국가 공동체 내 능동적 시민성이 있는 곳에서, 밀러의 견해와 같이, 이런 고려는 어떤 태도를 가질 수 있을까? 지구화가 어쩔 수 없이 포괄적이고 세계적이며 민주적인 시민성을 장려할 것이라 예언하는 것이 무모할지 몰라도, 민주 시민성 개념에 반대하는 국가 정체성의 불합리하고 공격적인 잠재성에 대한 관심은 유일하게 영토 국민국가 개념 위에 설립되는 것 이상의 근거가 있다. 지구화의 조건에서, 배타적으로 국가 정체성을 생각하는 시민들은 그 능동적인 시민성에도 불구하고 그들의 환경에 실제 영향을 주는 힘에 관여할 수 없을지도 모른다. 지구화된 세계에서 하나의 국민국가 구성원으로서의 시민은 제한된 시민성을 갖는다.

유럽 시민성 개념은 시민 정체성에 초점을 맞춰 하나의 국가 정체성에 대한 생각을 재고하도록 자극해 왔다. 하버마스(J. Habermas, 1996)는 유럽공동체(EC)가 보다 밀접한 정치적 연합으로 옮겨 가는 과정에서 국민국가에 대한 고전적인 형식은 종합경영 방식을 버리는 것이라는 관점을 취했다. '포스트국가 정체성(postnational identity)' 의 출현을 그리면서, 그는 공동의 정치 프로젝트 또는 하나의 구조를 공유하는 노력에 기반을 둔 정치연합의 한 형식인 '구성적인 애국심(constitutional patriotism)' (1992, 1996)을 가정했다. 점점 하나의 공동 정치문화는 회원국들의 국가적 전통으로부터 그것을 구분해 낸다. 동시에 하버마스(1996)는 성채로서의 유럽이 이민하고 싶어 하는 동부와 남부 사람들을 배제하면서 유럽 시민들의 넓은 구성원 자격을 포함한다는 '풍요로운 국수주의(chauvinism of affluence)' 에 대해 생각한다. 이것의 많은 부분은 상당히 사변적이며 아마도 비현실적이다. 더욱 그럴싸한 평가는 유럽 시민성이 지역적, 국가적 그리고 국가 초월적인 정체성을 성찰하는 지속적인 국가적 시민성과 나란히 성장하리라는 것이다(Delanty, 1997, p. 299 참조). 하지만 단일한 최대의 유럽 시민 정체성은 있을 법하지도 않고 시민성 교육의 비현실적인 목적이라 생각한다.

페미니즘 이론과 능동적인 시민성

페미니즘 이론에 관한 고려는 또한 최소의 시민성을 넘어 최대의 바람직함에 대한 생각을 자극한다. 그것은 페미니즘 이론이 최대의 그리고 최소의 시민성 사이의 구별에서 능동적, 참여적, 최대의 측면에 놓인 시민성의 개념을 지지하는 것처럼 보인다(예: Aront, 1997, p. 289). 남성과 평등한 조건으로 지원할 수 있고 공직에 선출될 수 있는 피선거권과 선거권으로부터 여성이 우선적으로 배제되고, 몇몇 국가에서 그들의 자유를 제한하는 것을 공공연히 그대로 방치한 것을 생각한다면, 참여적인 시민성은 그 자체를 위해서나 의사결정에서 여성들이 공유할 수 있도록 해야 한다는 것 모두에서 가치가 있다는 것은 분명해 보인다.

그러나 많은 페미니즘 저자들은, 예를 들면 '남성상에서 만들어진' 시민성에 대한 페이트먼(C. Pateman, 1989, p. 14)의 고발과 같이 시민성 개념의 유용성에 대해 유보를 표했다. 존스(K. Jones, 1990, p. 811)에게는 여성과 여성의 경험에 친숙하게 재정의된 정치 안에서 시민성 개념이 그 역할을 하도록 재구성될 수 있는가라는 의문이 여전히 열려 있다. 사적이고 민주적인 영역보다 더 가치가 부여된 공적 참여로 해석된 공화주의자들의 시민성에 대한 가정을 주목하면서, 오킨(S. M. Okin, 1992)은 여성이 시민성의 권리와 참여적 이상을 주장해야만 하며, 고전적인 이상은 여성을 배제하는 것을 넘어서기 위해 전복되고 (다른 정치적 관념으로) 상당히 수정되어야만 한다는 견해를 취한다. 그녀는 또한 수정된 시민성의 이상은 남성에게도 더 나은 이상을 제공할 것이라고 주장한다. 결정적으로 민주 시민성은 민주주의 왕국에서 사회변화에 의해 강화될 것이다. 페미니즘은 정치학과 정치이론의 남성중심주의를 실질적으로 비판하는 데 기여한 한편, 사적 영역의 중요성(the significance of the private)에도 초점을 맞춰 왔다. 시민성에 관한 많은 이론가들, 즉 페미니스트들과 그 밖의 다른 이들이 참여적 시민성에 비전을 제시하는 것과 상관없이, 많은 여성은 삶의 현실에서 사적 영역의 많은 것을 제한받으며, 아이, 노인, 환자를 돌보고 가사노동을 하는 데 불균형적인 책임을 수행한다. 따라서 공적 참여기회가 줄어드는 것이다.

전통적인 시민성 개념의 결정적인 약점은 공적 영역의 능동적인 시민에 배타적으로 집중하고 있다는 것이다. 여기서 위험한 것은 사람들이 가정에서 하는 것은 시민으로서 해야 할 활동이나 의무의 일부가 아니라고 생각하는 것이다. 출산과 보육의 방식으로 사적 영역에서 우리가 하는 것들이나 가사노동이 매우 힘든 능동적 활동임에도 불구하고, 공적 영역에 능동적으로 참여하는 것과 마찬가지로 인정되지 않는다는 것이다. 그것은 우리가 가정에서는 최소한의 시민성에 관한 의미를 넘어서는 시민이 될 수 없는 것으로 보인다.

하지만 페미니스트들의 시민성 이론 비판은 최소의 그리고 사적인 것보다 적절히 최대의 그리고 공적인 것으로서 시민성의 상대적 배열이 재구성되어야 한다고 제안한다. 사적 영역에 대한 활동에 초점을 맞추는 것이 반드시 공적 일에 대한 관심을 줄인다는 의미에서 시민성에 관한 최소의 형식은 아니라는 것이다. 많은 여성을 특히 그들이 독신이고 가난할 때 가정에 가두는 것은 국가가 복지권을 인식하고 충족시키기 위해 부분적으로 최대한의 의무를 수용해야 한다고 주장할 수 있다. 어머니가 직업 세계에서 남성과 대등한 조건으로 일자리를 경쟁하면서 생계비를 벌 수 있도록 하는 어린이 지원과 주간보육을 위한 공적인 지원에 의해 그런 권리가 충족되는 것은 여성들이 공적 영역에 참여할 수 있도록 하는 수단을 제공하는 것이다. 최소한으로 능동적인 시민들의 수동성의 표시로 그런 권리에 대한 요구를 해석하는 것은 여성들이 도달해야 할 성취를 넘어서는 시민성 개념을 부과하는 것일 수 있다. 가난한 환경에 있는 한부모가족을 이끄는 여성에게 그런 권리들은 능동적인 시민성의 가능성을 위한 사전 조건일 뿐만 아니라 능동적인 시민성의 기회보다 더 중요한 것이다. 여성들의 책무를 가정의 일로 당연시하는 여성의 사회화와 공적이고 정치적인 것은 남성과 더 잘 어울린다는 가정은 참여적 관계에 어두운 전망을 드리운다.

그들이 요구하는 시민성에서 이런 위협과 필연적인 재구성을 인식하는 것은 페미니즘 저자들로 하여금 여성에게 평등한 민주시민의 지위를 부여하기 위해 두 가지 중심적인 제안을 하도록 한다. 즉, 가사에 대한 관계의 재조정, 그리고 민주주의의 참여적 영역과 대의제의 관계적 가치에 대한 재고를 요청한다.

오킨(1992)과 필립스(A. Phillips, 1991)는 모두 가사관계의 재조정이 평등한 민주 시민성을 위한 선행 조건이라 주장한다. 오킨은 평등한 시민성은 공적 영역과 사적-가정적 영역의 관계가 변할 것을 요구한다고 주장한다. 그는 "페미니스트들은 출산과 양육하는 이들과 사회를 질서 짓고 그 의미를 결정하는 이들 사이의 노동의 분화는 정치와 정치이론 모두를 매우 방해해 왔다고 꽤 설득력 있게 주장해 왔다."(1992, p. 63)고 말한다.

그래서 시민성의 변화는 미래 시민이 서로 어떻게 평등하게 대해야 하는

가를 배울 수 있는 장이 되기 위해 불평등한 가족에서의 관계 변화를 요구한다. 만일 여성이 평등한 시민성을 획득한다면 "가사의 책임—어린이와 노인을 돌보는 일—은 당연히 여성의 몫이라는 옛 가설은 그것을 남성과 여성이 공유해야 한다는 가설과 정치이론에 그 자리를 내줘야 할 것이다." (Okin, 1992, p. 70) 시민성의 능동적인 개념과 함께, 최대의 개념은 민주 시민성에 대한 페미니스트 관점을 향해 문제를 드러낸다. 최대의/최소의 구별을 읽는 페미니스트는 평등하고 민주적인 시민성과 관련해 능동적/수동적 그리고 공적/사적의 두 가지 구분 사이의 연속체 순열이 민주 시민성을 위한 교육을 위해 최대의, 능동적인 시민성의 버전을 선호하는 이들에 의해 재고되어야 한다고 제안한다.

시민성과 교육

정체기 이후에 1970년대 정치철학이 다시 활기를 띠기 시작할 때, 특히 롤즈(J. Rawls, 1971)와 노직(R. Nozick, 1974)이 사회정의와 권리를 크고 넓게 다루면서 의제의 자리를 차지하지 못한 하나의 주제가 있는데 그것이 바로 '어린이(children)' 다. 정치철학에서는 단지 세상이 어른들로 구성된 것 같다. 사실 그렇게 말하는 어떤 이들은 단지 정의로운 성인뿐 아니라 정착된 견해와 선호를 지니고 있는 명료하고 합리적인 법률가를 생각했다. 어느 누구도 그들의 자유주의 이론에 있어서 합리적인 정치적 시민이 어떻게 한때 그랬던 것처럼 무도덕하고 무지한 어린이로부터 성장할 수 있는지를 생각하기 원치 않는 듯 보였다. 플라톤이나 루소와 같은 위대한 정치철학자에게도 시민교육은 하나의 중요한 주제였기에 이런 점은 어떤 면에서 매우 유별나다. 그러나 점점 시민교육은 정치철학 의제에 대해 자신의 길을 닦고 있다. 처음에는 하나의 장으로(Ackerman, 1980; Walzer, 1983 참조), 그다음에는 한 권의 책으로(Gutmann, 1987; Callan, 1997; Levinson, 1999) 다루어지고 있다.

시민성 교육의 목적은 무엇이어야 하는가

하지만 시민교육의 물음에 관한 관심의 증가가 자유민주주의에서 그것의 목적이나 절차에 대한 합의를 만들어 내는 것은 아니다. 이것은 부분적으로 이 분야에 처음 들어서면서 정치철학자들이 기초교육의 필요성과 어떻게 그것이 사회적으로 정의롭게 제공될 수 있는가(특히 Ackerman, 1980; Walzer, 1983; Gutmann, 1987 참조)와 같은 큰 이슈에 관심을 갖는 경향이었기 때문이다. 그러나 시민성의 본질에 의해 생겨난 문제에 관한 우리의 초기 조사는 합의가 쉽게 이루어지지 않을 수 있는 더 큰 이유를 제시한다.

문제는 충분히 기분 좋게 출발한다. 시민성 교육이 젊은이들에게 민주사회에서 그들의 지위와 그들이 나이가 들어가면서 어떻게 그것이 변해 가는가를 이해하도록 한다는 하나의 목적은 논란의 여지가 없어 보인다. 이것은 시민성의 기준과 시민이 누릴 권리를 포함할 것이다. 이 논란의 여지가 없는 요청에 대해 우리는 실제로 지위와 권리에 대한 이해가 마음속에 있다. 우리가 알고 있는 것처럼 논란이 생기는 곳은 시민성으로부터의 포함과 배제, 누리는 권리의 성격과 범위이며, 이런 것은 아마도 시민성 교육에서 적절히 논쟁거리가 될 것이다. 따라서 온전히 말해 목적은 시민성 개념을 면밀히 검토하는 동시에 특정한 사회에서 시민성을 구성하는 요소는 무엇인가에 대해 이해하는 것이다. 그러나 현재 우리는 누가 시민이 되는가의 문제에 대해 여전히 논리적으로 당연하게 생각하고 있다.

능동적인 시민성이 목적이 되어야 하는가라는 질문은 문제를 더 복잡하게 한다. 우리가 보아 왔듯이, 서로 밀접한 관계에 있으면서도 대비되는 두 가지가 있다. 즉, ① (예를 들면, 투표권, 언론출판권, 저항권 등과 같은) 권리들에 의해 때때로 요구되는 책임을 조심스러워 하는 시민들과는 구별되는 단순히 수동적인 권리의 수령자인 시민들, ② 사적 관심보다 훨씬 높은 가치를 부여하며 공적 영역에서 능동적으로 미덕을 갖춘 시민들과는 구별되는 관련 책임을 알고 수행하는 권리를 지닌 자로서의 시민들이다.

①에서 같이, 조심스러운 능동적 시민성은 민주적인 정부의 지속성이 보장될 수 있다면 필요해 보이기도 하다. 이런 종류의 민주적 경계(vigilance)의 증진은 단순히 선택사항일 수 없다. 그러나 ②에서와 같이 삶의 모든 단계에서 시민성의 책임에 가장 높은 우선순위를 매기고 그것을 사적 관심보다 항상 높은 수준으로 간주하는 것이 시민교육의 목적이 되어야 하는가가 문제다. 거기에는 적어도 두 가지 측면에서 의문이 제기된다. 첫째, 그것은 우선 모든 이가 정치적 문제에 참여해야만 한다고 강요할 이유가 없다고 주장하는 자유민주주의의 존재 이유인 가치 다원주의에 반하는 것으로 보인다. 둘째, '사적' 이라고 생각되는 모든 측면이 공적인 범위를 정당하게 넘어선다는 의미에서 정말로 사적이든 아니든, 또는 가령 육아와 같이 그것들 중 일부는 실제로 시민성의 일부이든 아니든, 공적/사적 구별이 만들어지는 방식에 대한 광범위한 의문을 일으킨다. 이와 관련해 모든 이가 그들의 최우선 순위를 공적 영역에 참여하는 것에 둔다면 우리가 요구하는 민주적 삶의 재정비에 대한 의문이 생기는 것이다.

이런 물음에 대한 답은 시민성 교육과 어떻게 씨름해야 하는가라는 입장에서 중요한 의미가 있다. 부적절한 점은 공적 영역 활동을 강조하는 공화주의 전통에서 참여적 시민성을 장려하는 것으로서 시민성 교육을 생각하는 접근방식에서 드러나기 시작한다. 만일 시민성 교육이 소녀들을 위해 평등한 시민성을 증진하는 것이라면, 그것은 적어도 공적 영역에서뿐만 아니라 사적 영역에서도 그들의 역할을 이해하는 소년과 소녀의 방식에서 모두 변화를 가져오는 데 주의를 기울여야 한다. 교육적 간섭의 정당한 영역을 넘어선 것으로 사적 영역을 계속 다루는 것은 평등한 시민성을 획득하는 데서의 가장 큰 장애 요인을 무시하는 것이다. 이것은 소년들이 사적 영역에서 시민성을 향한 조직이나 단체에—그리고 정치 자체에도—관여하는 중요성으로부터 공적 영역에서 적어도 부분적으로 멀리 벗어난 다른 관심을 갖는 것을 뜻한다.

페미니스트는 민주주의의 참여적 측면만을 향한 열정의 결과로 종종 무시되며, 시민성 교육에 대한 접근방식을 다시 생각하게 하는 대의제의 의미를 재고하자고 요청한다. 오킨은 민주주의에서 '대표자'와 대표자라고 자처하는 이들 사이의 불일치가 계속되지 않으면서 여성 대표성을 향상시켜야 한다고 지적한다(1992, p. 71). 필립스는 우리가 '명백하게 성과 성 불평등을 인식하는 대의제를 발전시킬' 필요가 있으며, 그것은 '아마도 정치적 결정이 이루어지는 영역 내에서 양성 간의 새로운 균형을 보장할 수 있을 것'이라 주장한다(1991, p. 7).

킴리카(W. Kimlicka)와 노먼(W. Norman)은 "참여를 강조하는 것이 시민이 책임 있게, 즉 자기 이해나 편견보다는 공적인 정신으로 참여하는 것을 보장하는 것은 아니다."(1994, p. 361)라고 주장한다. 참여적 민주주의에 의해 위임받은 시민은 그들의 힘을 그들 자신의 가장 큰 이해를 얻기 위해 힘은 적지만 가장 필요한 집단을 희생하면서까지 무책임한 방식으로 사용할 수도 있다. 이런 견해는 보다 유리한 이들이 자신들의 이야기를 더 잘 들을 수 있게 효과적으로 사용할 수 있듯이, 단지 시민참여 수준이 높아지는 것은 불평등이 증가할 수도 있다는 것을 지적한 패리와 모이저(G. Parry & G. Moyser, 1994)에 의해 인정되었다. 마찬가지로 다른 사회변화 없이 효과적인 참여를 위한 지식, 기능 그리고 태도를 가르치는 것은 소년들에게 남성 주도적인 사회에서 더욱 효과적으로 능동적인 시민성을 발휘하도록 하기 쉽다.

대의제로서의 민주주의에 대한 이런 재고와 민주주의의 참여적 다양성의 한계에 대한 부수적인 이해는 어떻게 우리가 시민성 교육을 재고할 수 있는가에 대해 무엇을 말하고 있는가? 아마도 교육과정 준비를 위해 가장 주목할 만한 점 중 하나는 시민성에 필요하다고 보이는 비판적 이해와 질문의 수준에 대한 관심일 것이다. 최대의 개념은 일반적으로 인식하는 민주주의 시민성에 참여하기 위해 갖춰야 할 능력 및 성향과 함께 시민의 일부에 대한 민주적 원리, 가치 그리고 절차에 대한 상당한 수준의 명백한 이해를 요구한다(McLaughlin, 1992a, p. 237). 민주주의의 참여적이고 대의제적인 형식에 교육받은 방식으로 참여하기 위해 획득해야 할 필요한 능력들 간에는 실질적인 중첩이 있다. 서로 다른 시민에게 주어지는 능동적인 참여를 위한 기회의 차이와 단순히 특별하게 능동적인 시민이 되길 원치 않는 사람이 있을 것이라는 점 모두를 인식하면서, 시민성 교육은 대표적인 교육과정과 함께 참여와 관여(participation and engagement) 모두를 증진시키며 그 임무에 접근해야만 한다. 더 나은 대의제를 장려하는 것은 설사 어느 정도 능동적인 참여가 적을지라도 민주주의를 증진시키는 것으로 이해되어야 한다.

만일 정치적 참여가 사람들이 다른 가치 있는 활동의 증진을 선호하도록 한다고 정당화될 수 없다면, 이것은 욕구나 선호를 형성하는 것과 관련된 어떤 목적도 부질없는 것이라는 의미인가? 시민의 덕에 대해서는 어떠한가? 그것이 매력적이므로 그것을 실천하기 위해 학생들 앞에 단순히 놓여져야 하는가? 다시 말하지만, 문제는 간단치 않다. 정의와 관용 같은 어떤 미덕은 민주적 삶의 방식에 절대 필요한 것이지만, 체면(decency) 같은 것은 주변적인 것이다. 자유민주주의 사회가 주변적인 미덕이 없어도, 비록 국민 다수가 그것을 소유하고 있을 때보다 삶이 덜 넉넉할지라도 붕괴의 심각한 위험에 빠지지 않을 것이라고 주장할 수 있다. 그러나 정의, 관용과 같은 핵심적인 미덕 없이 생각할 수 있는 자유민주주의 사회란 있을 수 없다(Callan, 1997; Kymlicka, 1999).

시민교육의 목적은 지금까지 민주적 권리, 원리 그리고 태도에 관한 모든 관심사를 생각했다. 그리고 어떤 이들은 그것들이 민주적 시민교육을 구축하는 민주적 목적으로서 가능한 분야를 구성한다고 판단할 수 있다. 그러나 그렇게 공유된 정치적 원리와 권리들은 사회통합을 위해 충분하지 않다는 주장이 있다. 사회통합은 단지 공유된 원리뿐 아니라 같은 공동체 내에서 공유된 구성원의 지위에 대한 인식을 요구한다. 그래서 정체성의 공유가 있는 것이다. 어떤 국가에서는 그것이 공유된 종교적 신념이나 종족의 기원에 의해 제공될 수도 있지만, 다원주의적 민주주의에서 이러한 것들은 공유되지 않는다. 그래서 무엇이 이런 공유된 정체성을 제공할 수 있으며 또 그것이 필요한 것인지에 대한 의문이 있다. 공동의 정체성을 지원하고 추진하는 것이 시민교육의 목적이 될 필요가 있는가? 그렇다면 종교적 혹은 인종적 기반이 없을 때 국적은 어떻게 이런 역할을 해낼 수 있을까? 또한 유럽공동체 회원국에 속해 있는 이들을 위한 유럽공동체의 구성원 지위와 같이, 다른 민주적 집단화에서 시민의 지위는 어떻게 맞출 수 있을까? 그리고 그것은 세계주의적 시민성의 개념과 관련 있는 것인가?

시민성에 대해 논하는 현대 국가에 주어진 시민성 교육의 목적은 그것이 현재 합리적으로 실시할 수 있는 지원 속에서 다양한 모습으로 보여야 한다. 하나의 강력한 사례는 대중들에게 민주주의적 경계심을 유지하면서 능동적인 시민이 되도록 격려하고 정의와 관용의 태도와 같은 핵심적인 미덕을 조장하면서, 자유민주주의 국가의 시민으로서 그들의 지위를 이해하도록 도울 수 있다. 이런 목적 위에, 긴급하게 강요해야 하는 것은 아니지만 더 능동적인 시민의 참여 가능성과 광범위한 시민의 덕을 계발하려는 열망이 있다. 이러한 열망들이 놓인 곳 너머에 바람직한 사회통합에 관한 풀리지 않는 문제들과 목적이 연결되어 있다.

목적 실현: 절차와 기관

자유민주주의 사회에서 학교는 모든 아이들이 참여하는 유일한 기관이기에 시민성 교육을 위해 가장 중요한 곳임에 틀림없다. 어떻게 그것에 관여할 수 있는가?

민주시민의 권리와 지위에 관한 지식을 요구하는 것에 답하기 위해 시민성에 관한 과정은 필요할 것이며, 특히 나이 든 학생들에게는 더욱 그럴 것이다. 이것은 단순히 교육적일 뿐만 아니라, 우리가 보아 온 것처럼, 시민성 지위로부터 배제되는 가능한 이유의 정당함과 같은 문제와 부딪힐 필요가 있다.

우리는 학교가 사회의 다른 기관처럼 민주주의 맥락에서 조직되고 운영될 것으로 기대한다. 이런 점에서 모든 학교의 이상(ethos)은 민주주의를 지향할 것이며, 학생들의 행동방식(학생 연령과 관계없이)도 그 이상에 부합되도록 할 것이다. 그리고 학생뿐만 아니라 모든 교직원의 태도도 민주 공동체에서 살기 위해 필요한 자질들을 서로 장려하도록 노력할 것이다. 그것은 정의, 관용, 신뢰, 정직, 희망, 예절, 감사, 충성, 자비 등과 같은 시민의 덕에 관한 교육을 포함할 것이다. 그러나 핵심적 미덕과 주변적 미덕 사이에 대해 앞에서 언급했던 구분(differentiation)은 어떠한가? 이것은 학생들에게 어떻게 전달될 것인가? 대체로 그것은 학교생활 속에서 드러날 것이며, 그 메시지가 어째서인지 왜곡된 곳에서 분별 있게 때때로 강조될 필요가 있다고 생각하는 것은 합리적인 듯하다. 구체적으로 인종차별에 대해 취해야 할 태도는 분명 감사의 표현에 대해 취해야 할 태도와는 다른 것이다.

이런 학교생활에 능동적으로 참여하도록 장려하는 것은 성인 사회에 능동적으로 참여하기 위한 합리적인 선택방식을 다시 준비하도록 할 것이다. 모든 학생이 관련된 것을 알 수 있도록 장려할 수 있다. 그들은 직접 개인적 · 사회적 비용, 참여의 이익, 어떤 이들이 타인에게 참여를 요구하는 것을 생각해 볼 것이다. 성별에 따른 참여 실태는 고려해 봐야 할 분명한 문제다.

우리가 학교를 언급할 때, 시민성 교육은 반드시 공동의 학교(common school)를 요구한다는 가정을 당연시했다. 그것은 우리가 공동체의 모든 구성원들이 함께 살 수 있도록 돕는 교육을 생각한다면 비합리적인 가정은 아닌 것 같다. 공동의 학교는 어느 아이에게나 미래 동료 시민들 사이에서 풍부하고 다양한 견해를 알려 주고 그것들을 논의할 수 있는 장소를 제공하며, 필요하다면 실제적인 적용도 협의할 수 있도록 한다. 그러나 이런 견해는 민족적 또는 종교적 집단만을 위한 공동의 교육과정을 가진 분리된 학교(separate school)를 운영해야 한다는 도전을 받으며 싸워 왔다. 그것은 정치의 현실을 가르칠지는 모르지만, 인종, 계급, 종교 등이 다른 사람들과 함께 살기 위한 학습 경험을 제공하기는 매우 어려울 것이다. 만일 분리된 학교를 강요할 이유가 있다고 느낀다면, 해결책은 부분적으로는 공통적인 것과 분리적인 것을 나눠서 교육을 실시하는 것이다(Kymlicka, 1999).

어떤 교육과정 영역도 경쟁이 없는 목적들이 깔끔하게 정리된 하나의 묶음을 이루고 있지는 않다. 시민성 교육도 예외가 아니다. 주지하다시피, 이것은 시민성 역할의 성격과 많은 측면들이 여전히 정치적이고 철학적인 논쟁의 문제들이라는 사실로부터 갈라져 나왔다. 그러나 이것이 견고한 시민성 교육을 구성하는 데 장애라고 할 수는 없다. 이것 자체가 시민성의 성격에 대한 비판적인 질문들을 만들어 냄으로써 목적들이 서로 경쟁하도록 하는 것과 시민성 프로그램의 주된 목적인 좋은 시민이 된다는 것은 무엇인가라는 것 사이에 나타나는 긴장들을 반영할 수 있고 또 그래야 하는 것이다.

추 천 도 서

Callan, E. (1997). *Creating Citizens: Political Education and Liberal Democracy*, Clarenden Press.

Gutmann, A. (1987). *Democratic Education*, Princeton University Press.

Kymlicka, W., & Norman, W. (1994). Return of the citizen: a survey of recent work on citizenship theory, *Ethics, 104,* pp. 352-381.

White, Patricia (1996). *Civic Virtues and Public Schooling: Educating Citizens for a Democratic Society*, Teachers College Press.

제4장

다문화교육

Pradeep A. Dhillon & J. Mark Halstead / 권명옥, 심승환 공역

다문화교육(multiculatural education)은 광범위한 자유주의적 원칙들에 근거한 개념이다. 지난 30~40년간 서양 국가들 내에서는 문화적 · 인종적 다양성이 증가함으로 인해 수많은 실천적인 교육의 문제들이 대두되었다. 다문화교육은 바로 이런 문제들에 대한 실용적인 반응으로서 처음 발생하였다. 이후 학자들은 다문화교육의 개념에 대하여 철학적으로 관심을 기울이게 되었고, 다문화교육과 관련된 사회적 · 정치적 문제들을 전적으로 탐구하기 시작했으며, 최근의 문화이론과도 연결하여 고찰하기 시작하였다. 그 결과, 보다 체계화된 다문화교육의 이론이 발달하게 되었다. 후술하겠지만, 다문화주의(multiculturalism)가 교육의 개념에 본질적이라는 주장은 현재 널리 수용되고 있다.

이 장에서는 먼저 다문화교육의 기원과 발달과정에 대하여 고찰하고, 몇 가지 핵심 문제와 논쟁 그리고 이론적 관점들을 명백히 할 것이다. 둘째,

현대에 다문화교육의 자유주의적인 비전을 제시하고 이러한 관점에 대한 몇 가지 실천적인 도전을 검토한다. 셋째, 공통된 인간성(humanity) 및 문화적 상대주의 개념에 담긴 함의를 숙고한다. 넷째, 페미니즘의 비평 및 상이한 문화 간의 상호 관련성 및 침투성 문제를 고찰하여 보다 비판적인 다문화적 관점을 모색한다. 마지막으로 다문화주의는 통일된 이데올로기적 의무를 따르는 행동을 강화하기보다는 약자의 복지(welfare)를 돌보는 상호 관심을 통한 연대의식을 수반한다는 점을 밝힌다. 결론적으로 이 장은 이러한 '심원한 휴머니즘'에 근거한 자유주의적 다문화주의의 새로운 전망을 제시한다.

기원과 이슈

지난 30여 년간 많은 서양 국가들에서 발달한 다문화교육의 배후에는 다음과 같은 문제들이 놓여 있다. 학교는 소수 인종의 아이들이 사용하는 다양한 모국어를 어떻게 활용할 것인가? 아이들과 가족들이 경험하는 인종차별 및 기타 형태의 차별과 불이익에 대해 학교가 어떻게 반응해야 하는가? 서양 국가들에서는 종교적 다양성이 점차 증가하고 있는데 과연 학교에서는 종교에 대해 가르쳐야 하는가? 그리고 가르친다면 어떤 방식으로 가르쳐야 하는가? 어떻게 학교가 소수 인종의 아이들이 교과과정과 일반 학교 운영에서 무시되지 않는 문화를 보장할 수 있는가? 또 학교는 어떻게 소수 인종들의 구체적인 요구(단일한 성의 학교-남학교/여학교, 터번[turban]이나 히잡[hijab][1] 착용의 자유, 종교 행사 시 결석 허용, 이슬람교 기도의식을 위한 시설 요구 등)에 반응해야 하는가?

---

1) 두건 모양으로 알라가 명령한 것으로 코란에 언급된 의상이다. 얼굴만 내놓은 쓸 것으로 상체만 가리는 것이 특징. 입고 벗기가 쉽고 시리아 등 아랍권 여성들이 쓴다.

다문화교육은 이러한 까다로운 문제들에 대한 실질적인 대응으로서 발달하였다. 문화적 다양성에 대한 초기의 접근법은 동화 또는 '용광로(melting-pot)' 이론 등이었는데, 이들 이론의 부적절함은 쉽게 드러났다. 그렇다고 해서 자유주의적 가치들이 어떤 정책과 실천들로 이런 이론들을 대신해야 하는가라는 물음에 대하여 항상 명확한 해답을 제시해 주는 것은 아니었다. 예를 들어, 인종차별적인 통계를 수집하는 것과 그 수집을 거부하는 것은 둘 다 인종차별주의자로 지적되었다. 커프(Kirp, 1979, p. 40)가 지적한 바와 같이, 초기 미국의 '강제 버스통학' 정책과는 반대로 시행된 영국에서의 의도적인 인종혼합 정책(흑인 아이들을 교외 지역의 백인 학교로 이동시키는 '버스통학[busing]'[2] 정책의 예와 같은)은 비난받아 왔고 인종차별 정책으로 인식되면서 결국 폐기되었다. 웰먼(Wellman)은 그의 초기 저서에서 좋은 의도의 미국 백인중심 자유주의가 직면한 불확실성과 딜레마 속에서의 모순을 다음과 같이 포착했다.

> 흑인들을 개개인으로서 평가하려 할 때, 그들은 한 그룹으로서 다루어 줄 것을 요구했다. 흑인들에게 동등한 기회가 필요하다는 사실을 알았을 때, 그들은 정치적인 권력을 요구하고 있었다. 차별의 원인을 개인적인 편견 속에서 찾아내려고 할 때, 흑인들은 전체 사회를 인종차별주의자로 언급하고 있었다. 흑인들에게 도움이 필요하다는 사실이 알려질 때까지 그들은 그 도움을 거부했다(Wellman, 1977, p. 118).

---

2) 미국에서 인종차별 철폐정책의 일환으로서 학교 내의 인종적 구성의 균형을 도모하기 위하여, 주로 대도시 내부의 소수민족 거주지 학교 구역과 교외의 백인 거주지 학교 구역의 사이에서 각각 교육위원회가 준비하는 버스에 의하여 어린이를 상대 학교 구역으로 통학시키고자 하는 정책을 가리킨다. 법률에 의한 반강제적인 것이라 하여 여러 차례 비난받았고, 학교의 지역성을 들어 이에 저항하는 백인들의 반대도 강하여 그 채택 여부가 대통령 선거의 쟁점의 하나로 되는 등, 단순한 교육문제의 테두리를 벗어나 커다란 사회 · 정치 문제가 되었다.

30년 전에 다문화교육에 대한 일관된 접근법을 만드는 데 있어서의 문제점은 정책과 실천의 근거가 될 만한 이론적 토대가 적절치 못하였다는 것이다. 그런데 오늘날 다문화주의는 사회정의, 민주주의, 인권 등의 논의에서 핵심적인 위치를 차지하고 있다. 이론 부분에 있어서는 과잉 현상을 보인다. 예를 들어, 킨첼로와 스타인버그(Kincheloe & Steinberg, 1997)는 다섯 가지 주요 이론적 관점들을 제시했다. 다문화교육을 지지할 원칙들뿐만 아니라 용어(terminology)에 관한 논쟁들도 끊이지 않고 있다. 다문화교육이라는 개념과 관련된 주요 문제들 중 하나는 다문화교육이 정치적, 사회적, 문화적, 도덕적, 교육적, 종교적인 다양한 분야의 문제들을 복합적으로 포함하고 있다는 점이다. 그러므로 첫 번째 중요한 임무는 이 얽힌 문제들을 풀어내는 몇 가지 방법들을 찾아내는 것이다. 우리는 그것을 다음과 같이 네 가지 부류로 구분해 보고자 한다.

첫째 쟁점은 인종적 · 문화적 취향의 본질, 문화적 정체성의 개념, 그리고 문화 · 권력 · 불평등 사이의 연관성에 관한 문제들을 포함하는 문화 자체의 개념과 관련된 이슈들이 있다. '문화'라는 용어는 매우 광범위한 인간 활동에 적용된다. 첫 번째 관점에서 문화라는 용어는 한 집단의 종교, 언어, 국적, 역사 또는 정치와 같이 한 공동체의 근본적인 의미와 믿음, 표준, 가치들을 묘사한다. 두 번째 관점에서 문화는 한 집단의 관습, 전통, 행동 양식들(음식, 의복, 의식, 축제, 여가활동, 건강관리에 대한 태도들과 같은)을 지칭한다. 세 번째 관점에서 문화는 한 집단이 예술, 그림, 음악과 같은 특정한 관심이나 가치에 대해 인식하는 활동 또는 업적을 지칭한다. 물론 한 집단이 높이 평가하는 것에 대해 다른 집단은 별로 관심을 갖지 않을 수도 있다. 문화에 대한 이러한 세 관점은 수많은 방식으로 상호작용해서 그것을 구별하기가 쉽지 않다. 예를 들면, 특정한 관습들과 인간의 업적들은 보통 특정한 국적 또는 인종 집단의 공유된 의식과 관련되어 있다.

그런데 학교에서의 다문화교육은 첫 번째 관점보다는 두 번째 관점에만 주목할 수 있는 위험이 있다. 집단 구성원들은 문화는 고정되어 있고 외부적이며 객관적인 것으로 학생들이 배워야만 하는 내용이라고 당연하게 가정하는데, 바로 이러한 가정은 사실 상기한 세 관점 모두에 존재한다. 이에 반해 문화 이론가들은 종종 문화는 오직 그 집단 구성원들의 의식 속에서만 존재하며, '사회적 집단이 특정한 양식으로 삶의 문제들을 대처해 나가도록' 돕는 방식으로 전개된다고 주장한다(Bullivant, 1986, p. 43). 그러므로 그것은 시간이 지남에 따라 변화하고 발전하게 된다. 우리는 이러한 주장과 가정이 교육에 관해 어떠한 함의를 지니는지 찾아낼 필요가 있다. 학교는 전통의 문화적 가치들과 관습들의 전수와 보존에 더 관심을 가져야 하는가, 아니면 비판과 발전과 변화를 허용하는 문화에 대한 접근방식을 조장하여야 하는가?(May, 1999, p. 33 참조) 아이들 자신의 문화에 대한 참여를 잠재적으로 약화시키지 않으면서 다른 인종의 사람들과 창의적인 대화 속에서 경험을 교환하고 차이점과 관련성을 탐구해 가도록 조장하며, 그들 자신의 문화를 포함하여 다양한 문화에 비판적으로 참여시키는 것은 가능한가? 그러나 아이들 자신의 문화에 대한 참여가 약화된다면 어떻게 이 과정이 다른 문화에 대한 존중과 인식을 보여 준다고 주장할 수 있는가? 문화의 전승과 발전에 있어 학교의 역할과 이 과정이 사회 안의 넓은 권력관계와 관련되는 방식을 명료화할 필요가 있다(Giroux, 1997 참조).

둘째 쟁점은 정치 이론가 및 철학자들이 이 '다문화주의'를 점차적으로 중요한 문제로 다루어 왔다는 점이다. 20세기의 전반기에 정치적 · 문화적 다원주의에 관한 연구는 개개인들이 자유롭게 가입하고 탈퇴할 수 있는 자발적인 단체 또는 권력투쟁에서 서로 경쟁하는 압력단체로서 집단을 묘사하는 경향이 있었다(Nicholls, 1974, 1975 참조). 그러나 제2차 세계 대전 이후 서양 국가들로의 이주가 증가한 이래, '다원주의자(pluralist)'라는 용어는 상이한 인종 집단이 자신들만의 고유한 언어, 문화, 혈통, 종교를 유지하며 함께 살아가는 국가를 지칭하게 되었다. 현대 다원주의 사회를 특징짓는 '다양한 생활방식과 언어 양식, 종교적 관습들과 가족 구조의 평화로운 공존' 이라는 말(Wlodkowski & Ginsberg, 1995, p. 17)은 사실 집단 간의 매우 심각한 사회경제적 · 정치적 불평등을 가리고 있다. 그러한 공존은 다수에 의해 설정된 용어에 의존하는 것이다. 소수 집단이 다원주의 사회 속에서 일반적인 관용(toleration)을 얻기 위해서는 자신의 근본적인 이상과는 다른 공공질서를 수용해야 한다. 하지만 이러한 분명한 문화적 지배에 대하여 우리는 어떤 대안들을 취할 수 있을까? 지난 10년 동안 수많은 정치철학자들(예: Taylor, 1992; Kymlicka, 1995 참조)은 국가가 소수인종 문화를 허용하는 공식적인 인식, 소수 문화가 이러한 인식을 누리기 위해 충족시켜야 하는 조건, 문화 다원성을 보증하기 위해 공적 영역에서 취해야 하는 적용방식 등과 같은 주제들을 연구하기 시작했다. 여기서 매우 중요한 점은 바로 국가가 문화에 대해 중립적인 입장을 취해야 하는지, 아니면 어떤 정당한 사유로 인해 다수 문화와 연합하여 다수 문화를 입법 및 공식제도를 통해 지지해야 할 상황에 있는지의 문제다. 이러한 의문은 다문화교육의 발전을 위해 분명한 함의를 지니고 있다.

셋째 쟁점은 소수인종 집단이 자신들의 독특한 신념과 가치를 보존하고 다음 세대에 이를 전승하기 위하여 교육을 이용하는 권리에 대한 논쟁은 집단 자체의 권리에 관한 보다 폭넓은 논의를 수반한다는 점이다. '집단의 권리(group rights)' 개념에 대한 한 가지 문제는 이를 불리한 상황에 있는 소수 집단에게만 제한하여 적용하기 어렵다는 점이다. 그러나 일단 그 권리가 지배적인 혹은 강력한 권력을 지닌 집단에 확대 적용되면 이를 통해 평등을 위태롭게 할 소지가 있다는 점이다(Vogt, 1997, p. 38 참조). 더 심각한 문제는 집단의 권리와 개인의 권리는 항상 뚜렷하게 구분되지 않는다는 점이다. 예를 들어, 종교학교에 대한 국가의 지원은 가톨릭 신도나 이슬람교도의 집단 권리로 주장될 수 있으나 이런 학교들에 자녀를 보낼지에 대한 선택은 학부모 개인들이 선택 · 시행할 사항이다. 소수인종 집단들은 자신들의 문화적 열망과 관련하여 전형적으로 두 가지 종류의 권리를 주장한다(Halstead, 1995a 참조). 첫 번째 권리는 국가 내의 다른 집단들과 동등하게 대우받을 권리다. 이는 한편으로 완전한 사회 통합이 이루어지기 위해 차별의 장벽 및 제도적 인종차별의 소멸을 보장받을 권리이고, 다른 한편으로는 그들 자신의 문화적 정체성을 자부심과 충성심 그리고 개인적인 정체성과 칭송할 만한 것으로 여길 수 있는 권리다. 전술했던 것처럼, 이것은 국가 내의 권력관계의 변화를 수반하며 다수 집단의 문화적 지배의 결과로서 소수 집단이 느끼는 무력감을 종식시키는 것을 수반한다. 두 번째 권리는 경우에 따라서는 시민으로서 일반적인 사항을 지키는 것보다는 각 집단의 특유한 문화적 · 종교적 신념에 따라 행동할 수 있도록 보장하는 권리다. 이러한 두 번째 범주 속에는 오토바이를 탈 때 헬멧보다 터번을 착용하려고 하는 시크교도들(Sikhs)의 주장, 죽은 사람을 장례용 장작더미에 화장하고 강에 그 재를 뿌리려는 힌두교도들의 주장, 성인식의 일환으로 자녀들에게 영구적인 흉터를 가하는 아프리카 부족들의 주장, 외부 세상의 지식을 제한하기 위하여 16세 이전 자녀들에게 등교를 거부하게 하는 아미시 신도들(Amish)의 주장(보다 많은 논의는 미국에서의 Wisconsin 대 Yoder의 사례 참조), 서양 국가에서 이슬람교의 인적 법률(Muslim personal law)[3]을 적용하고자 하는 이슬람교도들의 주장 등(Lustgarten, 1983; Parekh, 1999 참조)이 속한다. 이러한 집단의 권리는 다른 소수 집단들, 특히 미국 인디언

---

3) 일반적으로 힌두법은 인적 법률로서 전체 인구의 85%에게 적용되며, 인도 문화에서 사법상의 주된 산물을 이루고 있다. 힌두라는 말은 엄격한 종교적 정통을 뜻하지는 않으며, 주된 의미 또한 교리적이라기보다는 민족적이다. 그럼에도 불구하고 독립 이래 인도에서는 여러 지역에 적용되고 있던 다양한 힌두 교리와 관습을 가능한 한 민법전으로 통일시키기 위해 인적 법률을 폐지하는 것을 목표로 삼아 왔다(헌법 제44조). 현재 힌두법은 힌두 혼인법(1955), 힌두 미성년후견법, 힌두 상속법, 힌두 입양 · 부양법(혼인법을 제외하고는 모두 1956년에 제정)으로 구성되어 있다. 1955~1956년에는 관습이 명확성 · 계속성 · 성숙성 등을 충분히 갖추고 있음이 인정되었고, 공공정책에 상반되는 것이 아닌 경우에 힌두인들은 인적 법률로부터의 면책을 주장할 수 있는 권리를 가졌다. 오늘날에는 극히 좁은 범위에서 관습이 인정되고 있다(엠파스 백과사전).

이나 터키와 이라크의 쿠르드족(Kurds)과 같은 국가적 소수 집단, 캐나다의 프랑스어 사용자들과 같은 언어적 소수 집단, 또는 장애, 성적 지향, 성별, 계층 또는 종교의 관점에서 불리한 조건에 있는 사회집단들에 의해 제기된 주장들과 많은 경우에 유사하다(Kymlicka, 1995, pp. 17-20; Vogt, 1997, p. 188 참조). 우리는 이하에서 다문화주의의 개념을 어떤 특정한 종류의 집단으로 구분하기 위한 통일된 이념적 노력의 좁은 의미보다는 소외된 약자들을 위한 공유의 관심으로 보고자 한다.

넷째 쟁점은 아이들의 교육방식에 대한 근본적인 결정권이 과연 누구에게 있는가 하는 점이다. 자녀들을 자신들의 고유한 문화와 종교 속에서 양육하려는 부모들의 권리와 부모들의 문화적 배경의 속박으로부터 벗어나려는(아마도 국가에 의해 보호되는) 아이들의 권리 사이에는 분명히 잠재적인 갈등이 존재한다(Bailey, 1984 참조). 이에 반해 아이들이 자신들의 교육에서 문화적 일관성을 스스로 결정할 권리를 갖는다는 반대 주장도 가능할 것이다. 그러므로 개개인의 소신의 갈등을 발생시키고 아이들이 자신들의 문화유산을 상실하게 될 위험이 있더라도, 학교가 모든 아이들에게 자율적인 개개인으로 성장하도록 격려해야 할 의무를 지니는지의 문제가 제기된다. 또는 학교가 가정과 학교의 문화적 가치 사이에는 일정한 연속성이 존재한다는 점을 강조함으로써 아이들에게 정서적 안정감을 심어 주는 데 주목할 것인지의 문제다.

마지막 쟁점은 아이들의 권리문제가 교육의 이론 및 실천에 관한 보다 일반적인 문제들과 연관된다는 점이다. 특히 아이들은 공통된 교육 경험을 받아야 한다는 점을 인정한다면 그 교육 경험이 근거하는 가치들을 고려하는 것이 필수적이다(Mclaughlin, 1995a 참조). 이를 위해 우리는 최상위의 공통된 가치의 요소들을 찾아야 할 것이다. 다시 말하면, 국가 내의 모든 주요한 문화 집단이 경험적 사실로서 공유하는 가치의 구조를 발견하는 것이다. 이것은 아마도 공통된 법체계에 대한 수용과 기본적인 사회적 도덕성에 대한 합의를 포함하게 될 것이다. 그러나 실질적인 교육체제를 지탱하는 데 있어 이러한 구조는 너무 빈약할 것이다. 그렇다고 더 강화된 가치의 구조를 만들어 내려 한다면 이는 다원주의사회에서 여러 문제들을 야기할 것이다. 지배적인 집단의 전통, 역사, 문화 속에서 그 가치 구조의 근거를 찾는 방법이 있지만, 소수 집단은 이를 문화적 지배로 볼 것이다. 또 다른 방법은 민주적인 협상을 통해서 그 가치 구조를 수립하는 것이지만, 이는 다시 다수 집단의 지배 형식으로 끝나게 될 수 있으며, 많은 종교 집단들은 자신들의 가치를 협상의 문제로 여기지 않을 것이다. 세 번째 방법은 모든 문화적 가치들의 뿌리는 종교에 있다고 전제하고, '모든 종교가 공유하는 근본적이고 절대적인 가치들' 을 탐구함으로써 '공유된 가치' 를 적절하게 찾는 것이다(Ashraf, 1986, p. vi). 그러나 이런 접근법은 점차 세속화되는 시대에 대중적으로 수용되기 힘들 것이다. 그러나 다문화교육은 바로 이 공유된 가치 위에 성립하므로 그 공유 가치에 대한 일정한 합의 없이 다문화교육의 구체적 방향을 논의하기란 힘들 것이다.

상기한 모든 요소들—문화의 개념과 문화적 정체성의 발달에 있어서 교육의 역할, 소수 인종에 대한 인식과 다원주의의 본질, 그들만의 독특한 문화를 유지하는 소수 집단의 권리, 교육적 의사결정에 참여할 부모의 권리, 다원주의 사회 속에서 공유된 가치의 문제 등— 간의 복잡한 상호작용을 고찰함으로써, 우리는 다문화교육이 제기하는 근본적인 문제들에 대답하는 방식을 찾아갈 수 있을 것이다. 이 장의 목적은 교육철학과 사회 · 정치 · 철학 분야의 최근 연구를 통해 이들 문제들의 일부와 보다 일반적으로는 다문화교육의 본질에 대하여 성찰하는 것이다. 연구의 시작점은 자유주의(liberalism)가 될 것이다. 왜냐하면 다문화교육 정책이 처음 육성될 수 있는 일반적인 틀을 제공한 것이 바로 자유주의이기 때문이며, 자유주의는 다문화교육의 개념 및 상기한 복잡하게 관련된 모든 문제들을 논의할 수 있는 일련의 본질적인 원칙들을 제공해 주기 때문이다.

다문화교육의 자유주의적 비전

킨첼로와 스타인버그는 자유주의적 다문화주의(liberal multiculturalism)는 오직 다양한 문화적 배경의 개개인들이 '공통된 인간성(humanity)과 타고난 평등을 공유한다.' 는 신념에 근거한 개념으로 본다(1997, p. 10). 그러나 정치이론으로서의 자유주의의 기원이 자유와 평등의 두 근본 가치 간의 긴장 속에 있는 것처럼(Halstead, 1996, pp. 18-20), 자유주의적 다문화주의는 유사성과 차이 간의 긴장 위에 성립된다는 주장이 보다 합리적인 것처럼 보인다. 교육적 맥락에서 유사성에 대한 강조는 더 넓은 사회 내에서 인종적 관용을 조장할 것이다. 그러나 유사성에 대한 지나친 강조는 문화적 무감각과 압제를 이끌지도 모른다(Halstead, 1995a, p. 267). 반대로 다양성은 문화적 풍요함을 제공할 수 있는 장점이 있지만, 차이점에 대한 지나친 강조는 고정관념을 영속화시키고 분리와 사회적인 배제를 강화시킬지도 모른다. 그러므로 다문화교육의 자유주의적 비전은 두 가지 주요 원리를 동등하게 강조해야 할 것이다. 한편으로는 차이를 존중하고, 다른 한편으로는 다원주의 사회의 생활을 위한 교육에서 모든 아동의 동등한 요구를 존중해야 할 것이다.

차이에 대한 존중의 원리는 학교가 가능한 모든 소수 집단의 아동의 문화적 요구와 감수성에 대하여 긍정적으로 대하는 노력으로 볼 수 있다. 이것은 다음과 같은 다양한 형식들을 취할 것이다.

- 다양한 언어와 같이 교실에서 아이들이 지닌 다양한 문화적 경험을 환영하고 또 그것들을 잘 활용하는 것
- 소수인종 집단의 아이들에게 자신들의 고유한 문화적 · 종교적 신념에 반하여 행동하도록 강요하지 않음으로써 문화적 정체감을 존중해 주

는 것(강요의 예: 이슬람교도 아이들에게 그들의 가치 기준에 맞지 않는 교복을 입도록 하거나, 그들의 주요한 종교 행사 때 학교에 출석하도록 요구함)

- 문화적, 인종적, 종교적 편견과 차별에 대항하기, 문화적 차이를 존중하는 태도들을 장려하고 겸허히 받아들이기
- 소수인종 학생들의 문화적 정체성을 지지해 주는 교과과정의 필요성을 인식하기

다원주의 사회의 삶을 위한 교육적 원리는 모든 아이들이 문화적 배경에 상관없이 성인 시민으로서 조화롭게 함께 살아가려면 관용과 존중, 상이한 문화에 대한 간문화적 이해 증진과 같은 태도 배양이 필요하다는 신념에 기초한다. 차이에 대한 존중의 원리와 같이 이 원리 또한 학교의 목적 및 교육과정에 모두 영향을 미치는 여러 요소들을 포함한다.

- 교직원, 학교이념, 구조, 교수 실제, 교육과정이 아이들의 문화적 다양성을 반영하는 안정되고 포용적인 학습 환경에서 상이한 문화적 배경의 아이들이 교육받는다. 이를 통해 학교는 보다 넓은 사회의 축소된 세계(microcosm)가 되며, 아이들은 다른 문화의 타인들과 자연스럽게 상호작용하는 배움의 기회를 갖게 된다. 만약 학교가 다문화적인 이웃의 역할을 수행하지 못한다면 교육 소재의 신중한 선택을 통해 보다 넓은 사회의 다문화적인 본질을 강조할 수 있을 것이다.
- 특정한 세계관 또는 유일한 선(the good)의 개념을 무비판적으로 제시하지 않는다. 반면 모든 아이들이 자신들의 가정(assumptions)을 스스로 질문하고 합리적인 토론에 참여하며, 자율적 개인으로 성장하고 상이한 세계관에 비판적으로 반응하며, 비판적 참여가 가능하도록 다양한 양상들을 다각도로 평가하는 능력을 배양시킨다.
- 학생들이 자신들에게는 없는 신념이나 세계관에 대해서도 관용을 가

지고, 다른 문화적 배경의 사람들에 대해 세밀하게 존중해 주는 태도를 고무시킨다.

- 학생들이 민주적이고 다원주의적인 사회 속에서 시민의식을 갖도록 준비시키며, 모든 형태의 인종차별주의, 선입관, 편견, 자민족중심주의(ethnocentrism)(직접적이든 간접적이든, 개인적이든 제도적이든 간에)와 그 밖에 시민으로서의 동등한 권리를 가로막는 그 어떤 것에도 도전한다.
- 다양한 문화적 집단의 문학, 예술, 음악, 역사, 종교를 학습함으로써 문화적 다양성을 폭넓은 시야를 조장하는 자원으로 활용한다. 이러한 교육목적은 모든 아이들이 다른 문화와의 관계 속에서 탐구 정신을 개발하고, 세상을 보는 다양한 방식에 대한 개방성과 공감적 이해를 조장하며, 다른 문명과 사회의 정신에 대한 열린 의지를 장려하는 것이다.

이러한 두 원리—차이의 존중과 다원주의 사회의 삶을 위한 교육—는 물론 밀접히 연결된다. 양자는 모두 문화적 다양성을 기꺼이 받아들이고, 문화적 지배를 거부하며, 문화적 선입관과 인종차별적 불의에 대항하는 것을 강조한다. 그리고 학교가 소수 집단의 학생들에게 차이에 대한 존중의 원리를 보여 주지 못한다면 어떠한 경우에도 학교는 아이들에게 다른 문화 및 신념에 대해 존중하는 태도를 심어 줄 수 없을 것이다(다원주의 사회의 삶을 위한 교육은 모든 아동들의 동등한 필요라는 원리). 한편 두 원리가 명백한 자유주의의 가치 구조에 근거하고 있다는 점에서 두 원리는 모두 다문화교육에 대한 분명한 자유주의적 관점을 나타낸다는 것 또한 사실이다(Parekh, 2000 참조).

물론 자유주의는 여러 가지 뒤엉킨 주제들을 포함하고 있는 넓은 캔버스와 같다. 이몬 캘런과 존 화이트(E. Callan & J. White)가 이 책의 다른 장에서 밝혔던 바와 같이, 그것은 여러 가지 다른 방식으로 해석될 가능성이 있다. 그러나 우선 몇 가지 폭넓은 접근으로 이 개념을 살펴보자. 자민족중심주의와 문화적 지배, 인종차별주의, 고정관념 그리고 차별에 대한 반대는 정의, 자유, 평등이라는 자유주의의 핵심 가치들에 근거한다(Halstead, 1996). 적극적인 조처(affirmative action)를 지각된 불평등에 대한 합리적인 대응으로 본다면 이 또한 자유주의의 핵심 가치에 근거한다고 볼 수 있다. 이러한 근본적인 자유주의의 가치들은 또한 관용, 인간 존중, 특히 권리의 개념을 포함하는 다문화교육의 근거를 다지는 여러 가지 핵심 원리들을 발생시킨다. 우리가 보았던 것처럼, 자신들의 세계관 속에서 자녀들을 양육하려는 부모의 권리와 자신들의 독특한 문화적 정체성을 유지하려는 집단의 권리는 다문화주의 개념의 중심에 있다. 그러나 자유주의적 개인주의는 아이들이 부모의 세계관과 문화적 관습에 놓여 있다가 점차 나이가 들수록 스스로를 자유롭게 하는 아이들의 권리 또한 보호한다. 자유주의는 유일한 선에 대한 고정관념을 거부한다. 이는 자유주의 국가가 잠재된 원칙으로서 다원주의를 수용하고, 다양성을 환영하며, 좋은 삶에 대한 다양한 견해들에 대해 중립적 입장을 견지하고, 동시에 개인이 자신의 선에 대한 주관을 추구할 자유를 보장함으로써 개인적 자율성의 가치를 지지하며, 다수 집단에 의한 문화적 지배와 소수 집단 내에서의 문화적인 격리화(ghettoization)를 막는 것을 확증한다.

파레크(Parekh, 1986)는 다문화교육이 단지 자유주의 교육과 양립할 수 있을 뿐만 아니라 자유주의 교육으로부터 논리적으로 확장된 것이라고 설득력 있게 주장했다. 그는 단일문화(monocultural) 교육은 소수인종 집단의 아이들을 소외시킬 뿐만 아니라 다수 집단의 아이들에게도 편협하고 피폐화된 교육이 될 것이라고 지적했다. 단일문화 교육은 상상력과 호기심 그리고 비판적 자기 성찰의 성장을 제한하고, 거만하고 무감각하며 인종차별주의적인 태도를 키우는 근거를 제공한다. 반면에 다문화교육은 아이들이 자신들만의 문화와 신념의 구조를 넘어설 수 있도록 장려함으로써, 개방적이고 생동감 있고 탐구하는 정신 및 합리적인 비판 능력을 발달하도록 돕는다. 그러므로 다문화교육은 다음과 같다.

> [다문화교육은] 자유—전수되어 온 편견과 편협한 감정과 정서로부터의 자유뿐만 아니라 다른 문화와 관점들을 탐구하려는 자유, 이용 가능하고 실천적인 대안들을 충분히 지각해서 선택하는 자유—속에서의 교육이다. …만약 교육이 호기심과 자기비판, 성찰의 능력, 독립적인 판단을 형성할 수 있는 능력, 감수성, 지적인 겸손, 타인에 대한 존중과 같은 인간의 기본적인 능력의 배양과 관련되어 있다면, 그리고 인류의 위대한 업적에 학생들의 마음이 열리도록 하는 것이라면, 그것은 반드시 다문화주의를 지향해야 한다(Parekh, 1986, pp. 26-29).

이러한 관점에 따를 때, 비록 소수 집단의 아이들의 존재가 다문화교육의 성장을 위한 촉매를 제공한다 할지라도, 한 국가 내의 학교에 소수인종 집단의 아이들이 있느냐 없느냐의 문제에 다문화교육이 궁극적으로 의존하는 것은 아니다. 학교의 인종적 구성과는 관계없이, 자유주의 원리들에 근거한 좋은 교육은 항상 학생들을 자민족중심주의의 구속으로부터 자유롭게 해 주려고 노력할 것이며, 학생들에게 다른 문화의 풍부한 다양성과 여러 가지 삶의 방식들과 우리 인류의 유산을 형성하는 사고(thought)를 소개해 주기 위해 모든 노력을 기울일 것이다.

그러나 여기에 제시된 다문화교육의 자유주의적 비전은 여러 가지 쟁점들을 포함하고 있다. 예를 들어, 타미르(Y. Tamir, 1995)는 자유주의적인 다문화주의가 단지 자유주의 문화의 다양성을 광범위하게 포함하고 있는 것인지, 아니면 반자유주의 문화도 내포하고 있는 것인지 논의한다. 또 다른 문제는 자유주의적 가치들이 항상 명확한 일련의 행동을 제시하지는 않는다는 점이다. 예를 들면, 루시디 사건(Rushdie affair)[4]의 경우 표현의 자유라는 가치를 우선시하는 사람들과 소수집단 문화의 존중을 우선시하는 사람들 간에 충돌이 있었다. 몇몇 자유주의자들에게는 학교에서 히잡을 입는 것이 표현의 자유에 관한 이슈인 데 반해, 다른 사람들에게는 받아들일 수 없는 문화적 구속과 여성에 대한 억압의 상징인 것이다. 이러한 내부적인 논쟁들에 덧붙여서, 자유주의적 다문화주의는 다양한 관점으로부터 공격을 받고 있다. 좌파에서는 자유주의적 다문화주의가 사회의 권력 구조에 대한 관심이 불충분하며, 따라서 드러난 현상 내부에 있는 불평등과 억압, 인종차별주의의 뿌리를 밝혀내지 못한다고 반박한다. 우파에서는 다문화교육이 여러 문화들을 엮어 놓은 '뒤죽박죽' 이라고 주장하며, 만약에 아이들이 점차적으로 경쟁적인 직업 분야에서 성공하려고 한다면 그들에게 가장 중요한 것은 사회의 지배적인 문화 안에서 높은 수준의 문해력(literacy)을 획득하는 것이라고 주장한다(Hirsch, 1988). 종교적 정초주의자들은 자유주의가 적절한 영적이고 도덕적인 기반이 미약하며 자녀들에게 선에 대한 자신들의 고유한 가치관을 가지고 교육할 자유를 부인한다고 비판한다. 그러나 이 장의 나머지 부분의 논점은 이 같은 보다 상세한 비판들을 논의하고자 하는 것이 아니다. 일반적으로 문화에 관한 사고에 대해, 특별히 다문화교육에 관한 사고에 대해 몇 가지 시각을 통해 살펴보고자 한다. 예를 들어, 이것은 포스트모던적 통찰력에 의해 강화되고, 공유된 인류의 가치에 관한 보다 깊은 관점을 향하여 단순한 관용 및 인정을 넘어서는 자유주

---

4) 살만 루시디(Salman Rushdie)라는 인도 출신의 영국 작가가 『악마의 시』라는 소설을 써서 이슬람계로부터 아주 격렬한 항의를 받게 되었고, 급기야 이란의 회교 지도자 호메이니로부터 종교적인 파문을 받아서 피신생활을 하게 된 일련의 사태를 일컫는다. 그의 책은 자신의 조국인 인도로부터 추방당하였고, 자신의 가족이 살고 있던 파키스탄을 비롯한 주변 이슬람 국가들에서는 영국의 펭귄 출판사에게 즉시 『악마의 시』를 수거할 것을 종용하는 대규모 시위와 집회가 잇달아 열렸다. 루시디는 곧 사과 성명을 내었으나 이슬람의 시위와 항의는 그칠 줄을 몰랐고, 그들의 거친 태도는 급기야 루시디의 책을 번역한 번역가를 테러하는 사태에까지 이르게 되었다. 1989년에 내려진 종교적인 파문으로 루시디는 그 후 10여 년간의 도피 및 은거의 삶을 살게 되었고, 1998년에서야 그에 대한 이슬람의 공식적인 파문이 철회되었다(조만성, 2002, To understand just one life, you have to swallow the world, 서울대저널, 51호 수정 인용).

의적 시민의 가치에 대한 이해를 수반할 것이다. 마지막으로 우리는 다문화주의와 다문화교육이 자유주의의 분석적 전통 내에서 취급되어 왔는데 다문화교육에 대한 고양된 시각은 결국 이러한 자유주의의 전통적 방식 위에서도 성립할 수 있음을 보여 줄 것이다.

공유된 관심: 보편적인 도덕적 행동의 가능성

앞서 우리는 자유주의가 정의, 자유, 평등의 핵심 가치들을 내포하고 있음을 확인하였다. 여기서 더 규명해야 할 문제는 이러한 가치들을 어떻게 이해하는가다. 왜냐하면 분명히 이러한 가치들은 자유주의자들만이 주장하는 영역이 아니기 때문이다. 정말로 이러한 용어들(정의, 자유, 평등)에 대한 자유주의의 해석, 그리고 현재 인식되고 있는 자유주의적 다문화주의의 문제들의 핵심에 놓여 있는 형이상학적 토대에 관해서는 의심의 여지가 있다. 아마도 정의, 자유, 평등 가운데 가장 눈에 띄는 가치는 평등일 것이다. 자유주의자들의 관점에 의하면 개개인 혹은 문화적 차이를 막론하고 모두에게 공통된 잠재된 인간성이 존재한다. 무엇보다도 이 점에 있어서 우리 모두는 평등하다. 이러한 가치에 입각할 때 모든 존재는 목적 그 자체로서 간주되어야 한다. 바로 이러한 관점을 기초로 하여 권리에 대한 관심이 현대 정책들의 현저한 특징이 된 것이다.

공통된 인간성이라는 관념은 계몽사상의 영향하에 현대의 가장 강력한 표현으로 받아들여졌는데, 이는 아마도 유럽의 팽창이 취한 기본적인 형식에 대항하여 일어났던 가장 강력한 반작용으로부터 비롯된 것이라고 볼 수 있다. 물론 이러한 공통된 인간성이라는 관념이 적용되지 않는 소외된 집단도 있었을 것이다. 여기에서 정치적인 방식을 넘어선 다양한 상대주의의 문제를 모두 열거하기란 힘들다. 다만 주목해야 할 중요한 문제는 바로 문화적 집단들은 자신들의 것과는 다른 기준에 의해 살며 심판되는 것을 거부한다는 점이다. 이러한 시각에 따를 때, 차이에 대한 존중이라는 자유주의 원리는 피지배 집단에 대해 교묘한 헤게모니를 강요한다는 가정에 근거한 정치적인 행위로 볼 수 있다. 자유주의 관점의 위험은 타자성(otherness)의 범위와 질에 대하여 충분히 응답하지 못하면서 다른 문화들을 명목상의 방법으로 다룰지도 모른다는 것이다. 그러므로 차이에 대한 자유주의적 존중은 피지배 집단들의 신념을 거스르는 행동 양식들 또는 가치들조차 승인되고 장려되는 사회를 유지할 수도 있다.

문화적 상대주의는 상당 부분 다문화주의에 관한 논의에서 여러모로 표면화되었고, 이것은 윤리학과 인식론에서 추정된 확실성의 상실이라는 주제 위에 난잡하게 엮인 개념이다. 여기서 이러한 상대주의적 주장을 되풀이하지는 않겠다. 오히려 우리는 두 가지 주요 원천으로부터 그러한 문화적 상대주의에 대항하는 반작용들을 숙고하고자 한다. 한편으로 이것은 개인의 권리와 복지에 관심을 가지며, 다른 한편으로는 성(gender)평등의 실현에 관심을 가진다. 공정성과 존중에 관한 집단의 권리에 대한 관심은 집단 내의 개인들과 소집단의 권리에 대한 억압을 이끌 우려가 있다. 개인의 권리만을 지나치게 주목한다면 정치적 · 문화적 평등을 향한 집단운동의 동기를 약화시킬 수 있기 때문에 집단의 복지와 문화적 통일성은 종종 개인의 권리를 위한 근거로서 간주되었다. 개인의 권리는 불공평한 환경 속에서 그 정치적 · 문화적 목적을 증진시키고자 하는 운동의 동기를 약화시킬 수 있기에 보다 낮은 순위로 여겨졌다. 마사 너스바움(M. Nussbaum)과 가야트리 스피박(G. Spivak)과 같은 철학자들에 의해 공유된 고민인 다문화주의가 성평등을 달성하는 데 문제가 될 수 있다(Okin, 1999)는 점을 페미니스트들은 점차 일관되게 주장하고 있다. 한편 엘라 쇼햇(E. Shohat)에 의해 제시된 것처럼 다문화주의 정책에 관한 현대의 접근은 이러한 우선순위의 서열을 거부하고 있다. 한편으로는 개인의 권리와 성평등 간의 긴장을, 다른 한편으로는 다양한 문화 간의 긴장을 완화시킬 수 있는 한 방법은 문화적 통일성(cultural integrity) 자체의 개념을 규명하는 것이다.

문화적 통일성과 복잡성

다문화주의와 교육적 실천에 대한 주요한 접근은 심리학적, 언어학적, 법적인 다양한 방식을 통해 이루어진다. 이 접근들은 개인들이 인종, 계급, 성(gender)과 같은 일련의 차이에 따라 형성된 집단의 자격 때문에 일반적으로는 국제 문화에, 특별히 국내 문화에 충분히 참여하지 못하게끔 만드는 방식들을 주목한다. 이러한 논의의 요점은 교실 내에서 그리고 더 넓게는 사회 속에서 다양한 집단들 간의 평등에 대한 요구에 관한 것이다. 게다가 문화에 대한 참조체제(references)가 집단의 정체성을 지칭하며 집단 안에서의 멤버십이 개인적인 정체성을 결정한다고 가정된다. 이런 관점에서 문화는 단지 일련의 고정된 관습이 아니며 오히려 사람들을 구성체로 볼 수 있다. 이러한 관점은 한 개인과 하나의 문화 사이에는 부인할 수 없는 연결고리가 있으며, 이러한 연결고리에 대한 인식으로부터 얻어진 개인의 도덕적 가치가 존재한다는 가정에 의존한다. 그러한 정체성에 관한 관점은 개인의 특성보다는 특정 집단에 대한 소속에 근거한 본래성(authenticity)의 개념에 의존하며, 또 이런 개념으로부터 도덕적 힘을 도출해 낸다. 문화에 대한 그러한 결정론적 관점의 한 가지 위험은 그 관점이 내외적인 비판에 둔감하게 하는 도덕적 · 정치적 실천들을 지지한다는 점이다. 근대 역사에서 파시즘(fascism)은 그러한 연결에 정확하게 따르고 있다. 더욱이 문화가 정체성을 구성한다는 관념은 문화의 개념을 반생물학적이고 고도로 모호한 개념인 '인종' '성' '민족성' 같은 개념과 유사한 것으로 만든다. 개인들의 능력 및 차별의 관습과 관련된 고정관념은 '정체성' 및 '문화'의 개념의 붕괴로부터 발생하기도 하지만, 또한 무반성적으로 정체성만을 강조하는 정책으로부터도 발생하는 것이다.

여기서 한 가지 잘못된 점은 문화가 외부와 차단된 채 밀봉되어 있다는 생각이다. 문화는 항상 상호적인 영향을 주고받아 왔다. 그러한 상호적인 영향은 식민화시키는 문화가 식민화되는 문화에 영향을 줌과 동시에 그 자체도 영향을 받는다는 점이 인정되어 심지어 식민지시대에도 인식되었다(예: King, 1984 참조). 페르낭 브로델(F. Braudel, 1981)과 자넷 애뷰-럭호드(J. Abu-Lughod, 1981) 같은 역사가들의 저작들과 근대 및 전근대 사회의 문화교환 연구를 따르면서, 사람들은 현대의 진행 상황들을 조명함에 있어 유일성이란 주장을 의심하게 되었다. 어떤 사람은 단지 스페인의 알함브라(Alhamabra)[5]의 무어식(Moorish) 정원 또는 알렉산드리아의 도서관[6]을 떠올릴 것이다.

우리는 언어의 본질에 대한 몇 가지 숙고를 통해서 '심원한 휴머니즘'의 논리를 깨닫는 생생한 방식을 찾을 수 있다. 이것은 문화적 일관성과 상호작용에서 중요한 점에 관하여 비유보다는 하나의 보기 혹은 축소판(epitome)으로 기능한다. 보편적인 언어와 같은 것은 존재하지 않는다. 다양한 언어들만이 존재한다. 이 언어들은 변화하며 상호 간에 영향을 주고받으며 번역도 가능하다. 완벽한 번역은 존재하지 않지만, 어떤 언어도 다른 언어와 완전히 차단될 수는 없다. 번역이 진행되며, 그 과정 속에서 언어는 변화하고 종종 풍성해지기도 한다. 현대의 상호 텍스트성(intertextuality) 이론은 우리의 삶에 불가피하게 다문화주의적인 본질이 작용함을 제안한다. 이와 관련하여 메를로퐁티(Merleau-Ponty)는 공통된 인간 본성

---

5) 스페인의 안달루시아 지방 그라나다에 있는 무어 왕조 시대의 요새 궁전. 스페인이 이슬람인에 의해 정복됨으로써 유럽 스페인 지역에 이슬람 양식의 왕궁이 건립된 것이다.

6) BC 3세기 초 이집트 프톨레마이오스 왕조에 의해 창설된 도서관으로, 그리스 문헌뿐만 아니라 지중해와 중동 · 인도 등지의 다른 언어로 된 문헌을 그리스어로 번역한 것까지 망라하는 국제적 도서관이다(브리태니커 백과사전 참조).

이란 개념에 의한 연결이 아닌 상이한 질서를 통한 인간 간의 연결을 인식하는 데 있어 언어의 특별한 중요성을 강조하였다. 공통된 인간 본성이란 개념의 본질주의에 반대하여, 메를로퐁티는 간문화적 요소들의 방계적(lateral) 성질과 이 간문화적 요소들이 더 나은 정치질서의 실현을 위해 풍성하게 작용함을 강조하였다(Dhillon, 1994, p. 173).

우리가 이야기하는 문화적 복잡성은 세계 경제에서의 새로운 조건을 의미하는 것은 아니다. 새로운 것은 여행과 의사소통의 변화하는 기술, 라디오와 TV를 통한 광범위한 지역의 보편화 작용(universalization)이 문화적 상호관통 작용을 빠르고 현저하게 만드는 것이다. 세계화의 현재 조건들은 과거의 어느 때보다 세계 경제의 중심부와 주변부 간의 구분이 불가능한 상황으로 지역 경제가 세계 경제 속으로 편입되어 가고 있는 것이다.

그러나 다문화주의와 문화적 다양성에 관한 주요한 담론은 소외된 집단 내의 개인들과 소집단의 복지에 대한 관심을 가지고, 문화적 집단을 차별화되지 않고 서로 간에 차단된 것으로 본다. 다시 말하면, 문화적 다양성에 대한 대부분의 논의들은 문화가 무엇인가라는 관념화된 관점들에 의존한다. 반면에 쇼햇에 의해 제안된 접근법은 다음과 같이 가정하고 있다.

> 성(gender), 성적 특질(sexuality), 인종, 계층, 국가, 심지어는 대륙까지도 서로 차단되어 봉인되어 있지 않고 상호 긴밀하게 엮여 있는 관계의 부분들로 존재한다. 역사적인 기간과 지리학적인 지역으로 분리시키는 것 대신, 이것은 특히 영상, 소리, 상품, 인구의 이동으로 특징지어지는 세계에서 모든 공동체의 혼혈문화뿐만 아니라 공동체의 역사와 관점들의 복합성을 두드러지게 강조하고 있다(Shohat, 1998, p. 1).

쇼햇은 『비전에 대한 담화: 탈국가적 시대의 다문화적 페미니즘(*Talking Visions: Multicultural Feminism in a Transnational Age*)』의 머리말에서, 현

대적 페미니즘의 다문화주의는 고립되어 있는 것이 아니라 오히려 여러 요소들의 상호 관련성 안에서 '공동체의 관계와 문화적 실제를 재성찰하는 페미니스트'를 지향하고 있다고 우리에게 말한다. "그것은 하나의 정치적 관심(페미니즘)을 다른 것(다문화주의)보다 우위에 두는 것이 아니다. 오히려 그것은 양자 간에 상호적인 관련성을 강화시키고 고조시킨다."(Shohat, 1998, p. 1) 그러한 접근법은 문화, 인종 집단, 국가들 '사이에서' 그리고 '그 안에서' 발생하는 긴장 및 접점에 의해 야기되는 대화적 관계에서 다양한 성 역할화된(gendered/sexed) 역사와 지리를 이끄는 교육학적이고 관리적이고 조직적인 실제를 요청한다. 탈냉전 시기에 다문화주의적 페미니즘을 위한 이러한 쇼햇의 주장들은 다문화주의 일반에도 관여한다. 이것은 미국에서 대부분의 현대 교육의 담론을 지배하게 된 다문화주의의 해석으로부터의 출발이다(예: Banks & McGee-Banks, 1999 참조). 그러나 일반적으로는 문화에 관하여, 특별하게는 다문화교육에 관한 사고에 있어서 이러한 포스트모던적이고 다층적이며 복잡한 접근법은 다문화주의와 다문화교육이 자유주의적인 분석적 전통에서 다루어져 온 방식과 맞물린다.

이런 맥락에서 미셸 무디-애덤스(M. Moody-Adams, 1997)는 집단 문화의 관념화(idealization)는 집단 밖의 사람들과 집단 구성원들 모두의 담론에서 발견될 수 있으며, 문화적 집단의 관념화는 종종 '현대' 문화와 '전통' 문화를 구별시키는 데 집중된다고 주장한다. 현대 문화는 역동적이고 구별되며 제약이 없는 반면, 전통 문화는 고여 있고 닫혀 있다. '전통' 문화에 대한 이러한 관점은 전통 문화의 구성원들이 일원화된 신념의 조직에 의해 전체주의적 의미체계에 구속되어 있다고 잘못 이해하고 있다. '우리'와 '타자' 간의 구별을 타파하고자 시도했던 버나드 윌리엄스(B. Williams)는 '문화는 끊임없이 서로 만나고 교환하며 실제들을 수정하기 때문에' '사회적 실제들이 순수하게 상이한 문화에 속한다고 확언하려는 것'은 불가능하다고 주장한다(Williams, 1985, p. 158). 무디-애덤스도 이와 유사한 지적을 한다. "문화 통합이라는 교조적 신념보다 더 신비적이고 무분별한 개념은 없으며, '전통적인' 또는 '원시적인' 사회의 가치나 신념은 다른 어떤 것들보다 더욱 통합되어 있음이 틀림없다는 유사한 가정 또한 마찬가지로 지극히 신비적이고 무분별한 개념이다." (Moody-Adams, 1997, p. 53) 상대주의자의 입장은 각 문화는 따로따로 밀봉되어 있다는 가정에 의존하고 있는데, 이 입장은 바로 그 복잡성에 대한 인식에 의해 비판된다.

메리 미드글리(M. Midgley)는 중세 일본에서 무작위로 지나가는 사람들에게 새로운 검(sword)의 성능—사람을 둘로 가를 수 있는 능력—을 시험하는 사무라이 관습의 예를 든다. 그러한 관습은 현대적 관점에서 볼 때 우리를 소름끼치게 하는 것이지만(또한 현대 일본인들에게도 그러할 것이다.), 그 관습이 중세 일본의 문화에서 보편적으로 받아들여졌다고 생각할 이유는 없다. 이것은 행인들—그리고 그의 가족들—이 그런 행태에 대하여 도덕적으로 당연시했으리라는 부당한 결론에 이르도록 할 것이다. 미드글리는 중세 시기가 일본의 역사에서 이론의 여지가 많고 복잡한 문제를 지닌 시대였음을 상기시켜 주고 있다(Midgley, 1991). 또한 인도의 특정 지역에서 아직도 널리 행해지는 여자 영아살해(infanticide)의 관습을 살펴보도록 하자. 이 관습은 임신을 지속하여 출산할 것인지, 아니면 그만두게 할 것인지를 결정하는 데 이용되는 양수검사(amniocentesis)와 같은 기술의 사용 가능성과 함께 새로운 왜곡된 방식으로 받아들여져 왔다. 말할 필요도 없이, 이러한 결정은 압도적으로 남자 영아를 선호하는 것이다. 이러한 두 사례들에서 문화에 대한 제한되고 획일적인 관점에 의존하는 상대주의적 관점은 현대적 감수성을 지닌 일본의 역사가들, 그리고 성의 억압과 평등에 관한 서양의 이론들을 섭렵한 인도의 페미니스트들의 이러한 관습들에 대한 비판들을 간과하게 될 것이다. 그것은 또한 일찍이 16세기에 시크교도들의 사유에 담긴 성평등에 대한 찬성과 같은 내부적인 비판을 간과하게 될 것이다. 권력의 구조 속에 놓인 선의를 가진 이론가들조차도 이런 종류의 논쟁에 수반하는 모순을 놓칠 수 있다. 문화적 복잡성이라는 사실이 어느 한 문화의 외부에는 그 문화의 가치를 판단할 만한 기준이 없다는 상대주의자들의 주장을 완전히 파괴하는 것은 아니다. 문화의 복잡성이 의미하는 바는 한 문화의 가치가 결정되어 있고 그 문화 내부에서만 배타적으로 판단된다는 신념을 약화시키는 것이다. 앞서 논의했듯이, '안에서(within)' 라는 말은 여러 상대주의자들을 포함한 일부의 주장처럼 정결하게 밀봉되는 것이 아니다.

그러나 반론의 여지는 있지만 분명한 것은 우리의 입장과는 아주 다르나 특정한 문화, 보통은 전통적 문화 내에서는 받아들여지는 실제들이 존재한다는 사실은 부인하기 어렵다. 현재 우리는 이런 실제들과 오직 '관념상의' 조우만 하고 있는 것이다. 윌리엄스(1981)는 그러한 입장을 '적당한 거리를 둔 상대주의(relativism at a distance)' 라고 부른다. 비록 그는 그 입장을 주로 과거의 사태들에 적용하였으나, 그것은 또한 현재 이슬람교 여성들이 베일을 쓰는 것과 인도의 순사(sati)[7] 및 여성의 음핵절제(clitorectomy) 관습의 존속과 같은 사례에도 적용된다. 더불어 아프가니스탄의 탈리반(Taliban) 집권기에 이슬람 법전을 해석하여 사람을 돌로 쳐서 죽이는 형벌을 수행하였다는 점을 생각해 보자. 이러한 사례들에서 해당 문화권 내부의 여성 자신들이 그 관습들의 가치를 주장하였다. 그러나 이런 사례들은 직접적으로 이해관계에 있는 사람들의 관점에 의하여 제시되었다는 점이 특이하다. 즉, 베일을 쓰는 경우 가부장적인 사회에서 여성들은 공공장소에서 남성들의 주목을 받게 되는데, 베일을 씀으로써 공공장소에 출입하고 참여하는 데 자유를 누리게 된다는 주장이다. 이러한 관습이 없다면 여성들은 완전히 가정 안에 묶여 살아야 할 것이라는 것이다. 파티마 메르니시(F. Mernissi, 1987)와 같은 이슬람의 페미니스트도 이와 관련하여 유사한

7) 옛날 인도에서 아내가 남편의 시체와 함께 산채로 화장되던 풍습.

주장을 하였는데, 베일을 쓰는 관습은 사실상 여성의 시각에 특권을 주는 것이라고 한다. 왜냐하면 차도르(chador)나 부르쿠아(burqua)는 가령 여성들이 시장을 가로질러 갈 때 자신을 숨기면서 주변을 자유롭게 돌아볼 수 있도록 허용해 주는 방식으로 고안되었기 때문이다. 또한 이러한 관습들이 서양 국가들에서 실행되었을 때에도 쉽게 받아들여졌다. 다만 서양식의 여권 개념에 갇혀 있는 일부 사람들만이 이에 대해 비판하였던 것이다. 그러므로 '적당한 거리를 둔 상대주의'와 상응하여 문화적인 상호 소통이 다양하고 유동적인 방식으로 확대될 수 있다.

이러한 성찰은 우리 연구의 몇 가지 전제조건들에 주목하게 한다. 예를 들면, 서양의 페미니즘의 영향을 받은 사람들이 이러한 지역적인 비판들을 행하였다는 점에서 문화는 구별되는 한편 반드시 국지적인 것만은 아니라는 점을 알 수 있다. 따라서 약자의 복지에 관한 공유되는 문제들로 맺어진 연결은 거대한 잠재력을 제공하며, 이것은 어떤 통합된 이데올로기를 위한 행동보다도 더욱 명백하다는 점이다. 더욱이 문화가 국지적이지 않다는 인식은 비판의 부재 문제를 다룰 수 있도록 고무시켜 주며, 북인도의 사티(sati)와 같은 관습들도 윌리엄의 '관념상의' 조우 또는 적당한 거리를 둔 상대주의 개념보다 더 정교하고 책임감 있게 접근하도록 이끌 것이다. 라타 마니(L. Mani)와 같은 탈식민주의 페미니즘 이론가들은 영국의 제국 통치하에서 사티와 같은 관습들이 금지됨으로써 오히려 급격하게 증가되었음을 제시한다(Mani, 1998). 이들 이론가는 사티와 같은 사례의 증가는 불평등한 권력관계와 관련된 보복적 반응임을 주장한다. 여성의 복지문제를 문화적 평등의 문제와 구분하면서, 페미니스트들은 바로 이러한 쟁점들이 여성의 몸을 대상으로 발현함을 지적한다. 문화 간의 관계성의 인식에 기초한 이러한 논점은 적어도 권력에 밀착된 판단이 이미 약한 자들을 더욱 약하게 만드는 실제를 증가시킨다는 점을 상기시킨다. 이와 같은 실제의 존속과 강화, 숭배는 문화의 상호 투과성 및 국가 및 국제 맥락 내에서의 문화들 간의 관계성에 인과적으로 연결된다는 점이다. 논리정연하며 (명쾌한) 자들은 이런 논점을 모순되는 것으로 인식할지 모르나, 식민주의 맥락에서의 지식의 정치학에서는 이러한 점이 전혀 놀라운 것이 아니다.

달리 말하면, '우리'와 '그들' 간의 구분에 근거한 어떠한 문화적 실제의 이해는 심화된 고찰을 필요로 한다. 첫째, 그러한 형식의 이해는 어떠한 잠재된 도덕적 우월주의 여부에 관한 세밀한 조사를 필요로 한다. 둘째, 우리는 전통적인 가치를 보유한 문화의 구성원들과 모종의 연결점을 찾기 위해 문제시되는 실제를 내포한 전통 안에 우리 자신을 위치시켜 보고 스스로를 교육시킬 필요가 있다. 우리는 여성의 삶을 알기 위해서, 다른 약자들의 삶을 알기 위해서, 혹은 보다 쉽고 보다 덜 위험스러운 자들의 삶을 알기 위해 이렇게 하여야 할 것이다. 즉, 보편적인 민주적 인간성의 이성을 위해서 행동하여야 할 것이다(Nussbaum, 2000).

이것을 다소 과감하게 표현하면, 그 맥락이 지역적이건 세계적이건 간에 비판적 다문화주의는 이슬람교, 기독교, 힌두교의 가치에 대한 우리의 전적으로 세속적이고 유럽 중심적인 비판이나 유럽 중심적인 가치들이 우리의 뿌리 깊은 인본주의적 가치를 위반하는 실제들 안에 어떤 방식으로 함의되어 있는지를 우리 스스로 질문하기를 요구한다(Murungi, 1994; Shohat & Stam, 1994). 비판적인 다문화교육은 한 문화의 가치의 내부적 일관성과 작용하는 다양한 합리성과 일상의 행동들이 인정되는 방식에 대한 감수성을 요구한다. 인류학적이거나 사회학적인 접근이 이러한 감수성의 일부를 수용하여 왔지만, 이러한 학과들은 과거에 특징적으로 프레이저(Frazer)의 『황금가지(*Golden Bough*)』에 대해 비트겐슈타인이 하였던 것과 유사한 비판을 받기 쉬웠다. 즉, 인류학자는 부족의 관습을 서양의 당연시되는 형이상학의 시각에서 접근하여 기우제를 형편없는 과학으로 단순히 간주한다. 필요한 것은 특정한 관습은 특정한 공동체의 삶 안에서 행하여지는 일부분이며 하나의 의식이나 상징적인 작용이 서구의 인식에 의해 차단된다는 점을 인식하는 보다 전체적인 관념이다(Wittgenstein, 1979 참조).

언어에 대한 비유를 상기해 보자. 보편적인 언어는 없고 다양한 언어들만이 존재한다. 그리고 언어들은 서로 연관되며 통역 가능하다. 따라서 다른 문화에 대한 우리의 이해에서 보편적인 인간 본성에 대한 환상을 제거하는 것은 차이를 인식하는 데 적절한 감수성을 조성해 줄 것이며, 동시에 문화의 복잡성 및 문화들 간의 중첩성에 대한 인식은 극단적인 상대주의를 벗어나 우리의 비판적인 판단을 발달시켜 줄 것이다.

심원한 휴머니즘을 향하여

이제 우리가 심원한 휴머니즘(deep humanism)이라고 명명한 개념을 마지막으로 검토해 보자. 이 개념은 단순히 일반적인 가치로의 회귀가 아니다. 동시에 이러한 하나의 형식화가 비판을 면하기 위한 수단이 되어서도 안 된다. 오히려 다문화교육의 실천을 위해 제시되는 칸트의 규제적인 이상—독단론의 잠식을 경계하는 이상—에 따를 때, 이 심원한 휴머니즘은 국가, 계층, 인종, 성별, 성적 특질 등에 관한 표준화된 시각에서 초래되는 우월주의적인 표준성의 가설을 통해, 독단적으로 나아가려는 방식을 경계하도록 한다. 다시 말하면, 다문화주의의 이상을 최대한도로 실현하려고 한다면 심지어 가장 도발적인 비판조차도 수용할 수 있을 것이다. 쇼햇(1998)이 우리에게 상기시켜 주는 것처럼, 비판적 다문화주의는 반식민주의적 입장에서 완전히 자유주의적인 국가에서 표현되는 보다 복잡한 탈식민주의적 입장으로 변화해 왔다(Dhillon, 1996).

아마도 이러한 심원한 휴머니즘을 반영한 윤리학을 19세기의 소로(H. Thoreau)[8]만큼 잘 포착한 현대 철학자는 없을 것이다.

고대의 고전을 쓰인 당시의 언어로 읽지 못하는 자들은 인류 역사를 불완전하게 아는 것이다. 이 고전들에 대한 어떠한 사본도 현대 언어로 되어 있지 않다. 우리의 문명 자체가 하나의 복사본으로 간주될 수도 없는 일이다. …소위 고전이라 부르는 유물과 그보다 더욱 오래되었으나 덜 알려진 각 민족의 경전들이 모일 때 그 시대는 진정으로 풍요로워질 것이다. 즉, 바티칸이 베다(Vedas)와 젠다베스타(Zendavestas)와 성서와 더불어 호메로스, 단테, 셰익스피어로 가득 찰 때 그러할 것이다. 이럴 때 또한 미래에 올 모든 세기들은 세계의 광장에 자신들의 트로피를 저축해 놓을 수 있을 것이다. 그리고 다가올 모든 세기들은 연속적으로 세상의 공공 광장에서 전리품들을 놓아둘 것이다. 이러한 집적에 의하여 우리는 마침내 천국이라는 이상을 그려 볼 수 있을 것이다(Cavell, 1972, p. 14에서 인용).

소로는—만약 우리가 이러한 사상을 현대 다문화교육을 규정하는 문화 및 하위 문화의 전 범위를 포함하는 것으로 여긴다면—비형이상학적 보편주의에 대한 사고를 돕는 일종의 다언어주의(multiligualism), 초국가적 문해력에 대한 요구로 볼 수 있다. 앞서 보았듯이, 우리가 정체성에 대한 환원주의적 관점을 거부하며 비판적 종합의 가능성을 열어 놓으려 한다면, 우리는 교육과정이 현재 존재하는 동시에 앞으로 '전통' 혹은 '문명'의 건설에 기여하는 다양한 문화뿐만 아니라 이들 간의 관계를 반영하도록 교육과정의 비판적 재구성에 착수하여야 할 것이다.

이러한 많은 논의들은 국가적이고 국제적인 맥락에서 영국과 미국에 초점을 맞췄던 것이 사실이다. 그러나 종교, 언어, 신분, 성의 갈등문제가 대

---

8) 헨리 데이비드 소로(Henry David Thoreau, 1817~1862). 미국 매사추세츠 출신으로 하버드 대학교를 나와 문학가이자 사상가로 활동하였고, 특히 자연생활 및 관찰에 뛰어나 유명한 미국 고전인 『숲 속의 생활』(1854)을 남겼다. 아울러 멕시코전쟁에 반대하는 등 사회문제에 비판적 시각을 제시하며 『시민의 반항』(1849)이란 저작을 발표하였다(두산 백과사전 참조).

두되고 있는 인도와 같은 다른 맥락에도 유사한 논의가 적용될 수 있다. 이러한 갈등 상황에 적용되는 책임 있는 비판적 다문화주의의 논의는 확고하고 새로운 문화적 정체성의 형성을 가능하게 할 것인데, 이는 바로 향수나 분개의 감정에 의해 조성되는 환원주의적 동일시에 매인 배타적인 실제를 거부하는 것이다. 이 장에서 우리는 쉬운 보편주의적인 가정들의 문제를 피하고 심원한 휴머니즘을 드러내는 방식으로 자유주의적 다문화주의를 정제하는 가능성을 탐색하였다. 전 세계에 걸쳐 점증하는 다원주의사회의 미래는 바로 이러한 비전 위에서 가장 안전하게 유지되리라 믿는다.

추천도서

Midgley, M. (1991). *Can't We Make Moral Judgements?* St. Martin's Press.

Parekh, B. (2000). *Rethinking Multiculturalism: Cultural Diversity and Political Theory*, Palgrave.

Tamir, Y. (ed.) (1995). Democratic Education in a Multicultural State, Blackwell.

Williams, B. (1985). *Ethics and the Limits of Philosophy*, Harvard University Press.

제5장

철학활동과 교육실천

Pádraig Hogan & Richard Smith / 김성봉 역

도 입

철학적 사고가 교육실천에 있어서 어떤 형태로 관여하고 있는지에 대한 견해는 분분하다. 그리고 어느 정도까지 철학이 영향을 미쳐야 하는지에 대해서도 다양한 의견이 있다. 예를 들면, 어떤 사람이 『공화국(*Repblic*)』이나 『법률(*Law*)』에서 플라톤이 취한 입장을 따를 경우, 그는 교육을 당연히 형이상학적이 되어야 한다는 요구에 부응할 하나의 실천적인 것으로 간주할 것이다. 플라톤 자신의 작품들을 보면 형이상학은 그의 사상의 중심이 되고 있음을 알 수 있다. 왜냐하면 그는 인간의 영혼, 예술의 본질 및 목적, 선, 선의 불변성, 권위와 복종의 정당성, 공공의 통제와 교육 등에 대해 매우 많은 이론적 설명을 했기 때문이다. 따라서 매우 수준 높은 철학적 사고과정을 통해 얻은 진리에 대한 이론적인 개념은 그에게 많은 영감을 주

었다.

우리가 살고 있는 이 시기에 교육철학에 대한 비슷한 개념적 접근이 폴 허스트, 존 화이트(*Towards a Compulsory Curriculum*, 1973), 앨런 브렌트(A. Brent, *Philosophical Foundations for the Curriculum*, 1978) 등과 같은 학자들에 의해 제기되었다. 이런 잘 알려진 접근은 다양한 '지식의 형식들' (윤리적, 경험적/과학적, 연역적/수학적 등)을 구별하고자 함이었고, 이런 작업은 결국 학교 시간표를 구성하거나 각 개인들의 마음을 풍성하게 하기 위해 필요한 다양한 '교육과정 운영' 의 밑거름이 되었다.

이와 대조적으로, 만약 어떤 사람이 리처드 로티와 같은 현대의 대표적인 철학자를 따른다면 물론 정반대의 결론에 도달할 것이다. 왜냐하면 그의 형이상학과 인식론에 대한 반대적 입장이 교육에 대한 철학적 기여를 과소평가하고 있기 때문이다. 따라서 그는 교육을 진리에 대한 어떤 철학적 개념의 요구에 따른 것과는 거리가 멀다고 본다. 그래서 로티(1990a, p. 41)는 "나는 철학과 교육의 관련성에 회의를 가지고 있다." 고 솔직히 진술한 바 있다. 그러면서 "철학이 사회적 기능을 가지고 있는 한 관습을 타파하는 것을 돕든지, 아니면 시대에 뒤떨어지는 철학적 이념들로부터 사람들을 벗어나게 하는 일종의 치료요법의 하나가 되어야 한다." 고 보았다(같은 책). 이런 입장에서 그가 제시한 공교육에 대한 두 가지 단계의 개념적 정의를 보면 다음과 같다. 첫째, 초 · 중등교육의 가장 중심되는 교육목적은 바로 학생들을 국가의 일원이 되게 하는 사회화에 있다. 둘째, 인문계열의 고등교육의 목적은 학생들이 '스스로 자기 혁신' 을 하게끔 하고 '개인적으로뿐 아니라 사회적으로 보다 나은 열린 미래' 를 꿈꾸게 하는 데에 있다(같은 책, p. 43). 이와 같은 로티의 주장은 진리에 대한 어떤 철학적 탐구의 결실이 아니라 지극히 상식적이고 평범한 것이다. 달리 말하면, 초 · 중등교육에서는 '그 사회에서 진리라고 여겨지는 것' 을 배우고 고등교육의 시기에는 비판적으로 '다시 설계' 하는 교육을 배워야 한다는 것이다(같은 책,

p. 42). 여기서 비록 비판적인 사고 능력은 주로 고등교육 단계에서 조장된다고 했지만, 그는 하위의 것과 보다 상위의 것을 구별할 만한 기준에 대해 명쾌한 설명을 하지는 않았다(같은 책, pp. 42-43).

이처럼 학교교육을 포함한 교육 전반에 있어 매우 대조적인 두 개념들(플라톤이 역사적으로 매우 많은 영향을 준 데 반해 로티는 최근에 많은 논쟁을 불러일으켰다.)은 서로 비슷한 면을 가지고 있기도 하다. 각자 자신의 방식대로 양자는 모두 공교육은 독립된 자율적 기관이 아니며, 그것이 권위적이든 민주적이든, 종교적이든 세속적이든, 혹은 또 다른 특성들을 가지고 있든 간에 그 사회의 주된 흐름이나 지배적인 문화에 맞추어 가야 하며, 좀 더 큰 사회의 일부분이라는 견해를 보여 주었다. 이 연구에서 우리가 원하는 것은 교육철학의 책무란 교육이 그 자신만의 고유한 본질을 가진 하나의 특별한 실천임을 보여 주는 것이다. 이와 같이 될 때 실천은 자율적인지 아닌지를 구별짓는 하나의 기준이 된다. 그리고 우리는 이 과정에서 실천에 대한 올바른 이해뿐만 아니라 실천이 보다 잘되게 하기 위한 방법들을 교육철학이 찾아주기를 원한다.

이론화에 대한 요구

여기서 한 가지 제안을 해 본다. 그것은 교육철학이 객관적 진리를 찾으려는 형이상학적인 요구와 확실성을 추구하는 인식론 모두를 버리면 오히려 더 많은 역할을 할 수 있고 또 그 자신의 위치를 더 확고히 할 수 있다는 점이다. 그렇다고 이것이 플라톤이나 고대에 대항하여 로티나 최근의 현대적 움직임을 편드는 것은 아니다. 굳이 본질주의를 거부하는 '포스트모더니즘으로 전환' 을 할 필요는 없기 때문이다. 게다가 이 제안은 로티주의적 사회화를 선호하여 진리는 가르치고 배우는 과정에서 전달될 수 있다는 것을 함축하는 것은 더욱더 아니다. 오히려 그것이 함축하고 있는 것은 형이상학이나 인식론 모두가 인간의 성취 능력을 과대평가하고 있다는 점이다. 이 형이상학이나 인식론 모두는 진리와 연관된 것으로, 우리가 여기서 이론적이라 하는 것은 '실천' 이라 불리는 것이 아닌 '이론' 이라 분류되는 일들에 더 매진하는 사람들을 두고 하는 말이다. 그래서 이처럼 이론과 실천이라는 이분법적 분류는 교육에 있어 교수와 학습의 중요성을 약화시킨다. 형이상학적이지 말라는 것이 플라톤을 무시하라는 것은 아니다. 그렇다고 이것이 동시대의 가장 두드러진 현대 철학자들 중의 한 사람인 로티를 전적으로 지지하는 것도 또한 아니다. 로티의 형이상학과 인식론에 대한 포기의 의미는 이 장에서 논의되는 것과는 매우 다르다. 우리는 로티를 지지하는 것에 매우 신중해야 한다. 왜냐하면 부분적으로 그는 정당화의 기준을 밝히지 않았기 때문이다. 따라서 그런 정당화하는 기준에 대한 간과가 비록 북아메리카의 자유롭고 프래그머틱하고 민주적인 경향 때문이라 할지라도, 분명 그렇게 한 것은 그의 철학이 또 다른 편협성을 띠고 있음을 보여 준 것이다.[1]

우리 자신들의 교육철학에 대한 개념은 이론적 특성에 기반을 둔 형이상학이나 인식론과는 반대적이다. 교육은 인간의 실천적 활동 중의 하나다. 그리고 분명 자연적 현상이나 생물학적인 과정과도 다르다. 따라서 교육적 실천을 물리학이나 생물학 혹은 화학에서처럼 객관적인 방법으로 이론화할 수 없다. 왜냐하면 실천이 연구단계에서는 단지 하나의 인간 경험 그 자체이기 때문이다. 이때 연구자도 이미 그 대상들 중의 하나가 된다. 따라서 교육 상황에 대한 이론은 결코 자연과학처럼 그 대상과 독립적일 수가 없다. 물론 어떤 이는 그 자신의 이해나 학습에 대한 경험으로부터 일정한 거리를 두려고 시도할 것이다. 경험들은 자연과학적 이론에 의해 밝혀진 자연의 질서와는 달리 불시에 나타나기도 하고 미리 예견될 수도 없다. 따라서 그런 경험들은 규칙성으로 설명되는 것보다는 놀람, 실망, 일시적인 것 또는 우연적인 것이나 역사를 포함한 여러 환경의 영향을 받는 것이라고 말할 수 있다.

만약 인간 경험을 이론화하는 작업이 자연과학에서 이론화하는 것처럼 독립적인 방법을 가지지 못한다면, 그 결과에 대한 과학적 일관성이나 적절함 그리고 타당도는 결코 장담하지 못한다. 따라서 한마디로 인간 경험을 이론화하는 것은 그 사회적 · 역사적 환경의 맥락까지 다 고려해야 하는 매우 힘든 작업이다. 그리고 이론화하면서 그 경험 자체가 가지고 있는 특수성이나 상황 배경 그리고 그 언어나 단어가 나타내고자 하며 내포하고 있는 의미는 희석되거나 애매모호하게 될 가능성이 있다. 뿐만 아니라 이해를 얻기 위해서 그 경험만이 가지는 특별한 점을 버리는 희생도 감수해야 한다. 왜냐하면 그 과정에서 단지 이론적 설명의 대상으로서의 경험과는 다르게 그 경험만이 갖고 있을 특별한 부분을 당연히 잃어버릴 수도 있기 때문이다.[2]

실천 우위에 대한 플라톤의 반론

만약 철학적 사고가 교육이 어떻게 이해되고 수행되어야 하는지에 대한 정보를 제공하는 것이라면 그것은 성격상 이론적이라기보다는 실천적이다. 실천적 고찰이란 그 어떤 형태이든지 이론화하는 사고와는 다른 종류의 사고다. 이런 실천적 고찰의 가장 좋은 예들 중의 몇몇은 플라톤의 초기 대화편에 나온다. 이 초기 대화편에는 그의 역사적 인물들과 소크라테스에 대한 극적인 설명이나 그가 종사했던 교육들에 대해 설명하는 비형이상학적인 글들이 많다. 대화편에는 『고르기아스(*Gorgias*)』, 『프로타고라스(*Protagoras*)』, 『에우티프로(*Euthyphro*)』, 『공화국』과 특히 소크라테스의 삶 전체를 다룬 『변명(*Apology*)』이 있다. 각각의 실례에서 초기의 모든 대화편은 탐구할 만한 경험을 제공하였을 따름이지, 그것이 학습자나 독자들에게 이론적인 어떤 것으로 제공되지는 않았다. 따라서 대화편은 실질적으로 참여자로 하여금 매우 다루기 힘든 문제에 도전하게 하여, 그 과정에서 앞으로 자신의 사고와 행동을 이끌어 줄 수 있는 목표점을 찾는 데 도움이 되는 이론적인 정의를 확립하게 한다.

소크라테스와 그의 동료들이 경험했던 이런 어려운 문제들에 대한 플라톤 자신의 해결책은 그의 중반기와 후반기 작품에 나오듯이 소크라테스식 이해에서 올 수 있는 항상 일시적이고 불확실성한 것에서 벗어나 큰 결론적 측면에서 어떤 형이상학적 이론을 만드는 것이었다. 따라서 그는 실천 자체를 설명할 수 있거나 이론에 의해 통제되게끔 하려고 시도했다. 이와 같은 작업은 초기보다는 플라톤의 중기와 후기 작품들에서 더 많이 이루어졌다. 이들 작품들에서 소크라테스는 항상 플라톤의 형이상학의 절대적인 성취 인물로 묘사된다. 초기 대화편의 생생한 대화자로서의 소크라테스는 후에 가서는 그에 동조하는 청취자들로 교체된다. 플라톤의 마지막 작품들 중의 하나인 『법률』에서 '소크라테스' 라는 인물은 결국 사라졌고, 그 중심은 두드러지게 설교적인 인물인 '아테네의 이방인' 들로 채워졌다. 그들의 교육에 대한 사상들은 주로 포고령[3]처럼 확실성을 띠었다.

학습에 대한 교훈

플라톤의 초기 대화편에서 예를 들면, 정의, 시민의 의무, 선, 즐거움 등의 실천문제들에 대한 논의가 뚜렷한 결론이 나지 않은 것은 통찰의 불완전이나 합목적성의 부재뿐만 아니라, 우리가 앞으로 더 노력해야 함을 말해 주고 있다. 형이상학은 현혹되고 잘못될 수 있는 인간의 감각 작용을 넘어 객관적이고 분명한 설명을 확보하기 위해 여러 취약점들을 극복하려고

하는 지적인 시도로 이해될 수 있다. 만약 누군가 플라톤 자신이 후기 작품에서 했던 것과는 달리 이론화하는 것에 반대하고 이해에 실제적으로 영향을 미치는 것들에 더 관심을 가진다면 그 취약점들은 다른 의미를 가지게 될 것이다. 가끔 작품에 나오는 여러 관점들을 비교하는 모험은 신선한 통찰들을 이끌어 낼 뿐만 아니라 당파적인 열정도 일으킬 수 있음을 부인할 수 없다. 그리고 대화가 제 역할을 못하여 이론이 당파성을 극복하고 보다 순수하고 고무적인 종류의 사고로 가는 과정에서 편견을 극복하지 못할 것이라는 주장이 있다. 그러나 여기서 분명히 지적할 점은 소크라테스의 실천으로부터 조심스럽게 끌어낼 수 있는 매우 중요한 교훈은 '순수한' 지식은 인간의 성취 너머에 있다는 점이다. 그것은 주로 이상적인 형태의 지식이거나 초인적인 지식을 말한다. 달리 말하면, 형이상학이 객관적인 이론화 작업을 통해 극복하고자 하는 관점의 문제는 사실 이해 자체가 가지는 불가피한 것이다. 이와 같은 이유 때문에 가장 유력한 형이상학은 여러 다양한 시각들의 견제 속에서 하나의 관점으로 계속 남게 된다.

좀 더 이야기하자면, 플라톤의 초기 대화편에서의 소크라테스식 드라마가 중요한 이유는 인간들이 천천히 그리고 가끔은 고통스럽게 그 자신의 가능성과 한계에 대해 어떻게 이해하며 깨닫게 되는지를 밝히고 있기 때문이다. 달리 말하면, 그것은 자신의 능력에 있어 보다 지혜롭고 겸손한 태도를 가질 수 있도록 이끌며, 더 나아가 실제적으로 자신의 관점에 대해 스스로 재점검하게끔 한다는 것이다. 이는 그 작품에 나오는 등장인물들뿐 아니라 글을 읽는 독자들에게도 해당된다. 『고르기아스』, 『프로타고라스』, 『에우티프로』, 『공화국 I』, 『변명』 등에서 보여 주는 것처럼 미리 정해진 프로그램에 따라 완성되어 있는 것이 아니라 그 대화편을 읽는 대리 참여자인 독자들 자신의 관점을 허용하도록 하고 있다. 그래서 독자들은 토론의 이슈들에 대해 반대되는 관점들을 취하기도 한다. 토론의 이슈들에는 주로 다음과 같은 것들이 포함된다. 권력과 행복 그리고 정의에 대한 요구와 이것들이 어떻게 이해되는지의 문제(『고르기아스』), 도덕적 행동에 대한 사람들의 이해 및 이를 어떻게 가르칠 수 있는가에 대한 물음(『프로타고라스』), 시민의 의무와 그 구체적인 책임 부분에 대한 사람들의 이해(『에우티프로』), 알기 힘든 정의 그 자체의 본질(『공화국 I』), 인간 지식의 한계와 사람들이 확실하고 절대적인 지식에 근접했다고 생각하는 위험성(『변명』) 등이다.

만약 소크라테스가 초기 대화편에서 다른 참가자들보다 더 예리한 관점을 가진 것처럼 보인다면, 그것은 그가 다른 참가자들의 주관적 견해가 지닌 문제점들을 파헤칠 만한 객관적인 이론적 지식을 소유하고 있었기 때문이 아니다. 그것은 그가 일찍이 오래전부터 다른 사람들과의 논쟁에서 그 자신의 고찰을 통해 일관되게 이와 같은 문제들을 많이 다루고 생각해 왔기 때문이다. 이 과정에서 그는 많은 함정을 만났고 잘못된 길로 가기도 했지만 오히려 이런 경험들을 통해 많은 것들을 배웠다. 그러나 그는 '완벽한 그림' 이라든가 '최종적인 진리' 와 같은 곳에는 도달하지 못했다. 단지 잘못된 것일 때도 있지만, 값으로 매길 수 없는 경험에 비추어 볼 때 그는 매 순간 그의 이성이 최고 올바른 판단을 하게끔 노력했다. 그의 이해는 결코 논쟁이 필요 없을 정도의 통찰력을 소유한 전문가의 것이 아니었다. 오히려 평소에 그 자신이 다른 사람들과의 논쟁에서 비판되기도 하고 새롭게 발견되기도 하는 가정적 전제들을 얻고자 많은 노력을 기울였기 때문이다.

플라톤에 의해 자세히 제시되었듯이, 『변명』에서 소크라테스가 501명의 동료 아테네인 재판관 앞에서 자신을 보호하기 위해 취한 행동은 분명했다. 그는 델피의 아폴로신전에서 소크라테스 자신이 가장 지혜로운 인물이라 선언되었을 때 매우 당혹스러웠고 이에 대해 계속 반박하고자 하였다. 이어 신탁의 계시가 잘못되었음을 입증하기 위해 아테네와 그리스의 다른 도시에 살던 지혜 면에서 명성을 가진 많은 사람들을 만나 봤는데 그들은 한결같이 소크라테스를 언급하였다. 그래서 그는 소크라테스를 최고 지혜로운 자라고 한 신탁의 계시를 따를 수밖에 없었다. 결국 소크라테스가 법정에서 말했듯이, 신탁의 계시가 암시한 진정한 의미에 대해서는 다음과 같은 결론을 내릴 수밖에 없다.

> 참된 지혜는 신의 소유물이다. 그리고 이 계시는 우리에게 인간의 지혜는 그렇게 가치가 있는 것이 아님을 말해 주고 있다. 따라서 내가 보기에는 아래의 예에 등장하는 소크라테스는 단순히 글자 그대로만의 소크라테스를 지칭하는 것이 아니라 더 깊은 뜻을 전달하기 위해 소크라테스를 인용한 것처럼 보인다. "너희들 중에 가장 깨달은 자로 생각되는 소크라테스는 지혜의 면에서 진정 쓸모없다."(*Apology*, 23)

그렇다고 지식과 진리에 대한 탐구가 별 가치가 없다거나 무지가 오히려 미덕이라 말하려는 것이 아니다. 오히려 그는 그의 전 생애에 걸쳐 이 탐구에 매진하였고, 그 자신의 예를 통해 어떤 인간이든지 간에 최종적인 목표에 도달할 수 있다고 생각하는 것은 매우 큰 환상이라고 계속 경고하였다. 따라서 그는 인간들이 거만하게 모든 실제적인 문제에 있어 신의 이름을 빌려 이것이 신의 견해라고 말해서는 결코 안 된다고 했다. 흔히 이것은 소크라테스의 반형이상학적 경고로 묘사되기도 한다. 플라톤이 소크라테스를 세상에 알렸지만, 플라톤에게 많은 빚을 지고 있는 서양 철학이 가지고 있는 최대 아이러니 중의 하나는 플라톤이 소크라테스의 경고에 등을 돌리고 그 중요성을 낮게 평가했다는 점이다. 소크라테스가 강조한 것은 무지의 찬양이 아니라 학습의 중요성으로, 자기 자신뿐 아니라 우리 인간 대다수가 가지고 있는 무지 및 한계에 대한 자각이었다. 그런데 이런 자각은 초기 대화편의 여러 사건들이 말해 주듯이 주로 가르치고 배우는 실천적 과정에서 얻어진다. 그것은 어떤 이론에서도 발견되지 않았고, 삶에 대한 반성적 경험으로서 주로 가르치고 배우는 과정에 녹아 있거나 그 과정을 통해 나타난다고 이해되고 있다.

삶의 한 방식으로서의 철학과 전문화를 위한 과정으로서의 철학

이론적 활동으로서의 철학과 실천에 대한 반성으로서의 철학 간의 차이는 피메르 해도(P. Hadot)의 『삶의 한 방식으로서의 철학(*Philosophy as a Way of Life*)』이란 책의 중심 주제다. 해도의 역사적인 연구는 그로 하여금 고대 그리스와 로마 시대에 철학은 "무엇보다도 삶의 여러 형태들 중에서 하나의 삶을 선택하는 것이었고 이 과정에서 철학적 논의는 그 선택에 있어 정당성과 이론적 바탕을 제공한다."(Hadot, 1995, p. 281)는 결론에 이르게 하였다. 그는 소크라테스에서부터 스토아 학파에 이르는 철학들은 실제에 대한 단순한 설명으로가 아니라 인간의 삶을 주체적으로 바꾸도록 하는 '치료 요법적 처방' 으로 이해되어야 한다고 주장한다(p. 82). 그래서 해도는 철학을 이론적인 것으로 보고자 하는 사람들에 대항하여 철학을 원래 실천적인 것으로 보았으며, 그 철학자들 중에 아리스토텔레스를 포함시켰다.

> 때때로 아리스토텔레스가 순수한 이론가였다고 주장되는데, 그에게 철학은 철학적 담론이나 지식으로 축소될 수 없었었다. 오히려 그에게 철학은 마음의 질이었고 내적 변형의 결과였다. 따라서 그에게 삶이란 마음에 따른 것이었다(Hadot, 1995, p. 269).

여기서 눈여겨볼 점은 이론 철학자들의 대표적인 후원자로 앞에서 언급된 플라톤에게 이를 적용시켜 보는 것이다. 만약 어떤 사람이 플라톤의 작품들 중에서 교육이나 예술 그리고 특히 『공화국』, 『법률』에 담겨져 있는 공적인 삶의 일들과 관련된 그의 엄격한 조항들을 무시하거나 제거할 수 있다면 이런 제안은 힘을 얻을 것이다. 이와 같은 경우에 『심포지엄(*Sym-*

posium)』 등과 같은 대화편에서 검증되었듯이, 플라톤 철학은 개개인의 영적 열망에 매우 강력하고도 시적인 권고를 불러오게 하는 것으로 그 의미가 있다. 그러나 교육적인 부문에 있어 그의 철학은 위계적이며 배타적인 모습을 보였다. 고대 형이상학뿐 아니라 중세에 걸친 이런 모습들은 결국 흄이나 칸트 등에 의해 형이상학에 대한 비판을 불러왔다. 그 이유로는 형이상학이 개인적 신념이나 도덕적 견해의 문제들을 타인에게 합법적으로 강제적인 힘을 쓸 수 있는 문제들과 혼동하게 만들었다는 것이 있다.

이런 이유 때문에 해도는 철학에서 이론이 중심이 된 시점을 플라톤이나 아리스토텔레스에게서도, 헬레니즘이나 로마 시대의 그 어떤 철학자에게서도 찾지 않고 중세의 유럽에서 찾았다. 그는 중세의 대학이 철학을 신학의 지배 아래로 끌어내려 '믿음의 토대' 가 되게 했다고 조심스럽게 말했다(Hadot, 1995, p. 270). 따라서 철학은 삶의 한 방식이기를 그만두었고, 신학이 필요로 하는 개념적이고 논리적인 자료들을 제공하는 '신학의 시녀' 가 된 것이다. 그래서 철학과 자기 자신의 삶과 연결짓는 중요한 일은 부수적인 것이 되었다. 역사적 관점에서 해도는 다음과 같은 결론을 내렸다.

> 그래서 교육은 이제 더 이상 사람들을 충분히 발달된 전인이 되게 하도록 하지 못하고, 단지 어떤 전문가를 양성하거나 또 다른 전문가들을 기르는 쪽으로 바뀌게 되었다. 이것이 '스콜라주의(scholasticism)' 의 위험이다. 이 철학적 경향은 고대 말에 나타나 중세기에 발달하였고 오늘날의 철학에서도 여전히 감지되고 있다(같은 책).

위에서 언급된 짧은 인용문에 나온 신념의 경험이나 신념의 실천과는 다르게 신념의 법령(규정)이 중세 학문을 배반한 것에 대해, 해도는 이를 명확히 밝히지 않았다. 12~13세기에 대표적으로 파리에서 있었던 신학연구에 제기된 논쟁들을 보면 신념의 절대성은 주로 수도원이나 교황 그리고 교회위원회에서의 명령들이었다. 이런 절대성은 실제로 자주 철학적인 집권자의 엄격한 지배를 확립시켰다.[4] 그래서 철학이 삶의 한 방식으로서의 유용함도 잃어버렸을 뿐 아니라 그 당시 최고의 학문이라 여겨졌고 지금으로 보면 과학이라 간주될 수 있는 것의 한 곁가지가 되었다. 더욱이 이런 과학적 행위 속에서 중요한 성경 구절이나 주제들은 자명한 원칙[5]이 되어서 실천의 지침이 되거나 개인적 영적 바람에 답을 해 주었다. 이처럼 중세시기의 철학은 형이상학으로 주로 신학을 학문화하는 거대한 사업 안에서 전문적인 한 영역을 담당할 만큼 중시되었다. 이때 철학은 신학적 권위에 답하기도 하면서 그 후의 계몽주의 시대까지 이어졌다.

인식론에서 다시 실천으로

흄이나 칸트와 같은 계몽주의 철학자들이 형이상학에 대해 이성적 토대가 없다는 비판을 했음은 익히 아는 사실이다. 한편 데카르트는 과거 수년 동안 형이상학이 누렸던 우월적 위치를 인식론이 차지하도록 하는 데 기여하였다. 그러나 계몽주의의 이성적 분석에 대한 강조는 일상생활의 한 방식으로서의 철학과 하나의 전문화된 이론적 사고로서의 철학과의 간격을 더 크게 하였다. 그래서 이것은 학문적 선점의 문제를 해결하지 못하고 더 심화시켰고, 인식론으로서의 철학은 확실한 지식의 토대를 찾는 데 몰두하게 되었다. 이런 새로운 경향이 만들어 낸 그 교육적이고 더 넓은 범위의 문화적 결과물들 중의 하나는 그 어떤 지식도 좀처럼 확실하지 않다는 것이다. 이런 입장은 서양철학의 많은 영역들에 아직까지 영향을 주고 있다. 따라서 철학이 공적으로 인정받은 권위로 확실한 지식을 전해 준다는 믿음은 교육적 사고와 행동에 많은 영향을 준다. 결론적으로 우리가 위에서 교육의 본질이라 이야기했던 가르치고 배우는 과정에 있어서 일어나는 지각과 이해 간의 상호작용은 고려 대상에서 멀어졌다.

그러나 이와 같은 근본주의적 입장의 우위는 두드러진 몇몇 유명한 철학자들에 의해 도전을 받아 오고 있다. 이에 속하는 20세기 초반의 인물로는 듀이, 하이데거, 비트겐슈타인이 있다. 그리고 20세기 중후반기 동안에는 반이성적인 인물들인 아렌트(H. Arendt), 리쾨르(P. Ricoeur), 푸코(M. Foucault), 번스타인(R. J. Bernstein), 로티(R. Rorty), 매킨타이어(A. MacIntyre), 데리다(J. Derrida), 리오타르(J.-F. Lyotard), 테일러(C. Taylor), 벤하비브(S. Benhabib) 등이 가세하였다. 그러나 실천의 철학이 교육에 기여한 공헌들 중에 특별한 것은 20세기에 가다머가 행한 학습의 타고난 선천성과 이해하려고 하는 후천적 학습에 있어서의 노력 간의 관계에 대한 연구다. 달리 말하면, 이것은 비트겐슈타인의 경우처럼 이해가 이루어지기 위해서는 '우리가 원하고 행하는 넘어' 그 무엇이 경험에 어떤 작용을 하는지를 발견하는 데에 관심을 둔 연구다.[6]

그래서 가다머의 연구에는 몰이해, 이해에 대한 실패 그리고 이해가 저지르곤 하는 착각이 왜 생기는지에 대한 것들이 포함되어 있다. 가다머의 주된 결론은 위의 첫 번째 그룹의 사상가들에 의해 어느 정도 예견되었고 두 번째 그룹의 사상가들 대부분에 의해 다시 말해졌는데, 그것은 플라톤의 초기 대화편의 소크라테스로 가는 중요한 가교 역할을 한다는 점이다. 한 예로 대화편에서 이해는 다른 관점과 입장들을 가진 타인과의 많은 교류를 통해 이루어진다는 것을 보여 주었다. 그러나 더 중요한 점은, 초기 대화편이 대화를 하는 최대의 목적은 관점이 갖는 편파성을 극복하는 것이라 밝힌 것이다. 그리하여 플라톤의 이런 반복되는 결과에 대한 불만족은 형이상학을 더 높은 위치에 두고자 하여 소크라테스에 반대한 그의 결정에 대한 부분적이나마의 책임이 된다.

가다머의 과감한 공식인 "우리 인간을 구성하고 있는 것은 판단이 아닌 우리의 편견이라는 점"(Gadamer, 1977, p. 9; 1975, p. 245)은 이제 편견에 대한 재개념화를 통해 분명해졌는데 이는 이미 플라톤의 초기 대화편에 암시되어 있었다. 이것은 플라톤이 보지 못한 하나의 결론으로서, 인식론으로 생각되지도 못했을 뿐 아니라 형이상학으로 받아들여질 수도 없었다. 하지만 또 다른 하나의 결론은 대부분의 교사들은 이와 같은 점을 학생이나 부모 그리고 학교의 일상적 생활의 경험을 통해 이미 직관적으로 알고 있다는 것이다. 요약하면, 해석학적 방법으로 가다머가 학습과 관련하여 말한 핵심은 세 가지다. 첫째, 편견, 가정, 선입견 등과 같은 것들은 우리의 일상생활에서 흔히 있는 것으로 이를 경험이라 부를 수 있다는 것이다. 둘째, 이것들은 피할 수 없이 당연히 거치는 매개물을 구성하는데 그 매개물을 통해 인간의 이해가 생겨난다는 것이다. 셋째, 사람들은 그와 같은 예단이나 선입견으로부터 완전히 자유롭지는 못하지만 자신을 다른 시각을 가진 사람들에게 개방함으로써 비판적 사고를 배울 수 있다는 것이다.

가르치고 배우는 작업과 관련된 일을 하는 사람들이 명심해야 할 것은 자신은 지금 삶의 한 방식이 되는 철학과 이론화 작업이 되는 철학 중에서 어느 하나를 선택해야만 하는 상황에 봉착해 있다는 점이다. 이론화 작업의 기능을 하는 철학을 시작으로 양자 모두에 대해 간략히 말하고자 한다. 철학은 이론이 되어야 한다는 전통적인 요구를 지지하는 것은 결국 급진적 상대주의를 피할 수 없게 된다는 암울한 결론에 직면할 것이다. 이런 이유 때문에 교육이 더 이상 인간이 얻을 수 있을 것이라는 객관적이고 절대적인 진리와 같은 개념들을 가르칠 수 없게 된다면, 강자와 약자 간의 싸움처럼 여러 견해들은 서로 우월적 지위를 가진 관점이 되고자 투쟁할 것이다. 또 한편으로는 이런 전통적인 것이나 상대주의적 결론 모두를 거부하고 비판적 입장으로 통찰을 지닌 최고의 지식을 만들어 내고자 하는 경향도 있다. 이것은 소크라테스적 표현인 자기 자신의 무지를 아는 교육받은 자들에게 해당된다. 상대주의에 대한 굴복과는 거리가 멀지만 그 자신의 편향성에 대한 자각은 매우 의미 있는 결과를 얻을 수 있다. 그것은 대화가 교육적 훈련으로 쓰일 때 다음과 같은 매우 중요한 세 가지 것들을 배우게 한다는 점이다. 첫째, 대화를 통해 인간이 하고 있는 이해 그 자체의 한계와 가능성에 대한 풍부한 이해, 둘째, 어떻게 하면 이해가 최고로 잘 되게 할 수 있는지에 대한 그럴듯하지만 잘못된 신념, 그리고 이것을 알게 하는 통찰이 불가피한 교육실천의 모습이다. 셋째, 삶의 한 형태인 가르치는 과정에 있어서 만나게 될 다양한 상황에 대해 이 통찰을 적용하는 시도는 비판적이고 건설적 실천으로서의 교육의 본래 모습은 이론적이고 강제적인 작업 모두와 구별된다.

해석의 문제

물론 해석학의 기원은 성경에 대한 이해로 거슬러 올라간다. 우리는 하나의 해석적 활동으로서의 철학을 시를 해석하는 것에 비유할 수 있는데, 둘의 비교는 교육철학의 개념 정립을 위해 매우 의미 있는 작업이다. 시를 읽을 때 생기는 의미는 주로 텍스트와 독자 간의 관계의 문제다. 독자는 시에 대해 반응하고 시를 특징지을 만할 나름의 적절한 용어를 사용하여 그 반응을 정당화한다. 예를 들면, 14행시 소네트에서 처음부터 여섯 번째 줄까지 흐르는 이미지가 그 뒤의 나머지 8줄의 은유적 표현으로 인해 바뀌거나 모호해지는 경우다. 문학적 비평에서 우리가 주로 하는 해석방식은 "이것은 그런 것이 맞죠?" 이다.[7] 우리는 우리와 다른 해석을 할 수 있는 비평가 위원회에 의뢰한다. 이것은 전적으로 주관적인 과정들이 아니다. 왜냐하면 우리는 그 텍스트에 있는 요소에 의거하여 말하고 있기 때문이다. 하지만 해석이 작가와 그 작품 간의 관계를 밝히는 문제일 수도 있기에 여기서 결론적인 답을 낼 수 없다. 만약 초서(Chaucer)라는 영국의 시인이 순진한 학생이 종종 원한다고 하여 분명한 증거나 교리들을 '전달하고자' 한다면 그 텍스트의 의미는 이미 결정되고 고정되었다고 할 수 있다.

이 모든 것들은 그 시의 의미를 분명히 알고자 하는 독자들에게는 혼동을 야기한다. 그래서 그 시의 정답은 보류되고 다른 시가 읽혀진다. 이런 이유 때문에 문학비평은 정말로 하나의 연속적인 활동이라 할 수 있다. 따라서 어떤 전문가도 함부로 맥베스 부인이 얼마나 많은 아이들을 가졌는지, 햄릿의 진정한 의미나 안나 카레니나의 운명에 영향을 준 것은 무엇인지에 대해 분명하게 말하지 못할 것이다. 이것이 예술의 본질이다. 예술은 그저 예술이지 과학이 아니다. 그리고 분명한 하나는 가다머가 행한 해석적 접근이 우리 시대의 방법론적 가정과는 분명히 반대 위치에 있다는 점이다. 그것은 기술에 근거한 과학의 지배에 저항할 수 있는 정치적이고 실천적인 이유를 제공한다. 또한 과학적 방법에 대한 맹신을 거부하고 시민들이 전문가의 결정에 그냥 따르지 않고 자기 스스로 결정하게 하는 미덕을 가지도록 고무시킨다.

그래서 활동적인 위치에 있는 철학 역시 현대적 성격을 띠는 가정들과 대립되어 있다. 여기서 현대적인 가정들이란 사고의 가치는 답을 전해 주는 것에 있다거나 혹은 효과성이라는 기준에 의해 판단하는 것을 말한다. 그래서 때때로 만약 그것이 설명할 만한 양적인 결과물을 내지 못하면 가치가 없는 것으로 간주한다. 이와 같은 것들이 사회를 병들게 만들기 때문에 리오타르는 성취 문화에 저항해야 한다고 말했다. 이 성취 문화는 다른 분야에서처럼 교육에서도 최고로 바람직한 것은 투입과 산출을 극대화하는 것이라고 여긴다. 예를 들면, 경제적인 면에서 큰 규모의 학급과 표준화된 수업을 가진 자원을 가지면 성적이나 시험에서 더 좋은 결과를 얻을 것이라 생각하는 문화다. 그리고 이런 성취 문화에서는 성적과 같은 좋은 결과물은 자동적으로 좋은 교육을 의미한다. 따라서 이와 같은 성과 위주의 사람들에게 소크라테스적 대화법은 별 의미가 없다. 이런 분위기는 계속 우리를 상황 조성과 미신으로 가게 만들었다. 또한 더 좋은 점수를 얻기 위한 적합한 직원과 학생 간의 비율은 중요한 관심사가 된다.

우리가 지지하는 철학의 관점에서는 문학과 철학의 역할을 비교해 볼 때 그 역할에 있어서 두드러진 차이가 없다. 물론 초기의 플라톤적 대화들은 이러한 점을 상당 부분 입증했다. 거기에는 매우 관심을 기울여 만들어진 문학적 가공물이거나 등장인물이 나온다. 그들은 뭔가 전달하고자 하는 철학적 사상을 담고 있는 약을 먹이기 위해 주어지는 달콤한 사탕처럼 철학에 대한 단순한 보조장치는 아니다. 오히려 그들은 원래 활동적이어서 사랑, 술, 전쟁 그리고 병에 우연히 빠지기 쉬운 인물로 나오며, 그들의 편견이 도전받기도 하고 생각들이 바뀌기도 하고 때로는 혼동으로 내몰리기도 하며 어떤 경우에는 사고를 자극하는 새로운 견해들이 제공되거나 고무된다. 그래서 플라톤적 대화는 제인 오스틴(J. Austen)의 소설[8] 혹은 아이리스 머독(I. Murdoch)의 것과는 매우 다르다. 인간 삶의 불완전함은 영원한 형이상학적인 진리나 완전함으로 가는 여행에서 극복될 수 있다.

이론에 대한 재해석

이론에 대한 재해석은 지난 반세기에 걸쳐 서양에서 일반적으로 일어난 교육철학과 매우 상이한 접근방식이다. 이러한 관점에 의할 때 최악의 상황은 학생들과 상당수의 교사 지망생들이 플라톤, 칸트, 듀이의 사상 등에서 쉽게 도출할 수 있는 아이디어를 얻어내고 적당한 결론을 만들려고 하고, 이것이 학교가 할 수 있는 최선의 일이라 생각하는 것이다. 루소로부터 듀이까지 뭉뚱그려 쉽게 자신들의 이론 근거로 삼는 철저하지 못한 진보주의의 견해가 바로 이런 좋지 않은 해석방식인 것이다. 이런 접근이 지금은 많이 줄어들었지만, 현대의 저작들에서 그 예를 찾는 것은 그리 어렵지 않다. 즉, 니체나 리오타르의 사상을 한 교육적 학설의 일부로 삼기 위해 요약하는 것이다.

물론 1960년대 후반과 1970년대에 걸쳐 영어권 나라들에서 널리 알려진 분석철학은 이런 접근방법에 대해 반대했다. 그들에게 철학은 개념적 잡동사니와 혼동을 없애고 줄이는 역할을 하는 것으로 여겨졌다. 이런 관점에서 피터 윈치(P. Winch)는 『사회과학의 이상(*The Idea of Social Science*)』이란 책에서 철학에 대한 분석적 개념을 제시하였다. 그가 말한 철학이란 모름지기 경험적 과학이 더 효과적이고 생산적이 될 수 있도록 그 바탕을 명확히 하는 것이다. 그래서 교육에 있어 분석철학은 정책 형성이나 다른 어떤 경험적 연구들에 도움을 주는 것으로 느껴졌다. 그리고 이것은 물론 이 도움은 또 다른 더 좋은 방편이 생길 때까지만 그 필요한 역할을 한다는 것이다. 그래서 당분간은 그 방법적인 도구를 날카롭게 하면서 철학의 몇몇 전통적인 문제들을 해결하는 데에 사용할 것이다. 철학은 원하는 그 결과물을 성취하기 위해 필요한 것이기에 만약 그 목표가 달성되면 그 기능을 멈출 것이다. 이와 관련하여 비트겐슈타인은 "진정한 발견은 내가 원할 때 내가 철학하는 것을 멈출 수 있도록 나를 만들 수 있는 것"이라 했다(*Philosophical Investigations*, p. 133). 그래서 철학은 학생들에게는 충분히 대중 동원력이 있는 스포츠가 되었다. 이 스포츠는 다소 지루할 수 있지만 이를 통해 철학자들이 여러 가지의 가시나 잡초들을 제거하는 것을 보게 된다.

철학에 이런 기능이 있지만, 교사들을 교육시키는 데 있어 철학이 담당해야 할 분명한 역할은 점차 사라져 지금은 거의 없어졌다는 것은 그리 놀랄 일이 아니다. 최고 전성기에 분석철학의 역할이 한편으로는 교육과정의 토대를 만들려고 한 것이었고, 또 다른 한편으로는 사소한 개념문제에 매달렸다는 것은 어찌 보면 모순적인 것처럼 보인다. 그런데 분석철학은 이 두 가지 경우 모두에서 공통적으로 학생들에게는 철학이 실천보다는 배워야 되는 일련의 결론물인 하나의 완성품으로 제공되고 있다는 것이다. 그리고 우리가 이해하기로는 거기에는 반드시 결론과 산출물이 있어야 하고 이것들을 매우 중시했다는 점이다. 소비자들이 때때로 공장이나 상점이 종업원을 얼마나 착취하는가처럼 윤리적인 면도 보지만 자동차나 햄버거라는 상품의 질에 대해 더 많은 관심을 가지듯이 교육을 전달될 하나의 상품으로 생각한다는 것이다.

여기서 우리는 철학에 대한 우리의 생각이 매우 위험하다는 것을 알 수 있다. 왜냐하면 교육에 대한 우리의 견해가 그와 매우 밀접히 관련되어 있기 때문이다. 우리가 이 장에서 사용했던 소크라테스, 특히 아리스토텔레스 학파에서 말했던 실천적 활동이라는 말의 의미는 철학이나 교육은 결코 공장에서 만들어지는 생산물과 같지 않기에 공장의 생산물처럼 그 질적인 부분이 평가될 수도 없다는 것이다. 교육은 학생이든 교사든 일하는 이들의 개성적이고 다양한 방식으로 나타난다. 수학이나 지리학을 통해 아이들은 무엇이 공평한 것이고 그렇지 않은 것인지를, 인색한 것과 마음이 너그러운 것이 어떤 것인지를, 다른 사람들에게 인기가 있는 것과 그렇지 못한 것이 어떤 것인지를 많이 배운다. 교사들도 역시 이와 비슷한 교훈들을 배운다. 교사들은 공적으로 규정된 필요한 능력을 획득하기 위해서는 무엇보다도 잘 가르치는 기술을 획득하고 연마해야 함을 잘 안다. 그런데 가르침은 다른 사람들과의 인간관계를 형성하는 데 필요한 개방성, 정직함, 타인에 대한 헌신 등을 얻는 것과도 매우 밀접하다는 것도 배울 것이다. 그렇다고 이것이 기술이 쓸모없다는 것을 말하는 것은 아니다. 여기서 말하고자 하는 바는 기술들은 인간의 질적인 면과는 다르다는 것이다. 전달하는 것이나 결과물 그리고 이익에 사로잡혀 있는 도구주의적인 시대에 우리가 그 중요성과 차이점을 파악하기는 매우 어렵다.

똑같은 이유 때문에 철학을 실천적인 것으로 간주하는 것이 자칫 '바쁜 교사'라는 표현으로 흔히 쓰듯이 교육을 사고하는 것이 아닌 행동하는 그 어떤 실천적 사업으로 여기게 할 위험이 있다. 약간의 예외는 있지만, 최근

전 세계에 걸쳐 정부들은 교사들에게 학문적 훈련보다는 실제적으로 학교 교실에서의 실습을 더 하도록 하고 있다.[9] 심지어 어떤 경우에는 교사훈련을 대학에서 하지 않고 전적으로 학교 현장에서 하도록 하고 한다. 물론 철학이 이론적으로 가르쳐지는 경우가 있는데, 이 경우는 실천의 부족한 부분을 채워 주기 위함이다. 그러나 분명하게도 이것 또한 전적으로 교육을 비이론적인 일로 보게 하는 것은 아니다. 교생 실습생들은 교실에서 실제로 '무엇이 일어나는지' 를 직접 보기도 하고 자신이 비슷하게나마 직접 해 보기도 하면서 능력을 키워간다. 물론 정부에서 규정한 교육과정 지침은 교사가 가르치는 행위를 통해 교사로서 적합한지를 증명하려고 한다. 따라서 각 교사들의 생각만을 듣고서 판단하고 결정하지 않는다.[10]

실천철학의 사용

교육철학이 신임교사 연수나 교사 재교육에서 어떤 역할을 하도록 하는 것은 우리의 의도가 아니다. 하지만 교육철학이 이런 훈련과 매우 밀접히 관련되어 있다고 이야기된 것은 사실이다. 책이나 잡지들은 실습생들에게 가르침에 관련된 좁은 범위의 주제들을 말해 주는 데 국한되어 있다. 따라서 이 장은 철학이 가르치는 일에 어떻게, 얼마나 관여하는지를 세세히 보여 주고 이해시킴으로써 실천철학이 대부분의 교사들에게 매우 중요한 것임을 알게 할 것이다.

첫째, 전문가뿐 아니라 어떤 교사나 초보자도 완전히 철학을 배제하고 있거나 이론에 대해 무지하지는 않다. 수업을 실제 참관해 보면 어떤 교사는 학습이 조용한 가운데 이루어져야 한다는 입장이고, 다른 교사들은 이해가 이루어지기 위해서는 다소의 소음이 생겨나더라도 활동은 불가피하다는 입장이다. 이와 관련하여 교사들은 주로 전자에 동의하는 것이 일반적인데, 가끔은 "선생님의 말씀으로 들은 것은 잊어버리지만 실제 내가 해본 것은 기억한다."라는 격언을 통해 후자를 꼽는 경우도 있다. 보통 수련생들은 첫 강의를 들으러 가기 전이나 교육학의 첫 페이지를 열어 보기 전에 이론과 철학으로 가득 채워진 교육과정 앞에 놓이게 된다. 그런데 교육에 대한 개인적인 의견을 물어보면 실제로 다음과 같이 종종 말한다. "배우는 것은 재미있는 것이다." "그 누구도 재미가 없으면 그 무엇도 배우지를 못하지요." "교사들은 자신의 가치관을 아이들에게 강요할 그 어떤 권리가 없습니다." 따라서 이런 철학적 가정들은 개방되어 공개적으로 논의될 필요가 있다. 실제로 이런 논의를 통해 자신이 다른 사람들과 매우 다른 의견을 가지고 있다는 것을 알고는 매우 놀란다. 도덕교육에 대한 최근의 세미나에서 있었던 일을 간략히 밝히고자 한다.

A: 도덕을 가르치는 최고의 방법들 중의 하나는 아이들의 책들을 통해서 하는 겁니다. 예를 들어, 당신은 책들 중에 『해리 포터』를 사용할 수 있는데, 그 대부분은 선과 악간의 싸움에 대한 것입니다.

B: 아니에요. 나는 당신이 해리 포터를 사용할 것이라 생각지 않습니다. 왜냐하면 그는 계속 학교의 규칙들을 깨고 있기 때문에 아이들에게는 나쁜 예가 되지요.

A: 당신이 말하고자 하는 바는 비록 악을 무찌르려고 하더라도 학교의 규칙은 깨지 말아야 한다는 건가요? 가정하여 만약 당신에게 오스트리아 황태자의 차를 다른 쪽으로 가도록 하여 암살을 모면하고 제1차 세계 대전을 피하게 할 수 있는 기회가 주어진다면 어떻게 할 건가요? 그때 붉은 신호등 때문에 그대로 그 암살이 이루어지도록 내버려둘 수 있는가 하는 문제예요.

B: 그럼 목적이 수단을 항상 정당화할 수 있다는 말인가요?

A: 물론이죠. 가끔 당신은 진짜 중요한 것과 사소한 규칙들 간의 차이를 구별하지 못할 때가 있는데, 여기서 아이들이 그 차이를 배

울 수 있도록 돕기 위해 필요한 것이 바로 도덕교육이에요.

B: 아까 가끔 그렇다고 했는데, 그럼 언제 목적이 수단을 정당화하고 또 어떤 경우에는 그렇지 않은 건가요?

이것이 소크라테스식 대화법이다. 이 과정에서 두 학생은 도덕성과 도덕교육에 대한 자신들의 이해를 보다 명확히 하고자 시도하였다.

둘째, 교육은 무엇인가 독특한 점이 있을 것이라고 보는 것이다. 예를 들면, 학교와 대학 그리고 다른 기관들에서 행해지고 있는 것들이 정말 적합한 교육인지에 대해 물을 수 있다. 즉, 우리는 그 내용이 우리의 시야를 넓혀 줄 수는 있는지, 통찰력을 가질 수 있는 계기를 마련해 줄 수는 있는지, 그리고 인간의 본질에 대해 더 잘 이해하도록 도와줄 수도 있는지에 대해 물을 수 있다. 이를 공식화하는 것은 분명히 논쟁거리를 유발하는데, 보다 중요한 것은 교사들이 교육에 대한 자신의 철학을 발달시키고 가질 수 있도록 준비시키는 것이다. 그렇게 되면 교육을 단지 전달만 하면 되는 것으로 생각하지도 않을 것이며, 전달의 기술에만 많은 관심을 가지거나 시시각각 변화하는 세상의 유행에 일부러 맞추려 준비시키려고도 하지 않을 것이다. 따라서 여기서 말하고자 하는 바는 미리 만들어진 고정된 사상이란 없다는 것이다. 정확히 말해서, 철학이란 교사 자신이 그의 내면을 통해 스스로 만든 사상이기 때문이다. 따라서 중요한 것은 어떤 문제들에 대해 교사들이 생동감 있는 각성을 하고 교육에 대해 나름의 어떤 입장을 견지하게 하는 것이다. 예를 들면, 우리의 식견(관점)을 넓히고 '현재의 그 특별함' 으로부터 벗어나도록 하는 교육은 우리 자신을 어떤 하나의 고정된 문화에서 벗어나게 하며, 우리 자신이 가지고 있는 근원적인 편견을 제거하게 만든다. 이것은 단순한 이론적인 문제가 아니라 교육을 평소에 중시하며 즐긴 어떤 사람이 삶에서 경험했을 법한 흥분감과 같은 것이다.

셋째, 실천철학은 교육의 세계는 주어진 어떤 하나가 아니라 그곳에는 매우 다양한 시각들이 존재하는 그 무엇임을 밝히고 있다. 특히 배우는 교사들은 가령 어떤 과정을 통해 아이들이 읽는 것을 배우는가와 같은 물음에 대한 답을 가지고 있어야 한다. 또한 그들에게 적절한 답이 실제로 제공되어야 한다는 가정으로부터 출발한다. 그다음에는 내용에 대해 정치적인 요인을 포함한 다양한 견해들 간의 논쟁이 전개됨을 목격할 것이다. 따라서 이런 논쟁에 몰입하고 '무엇이 일어나는지를' 발견하는 것을 장애물로 여기지 않으면 교육은 재미있는 것이 된다. 또 이것은 다른 사람들의 시각이나 해석을 존중하는 계기를 마련해 주기도 하고, 한편으로는 그들을 변화시키거나 굴복시키는 합리적인 방법들을 배울 수도 있게 한다. 달리 말하면, 이 과정에서 교사들은 그들 자신의 직관적 통찰이 논쟁에서 타인에게 휘둘리지 않도록 자신의 통찰에 대한 근거들을 찾기도 하고 정당성을 갖는 여러 방법들을 얻게 된다. 따라서 그들은 확실한 결론에 도달하는 방법을 찾을 뿐만 아니라 일련의 기술들 이상으로 더 많은 것들을 얻는다. 그들은 '사색적인 논쟁에 대한 열정과 일상의 특별한 경험에서 나오는 섬세한 반응들' 을 결합시킬 수 있는 그런 특별한 사람이 될 것이다(Nussbaum, 1986, p. 227). 이것은 우리가 여기서 이제까지 다루고 추천했던 실천철학을 설명하는 하나의 좋은 정의가 될 수 있다.

미 주

1 Rorty, 1985; Rorty, 1989, 3장과 4장 참조.
역자인 나는 철학의 여러 기능들 중에서 빼놓을 수 없이 중요한 것이 바로 사물 · 사건 · 세계에 대해 전체적으로 파악할 수 있는 힘, 본질 · 진리를 파악할 수 있는 힘을 기르는 것이라 보고 있다. 따라서 올바른 사고를 하여 좋은 선택과 좋은 삶을 위해서는 철학적 사고가 매우 필요하기에 중등교육에서 하나의 독립된 교과목으로 자리잡아 가르쳐져야 한다.

2 이것은 사회학과 심리학과 같은 '경험적' 사회과학의 영역과 그 특성에 문제 제기를 한다. 그리고 이것은 동시에 실천적 부분이 중요함을 말해 주고 있다. 그러나 이것의 그 어느 것

도 과학이 인간행동을 설명하는 데 있어서 경험을 이해하려는 거시적 접근과는 달리 명확한 입장을 취하고 있다는 것을 부정하지는 못하고 있다.

3 『법률(Law)』pp. 643-644, pp. 765-766, p. 798 참조.

4 이런 엄격함과 비엄격함에 대한 좋은 예는 아벨라르(P. Abelard)와 버나드(Bernard) 간의 논쟁에 대한 권위적인 교회조직의 조정이다. 1140년 회의에서 있었던 버나드의 선동에 대한 아벨라르의 비난은 좋은 신념으로 새로운 길을 제시하려던 사상가들의 노력에 대항했던 열거할 수 있는 섬뜩한 교회조직의 권력을 밝혔다. 꼼꼼하고 근면한가 그렇지 않은가라는 면에 대해서 베티 래디스(Betty Radice)는 그 당시 아벨라르에 대해 있었던 풍자적인 설명으로부터 다음을 인용했다. "그 주교들은 폭식한 후 술 취하고 비몽사몽간에 '우리는 비난하고 죄를 지우려고 하는 것은 아니니다.' 라고 중얼거렸다." (Radice, 1974, p. 41)

5 토마스 아퀴나스는 기념비적인 자신의 업적이었던 Summa Theologiae에서 이런 식의 절차를 최고 영향력 있는 것으로 만들었다. 그는 이런 절차 자체를 지지했고, 이성적으로까지 옹호했다. "우리의 신념이 의심의 여지가 없는 진리에 근거하고 있기에 우리 신념을 부정하는 증명할 만한 그 어떤 진리도 사용하는 것은 불가능하다. 이런 이유 때문에 신념에 배치되는 '증거' 는 쓸모없는 증거가 되었고 논의는 진행되지 않았다."

6 이상하게도 학습에 있어 유전성 부분과 인간의 이해과정에 있어서 무슨 일들이 일어나는지에 대한 그의 매우 깊은 관심에도 불구하고 가다머가 교수(가르치는 것)에 대해서 명쾌히 적은 것은 거의 없다. 역자인 나는 교육철학이란 교육 전반에 대한 점검 및 올바른 방향 제시를 하는 것이라 보고 있다. 그리고 교육철학의 연구 영역에서 가장 중요한 것은 올바른 목표설정을 하는 것이고 이를 위해 필요한 것이 바로 '진리' 와 '인간' 에 대한 이해라 생각하고 있다.

7 이렇게 하는 방식은 특히 문학비평가인 리비스(F. R. Leavis)와 연관된다.

8 Maskell(1999)에 의해 어떤 부분은 강력한 힘과 우아함을 가지게 되었다.

9 아마 기억될 만한 최고의 예는 그 당시 영국 교육부장관이었던 케네스 클라크(Kenneth Clarke)가 한 1991년의 연설이다. 여기서 그는 교육의 이론들을 거품으로 간주하고는 교사들에게 이를 무시하라고 말했다.

10 영국에서는 정부가 자세히 규정한다. 그 예로 초등학교의 국어시간이나 수학시간에 교사들이 단지 해야 할 것에 대해서만 말하는 것이 아니라 그것을 어떻게 가르쳐야 하는지와 같은 방법들까지 자세히 제시하고 있다는 것이다. (그래서 직접적인 교수방법에 많은 시간이 쓰이고 개별 혹은 집단적인 활동 또한 많다. 이런 규정들은 이제 중등학교에까지 도입되고 있다.) 이와 관련하여 역자는 교사는 모름지기 연구하고자 하는 의지와 인류에 대한 사랑을 가지고 있어야 한다고 생각하고 있다. 그래서 세세한 방법(기술)들은 학교현장에서도 얼마든지 익힐 수 있기에 사범대와 교대를 포함한 교사 양성기관에서는 전문적 지식뿐 아니라 무엇보다도 교사로서의 사명감과 올바른 삶의 자세를 가지도록 하는 교육이 필요하다.

추 천 도 서

Dunne, J. (1995). What's the good of education? in P. Hogan (ed.), *Partnership and the Benefits of Learning,* Educational Studies Association of Ireland.

Hodot, P. (1995). *Philosophy as a Way of Life.* Spiritual Exercises from Socrates to Foucault, Blackwell.

Rozema, D. (1998). Plato's Theaetetus: what to do with an Honours student, *Journal of Philosophy of Education, 32*(2), pp. 207-223.

Vlastos, G. (1991). *Socrates—Ironist and Moral Philosopher,* Cambridge University Press.

제6장

비판적 사고

Sharon Bailin & Harvey Siegel / 심승환 역

비판적 사고의 본질

비판적 사고(critical thinking)는 우선 다양한 좋은 사고라고 할 수 있다. 그렇다고 볼 때, 비판적 사고의 적절한 근거를 제시하려면 일단 '사고가 좋다' 라는 점을 설명해야 한다. 우리는 사고의 이러한 **규범적** 성격을 강조함으로써 비판적 사고에 대한 논의를 시작하고자 한다. 이와 같은 강조는 바로 비판적 사고의 개념을 특징짓는 것으로, 특히 심리학적 개념과는 상이한 비판적 사고의 철학적 개념을 제시하는 것이다. 심리학적 개념은 비판적 사고의 중심이 되는 심리학적 과정 및 절차와 기술들을 묘사하므로 본질적으로 묘사적인 성격을 가진다. 그런데 이러한(심리학적인) 과정들의 근거에는 다음과 같은 문제가 있다. 첫째, 특정한 정신적 작용이 반드시 특정한 좋은 사고와 연결되는지는 알 수 없다. 둘째, 비판적 사고를 위해 필수적이거나

충분한 특정한 일련의 절차들은 없다. 셋째, 사고를 표시하는 용어들(예: 유형화하기, 관찰하기, 가설 만들기)은 정신적 작용이나 과정을 뜻하는 것이 아니라 사고가 필요한 다양한 작업들을 뜻하는 것이다(Bailin, 1998).

사고에 대한 현대 심리학적 근거들과 달리, 비판적 사고에 대한 철학적 이론가들은 비판적 사고가 본질적으로 규범적임에 동의한다. 사고가 '비판적' 이라는 의미는, 그 사고가 적절한 타당성의 표준이나 기준을 충족시켜서 충분히 '좋다' 고 판단하는 것이다. 비판적 사고에 대한 현존하는 철학적 근거들은 그러한 기준을 강조한다. 예컨대, 로버트 에니스(R. Ennis)는 비판적 사고를 "무엇을 믿고 행하여야 할지 결정하는 것에 집중되는 정당한 성찰적 사고"라고 규정하며(Ennis, 1987, p. 10), 사고(그리고 사고하는 사람들)가 비판적이기 위해 필요한 행동, 기술, 태도의 구체적인 목록을 제공한다. 시겔(H. Siegel)은 비판적 사고자를 '이유들에 의해 합당하게 움직이는' 자로 특징지으며(Siegel, 1988, p. 23), 그들은 이유들이 적절히 좋은 이유들로 판단되기 위해 충족시켜야 하는 인식론적 기준을 정복해야 함을 강조한다. 말하자면 좋은 이유들이란 믿음, 주장, 행동을 보증하는 것이다. 유사하게 리처드 폴(R. Paul)은 비판적 사고를 어떤 믿음들과 그에 잠재된 추측들 및 그 추측들이 새겨진 세계관들에 대해 비판적으로 평가하는 능력과 태도로 인식한다(Paul, 1990). 매튜 리프먼(M. Lipman)은 비판적 사고를 판단을 유도하는 사고로 규정하는데, 그것이 기준에 근거하고 자기 수정적이며 맥락에 민감하기 때문이다(Lipman, 1991). 존 맥펙(J. McPeck, 1981, 1990)을 비롯한 다른 작가들도 유사하게 비판적 사고의 이러한 규범적 영역을 강조한다. 그들의 비판적 사고에 대한 근거들은 여러 부문에서 다르고 나름대로의 강조점들이 있지만, 비판적 사고의 본질적 규범성에 대해서는 동의한다.

비판적 사고에 대한 초기 규정들은 이를 오직 특정 기술로 설명했다. 예컨대, 에니스는 초기에 비판적 사고를 '진술에 대한 올바른 판단' 으로 규정했다(Ennis, 1962, p. 83). 그러나 (지금은) 거의 모든 철학적 논의에서 비판적 사고는 기술 혹은 능력 및 태도 모두를 수반한다고 간주한다. 다음에서 우리는 이 결합(기술 혹은 능력 및 태도의)을 논의한다.

비판적 사고: 기술/능력과 태도

대다수의 철학적 근거들에 있어 비판적 사고는 두 가지 관련된, 그러나 개념적으로 구분되는 양상이나 영역이다. 즉, 적절히 추론하는 **능력**과 그렇게 행동하게 하는 **태도**(성향)다. 이에 대해 차례로 논하겠다.

기술/능력

사고는 그것이 합당한 이유들의 입증하는 힘에 대한 적절한 주의와 관심을 나타낸다는 점에서 비판적이다(그러한 힘은 이유들이 상기한 인식론의 기준을 충족하는 정도에 의해 결정된다). 이런 점에서 비판적 사고는 우리 중의 한 명이 다른 곳에서 언급했듯이 합리성의 '교육적 동류(educational cognate)' 다(Siegel, 1988, p. 32). 왜냐하면 합리적 사고와 비판적 사고는 모두 '이성의 타당성과 공존' 하기 때문이다(Scheffler, 1965, p. 107). 믿음과 판단과 행동은 그 신자와 행위자가 그렇게 믿고 판단하고 행동하는 것에 대한 좋은 이유를 가질 때 합리적이다.[1] 그러므로 비판적 사고 능력을 갖기 위해서는 잠재적 이유들의 적절성을 확증하는 능력이 필요하다. 결과적으로 비판적 사고를 위한 교육에 수반되는 중심 과제는 학생들로 하여금 이유(논거)들의 입증하는 힘을 평가하는 능력을 키우도록 하는 것이다.

물론 이는 주로 본질상 인식론적인 많은 질문들을 제기하는데, 그 질문들은 잠재적 이유들의 적절성이 결정되는 기준에 관한 것이다. 어떻게 이런 기준들이 선택되는가, 그리고 누가 그 기준들을 선택하는가? 어떻게 그 기준들이 그 자체로서 정당화될 수 있는가? 순환적이거나 질문을 야기하지 않는 방식으로, 즉 원리적으로 그 기준들이 정당화될 수 있는가? 그 기준들의 인식론적 권위의 원천은 무엇인가? 그 기준들은 '절대적인' 것인가, '상대적인' 것인가? 그 기준들은 정말로 인식론적인가, 아니면 권력과 억압의 도구를 구성하는 정치적인 것인가? 등이다. 우리 둘은 다른 곳에서 이들 문제들의 하나 혹은 여럿에 관해 상당 부분 논의하였다(Bailin, 1992a, 1995, 1998; Siegel, 1997). 우리는 그중 몇몇 주제들을 아래에서 논의하겠다.[2] 특히 그러한 기준과 비판적 사고 자체의 일반화 가능성 문제가 제기된다. 잠재적 이유들의 적절성이 판단되는 그 기준이 모든 맥락에서 동일한가? 혹은 맥락에 따라 다른가? 이 질문은 비판적 사고 이론가들을 서로 다르게 나누었다. 다음에서 이에 대해 다룬다.

태도

믿음, 판단, 행동에 대한 잠재적 이유들이 과연 좋은 것인가 혹은 검증력을 가진 것인가라는 문제를 결정하는 능력은 비판적 사고를 위한 필요조건이지만 충분조건은 될 수 없다. 왜냐하면 해당 사고자는 그러한 능력을 가지고는 있지만 사용하지 않을 수 있기 때문이다(제도적 혹은 관습적 이유로). 유사하게 대부분의 비판적 사고 이론가들은 이유들의 검증력을 평가하는 기술이나 능력과 함께 비판적 사고자는 그에 합당한 태도(dispositions)를 가져야 한다고 주장한다. 그 주된 태도는 좋은 추론의 가치를 인정하고 이유들을 추구하고 그것을 평가하고 그러한 평가에 기초하여 믿음과 행동들을 통제하는 성향이다. 이에 더하여 대부분의 이론가들은 비판적 사고를 위해 필수적인 일련의 태도들을 제시하는데, 그것은 열린 생각, 공정한 생각, 독립적 생각, 탐구적 태도, 단체 연구에서의 타인에 대한 존중 등을 포함한다(Bailin et al., 1999; Hare, 1979, 1985). 비판적 사고의 이러한 '양 요소의 결합적' 개념은—비판적 사고는 이유 평가의 요소와 태도적 요소를 모두 포함한다.[3]—대부분의 이론가들에 의해 인정된다.[4]

'기술 용어'의 문제

몇몇 이론가들은 비판적 사고를 개념화하는 데 '기술'이라는 용어를 사용하는 것에 대해 비판한다. 그 이유는 '기술'이라는 명사를 사용했을 때는 개인 내부에 있는 어떤 것, 즉 내부의 능력이나 소질을 지칭하는 것으로 인식될 수 있다는 것이다. '정신적 작용'으로서의 기술을 인식하는 것으로부터 기인하는 문제는 이미 살펴보았다(보다 완전한 개관은 Bailin, 1998을 참조). 그러나 특히 형용사적이고 부사적인 형식에서의 기술에 대한 용례들은 지시적인 것으로 이해할 수 있고, 따라서 내부의 능력이나 소질이 아닌 합당한 준거를 충족하는 사고로 볼 수 있다. 대부분의 비판적 사고의 철학적 이론가들에게 "존스는 비판적 사고의 기술을 지녔다."라는 이야기는 존스가 특정한 정신적 능력을 내부에 소유하고 있다는 것이 아니며, 존스의 사고가 합당한 준거를 충족한다는 의미에서 기술적이라고 보는 것이다(같은 책, pp. 210-211). 따라서 '비판적 사고의 기술'이라는 말은 모호하고, 특히 이하에서 서술할 일반화의 문제에 관하여 잘못 이해될 수 있다. 저자들은 이 모호성이 철학적으로 얼마나 문제되는가에 대해 그 견해들이 일치하지 않는다. 베일린은 '기술'이라는 명사를 모두 회피할 것을 선호한다. 시겔은 기술이 합당한 준거를 충족하는 의미에서 기술적이라고 판단되는 한 그 용어가 수용될 수 있다고 본다. 이런 의미에서 비판적 사고자는 기술이나 능력과 더불어 태도를 지닌 사고자로 인식할 수 있다. 이하에서 우리가 사용하는 '기술'이란 용어는 이런 방식으로 이해된다.

비판적 사고와 일반화 가능성의 문제

아마도 비판적 사고에 관한 가장 첨예한 질문은 비판적 사고라는 것이 과연 일반적인 것으로 인식될 수 있는가, 아니면 특정한 영역이나 분과 혹은 맥락에 한정된 것인가 하는 것이다. 많은 사람들에게 비판적 사고는 광범위한 영역과 상황들에 적용 가능한 일련의 일반화된 기술, 능력, 태도로 인식되는 것 같다. 이러한 일반론자들은 증명되지 않은 가정을 근거로 삼고, 너무 작은 표본 집단에서 일반화시키며, 부적합한 권위에 호소하는 것과 같은 일반적인 오류를 탐지하는 능력은, 많은 다양한 추론의 맥락에 적용 가능한 일반적인 것이라고 보는데 이러한 주장은 일리가 있다. 이와 같은 관점에서 비판적 사고자는 그러한 오류들을 일반적으로, 다시 말하면 특정 맥락을 간주하지 않고 탐지할 수 있을 것이다. 동일한 언급들이 모든(적어도 많은) 그러한 능력들에 해당될 것이다.

반면 특정론자는 그런 일반적 능력을 부인한다. 이 관점의 가장 주요한 지지자인 맥펙은 원리상 특정 주제 영역들을 넘어서 일반적으로 적용 가능한 비판적 사고의 기술이나 능력은 없다고 주장하는데, 사고 자체가 항상 특정한 내용 및 주제와 관련되어 있기 때문이다. "사고는 항상 무엇에 대해 사고하는 것이다. 무(nothing)에 대해 사고하는 것은 개념적으로 불가능하다."(McPeck, 1981, p. 3) 결과적으로 맥펙은 일반적인 비판적 사고 기술을 인식하는 것과 학생의 비판적 사고를 일반적으로 증진시키는 학과들을 개발하는 것은 실수라고 주장한다.

> 특정 주제와 고립하여서는 '비판적 사고' 라는 문구는 그 어떤 기술도 지칭할 수 없다. 따라서 비판적 사고를 어떤 독립적인 주제로 이야기하는 것은 아무런 의미가 없고 그런 방식으로 효과적으로 가르칠 수도 없

다. 비판적 사고가 특정한 주제가 아니라는 점에서 이것은 개념적으로 그리고 실질적으로 공허하다(같은 책, p. 5).

많은 학자들이 맥펙이 주창한 이 특정론자의 관점을 지지한다. 그러나 이 주장도 많은 비판을 받는다. 연구자의 관점에서 한 가지 비판을 제시하자면, 사고의 특정 행위나 사례가 항상 특정한 내용을 지니고 특정한 대상에 관한 것이라는 점은 사실이지만, 이로부터 모든 특정한 사고의 사례들을 포함하는 일반적인 활동으로서의 사고활동에 대해 아무것도 일반적으로 말할 수 없다는 명제는 따라오지 않는다(Siegel, 1988, p. 19). 즉, 특정한 사고의 사례들은 특정한 내용을 가진다는 사실은 광범위한 영역, 주제, 맥락들에 적용 가능한 일반적 사고의 기술이나 능력이 존재한다는 사실과 충분히 양립할 수 있다.[5]

맥펙에 의해 제기된 두 번째 문제는 비판적 사고에서 맥락, 영역, 주제별로 특수한 내용 지식의 위치다. 맥펙은 그러한 지식이 대개 비판적 사고에 본질적이라고 주장한다. 우리의 관점에서 이것은 올바른 특정론의 통찰이다. 그러나 일반론을 포기시키는 것은 아니다. 왜냐하면 후자(일반론)는 비판적 사고에 있어 주제별로 특수한 내용 지식의 역할에 대한 충분한 공간을 남겨 놓고 있기 때문이다. 윌리엄 헤어가 결론적으로 보여 주듯이, 일반론자의 입장에서 비판적 사고를 인식하는 사람들은 학생들의 비판적 사고를 배양하기 위해 교육적으로 적절한 노력을 통해 주제별로 특수한 내용 지식의 본질적 역할을 체계적으로 제기하여 왔다(Hare, 1995).

그렇다면 비판적 사고의 일반화 가능성에 대해 우리는 어떻게 생각하여야 하는가? 이 문제에 대해 저자들은 일정한 정도로 동의한다. 우리는 만약 그 질문을 쪼갠다면, 즉 전체로서의 비판적 사고가 일반화될 수 있는가가 아니라 비판적 사고의 각 요소가 일반화될 수 있는가라는 질문이라고 본다면 다음과 같은 사항을 발견할 수 있음에 동의한다. 첫째, 이유 평가의 요소—일반화 가능성에 관한 대다수의 논의의 주제였던—는 부분적으로 일반화할 수 있다. 이 점에서 특정론자와 일반론자의 주장은 모두 중요하며 옳다고 볼 수 있다. 특정론자가 주제별로 특수한 지식이 비판적 사고를 위해 종종(베일린은 항상이라고 말할 것이다.) 필수적이며, 이유들이 적절히 평가되는 것과 관련된 많은 준거들은 영역별 혹은 주제별로 특수하다고 주장하는 점은 옳다. 일반론자가 이유 평가의 어떠한 준거들(예: 타당한 혹은 잘못된 추론 형식의 구성을 결정하는 것들)은 영역별로 특수한 것이 아니고 광범위한 맥락에서 적용 가능하다는 점에서 일반적이라고 주장하는 것은 옳다. 더욱이, 비판적 사고의 근저에 있는 인식론—이 인식론에서 상대주의는 거부된다. 즉, 합리적 정당화와 진리는 다른 것이고, 합리적 정당화는 비록 진리와 구별되지만 진리를 잘못 지시할 수 있다—은 그 자체로서 충분히 일반화할 수 있다. 마지막으로 비판적 사고자의 태도, 성향, 정신적 습관, 성격들의 총체인 '비판 정신'의 요소도 충분히 일반화할 수 있다.

그러나 학자들도 몇몇 부분에 있어서는 견해가 다르다. 베일린은 주제별로 특수한 지식의 중요성을 강조하며, 시겔은 이유 평가의 많은 준거들이 매우 일반적으로 적용 가능하다는 점과 비판적 사고를 구성하는 능력의 일반화 가능성을 강조한다(예: 특정 오류를 인식하고 탐지하는 능력, 추론의 타당한 형식, 좋은 이유들의 형태). 베일린은 일반화 가능성 문제는 기술이나 능력에 중점을 둠으로써 대체로 이상하게 특성화되었다고 믿는다. 그녀는 그것이 특정한 맥락에서 추론된 판단을 이끌기 위해 요구되는 이해(지적 자원)에 집중하기 위해 재설정되어야 한다고 주장한다. 이러한 움직임은 특정 기술들이 다양한 맥락에 적용되는가의 질문에서 어떤 지적 자원의 구조가 특정 도전들에 대응하여 특정한 맥락에서 요구되는가와 어떤 적용의 범위가 특정한 자원들을 위한 것인가의 질문으로 관심의 초점을 바꾸면서 일반화 가능성의 문제를 재설정한다(Bailin, 1998, pp. 211-216). (위에서 주장했듯이, 어떤 자원들은 아주 협소하고 어떤 자원들은 아주 광범위하다.) 그렇다면 문제는 개념적 문제들을 가지고 개인 내부에 있는 일반적 기술이나 능력을 찾기보다는 우리 탐구의 공적 전통의 근저에 있는 원리와 준거를 사용하고 적용하는 범위를 결정하는 것 중의 하나가 된다. 시겔은 이 문제들은 상술했듯이 질문에서의 능력과 기술이 실행될 때 합당한 준거를 충족하는 의미에서 기술적인 사고를 가져온다는 점을 분명히 함으로써 직접적으로 해결할 수 있다고 본다. 그는 또한 탐구의 공적 전통의 근저에 있는 원리와 준거들에 의해 문제를 다루는 것에 대하여 관심을 기울인다. 왜냐하면 그 원리와 준거들은 자체로서 항상 비판적 탐구와 수정에 열려 있기 때문이다(이 점에 대해서 우리는 동의한다.). 그의 관점에 따르면 비판적 사고는 충분히는 아니지만 주로 일반화할 수 있다. 일반론자의 관점은 대체로 옳지만, 특정론자의 관점 역시 중요한 부분에서 옳다고 할 수 있다(Siegel, 1997, 2장).

일반화 가능성의 문제, 비판적 사고를 위한 주제별 특수한 지식의 필연성, 비판적 사고를 규정하는 데 있어 '기술 용어'의 타당성 문제들을 어떻게 최선으로 다룰 수 있는가에 관해 우리가 비록 동의하지 않지만, 우리는 일반화 가능성에 관해 우리 사이에 본질적인 동의가 분명하기를 희망한다. 특별히 우리는 이유 평가의 몇몇 원리와 준거들은 아주 협소하며 다른 것들은 아주 광범위하다는 점에 동의한다. 또한 우리는 비판적 사고자를 규정하는 정신의 태도 및 습관과 비판적 사고의 근저에 있는 인식론은 충분히 일반화할 수 있다는 점에 동의한다(Bailin, 1998; Siegel, 1997). 마지막으로 우리는 상술했듯이 일반론과 특정론 모두 중요한 부분에서 옳다는 점에 동의한다.[6]

비판적 사고와 창조적 사고 간의 관계

비판적 사고 논의에서 종종 제기되는 문제는 비판적 사고와 창조적 사고 간의 관계에 관한 것이다. 사람들은 이 두 사고가 다르고 구별되는 사고의 종류라고 일반적으로 추측한다. 비판적 사고는 생각과 주장 및 결과물의 올바른 평가에 도달하는 분석적이고 평가적인 연역적 과정으로 간주된다. 비판적 사고는 필연적으로 비창조적인 것으로 간주된다. 왜냐하면 비판적 사고는 기존의 규칙들을 따르는 기계적인 과정을 수반하고 기존 틀을 초월하여 새로운 생각을 창출하지 못한다고 간주되기 때문이다. 반면에 창조적 사고는 규칙을 깨는 것이 허용되며 기존 틀을 초월하여 새로운 결과물을 창출해 내는 생산적인 것으로 간주된다. 그렇다면 창조적 사고는 비판적 사고라고 볼 수 없다. 왜냐하면 비판은 기존의 유력한 준거에 따라 발생하지만 창조적이기 위해서는 그 준거들을 깨는 것이 요구되기 때문이다(예: de Bono, 1970 참조).

이 두 종류의 사고 간 관계는 하나의 논쟁거리다. 어떤 이론가들은 비판적 사고와 창조적 사고를 다르지만 보완적인 관계로 보고, 다른 이론가들은 두 사고가 서로 대립된다고 본다. 새로운 생각의 창출은 비판적 사고를 규정짓는 평가의 논리와 준거를 포기함을 요구한다(de Bono, 1976).

비판적 사고와 창조적 사고 간의 분열은 잘못 기초되었다는 점이 우리의 관점이다. 새로운 생각과 결과물을 창출하는 데에는 평가적이고 분석적이며 논리적인 측면이 있고 그것의 평가에는 창의적이고 구성적인 영역이 있다. 비판적 사고와 창조적 사고를 구분하는 개념화에는 심각한 문제가 있다.

먼저 창조적 사고가 완전히 생산적이고 비평가적이며 새로운 생각과 결과물의 창출이 논리적이거나 비판적인 평가를 수반하지 않고 규제받지 않는 생각의 산출을 수반하는 사고의 결과라는 주장을 검토해 보자. 이 주장은 창의성은 새로운 것의 산출만이 아니라 개선과 개혁을 구성하는 결과물들의 산출이며 해당 영역의 맥락에 의해 중요성을 가지는 산출이라는 사실과 양립할 수 없다. 분석, 논리 및 평가는 그러한 창의적 산출에 있어 필연적으로 수반된다. 비판적 판단은 문제를 식별하고, 기존의 해결책들의 부적절함을 인식하여 새 접근이 필요하다는 판단을 내리고, 탐색의 방향을 결정하며, 가능한 해결책들을 인식하는 데 핵심적이다. 창조적 성취를 이끄는 사고는 규제받지 않는 산출이 아니라 문제 상황에 대한 논리적이고 비판적인 대응의 측면이라고 이해할 수 있다(Bailin, 1987, 1992a).

완전히 분석적이고 선택적이며 규칙에 의해 결정되는 것으로 비판적 사고를 규정하는 것도 유사하게 문제가 있다. 주로 생각이나 결과물의 평가나 비판을 위한 사고는 연역적이지 않고 생산적이며 창의적인 요소를 가진다. 준거의 적용은 기계적 과정이 아니라 상황의 해석을 수반하고, 다양한 상황에서 그 준거의 적용 가능성과 그것이 충족되었는지에 관한 창의적 판단을 수반한다. 유사하게 가설을 개발하고, 반대 사례를 만들고, 반론을 구성하며, 잠재적 문제들을 예상하는 것은 모두 생산적인 영역을 가지는 비판적 사고의 중요한 부분들이다. 마지막으로 어떤 복잡한 상황에서 전체적인 평가에 도달하는 것은 수많은 다양한 관점들에 대한 질문, 가치 측정, 거부, 조화, 통합에 근거한 하나의 관점을 구성하는 행위가 요구되며, 추측들에 대한 질문과 한 문제에 대한 재규정을 이끌 수 있다(Bailin, 1990).

논리의 규제와 상상의 계발은 모두 심각한 사고의 모든 예들에 명백히 요구된다. 모든 비판적 사고에서는 창조적 영역이 있고, 어떤 경우 비판적 사고는 추측들에 대한 질문, 규칙 깨기, 요소들의 재배열을 이끈다. 그래서 상당한 새로움을 선사하는 결과물을 이끌게 된다.

비판적 사고와 창조적 사고의 분열에 대한 몇몇 지지자들은 비판적 사고와 창조적 사고 모두 모든 복잡한 사고에 필연적이라는 생각을 수용하지만, 둘은 구별되며 사고과정의 상이한 단계에서 발생한다는 점을 지적한다. 개인은 먼저 논리적이고 분석적인 방식으로 문제를 조사한(비판적 사고) 다음, 비판적 판단을 중지하고 많은 생각들을 산출하며(창조적 사고), 이후에 그 제안된 해결책들을 평가하기 위해 비판적 판단을 재가동한다(비판적 사고). 그러나 우리는 개인이 두 종류의 사고를 실제로 구별할 수 없다고 주장한다. 생각을 산출하는 과정은 평가를 수반한다. 왜냐하면 사고의 산출은 특정 문제 상황과 무엇이 효과적이고 혁신적인 해결책을 구성하는가의 질문과 연결된 다양한 준거에 의해 규제되기 때문이다. 이렇게 되지 않는다면 그 결과는 창조라기보다는 혼돈이 될 것이다. 생산적 영역을 거의 수반하지 않는 사고의 평가적인 국면만을 식별하는 것도 불가능하다. '비판적 사고' 와 '창조적 사고' 라는 용어는 분석과 토론을 위해 사고의 생산적이고 평가적인 국면을 지칭하는 데 사용될 수 있다. 그러나 비판적 사고와 창조적 사고는 실제로는 분리할 수 있는 사고의 상이한 두 유형이 아니라는 점을 명백히 하는 것이 중요하다.

'비판적 사고' 와 사고에 관한 다른 용어들

비판적 사고와 사고에 관한 다른 용어들의 관계는 또 다른 흥미로운 주제다. 몇몇 이론가들은 **문제 해결**, **의사결정**, **탐구**와 같은 용어들과 함께 비판적 사고를 범주화하는 사고의 분류를 제시한다(예: Swartz & Perkins, 1989). 그러므로 비판적 사고는 많은 사고 중의 한 형식으로 간주된다. 그러나 우리는 문제 해결, 의사결정, 탐구와 같은 용어들은 사고가 요구되는 상이한 맥락들을 지칭하는 반면, 비판적 사고는 사고가 어떻게 수행되어야 할지에 관한 규범적 용어라는 점을 지적하고자 한다. 문제 해결은 특정 문제나 문제 상황을 다룰 필요를 강조한다. 의사결정은 선택을 수반한다. 탐구는 한 질문에 답하거나 한 문제를 탐색하기 위한 시도를 지칭한다. 이들 활동들 모두는 비판적인 방식 혹은 무비판적인 방식으로 수행될 수 있다. 합당한 준거에 따라 수행된다면 그 활동들은 모두 비판적 사고의 예로 볼 수 있다. 그러므로 비판적 사고는 여러 사고들 중의 한 유형이 아니라 그 맥락이나 활동이 어떤 성질이든지 사고의 성질을 지칭하는 종합적 용어라고 할 수 있다.

고등 수준의 사고라는 용어는 비판적 사고와 유용하게 대조될 수 있다. 고등 수준의 사고는 일반적으로 사고의 간단하고 덜 세련된 형식과 대조되는 상위의 복잡한 사고를 지칭한다. 블룸의 분류는 고등 수준의 사고는 지식을 최저 기반으로 하여 이해, 적용, 분석, 종합의 단계를 거친 후 최상위에 평가로 완성되는 사고 유형의 위계를 잘 보여 준다(Bloom, 1956). 다른 관점은 감각을 최하위에 두고, 그다음 기억, 인식, 회상을, 그리고 최상위에는 비교, 분류, 해석, 평가를 위치시킨다(Judd, 1936). 이러한 도식의 주된 난점은 분석, 평가, 해석과 같은 활동을 사고의 종류로 잘못 규정하는 데 있다. 상술했듯이, 그런 용어들은 사고과정을 지칭하는 것이 아니라 특정한 비판적 기준의 적용으로부터 기인하는 특정한 산출을 지칭하며, 그 활동들을 성취하는 데 수반되는 것의 본질은 맥락에 따라 다를 것이다. 더욱이 사고 유형의 위계는 그 자체로서 문제가 있다. 예컨대, 지식을 정보의 고립된 단순한 조각들의 집적 이상으로 본다면, 기초단계라기보다 고도의 복잡하고 난해한 해독의 이해단계로서 사고의 정점으로 간주할 수 있다. 그러므로 우리는 사고를 하나의 위계에 위치한 상이한 유형들로 범주화하기보다는 임무와 맥락이 어떻든지 합당한 비판적 준거의 충족을 위한 집중—다시 말하면, 비판적 사고에 집중하는 것—이 더 의미 있는 일이라고 주장한다.

비판적 사고와 교육

비판적 사고(또한 합리성)는 우리의 관점에서 그리고 여러 경우에 교육의 근본적 목표이자 우선적인 이상으로 간주된다. 그렇게 보기 위해서는 교육과정을 통틀어 (합당한 준거에 따른) 이유들의 구성과 평가가 가장 중요하다는 전제 위에 교육활동들이 고안되고 수행되어야 한다. 쉐플러가 지적하듯이, "교육활동의 개념과 구조에서 비판적 사고는 가장 중요하다." (Scheffler, [1973] 1989, p. 1) "합리성은… 이유들의 문제이고, 이를 근본적인 교육 이상으로 취하는 것은 모든 연구의 영역에서 이유들에 대한 가능한 한 유력한 자유롭고 비판적인 탐색을 만드는 것이다."(같은 책, p. 62) 이러한 관점을 취하는 것은 학생에게 비판적 사고의 능력과 태도를 배양시키는 것을 교육과정과 교육정책의 고안과 개선에 가장 핵심적인 것이자 최우선적인 교육 지침으로 간주함을 의미한다. 그러나 이것은 다른 목표들과 이상들이 심각한 중요성을 가지지 않는다는 점을 말하는 것이 아니며, 비판적 사고를 배양하기 위한 교육 제도와 노력의 주된 의무가 가장 중요함을 지적하는 것이다.

왜 비판적 사고의 배양이 그렇게 중요한가? 시겔은 이에 대해 네 가지 이유를 든다(Siegel, 1988, 3장). 첫 번째로 가장 중요한 이유는 학생들에게 비판적 사고를 배양하는 노력은 그들이 인격체들로서 존중받기 위해 필연적이라는 점이다. 인격체들로서 학생들을 존중하기 위한 도덕적 요구들은 학생들이 그들 스스로 유능하게 효과적으로 사고할 수 있도록 해 주는 노력을 필요로 한다. 이러한 노력은 학생들이 스스로 결정하는 근본적 능력을 부인하지 않고 그들 자신의 정신과 삶의 현장을 최대한도로 발현시킬 수 있도록 이끄는 것이다. 동등한 도덕적 가치를 지닌 인격체라는 점을 학생들에게 심어 주는 것은 학생들을 우리 자신들(교육자)만큼 중요한 필요들과 관심들을 가진 의식의 독립된 주체로 대우하고, 적어도 원리상 어떻게 사는 것이 최선이며 어떤 사람이 되어야 할지에 대해 스스로 결정할 수 있는 존재들로 대우하는 것을 의미한다. 교육자들로서 학생들을 존중하기 위해서는 그러한 문제들을 학생들 스스로 판단할 수 있도록 이끌어 주는 노력이 요구된다. 그런 문제를 유능하게 해결하기 위해서는 비판적 사고를 지배하는 준거들에 따라 판단하는 것이 요구된다. 결과적으로 학생들을 존중하는 것은 비판적 사고의 능력과 태도를 배양시켜 주는 것이 필요하다.

비판적 사고를 근본적인 교육적 이상으로 간주하는 두 번째 이유는 학생들에게 성인의 삶을 준비시키는 교육의 일반적 인식과 연결된다. 그러한 준비는 미리 결정된 역할들에 대해 학생들을 준비시키는 것으로는 적절히 인식될 수 없고, 그보다는 학생의 자기 완성과 자기 지도를 수반하는 것으로 이해되어야 한다. 이러한 점에서 비판적 사고의 역할은 명백하다. 비판적 사고의 배양을 교육의 중심 목표로 간주하는 세 번째 이유는 (역사적으로) 교육적 활동과 노력에서 항상 중심이었던 합리적 전통들—수학, 과학, 문학, 예술, 역사 등—에서 비판적 사고가 기여하는 역할이다. 이 모든 전통들은 비판적 사고에 의지하며 이를 수반한다. 즉, 이 학과들의 학습을 시작하고 정복하기 위해서는 비판적 사고의 배양 및 증진이 필요하며, 동시에 그 학습은 비판적 사고에 기초가 된다. 네 번째 이유는 민주주의적 삶에 있어서 주의 깊은 분석과 좋은 사고 및 추론적 사색의 역할과 관련된다. 우리가 민주주의에 대한 가치를 인식하는 정도만큼, 우리는 비판적 사고의 능력과 태도를 배양하도록 해야 한다. 공공정책에 대한 정치적 문제들에 대해 시민들이 얼마나 잘 추론하고 대중매체를 숙고하며 민주적 시민의 요구들을 일반적으로 충족시키는가에 따라서 민주주의는 번영할 것이다. 그런데 시민들의 그러한 행위들은 대부분 비판적 사고를 구성하는 능력과 태도를 요구한다.

이상의 네 가지 이유들은 긴 분량으로 설명될 수 있지만, 우리는 그 논거들이 비판적 사고를 교육의 근본적 이상으로 간주하는 것을 정당화하는 데 충분하다고 생각한다. 위에서 제안했듯이, 비판적 사고를 배양하는 노력은 사고와 행위에서의 독립적 사고, 인격적 자율, 추론적 판단의 증진을 지향한다. 이 특별한 목표들은 지식, 이유, 인격의 폭넓은 개념들에 의해 다시 정당화된다. 예컨대, 모든 지식은 잘못될 수 있다는 것과 이유들의 좋음을 객관적으로 평가하는 것은 가능하다는 점, 그리고 인격적 자율은 중요한 가치라는 점이다(Bailin, 1998, p. 204). 이들 목표들과 그에 근거하는 폭넓은 개념들은 철학적으로 논쟁적이다. 그러므로 그 목표들과 비판적 사고 자체의 교육적 이상이 도전되어 왔다는 점은 놀라운 것이 아니다. 다음에서 우리는 이러한 도전들을 검토한다.

비판적 사고에 대한 비판

비판적 사고에 대한 많은 최근의 논의는 유력한 개념들과 그 정당화에 대한 도전의 형식을 취한다. 포스트모던과 페미니스트의 관점으로부터 주로 기인하는 그 비판들은 비판적 사고가 사회 지배층의 가치와 실제들을 선호하고 전통적으로 권력이 미약한 계층들의 가치와 실제들은 무시한다고 비판한다(예: T. Bridges, 1991; Garrison & Phelan, 1989; Martin, 1992; Orr, 1989; Thayer-Bacon, 1992, 1993). 이러한 비판들은 다음과 같은 내용들을 포함한다. 비판적 사고는 직관보다는 합리적 · 직선적 사고를 우대하고, 협조적이며 협력적이기보다는 공격적이고 대립적이며, 감정을 무시하거나 과소평가하고, 추상적인 것을 다루며 삶의 경험과 구체적 특수성을 무시하고, 개인적이며 공동체와 관계보다 인격적 자율을 우대하고, 객관의 가능성을 전제하여 개인의 상황 지음을 인식하지 못한다는 것이다(Bailin, 1995).

일반적으로 이들 비판은 두 종류로 나뉠 수 있다. 한 유형은 비판적 사고의 이론과 실제에서 어떤 특수한 국면들에 도전하지만 근본적 토대들에 대해서는 공격하지 않는다. 이 유형의 몇몇 주장들은 비판적 사고의 이론과 실제에서 충분히 강조하지 못한 문제들, 부족한 점들, 요소들에 대한 유용한 교정을 제공하였다. 그러나 다른 주장들은 대부분의 현대 비판적 사고의 이론에 이미 존재하는 국면들을 인식하는 데 실패하면서 잘못 방향 지어졌거나 비판적 사고의 중요한 국면들을 해치는 수정들을 제안함에 있어 문제가 있다. 예컨대, 비판적 사고가 감정을 무시하거나 과소평가한다는 도전에 대해 검토해 보자. 이 불평과는 달리 많은 비판적 사고의 이론가들은, 예를 들어 타인의 감정에 민감해질 것(Bailin, 1995)과 다른 시각들을 이해할 것(Paul, 1990)을 우리에게 제안하면서 비판적 사고에서의 감정의 역할을 분명히 지적한다. 정말로 감정적인 부분은 시겔의 비판적 정신의 개념(Siegel, 1988)과 쉐플러의 비판적 사고의 설명(Scheffler, 1991)에 있어서 핵심적인 부분이다. 그리고 에니스는 비판적 사고에 대한 페미니스트의 비판에 대응하여 배려를 비판적 사고의 태도 목록에 추가하였다(Ennis, 1996, p. 369). 그러나 대부분의 비판적 이론가들이 반박하는 점은 비판적 평가가 없는 감정에 대한 의존이다. 그들은 이유들에 근거한 평가와 활동으로부터 벗어나기보다는 그것을 증진시키는 감정의 적절한 역할을 지지한다. 비판적 사고는 공격적이고 대립적이며 협조와 협력을 저해한다는 도전에 대해서도 유사하게 답변할 수 있다. 비판적 사고는 가끔은 대립적 방식으로 실천될 수는 있지만, 반드시 대립적이고 공격적으로 실행되어야 한다고 주장하는 비판적 사고의 이론은 없다. 많은 이론가들은 실제로 비판적 사고는 협조적 · 협력적으로 실행될 수 있음을 강조하며, 그러한 실제는 비판적 사고자들로서의 우리의 목적에 더욱 잘 기여할 수 있음을 주장한다.[7] 그리고 비록 자율이 비판적 사고에 중심적인 가치로서 지지될 수 있지만, 그것은 협력과 공동탐구의 역할에 대한 강조를 배제하지는 않는다(Bailin et al., 1999, p. 289).

비판적 사고가 직관보다는 합리적이고 직선적이며 연역적인 사고를 우대한다는 주장은 심화된 고찰을 요구한다. 우선 합리적 사고를 직선적이며 연역적인 추론과 동일시하는 것은 문제가 있다는 점을 지적하고 싶다. 연역적 추론은 합리적 사고의 협소한 일부만을 대표한다. 합리적 사고는 또한 귀납적이고 개연적이며 유추적이고 외전적인('최선의 설명으로 추론함') 추론을 포함한다. 더욱이 상술했듯이 비판적 사고는 생산적이고 창의적인 요소를 지닌다. 그러나 비판적 사고의 이론가들이 무엇을 믿고 행하여야 할지를 결정하는 수단으로서 직관보다는 합리적 사고(폭넓은 방식에서 인식되는)를 지지한다는 점은 사실이며, 또 이 입장에 대한 도전은 다른 비판들보다 비판적 사고에 대한 보다 급진적인 비판의 유형을 대표한다는 점도 사실이다. 이전에 언급된 비판들은 비판적 사고가 현재 그리고 역사적으로 개념화되고 실행되는 방식에 대한 도전과 교정을 제공하지만 그 역할과 중요성을 수용한다. 그러나 이 두 번째 유형의 비판은 비판적 사고의 이론과 실제의 근본에 대해 도전한다.

이러한 비판의 유형에 따르면 비판적 사고는 이해의 한 방식(사회에서 지배층의 이해방식)에 불과하다. 그럼에도 비판적 사고는 이해의 유일한 합법적인 방식으로 특권을 누려 왔다. 그러한 특권은 전통적으로 권력과 지위가 부족한 계층(예: 여성과 소외층)의 이해방식을 제외한다는 점에서 편파적이라고 할 수 있다. 그러므로 비판적 사고는 이데올로기의 하나라고 볼 수 있다. 이 원리와 준거는 임의적이라고 볼 수 있고, 비판적 사고의 함양은 문화적 헤게모니의 한 활동이라고 볼 수 있다. 예컨대, 안드레아 나이(A. Nye)는 논리(비판적 사고를 포함)가 남성들 간에 일어나는 대화 상황을 구조화하는 남성들의 창조물로서, 많은 목소리들을 제외시키면서 마치 그것이 보편적인 것처럼 오도한다고 주장한다(Nye, 1990). 이 비판의 유형은 비판적 사고에 있어서 어떤 우발적이고 치료 가능한 편견들에 대한 비판보다는 더욱 심도 있는 것이다. 이것은 비판적 사고의 전반적 구조와 그 보편성에 대한 주장의 타당성에 대해 질문을 던진다. 이 비판이 수용된다면 비판적 사고의 구조가 편파적임을 필연적으로 인정하여야 하고, 예컨대 직관과 같은 다른 이해방식을 똑같이 타당한 것으로 인정하여야 할 것이다.

그러나 우리는 이 두 번째의 보다 급진적인 비판이 심각한 문제를 지니고 있음을 발견한다. 한 문제는 임의성에 대한 그 도전은 비판적 준거와 원리의 본질을 잘못 제시한 것에 근거한다는 점이다. 이 원리들은 특정 계층의 관심의 산물이 아니라 합리적 탐구의 전통에 기초하며 계층에 특화되지 않은 목적들(예: 자연 현상을 예언하고 설명하는 것, 과거를 회복하고 이해하는 것, 예술작품을 발달시키고 감상하는 것 등)과 밀접히 연결된다. 더욱이 합리적 탐구의 규정적 특징 중의 하나는 자기 수정이라는 점이다(Lipman, 1991; Scheffler, [1967] 1982). 그러므로 준거 자체들은 비판들과 사고자들로서의 우리의 목적들에 직면해서 수정될 수 있고 또 보통 수정된다. 그리고 그 전통 자체들은 대안적이고 경쟁적인 조류들을 포함하는 역동적이고 열려 있고 다양한 것들이다. 그러므로 탐구의 비판적 양식은 탐구의 과정에서 발견된 새로운 증거, 주장, 문제, 한계들의 조명 위에서, 그리고 이 전통 내부의 경쟁적인 조류들의 비판과 다른 전통과 입장으로부터의 통찰의 조명 위에서 그 자체의 전통들에 대한 변화의 가능성과 활동성을 제공한다. 합리적 탐구는 비판을 낳고, 한 전통에 대한 비판들은 필연적으로 그들이 비판하는 전통들로부터 발전하며 그 전통에 내재한 가치들에 호소하고 이유들에 호소함으로써 합리성을 전제한다. 정말로 질문하고 비판하고 탐구하는 데 참여하는 모든 시도는 합리성과 이유들의 힘에 대한 인식을 전제하기 때문에 그에 대해 달리 반박할 수 없다. 비판은 합리성 자체에 대한 비판을 포함하여 합리성에 의존하고 어떤 제안된 대안은 궁극적으로 비판적 사고의 원리와 준거에 기초하여 평가되어야 한다(Siegel, 1988, 1997).

결 론

우리는 비판적 사고의 규범적 성격을 강조하는 설명을 제공하였다. 그에 따르면 비판적 사고는 이유들의 입증하는 힘을 평가하는 능력과 그렇게 하기 위한 태도를 포함한다. 우리는 비판적 사고의 기술들에 대한 담론의 잠재적 문제들을 지적하였다. 그러한 '기술 용어'는 내부적 자질과 소유를 지칭하는 것이 아니며, 사고가 합당한 준거를 충족한다는 점에서 비판적인 사고가 '기술적' 임을 지칭하는 것으로 이해할 수 있다. 우리는 일반화 가능성의 어려운 질문을 논의하였고 이에 대한 우리 자신의 구별되는 접근을 제공하였다. 우리는 비판적 사고와 창조적 사고를 구별하여 인식하여서는 안 되며, 새로운 생각이나 결과물을 산출할 때 평가적, 분석적, 논리적 측면이 있고 그것들의 평가에 창의적이고 구성적인 측면이 있음을 지적하였다. 또한 비판적 사고와 사고에 관련된 다른 용어들 간의 관계를 논의하였고, 합당한 준거를 충족시키는 것을 강조하면서 비판적 사고가 이런 모든 용어들에 적용 가능하다는 점을 강조하는 것이 위계적 도식으로 그것들을 위치 짓는 것보다 낫다는 점을 제안하였다. 우리는 비판적 사고가 근본적인 교육적 이상으로 간주된다는 점을 주장하고 그 이유들을 제공하였다. 마지막으로 비판적 사고에 대한 최근의 몇몇 비판들을 제시하였고, 그 비판들의 일부는 상당히 가치 있는 것이지만 보다 급진적인 도전들은 그들이 도전하려고 하는 비판적 사고에 결국 의존한다는 점에서 실패하였다는 것을 제안하였다.

분명 이 모든 점에 대하여 더 많은 것들이 말해질 수 있을 것이다. 그러나 우리는 비판적 사고는 무엇이고, 어떤 것이 비판적 사고가 아니며, 왜 그것이 가치가 있고 교육적으로 근본적인 것인가의 문제에 대해 충분히 설명되었기를 기대한다.

미 주

1 하나의 중요한 인식론적 문제는 바로 믿는 자들 혹은 행위자들이 그들의 추론이 적절한지 알아야 될 이유가 자신의 믿음이나 행동의 합리성을 스스로 평가하기 위해서인지, 아니면 그 믿음 혹은 행동을 (적절한 정도로) 정당화하기 위해서인지를 결정하는 것이다. 이러한 '내연/외연' 논쟁에 대한 간략한 설명은 Siegel(1998, p. 33, n. 7)을 참조하라.

2 우리는 특히 니콜라스 버불스(N. Burbules, 1995)와 마크 와인스타인(M. Weinstein)의 논의들을 추천한다. 이 논의들은 우리의 관점과 중요하게 반대되는 시각들을 옹호한다(이 논의들은 Siegel, 1997의 7장, 8~9장에서 비판적으로 다루어진다.). 우리는 또한 이 문제들에 관해 전반적인 논의를 담은 에밀리 로버트슨(E. Robertson, 1995, 1999)의 연구를 강력하게 추천한다. 비형식적인 논리와 변론 이론의 관련 장르들의 시각으로부터 도출된 이러한 많은 문제들에 대한 폭넓고 유용한 논의는 Johnson & Blair(1994), van Eemeren et al.(1996, 6장) 등을 참조하라.

3 베일린, 에니스, 리프먼, 맥펙, 폴, 시겔을 포함하여 비판적 사고에 관한 모든 주된 이론가들은 성향(dispositions)을 비판적 사고의 핵심으로 여긴다. 그들은 태도, 경향, 정신 습관, 성격을 포함하는 '비판적 정신' 의 일부로 이를 분류한다(Siegel, 1998, pp. 39-42). 더불어 Siegel(1999)도 이 성향에 대해 설명한다.

4 비판적 사고의 적절한 개념 안에 성향을 포함하는 데 도전하는 한 이론가는 코니 미시머(C. Missimer, 1990)다. 미시머의 이 연구와 잇따른 논의들은 Siegel(1993)이 소개하며, Siegel(1997, 4장)에 재등장하여 부가 설명된다.

5 맥펙이 언급한 '특정론(specifism)' 의 사례에 대한 비판들과 맥펙의 책에 대한 많은 비판적 논의를 위한 참고자료들은 Siegel(1998, pp. 18-30)에 있다. 최근 이를 지지하는 연구는 Johnson & Gardner(1999), Gardner & Johnson(1996)가 있다.

6 일반화 가능성(generalizability)에 대한 논의는 우리가 여기서 언급한 것보다 훨씬 더 많다. Norris(1992)에서 개괄된 논문들은 이 논의의 많은 흐름들을 충분히 소개하고 있다.

7 예컨대, 베일린 등에 의해 제안된 정신 습관들 중의 하나는 "그룹 탐색 및 숙고 작업에서 타인에 대한 존중(모든 이들의 의견을 잘 듣고 모두의 관심과 감정을 충분히 고려하는 열린, 비판적인 논의를 위한 노력)이라 할 수 있다(Bailin et al., 1999, p. 295).

추천도서

Bailin, S., Case, R., Coombs, J. R., & Daniels, L. B. (1999). Conceptualizing critical thinking, *Journal of Curriculum Studies, 31*(3), pp. 285-302.

Ennis, R. H. (1987). A taxonomy of critical thinking dispositions and abilities, in J. Boykoff-Baron & R. J. Sternberg (eds.), *Teaching Thinking Skills: Theory and Practice,* W. H. Freeman.

Robertson, E. (1999). The value of reason: why not a sardine can opener? in R. Curren (ed.), *Philosophy of Education 1999,* Philosophy of Education Society.

Siegel, H. (1988). *Educating Reason: Rationality, Critical Thinking and Education,* Routledge.

제7장

실천이성

Joseph Dunne & Shirley Pendlebury / 조우진 역

도 입

최근 수십 년간 '실천이성(practical reason)'은 윤리학, 정치학, 심리철학 분야의 많은 철학적 논의에서 두드러진 주제였다. 또한 이 기간을 거치며 교육 이론가들도 잘 가르치기 위해 활용할 수 있는 지식의 종류, 이런 지식을 계발하려는 교사교육 프로그램에 가장 적합한 오리엔테이션, 그리고 넓은 의미에서 교육은 학생들이 실천적으로 현명한 사람이 되도록 돕는 것이라는 점을 명료화하며 같은 주제에 이끌렸다. 특히 민주 정체에서 시민성이 요구하는 심의적 자질(deliberative dispositions)에 대해 그러했다.

철학자들이 늘 실천적 지식(practical knowledge)에 대해 많은 생각을 한 것은 아니다. 예전에는 이론적인—그리고 이론의 완성체로서 철학 그 자체의—하나의 귀한 개념은 찬란한 인간의 삶에서 실천적 지식이 지닌 인식론적 지위와 상대적 중요성을 축소시켰다. 이는 현재도 더 나아진 것이 없으며, 많은 철학이 정전(正典)으로 받들기 위해 찾아낸—비록 철학마다 그것이 모두 다르지만—이론에 의해 빛을 잃고 있다.

이 장의 I절에서 조셉 던(Joseph Dunne)은 현대 인식론의 주도적인 입장에서 인정된 지식에 관한 설명을 통해 그것이 얼마나 닫혀 있었는가를 보임으로써, 분명 회복이 필요한—과학의 부상으로 인정된 것처럼 보이는—실천적 지식에 관한 강건한 개념들의 새로운 회복을 위한 장을 마련한다. 여기서 '회복(recovery)' 이란 물론 실천이성에 대한 새로운 표현들이 이전의 철학적 전통에 무엇인가 호소하고 있다는 것을 의미한다. 다음으로는 '판단(judgment)' 을 중심으로 실천적 지식을 분석하며, 프로네시스[1]에 관한 아리스토텔레스의 선구자적인 설명이 소개된다. 그것은 과학-기술적 태도에 관한(테크네[2]라는 개념을 통한) 그의 예견과 이론적 삶을 향한 명상적 추구에 대한 존중에도 불구하고 그가 지키려 했던 실천적 지혜(practical wisdom)다. 아리스토텔레스 학파의 프로네시스가 영속적으로 중요하다는 인식은 세계 내 인간의 불가역적인 존재방식인 관여하는 작인(作因, agency)에 대해 새롭게 평가한 20세기 철학의 혁명에 의해서였다. 이어서 최근 실천이성에 집착하는 이런 거대한 철학적 배경이 다루어지고, I절은 실천적 지식과 관련해 어떻게 이론을 다시 생각할 수 있는가의 (교육연구와 교사교육을 위해 매우 중요한) 물음에 대한 몇 가지 성찰로 끝을 맺는다.

I절의 광범위한 개관에 이은 II절은 면밀한 분석이다. 셜리 펜들베리(Shirley Pendlebury)는 아리스토텔레스 학파 프로네시스의 현대적 재생이 어떻게 도전받고 있는가를 보여 준다. 그 도전은 더 비판적이고 공정한 실

---

1) 프로네시스(pronesis)는 實踐智, 목적과 그 달성 수단을 결정하는 지혜를 말한다.

2) 테크네(techne)는 인간의 합리적인 제작활동으로 기예, 예술, 탁월성 등의 의미를 지닌다.

천이성 개념들이 요구하는 시급한 정당화의 기준에 의한 것이다. 그녀는 이러한 도전에 대한 몇 가지 다른 아리스토텔레스 학파 주석자들의 응답이 지닌 다양성과 복잡성을 밝힌다. 그리고 보다 상세하게 교육의 중심적인 쟁점들을 위한 이 모든 것의 의미를 풀어 놓는다. 대체로 그것이 주로 개인적인('나') 활동이든 함께하는('우리') 활동이든 간에 실천적 사고가 얼마나 정확하게 목적과 수단에 관계하는가, 그리고 그것이 어떻게 사적인 것과 공적인 것 간의 경계와 타협하는가와 같은 물음들이 교육을 위한 결론과 함께 첫 부분에서 정리된다. 그리고 아리스토텔레스의 여러 저술에서 논쟁의 엄정함에 대한 주장(실천적 삼단논법을 통한)과 행위 상황의 두드러진 특징에 관한 민감한 통찰력을 강조하는 것을 대비시켜 분석한다. 후자의 장점—특히 잘 가르치기 위한 요구사항을 이해하려는—과 '덕이론(virtue theory)'의 새로운 르네상스에서 논의된 인성의 기질에 관한 것은 다음 부분에서 분석된다. 이 분석은 (재생산 기관인 공립학교의 임무에 포함되는) 민주 시민성을 위해 요구되는 추론적이고 기질적인 특성을 고려하는 것까지 확장된다. 이 장은 앞부분의 분석에 비추어 충분히 교육학적으로 예증된 실천적 온당함에 관한 몇 가지 성찰로 끝을 맺는다.

I

새로운 과학과 기술적 이성의 영광

이성이 실천에 대해 꽤 불친절하다는 생각은 현대 인식론의 이해 속에서 생겨났으며, 17세기 과학혁명을 규정하는 특징들의 외관을 기반으로 주도적인 것이 되었다. 그것은 공식적으로 동의를 얻어 분명하게 형식화된 절차를 따라 일반화된 발견을 산출하는 3인칭 관점을 위해 1인칭 경험의 맥락 의존성(context-dependence)을 덮어 버리며 편견에 사로잡히지 않음과 '객관성'에 중점을 둔다. 그 절차는 엄격한 수량화, 해석에 구애받지 않는 언어로 된 체계적 논술, 조작과 발견의 반복 가능성, 반증으로서 설명할 수 있는 것을 정확히 구체화할 수 있는 검증방식을 말한다. 그런 절차의 목표는 법칙적 지식—법칙들 내 세부적으로 구체화된 조건에서 확실하게 유지하고 있는 현상 영역 내의 상호관계를 정립하는 법칙 같은 설명들—을 세우는 것이다. 이런 지식은 예언적인 가치가 있다. 즉, 조건 a, b, c를 주면 분명히 x, y, z가 일어날 것이라고 예언할 수 있다.

갈릴레오 이전의 여전히 아리스토텔레스적인 사람들을 넘어서는 현대 과학의 성공과 그 우월성은 새로운 실험주의 그리고 자연 탐구 영역에서 수학을 이용한 새로운 방식에 기인한 것이라 할 수 있다. 이러한 성공의 증표는 새로운 지식에 의해 생겨난 힘이었다. 이제부터—그리고 탐구의 초기 형식이었던 사색적인 경향과는 아주 대조적으로—힘이란 지식의 기준을 정하는 것이다. 아는 것(scientia)은 베이컨의 슬로건에서처럼 이제 힘이기 때문이다. 예언적인 지식으로서 새로운 과학에 새겨진 이러한 힘은 물질 환경에 대한 후자의 응용, 즉 자연 세계에 대한 상상할 수 없었던 기술적 변화를 우리에게 제공하는 응용을 통해 실현되었다. 그러나 이러한 새로운 종류의 설명과 통제의 대상은 물질적 세계에만 한정되지 않았다. 그것은 또한 인간 행위와 새로운 심리학과 정치학을 예견하는 새로운 물리학을 포함했다. 예를 들면, 17세기 홉스(T. Hobbes), 18세기 계몽의 정점에서 홀바흐(P. H. D. Holbach)와 라 메트리(J. O. de La Mettrie)처럼 말이다.[3)]

이런 흐름을 따라 생각하며, 과학적 지식은 합리적인 지위를 주장할 수

3) Paul Henri Dietrich d' Holbach(1723~1789). 독일 출생이나 계몽기의 대표적인 철학자로 프랑스에 귀화했다. Julien Offroy de La Mettrie(1709~1751). 프랑스의 의사, 철학자. 보수적인 의사와 교회로 인해 독일로 망명하였다.

있는 유일하게 엄격한 적용방식을 규정하였다. 그리고 이런 합리성은 점점 더 많은 행위 영역에서 과학적 지식의 응용을 통해 효과성의 새로운 기준으로 해석되었다. 19~20세기에 이런 규범은 엄청난 특권을 얻었고, 실증주의 철학자들에 의한 사회통제의 열망과 경제적 이해 추구의 복잡한 조합 속에서 더욱 강화되었다(Habermas, 1971c; 뒤의 '인식론 극복하기' 참조). 오래된 지식의 형식이 절망적으로 부적절한 것이라는 이런 규범—기술적 합리성(technical rationality)이라 불리는—은 실천적 지식의 옛 형식이 희망을 잃고 부적절한 것이 되어 버린 것이다. 새로운 패러다임은 객관성(단순한 주관적 편견에 의해 왜곡되지 않은), 일반화 가능성(단지 지협적이거나 특수한 맥락에 한정되지 않은), 투명성과 공개성(개인의 능력이나 불분명한 기관에 의존하지 않는), 성공을 평가하기 위한 명확한 기준과 책무성 수립(모호한 해석이나 지루한 논쟁이 없는)을 부여하는 것처럼 보였다. 이러한 매력과 비교해, 실천적 지식은 그저 신뢰하기 어렵고, 임시방편적이고, 책무성이 없고, 엘리트주의라는 부담에 취약했다. 그것이 자리를 바꿔야 하는 것은, 즉 실천적인 것(the practical)은 기술적인 것(the technical)에 흡수되어야 한다는 것은 온당한 듯 보였다.

실천이성을 옹호하는 것과 환원할 수 없는 타자를 표명하려는 반대의 시도가 최근 철학에서 두드러진 주제로 부각된 것은 바로 이렇게 시도된 흡수에 직면해서였다. 두 가지 발달이 기술적 합리성의 우위에 실체를 부여했다. 첫 번째는 실제적인 생산 효력을 지닌 지식의 출현이었다. 새로운 과학은 물질을 새롭게 이용하고 변형시키는 것을 알려 주고 가능케 하는 심층 구조를 설명해 냈다. 두 번째로는 인격적이고 문화적인 세계에도 같은 종류의 이론을 확장하기 위한 시도가 있었다. 그것은 예측과 조절의 기반이 되는, 물질세계에서 발견되는 규칙성을 인간에게도 똑같이 적용하려는 것이었다. 이러한 발달의 처음은 문제가 없어 보일 수도 있다. 기술 진보의 앞뒤 수준 간의 거대한 차이는 그것을 일으킨 과학적 지식이 지닌 힘의 충분한 근거 그 자체다. 그러나 과학적 진보에 의해 실제로 확인되는 기술적 타당성은 반드시 실천적 바람직함과 일치하지는 않는다. 후자는 전자를 인간의 의도와 욕구에 관한 구조에 짜 맞춘다. 그것의 실현은 과학적으로 증명된 지식에 의해 동일시할 수도 없고 도달할 수도 없는 심의와 같은 것을 요청한다. 법칙적 지식의 우월성을 보유하기 위한 시도가 있을지라도 이 사실은 받아들여질 수 있다. '수단(means)' 과 '목적(ends)' 의 구분이 이루어졌다. 목적이 '심의(deliberation)' 를 용인하는 반면, 이런 목적들에 대한 수단의 조직화와 배치는 여전히 배타적으로 기술적(또는 지금은 도구적이라 하는) 이성의 능력 안에 빠져든다는 주장이 있다. 하지만 '심의' 는 너무나 자주 어떤 개인의 단지 궁극적으로 정당화될 수 없는 이행에 대한 독단이나 냉정하게 주어진 선호에 대한 단정 또는 몇 가지 평가 불가능한 선택들 중 하나를 단순하게 던져 두는 것일 뿐이라고 판명되곤 한다. 목적(이제는 '가치' 라고 불리는)의 결정으로부터 이러한 이성의 분명한 결여는 낯선 전환으로 다가온다. 수단에 관한 가장 합리적인 계산은 효능과 경제성의 조화가 무엇보다 중요한 목표로 나타날 정도로 규범적이다. 기술적 이성은 결함을 지닌 채 간단히 이성과 동일시된다.

보다 강하고 효율적인 새로운 것이 혹독하게 그리고 분명하게 옛 생산방식을 대체하면서 기술적 이성의 이런 영광이 지난 세기의 역사 속에서 확인된 듯하여도, 위에서 언급한 두 번째 발달의 측면에서 아마도 더 위대한 저항을 기대할 수 있다. 여기서 문제는 사물을 조절하는 것에 관한 것이 아니며, 법률, 의학, 경영, 심리치료, 교육과 같은 보다 특수화되고 점점 전문화되는 고립된 영역들뿐만 아니라 가족과 공동체 안에 담겨 있는 '상식' 의 다양한 영역들에서 인간의 행위와 상호작용을 이끄는 것에 관한 것이다. 그러나 기술적 이성은 그 매력 혹은 그에 상응하는 것을 너무 발휘해 왔으며, '실천' 을 '곧 불완전한 이론의 조건을 극복할 수 있지만 유감스럽게도 아직은 혼란스러운 것에 대한 표현일 뿐' 이라고 간주하는 경향이 강했다

(Bubner, 1981, p. 204). 실천의 이론화는 활용되는 구체적인 상황의 직접성과 특이성으로부터, 그리고 실천가들의 경험과 특성으로부터 그것의 특징적인 과제 수행에 나타나는 함축적인 지식과 기능을 드러내려는 경향이 있다. 이러한 드러냄을 통해 지식과 기능에서 필수적인 것은 분명하고 일반화할 수 있는 형식, 절차 또는 규칙으로 포장될 수 있다. 그러므로 후자는 문제들과 대면하기 위해 실천 속에서 생기는 다양한 상황과 환경에 적용될 수 있다. 이런 문제들은 일반적인 공식을 산출하는 분석에서 예상되지 않는 것이 없으며, 따라서 실제 상황 자체에서 판별이나 통찰 없이 후자의 직접적인 적용에 의해서 설명이 가능할 수 있다. 조절(그리고 능률)은 그것이 수반할지도 모르는 표준화의 모든 위험과 결함을 가진 채 체제가 실천가 개인의 분별과 판단에 최소한으로 의존함으로써 가능해지는 것처럼 보인다. 말하자면 기술적 합리성이 바라는 이상은 실천에 대한 반실천가적 방식이다.

실천적 영역의 구성과 판단

이런 모든 것에 직면하여, 실천가의 지식에 대한 철학적 방어는 판단과 같은 종류의 것을 조절하려는 시도와 관련된다(Smith, 1999). 이것은 (유휴자본과 같은 종류의) 하나의 소유물이 아니라 행위에 투여되는 것으로서의 지식이다. 그것은 구체적인 것에서 작용하며 지금 이 상황을 다루는 지식으로서, 완벽하게 표준적이고 전형적인 것으로 종종 이전에 마주쳤으며 그것을 위해 이미 만들어져 있고 연습된 절차가 있는 하나의 유형에 관한 것일 수도 있다. 반대로 그것은 정확한 유형을 갖기보다 불확정적인 여러 측면에서, 표준화나 또는 전통적인 것으로부터 벗어날지도 모르는 것이다. 판단이란 우선 이런 종류(엄밀히 분명하게 구체화할 수 없는)의 상황, 사건 또는 문제를 인식하고 적절히 다루는 능력이다. 판단력이 있는 사람은 사건의 특수성(particularity)을 중요시한다. 그래서 일반적인 규칙의 획일적인 적용을 그것에 부과하지 않는다. 동시에 그런 사람은 이미 결정된 어떤 것이라 할지라도 그 영역에서 만들어진 규범이나 절차를 가지고 이러한 특수성이 어떤 관계성을 낳는 방식을 찾으려 노력한다. 그래서 판단력이 있는 사람은 이상한 코를 가진 독불장군이 아니며, 규칙, 공식 그리고 절차들에 관한 체계화된 일반적 지식체계에 대해 중립적인 입장을 취하는 사람이다(그런 것들에 정통하지 않다면 현재 상황에 맞지 않는 부정형성을 어떻게 인식할 수 있겠는가?). 오히려 판단력이 있는 사람은 일반적인 지식을 쌓고 있으면서, 특수한 경우에 그것을 잘 맞추어 활용할 수 있는 예리한 학생이다(아리스토텔레스의 『니코마코스 윤리학』, 5, 10에서 레즈비언에 관한 내용 참조). 판단력 있는 사람의 우수성은 종합적인 지식 같은 것에 있는 것도 아니며 완전히 원리를 배우지 못한 방식으로 특수한 것을 다루는 것도 아니다. 오히려 그것은 두 가지가 서로 연결되는 것에 주목하며, 일반적인 것과 특수한 것을 중재하는 데 있다. 그것은 일반적인 지식을 '소유(possessing)' 하고 '적용(applying)' 하는 자신의 방식에 대한 융통성만큼이나 상황을 읽어내는 데서의 지각을 요구한다.

판단의 실행은 지식의 풍부함과 유창함 같은 것을 요구한다. 그것은 각각의 새로운 상황의 요구에 상응하기 위해 새로이 스스로를 증명해야 한다는 점에서 창의적인 통찰력과 관계가 있다. 그것은 형식화된 것을 넘어 맥락에 대한 감수성, 적합성, 관련성을 지니고 지식을 실행할 수 있는 능력을 보이는 것이다(Polanyi, 1964). 경험 그리고 그것과 함께하는 개별적인 것에 대한 세부적인 대응은 그것을 획득하는 데 필요한 하나의 조건으로 보인다. 여전히 설익은 경험은 충분한 조건이 아니다. 결정적으로 사람은 자신의 경험을 지속적으로 재구성하기 위해 자신의 경험으로부터 (아마도 특히 자신의 실수로부터) 배워야만 한다. 학습에 대한 개방성은 경험을 넘어선 것을 통해 인성으로 이끈다. 단지 인지적 능력만이 아닌 개인의 자질들이 작용한다. 즉, 문제에 천착하는 인내, 초점이 있는 '큰 그림'과 세부적인 것 모두를 유지하는 균형감각, 자극이나 첫인상에 쉽게 흔들리지 않는 절제, 이득이 없거나 인기가 없는 방향일지라도 참된 것을 유지할 수 있는 용기와 같은 미덕들이다. 여기서 개인적이지 않은 무엇인가가 '자아'의 덫으로부터 자유로운 이에게 관여한다. 그리고 한 사람의 판단이 그 사람이 어떤 사람인지를 표현하면서 정신과 존재의 구석진 한편으로 구분될 때 이미 그것은 꽤 개인적인 것이다(실천이성의 분석과 '덕이론' 사이의 수렴에 관한 것은 뒤의 실천 상황 관련 부분을 보라.).

각각의 실천 현장은 그 자체의 독특한 구조가 있지만, 인간사(human affairs)에서는 본질적으로 그것들 내에 만연해 있는 복잡함과 연약함으로 인해 각각의 것 나름대로 판단을 필요로 하는 것들이 생겨난다. 때로 그것은 이미 분명하게 이름 붙여진 개별 문제라고 하기에는 어려운 문제 상황을 우리에게 제시한다. 쟁점은 대체로 문제가 무엇인지 정확히 규정하는 것의 하나이며, 우리는 하나의 '문제(problem)'보다는 하나의 '어려움(difficulty)'이나 '곤란함(predicament)'을 더 잘 말할 수 있다(Dunne, 1999a). 이제 고려와 우선순위의 몇 가지 갈래는 복잡한 그물망 형태로 꽉 짜인 다른 방향들로 달려간다. 이러한 줄기들 중 어느 하나를 풀어 보려는 시도(분석의 고전적인 과제)는 다른 것에서의 혼란을 가중시킬 뿐이다. 게다가 물질적인 고려는 엄격히 제한된 영역인 세부적인 부문의 내용이 아닐 수도 있다. 예를 들면, 사업에서 생산에 관한 쟁점은 단지 재정적인 문제뿐만 아니라 법률적 고려에 의해 삭감될 수 있다. 그리고 어떻게 생각하든 심리학적 또는 윤리적 요인들이 끼어들 수밖에 없을 것이다.

이런 종류의 문제 상황을 해결하려는 시도는 일반적인 도구주의자 패러다임으로부터 벗어나는 것이다. 과제는 이미 결정된 목표를 향한 다른 가능한 수단들의 효능을 계산하는 것의 하나가 아니기 때문이다. 오히려 그것은 흔히 목적 그 자체—만족으로서 무엇이 중요한가에 대한, 또는 적어도 완전히 받아들이지는 않더라도 구체적인 '사건' 에 대한 결과— 에 대한 심의와 관련이 있다. 이런 심의는 결국 순수한 분석과정에 의한 것이 아니라, 단지 행동에 의한 것일 수 있다. 전략적으로 이루어진 행위는 새로운 피드백을 제공하지만 그 자체의 의도하지 않은 결과의 고리를 촉발시킬 수도 있다. 그래서 어떤 것은 실험적인 과정과 관련이 있다. 그러나 실천 현장에서 벌어지는 실험의 종류와 연구실에서 일어나는 것은 다르다. 후자의 경우는 '부정적인' 또는 불쾌한 결과가 과학자의 회의적인 정신에 의해 지식의 행진을 위한 앞으로의 한 걸음으로서 기념이 될지 모르지만, 실천 현장에서는 단순히 지나치게 비싼 대가를 치른 실수로서 생각될지도 모른다. 게다가 실험적 검증이 없는 위험을 무릅쓰는 상황은 아마도 명백한 불가능성이 아니라면 그 자체가 이미 오류일 것이다. 그것은 바로 판단의 기술이 필요한 상황인 것이다.

아리스토텔레스 학파의 배경

실천이성의 힘을 규정하는 것으로서 기술이성(technical reason)과 판단 사이의 가장 중요한 구분점이 직관적으로 많은 실천가들에게 인식될 수 있다면, 그것은 철학적 표현을 찾는 데 혁명적이라 할 수 있다. 이 혁명은 흔히 그 반대편에 서 있는 데카르트식 합리주의와 경험주의 관점들을 상보적으로 유지하는 데서 기인하는 자연과학의 승인과 같은 것을 넘어서는 단계의 시도와 관련되어 왔다. 그리고 하나의 의미심장한 측면에서 아리스토텔레스 '실천철학(practical philosophy)' 의 복구를 통해 이러한 관점들의 배후(behind or before)를 얻으려는 하나의 시도이기도 했다(Dunne, 1997).

기술이성은 사실 그 뿌리가 깊고 오래된 것이다. 고대 그리스 사상가들—바로 아리스토텔레스 자신과 그 앞에 걸출했던 플라톤— 의 경향에서는 자연과 운명의 변덕스러움에 대항하는 가장 강력한 자원을 제작 행위

(예를 들면, 목수나 구두 수선공에 의한)에서 찾았으며, 이에 장인인 제작자가 지닌 지식의 종류를 합리성의 특별한 본보기로서 간주하였다. 그 지식은 우리의 기술적 합리성 개념(즉, 질료와 형식, 수단과 목적, 계획과 실행)에 여전히 살아 있고, 우리의 언어적 재고품으로 남아 있는 일련의 이원성의 관점에서 다듬어진 개념인 테크네(techne)에 있다. 질료(예: 돌이나 가죽)는 주인 티를 내며 디자인이나 청사진('형식')을 만들 수 있는 생산자에 달려 있다. 형식이란 완성된 생산물을 산출하기 위해 질료에 특징을 부여하는 것이다. 이렇게 형식을 갖춘 생산물은 제작자의 생산적인 활동이 성취하고자 한 목적이다. 그 활동은 무슨 도구가 필요하든 물질과 함께 그것의 성취를 위해 사용된 수단이다. 여기서 형식과 질료 그리고 목적과 수단 사이에 분명한 분리 가능성이 있다. 그리고 이것은 계획과 실행의 두 국면 사이에 이루어지는 생산적인 과정 내에 있는 그 이상의 분리에 반영된다. 합리성은 여기서 계획 안에 있다. 이 계획은 실제적이고 생산적인 활동의 핵심으로부터 추상화될 수 있는 정도이면서(규칙과 절차의 내용으로서 독립적으로 형식화할 수 있다는 점에서), 동시에 활동을 계획 자체에 종속시킬 수 있다. 그 전체 활동은 '합리적인' 것으로서 자격을 얻는다.

철학자들에 의해 다루어진 것으로서, 테크네는 제작의 어떤 영역에서 실제로 진행된 현실을 명확하게 반영하지 않았다. 예를 들어, 이미 만들어진 제품에 담긴 도공의 노하우(know-how)를 생각해 보라. 더구나 비제작 행위—말하자면 실질적이고 영속성 있는 생산물에서 나타나지 않는 것—로서 테크네의 능력 안에 놓인 것으로 보이는 활동의 다른 영역들이 있었다. 그리스 세계에서 친숙한 예들은 군사전략, 수사학 그리고 정치학이나 치국책 같은 것이었다. 안정적이거나 수동적인(이미 고안된 형식의 특징을 기다리는) 것과는 달리, 질료는 여기서 인간의 열정과 동기들의 변하기 쉬운 배열을 포함하고 있다. 워크숍이나 연구실에서 분명하게 규정된 한계들이 결여되어 있기에, 관여된 것들은 움직이며 변화무쌍하다. 생산물이 될 질료에 디자인을 부여하는 것보다, 장인들은 작업장에 관여하거나 매개물에 몰두한다. 그 안에서 그들은 안성맞춤의 결과를 만들어 내려 한다. 그리고 운의 작용과 시간 조절의 예상 밖 변화들을 제거할 수 없는 한, 그들은 질료 자체에 있는 역동성에 반응하는 편의주의나 즉흥적인 재능을 필요로 한다. 이성의 밝은 빛에 반해, 고전적인 그리스 사상가들의 영역에는 그늘 지고 믿을 수 없는 어떤 것이 남아 있다. 그리고 오늘날 기술이성에 열광하는 후자의 계승자들은 그들과 그들이 필요로 하는 지력의 종류가 더 이상 받아들일 수 없다는 것을 알게 된다. 예를 들면, 수없이 섬세하고 합리적 선택과 결정—쓸모있는 이론—이 있으나, 여전히 숙련된 매니저, 대변인, 심리치료사 또는 교사의 지각, 통찰, 숙고한 판단과 같은 것들과 그것들 사이에 결정적으로 일치하지 않는 것이 있다.

나는 그리스 시대의 지식에 관한 불가역적인 실천적 형태에 아리스토텔레스를 연관시켰다. 하지만 아리스토텔레스의 위대한 의의는 그가 또한 그의 기발한 개념인 실천지(phronesis)를 통해 테크네의 동요에 한계를 제시했다는 사실에 있다. 또한 특징적으로 인간 활동(praxis)을 이끄는—그래서 불가피하게 윤리적인—지식의 종류에 대해 풍부한 분석을 제공했다는 점이다. 그에게 방법의 위세는 다른 질료(materials)에서 저항을 무시하지 않는다. 반대로 인식론적 다원주의는 민감한 현상학적 성찰을 통해 앞에 놓인 것에 대해 생겨나는 변별성을 따른다. 인간사의 질료들은 예외가 없는 보편적인 형식에 스스로를 맡기지 않는 다양성과 변화를 따른다고 그는 믿는다. 참된 엄정성은 본질적으로 다른 영역에서 가능한지의 여부에 관해 엄정하게 생각하는 그만한 평가가 있어야 한다는 것이다(『니코마코스 윤리학』, 1, 3). 프락시스의 본성에 관한 아리스토텔레스의 이해로부터 그의 실천지에 대한 생각은 앞서 '판단'이라는 제목 아래 살펴본 상호 관련된 요소들—정돈된 심의의 열린 구조, 각각의 행위 상황의 특수성과 만날 수 있는 지각이나 통찰의 신선한 작용을 위한 그 필요, 일반적인 것에 대한 불가역성과 그것의 억제할 수 없는 경험적인 특성, 현재 행위의 지시라기보다는 이전 행위의 역사에 의해 형성되어 그 성격에 축적된 그 자체—과 부합한다(Wiggins, 1980; Nussbaum, 1985; MacDowell, 1996; Dunne, 1999b).

'인식론 극복하기' : 해석학적 전환

아리스토텔레스의 윤리적 · 정치적 사상에 대해 다시 현저하게 나타난 관심은 철학의 더욱 일반적인 혁명에 기여하는 동시에 그것에 의해 동기부여되기도 하였다. '인식론 극복하기' (Taylor, 1995a)는 아마도 이런 혁명을 성취한 사상가들의 폭넓은 영역에 걸친 공통의 프로젝트를 다룬 최상의 것이다. 20세기에 중요한 인물은 유리된 주체(disengaged subjectivity)에 대한 공격과 인간 이해의 시간적 전구조(temporal forestructure)를 강조한 하이데거, 그리고 그의 후기 저작에서 삶의 실천적 형식과 이미 모든 지식의 넘어설 수 없는 배경으로서 '언어 게임' 기능을 강조한 비트겐슈타인이었다. 이후의 사상가들은 이 두 대가의 영향을 다양하게 받으며 이러한 주제들을 발전시켰다.

예를 들어, 한나 아렌트(Hannah Arendt, 1958)에게 행동(action)—행위(behavior)와 구분되는—은 그녀를 타자들과의 관계망 속에 들어가도록 하며, 동시에 그녀의 독특함에서 행동 주체를 드러내고 실현한다. 그것이 불러일으키는 반응들과 풀어헤치는 결과들 속에서 예측할 수 없으며, 그것은 그녀를 그녀 스스로가 앞서 말할 수 없었고 단지 나중에 타자들에 의해 다시 말해지게 되는 한 이야기 속에 빠지게 한다. 가다머(Hans-Georg Gadamer, 1975)는 인간사를 이해하는 데 해석(interpretation)—설명(explanation)과는 다른—의 역할이 얼마나 큰지를 보여 준다. 즉, 행동과 사건의 변화 밖에서 편견 없는 관점을 취할 수 있다 해도 우리의 해석에서 '객관성' 은 어떻게 가능하지 않은지, 해석자가 어떻게 은폐하기보다 인식되어야 할 하나의 특수한 역사적 지평 안에 이미 놓여져 있는지, 우리 지식의 이러한 '한계들'—미래에 대한 예측과 과거에 대한 우리의 이해 모두에 관계하는—이 어떻게 방법론적 전략이나 처방을 구매하는 것 이상으로 우리의 불가피한 세계 내 존재라는 인간 양식의 수준에 놓여 있는지를 보여 준다. 혹은 매킨타이어(Alasdair MacIntyre, 1981, 7장, 8장)는 현대 관료적 제도에서 조절할 수 있는 전문성은 인간의 기능에 대한 과학적인 일반화의 실재보다는 허구에 근거해 교환하고 있다는 것을 보여 주는 강력한 논쟁들을 제공한다. 그는 우리에게 '과학적으로 경영되는 사회 통제가 아닌 그런 통제에 관한 숙련된 극적인 모방' 이라는 것을 전하며(p. 107), 이런 허구(이것은 '과학' 의 매력 밑에서 그것이 관심을 숨기는 데 기여하는 동안 힘을 발휘할 수 있다)에 대립해, '실천' 에 관한 유력한 설명을 제공한다. 실천은 지속적인 협력의 전통 속에 새겨진 일관된 행동들(말하기, 교수, 농사, 건축, 체스)로 구성된 하나의 구체적인 묶음이다. 그것은 그 자체로 내적인 좋음과 수월성의 기준을 갖고 있다. 따라서 실천가들, 말하자면 특이한 실천의 짜임새와 통합에 대해 꽤 구체적인 실천적 덕, 지력 그리고 인격의 조화를 개발해 온 사람들에 의해서만 적절히 성취되고 더욱 촉진될 수 있다.

'인식론 극복하기' 는 과학을 거부하는 것이 아니라 오히려 그것에 대한 실증주의적 오해를 수정하는 것이다. 과학적 기획에 관한 유력한 설명(예: Kuhn, 1962; MacIntyre, 1977)은 그 자체가 전통의 한계를 보였고, 사전에 정당화할 수는 없지만 대안적이고 경쟁적인 이야기들(narratives)을 통해서 풀릴 수 있는 위기를 겪고 있다. 역으로 인간이라는 행위자와 실천 지식에 관한 설명(예: Tayor, 1995a)은 단지 후자가 그것에 관한 기술주의자의 그림과 일치하지 않는다는 것뿐만 아니라 매우 유의미한 측면으로 과학에서 일어나고 있는 것과 유사하다는 것을 말해 준다. 과학적 조사 자체는 하나의 실천이다. 더욱이 가령 법정에서 행해지는 조사, 혹은 예술활동에 진정성을 담을 때나 개인의 삶에서 실천적 어려움을 해결할 때의 조사와 같은 것에서 그것의 친화력은 인정되어야 한다. 그래서 실천적 영역의 지위를 높이기 위해 기술주의자들이 시도하는 '물리학에 대한 동경(physics envy)' 은 단지 그것의 모방주의뿐만 아니라 시도하는 경쟁의 대상에 대한 왜곡된 관념이 드러날 때 참으로 어리석게 보인다.

이러한 논의는 과학철학으로 들어가는 한편, 여전히 그것의 가장 핵심적인 부분과 '실천' 과 '실천 지식' 이 도구주의와 현대성의 획일적 문화인 '관리주의' 의 비판에 대항하는 중심지인 윤리학, 정치철학 그리고 교육철학에 놓인다. 위의 그런 비판의 근거는 아마도 넓은 의미에서 '해석학적' 이라는 것이다. 그러나 거론된 사상가들 가운데 보이는 두드러진 차이점과는 상당히 거리가 먼 다른 철학적 관점들이 있다. 그것은 도구적 이성에 반대하는 해석학과 공통의 근거를 찾으면서도 여전히 실천이성의 개념 자체와는 구분되는 것이다. 한편으로 비판 이론가들은, 특히 가장 영향력 있는 하버마스는, 참된 실천의 온전히 해방적인 역할(emancipatory role)과 그것을 알려 주어야 하는 지식의 비판적인 의도를 강조한다(이 책 2장 참조). 다른 한편으로는 하버마스가 지지하는 이성적 정당화의 강한 개념에 반대하면서, 리처드 로티(Richard Rorty)와 같은 신프래그머티스트들은 규범을 위한 어떤 이성적 기초도 거부한다('진리' 를 '우리를 위한 무엇' 으로 대체한다는 점에서). 반면 자크 데리다(Jacques Derrida)와 같은 후기구조주의자들은 '지연(deferral)' 과 '산포(dissemination)' 의 담론 내의 불가피성이 주체에 대한 지식을 불안정하게 만들고 모든 판단에 어떤 '결정 불가능성(undecidability)' 을 갖게 한다고 주장한다(1장, 3장 참조).

실천과 이론의 올바른 유형

물론 이 모든 것은 교육의 핵심 문제들에 대해 매우 직접적인 태도를 지니고 있으며, 특히 적절히 그것을 알려 주는 지식의 종류와 교수에 관한 개념들에 관해서 그러하다. 최근 교육철학의 저작은 교육, 평가, 과정, 교사 훈련, 연구를 위한 그것들의 의미를 탐구하면서 이러한 문제들을 다루고 있다(예: W. Carr, 1995). 교육에 대한 정치적-경제적 압력에 대응하면서, 이런 철학적 분석의 대부분은 옹호와 비판의 형식을 취했다. 그 목적은 산업사회의 교육에 대한 수많은 정부정책과 개도국에 이런 정책을 수출하려는 시도가 공식적으로 지원되는 기술 만능주의자의 편견에 맞서면서 교육적 실천을 온전히 지키기 위한 것이었다. 이런 작업의 전 영역을 여기서 다루는 것은 불가능하기에, 나 자신의 철학적 공감을 기울이고 있는 해석학적 관점으로부터 간단히 교수(teaching)에 관한 실천적 지식을 강조함으로써 제기되는 중요한 물음 하나를 제기하면서 결론을 맺고자 한다. 때때로 언급되듯이, '그것은 반이론적(antitheoretical) 함의를 갖는가?' 라는 것이다.

분명 실천적 지식에 대해 그렇게 강력히 변호하는 철학은 그 자체가 하나의 이론이다. 그러나 그것이 그 자체를 더욱 명백하게 해 주는 어떤 이론과의 관련성을 부인함으로써 실천적 지식을 빈약하게 하는가? 물론 교수와 같이 더 특별한 고립된 영역 안에서뿐만 아니라, 일반적으로 그것 없이는 사회적 삶이 부조리에 빠져드는 믿을 만한 기대와 예측 그리고 반복의 양식들이 있다. 이러한 몇몇 양식들은 사회과학자들에 의해 행동의 규칙성으로 해명되는 암묵적인 지식이 우리의 습관적인 축적으로 퇴적물을 만들어 낸다. 그러나 적어도 두 가지 중요한 측면이 있으니, 그 안에서 이런 규칙성들이 자연과학에서의 법칙과 같은 이론들로부터 구분될 필요가 있다. 첫째, 그것들은 단지 '대체로(for the most part)' 의 경우를 만들어 낼 뿐이다. 행동 상황의 열린 구조 특성이 이미 넌지시 말하고 있기 때문에, 그것들은 개인적인 경우에서 신뢰 있게 예측할 수 없다. 둘째, 가령 물리적 법칙이 우리에게 상식적인 견해와는 근본적으로 단절된 심층 구조 지식을 전해 주기는 하지만, 그런 연유로 이전에 상상할 수 없었던 기술적 진보로 향하는 문을 여는 것, 교육과학(사실은 모든 사회과학)의 일반화가 좀처럼 반직관적이지(counterintuitive) 않고, 그래서 전형적으로 그것들은 경험 있는 실천가들의 판단을 사실상 재조정하기보다는 확인하게 된다.

사회과학에서 일반화된 경험적 사실들이 바로 그것들의 일반화 가능성을 위해 지불해야만 하는 대가는 내용의 얇음이다. 그러나 그것들은 두터운 서술적 연구들에 의해 완전해질 수 있다. 여기에 다른 이론 유형을 위한 통로가 있다. 후자는 다양한 서사적 방식을 끌어안으며 그것에 어울리게 매우 해석학적일 것이다. 다시 말해, 그것들은 개인적인 교사 혹은 학교의 역사에서 특수한 프로젝트나 에피소드를 이야기할 것이다. 그것들은 구성과 인물에 관해 미묘한 차이를 불러일으킬 수 있는 해석의 기교를 동원할 것이다(수렴되거나 그 반대의 목적, 동기, 관심 등에 관한 통찰과 간과의 조밀한 얽힘, 학생들과 다른 관계자들의 예상하거나 예상하지 못하는 반응, 성공과 실패를 도모하는 모든 것 등). 만일 이런 연구들이 특수한 사회문화적 환경에 깊이 새겨져 있어 넓은 척도를 지닌 연구에 대한 포부의 일반화를 부정한다고 해도, 그것의 설명이 특수한 것에 대한 자기도취증을 선언하는 것은 아니다. 대조적으로 그것들이 잘되었을 때, 그것들은 초자연적 힘(epiphanic power)이라 불릴 수 있는 것을 소유한다. 그것들은 다른 배경들을 설명할 수 있다는 것을 증명하기 위해—추상적인 일반성을 통한 변경의 필요 없이, 그리고 실은 위대한 잠재적 효과를 지니고—그것들이 묘사하는 배경 속에서 훌륭한 의미(Løvlie, 1997)를 드러낸다. (이것은 아리스토텔레스가 주장했던 개인적 경우와 특성을 묘사하며—반드시 언급하거나 설명하지 않더라도—보편적 주제를 드러냄으로써 우리를 지도하고 감동하게 할 수 있는 모든 문학적 기교의 힘에 가까이 가는 것이다.) 만일 우리의 목적이 판단에 관한 분석에서 이미 개괄적으로 살펴본 실천적 지식의 유형에 관해 이론이 도움을 주도록 하는 것이라면, 그것이 바로 우리가 살펴봐야 할 '이론'을 향한 것이다.

II

실천이성

실천이성에 대한 최근 설명은 단지 현명하거나 이성적인 행동에 대한 진단에서뿐만 아니라 관련 작인(agency)의 입장을 어떻게 특징짓는가라는 점에서도 차이가 있다. 또한 목적과 목적에 수반되는 것 간의 관계를 이해하는 데 있어서도, 그리고 무엇보다 수단 혹은 목적에 관한 것으로서 실천이성을 다루느냐에 있어서도 다르다. 하나의 목적에 대한 유효한 수단을 선택하는 데 주로 관심을 갖는 것으로 실천이성을 대하는 도구주의자들의 설명에 대항하여, 데이비드 위긴스(David Wiggins, 1980)는 어려운 경우에서 무엇이 정말 적절한 목적을 구성하는지를 아는 것보다 최상의 수단을 결정하는 것은 덜 중요한 문제라고 주장한다. 어려운 경우는 단순히 목적을 향한 수단을 추론하기(means-to-end reasoning)보다 목적 구성요소 추론하기(constituents-of-end reasoning)라 부를 수 있는 것을 요구한다. 다른 복잡한 인간의 실천과 마찬가지로, 교수 역시 목적 구성요소 추론하기가 결정적으로 중요하다(D. Carr, 2000; Pendlebury, 1990a 참조).

두 가지 심화된 다름의 차원은 실천이성에 관한 최근의 연구에서 분별할 수 있다. 하나는 개인적 그리고 공유된 혹은 공동체의 물음 간의 구분에 관한 것이고, 다른 하나는 공적 그리고 사적 혹은 개인적 영역 간의 구분과 관계에 관한 것이다. 실천적 물음은 명확하든 불명확하든 공통적으로 개인들에 의해 생겨나고 대답되는 것으로 다루어진다. '나는 무엇을 해야 하는가?' 그러나 윤리적 실천으로서 교수에 대한 풍부한 설명은 개인적 물음은 실천적 물음이 발생하는 실천 공동체 밖에서 적절히 놓여 대답될 수 없다고 주장한다(Sockett, 1987; S. Pendlebury, 1990a 참조). 하나의 실천 공동체의 모든 개념이 심각하게 윤리적 차원을 취하는 것은 아니다. 매킨타이어의 실천 공동체 개념은 본질적으로 윤리적이다. 반면 레이브와 웽거의 개념은 그렇지 않다(Lave & Wenger, 1991; Wenger, 1998). 그럼에도 불구하고 두 개념은 실천이성에 대한 강조를 엄밀히 개인적인 것에서 공동체적인 관심과 기준으로 옮겨 놓았다. 심의민주주의와 그것을 가능하게 하는 교육 조건에 관한 연구에서 설령 현명하거나 타당한 개인의 행위가 또한 공적인 심의적 맥락에서 일어날 수 있을지라도, '우리는 무엇을 해야 하는가?' 라는 공동체적인 물음은 전형적으로 더욱 중요한 것이다.

심의민주주의 영역에서 실천이성이 공적 선택에 크게 관심을 가지지만 교사의 실천적 추론의 위치는 분명하지 않다. 그것은 순수하게 개인적인(혹은 사적인) 것에 대한 관심도 아니고 순수하게 공적인(혹은 비개인적인) 선택, 행위 혹은 목적도 아니다. 여기에서 역할 책임, 직업(Blum, 1993), 실천 공동체(Pendlebury, 1990a), 실천 인식론(Sockett, 1987)과 같은 개념들이 교사의 실천적 추론을 평가하고 위치 짓는 보다 분명하고 정교한 방식으로서 제안되었다.

아리스토텔레스의 해석

조 던(Joe Dunne)이 주장했던 것처럼, 아리스토텔레스는 실천지를 다시 요청하려는 이들을 위해서뿐만 아니라 좀 더 관심을 좁혀 분석적으로 정당한 방법을 요구하는 이들에게 역시 주요한 자원으로 남아 있다. 아리스토텔레스에 대한 다른 연구자들의 여러 이해는 이를 증명한다. 어떤 이들은 실천적인 삼단논법에서 시작해, 그것을 발전시켜 행위자가 어떻게 목적을 위해 타당하거나 효과적인 수단을 선택하는가를 분석적으로 설명한다. 또 어떤 이들은 실천적 추론이 요청되는 때와 각각의 경우 타당한 일련의 목적을 구성하는 것을 알기 위해 요청되는 성격과 특징의 종류로 좀 더 뒤에서 시작하기도 한다.

정당한 방법으로 연구하는 연구자들은 실천적 추론과정과 그것의 실천적 삼단논법과의 관계에 대한 아리스토텔레스의 설명에 관심을 갖는 경향이 있다. 또한 평가문제에 관한 언급에서 그들은 추론자(reasoner)보다는 추론(reasoning)을 어떻게 판단하는가에 더 많은 관심을 갖는다. 예를 들어, 로버트 아우디(Robert Audi)의 아리스토텔레스 읽기를 생각해 보자. "이성적인 사람은 특징적으로 실천적 물음에 주어진 충분한 지식으로 숙고하여, 그리고 숙고를 통제하는 목적에 비추어 적절하다고 판단된 행동을 위한 결론을 산출해 내는 실천적 삼단논법을 만들어 냄으로써 대답한다." (Audi, 1989, p. 37) 아리스토텔레스, 흄 그리고 칸트의 실천적 추론의 해석으로부터 연구하면서, 아우디는 실천적 추론이 인지적이고 동기부여적인 전제들에 의한 추리과정으로서 실천적 삼단논법에 의해 표현되는 기본적인 도식을 보여 주는 것이라고 주장한다. 가장 단순한 형태에서 도식은 대전제(동기유발의), 소전제(인지적인) 그리고 결론(무엇을 해야 하는가에 대한 실천적 판단)으로 구성된다. 하나의 실천적 판단은 지향성 있는 것이며, 따라서 내용에서나 인과적 잠재성에서 행동에 대한 이유를 제공한다. 물론 행위자가 항상 실천적 추론에 근거해 행동하는 것은 아니다. 그들은 무능하거나, 자제할 수 없거나, 간섭이 있거나, 마음이 변해서 행동을 주저하거나 혹은 다른 방향으로 바꿀 수 있다. 모든 의도적인 행동이 분명한 실천적 추론에 근거한 것은 아니다. 그럼에도 불구하고 행위자는 목적에 더 다가서기 위해 수행하는 의도적 행동에 대한 부분적인 설명으로서 그리고 자명한 정당화로서 실천적 추론의 사용을 재구성할 수 있다.

다른 연구들과 같이, 정당화의 측면에서 아우디는 실천적 추론의 평가에 관심이 있다. 어떻게 우리가 실천적 추론의 부분적인 길을 판단할 수 있는가? 아우디는 네 가지 평가 기준을 제안한다. 그것은 추론적, 논리적, 인식적 그리고 질료적 기준이다. 처음 두 가지는 추론적인 과정들(추론할 때 우리가 하는 것)과 추론적인 내용(추론이 예시하는 것으로서의 주장) 간의 차이에 달려 있다. 논리적 기준이 명제들 간의 함의의 관계에 관한 것인 반면, 추론적 기준은 전제에 대한 믿음과 결과에 대한 믿음 간의 정당함을 뒷받침하며 심리학적인 관계에 관한 것이다. 추론적 기준은 전적으로가 아니라 부분적으로 논리적 기준에 의지하고 있다. 심지어 상응하는 주장이 논리적으로 반대할 수 없을 때조차 실천적 추론은 추론적으로 불완전할 수 있다. 이것은 합리화의 경우에서 그러한데, 거기서 행위자는 어떤 혹은 다른 결론을 위한 판단에 상응하지만 근거를 두고 있지는 않은 주장을 만들어 낸다. 아우디는 그렇지 않을지라도, 누군가 선한 실천적 추론은 자기기만, 무절제 그리고 다른 인격적 실패들에 기여하는 실천을 합리화하기 위한 근거는 아니라는 것을 우리에게 상기시킨다고 말할 수 있다. 뒤의 두 가지 평가기준은 정당화된 진실한 믿음의 개념과 관련이 있다. 인식적 기준은 상응하는 주장 속의 각 구성 명제들에서 정당화된 믿음을 요구한다. 질료적 기준은 이러한 명제들(즉, 전제들과 결론)의 진리에 관한 것이다. 설득력 있는 실천적 추론을 위한 인식론적 조건을 충족시키기 위해, 사람은 정당하게 두 가지 전제 모두를 믿어야 하며 그것에 근거하여 그런 전제들에 의해 보증된 실천적 판단으로 결론지어야 한다.

이러한 기준들을 온전히 수락하는 것은 실천적 추론의 좋은 부분에 대한 표식일 수 있으나, 그것이 곧 성공을 보장하는 것은 아니다. 아우디가 우리에게 상기시키듯이, 실천적 추론을 사용하는 것은 심지어 네 가지 기준을 모두 충족시킬 때조차 무효화될 수 있다. 다시 말하면, 심지어 어떤 사람의 추론이 하나의 좋은 기초적인 주장으로 표현되고 그 사람이 타당한 관련 신념을 지니고 있을 때조차, 그 사람은 결론에 있어서 결국 모든 것을 고려해 본다면 정당화되지 않을 수 있는 것이다. 이것은 행동의 특수한 노선을 따르는 결론이 선호될 수 있는 다른 노선의 고려에 의해 압도될 수 있기 때문이다. 대신 부각되어야만 하거나 배경에 놓여 있어 주의로부터 벗어난 고려들로 인해 그것이 허물어질 수 있는 것이다. 따라서 교사의 실천이 설득력 있는 실천적 추론에 의해 잘 알려져 있을지라도 그것은 한 가지 또는 다른 것의 실패에 취약한 것이다.

실천지를 다시 주장하는 것과 관련된 연구자들은 실천이성에 관한 적절한 설명이, 대체로 그렇게 하는 것이 실천이성과 인격의 불가분성을 무시하거나 축소시키는 것이라는 이유로 실천적 삼단논법의 분석으로 시작하거나 끝날 수 없다고 주장한다(Sherman, 1989). 평가의 문제에서 이런 연구자들은 더 많이는 아닐지라도 실천적 주장에서 표현되는 그 또는 그녀의 추론보다는 추론자의 인격에 관심을 기울인다. 특수한 상황에 대한 실천적 추론은 그런 상황에 관한 윤리적으로 두드러진 특징에 대한 우리의 지각에서 시작한다. 상황에 대한 적절하고 신중한 반응은 그 자체가 현명하고 유덕한 대응의 일부다. 선택하는 것은 단지 목적들을 단순화하는 효율적이고 효과적인 수단들을 조장하는 하나의 선형적인 절차라기보다, 시간을 넘어 통일된 삶으로 다른 관심들과 목적들을 통합하기 위해 타자를 고려하면서 어떤 목적들을 증진시키는 하나의 과정이다. 그리고 이것은 단순히 하나의 개인적인 문제가 아니다. 좋은 삶의 목적들이 공유되고, 그것을 증진시키는 자원들 또한 그러한 것이다. 그래서 타자의 복지를 위한 관심과 협력은 실천적 이성의 끊임없는 그리고 깊이 생각하는 측면들을 가져다준다.

실천적인 삼단논법에 대한 주의 깊은 관심이 실천적 이성에 관한 도구주의자들의 설명이나 지각, 성격 그리고 공유된 목적에 대한 무시를 의미할 필요는 없다. 예를 들어, 위긴스(1980)는 동시에 실천적으로 현명한 사람이나 실천지를 가진 사람(phronimos)에 관한 형식적 설명인 아리스토텔레스의 실천적 삼단논법에 관한 해석을 제시한다. 최고의 실천적인 지혜를 지닌 사람은 참으로 적합한 지각, 관심 그리고 고려의 전 영역이 심의의 맥락에서 균형 잡힌 상황을 이룰 수 있는 사람이다. 최상의 실천적 삼단논법은 소전제가 그러한 식별로부터 생겨나고 행동을 요청하는 맥락의 가장 두드러진 특징으로 그런 사람에게 떠오른 것을 드러낸다. 이것은 타당한 관심의 일반적인 의미에 상응하는 전제를 활성화한다. 경쟁적 삼단논법과 그들의 주장은 어떤 형식적인 일련의 척도에 따른 비교 또는 평가에 열려 있지 않다. 삼단논법은 특수한 맥락에서 발생하며, 그래서 대전제는 상황에 대한 적합성을 평가받아야만 하기 때문에 무조건적인 수용성 혹은 그것의 경쟁자보다 더 많은 고려를 포함하는 것이 아닐 수 없다. 상황에 적절함(adequacy)은 결정적으로 행위자의 상황에 대한 이해나 다른 연구자들이 지각(perception) 또는 인식(discernment)이라 부르는 것에 의존한다.

행동 상황

아리스토텔레스의 실천이성 개념에 관한 통찰을 다시 요청하는 위긴스(1980), 셔먼(Sherman, 1989), 로티(1988), 너스바움(Nussbaum, 1986, 1990) 등의 여러 연구자들에게, 지각은 아마도 실천적으로 현명한 사람의 가장 주요한 특징적인 표시다. 실천이성을 요청하는 상황의 두드러진 특징은 조던이 앞서 주장했듯이 쉬운 인식을 위해 이미 붙여진 안목에서는 일어나지 않는다. 오히려 우리는 그것을 구분해야만 한다. 그것은 정교한 세부적인 것과 미묘한 차이를 볼 수 있는 능력, 그리고 이러한 상황과 경험 없는 사람에게 같게 보일 수도 있는 다른 상황 간의 차이를 분별할 수 있는 능력과 관련이 있다. 만일 어떤 경우에 관한 각별한 특징을 확인하는 데 우리가 실패한다면, 그 결과는 부적절한 행동이 될 것이다. 그 주장의 내적 일관성이 얼마나 빈틈없든 간에, 우리는 우리가 하는 것을 정당화해야 한다. 두드러진 초점에 섬세하게 맞추는 습관 없이는(그리고 심지어 그것이 있다 하더라도), 내적으로 빈틈없는 주장은 부적절한 행동을 합리화하는 데 쓰일 수 있으며 자신을 속이거나 의지를 약화시키는 장기 프로젝트에 기여할 수도 있다.

여기에 교사가 그들의 교육력을 향상시키기 위한 좋은 연구와 옹호할 수 있는 이론을 사용하도록 돕는 수단으로서의 실천적 주장에 대한 지나친 의존의 위험이 있다(Fenstermacher, 1987; Fenstermacher & Richardson, 1993 참조). 심지어 옹호할 만한 이론과 의존할 수 있는 적절한 연구들이 좋은 교수의 중요한 부분을 담당하고 있을지라도, 강력하고도 바르게 방향 지어진 실천을 위해 충분한 것은 아니다. 만일 교사들이 실천에 관한 좋음(혹은 목적)에 대해 왜곡된 견해를 가지고 있거나 그에 대한 통찰을 잃어버린다면, 혹은 그들의 상황의 두드러진 특징을 잘못 판단한다면, (그들이 의지하고 있는 이론과 연구가 얼마나 신뢰할 만한 것인가에 관계없이) 그들의 심의는 현명한 실천으로 결론 맺을 수 없을 것이다. 그래서 교사교육은 교육이론에 대한 것인 만큼 적어도 교수의 좋음과 목적에 관한 이해를 개발하는 문제이기도 하다. 그리고 그것은 적어도 타당하고 의존할 수 있는 연구에 교사들을 노출시키는 만큼 통찰과 분별로서 지닌 성격의 측면을 개발하는 것이기도 하다.

일단 성격과 실천이성이 상호 보완되는 것으로 보인다면—그것이 실천지에 관한 통찰력을 다시 주장하는 다양한 노력들로서—그렇게 많은 실천이론에 관한 현대 연구들이 덕이론 안으로 빠져드는 것은 그리 놀라운 일이 아니다. 심지어 에이미 거트만(Amy Gutmann, 1995)과 같이 덕이론에 몰두하지 않았던 연구자들도 실천이성과 민주주의적 심의에 관해서는 덕에 관한 언어를 사용한다. 덕이론은 세부적으로 매우 광범위하고 다양하지만 공통의 핵심을 공유하고 있다. 자그제브스키의 '깊고 지속적인 감각으로 인간이 획득한 하나의 우수함' 이라는 덕에 관한 정의와 비교할 만한 것은 거의 없다(Zagzebski, 1996). 그에 따르면 덕과 사악함은 사람의 성격들 중 보다 지속적인 것 안에 있으며, 다른 성격들의 범주보다 그 사람이 누구인지를 정하는 데 가까이 있다. 한마디로 덕은 성격의 하나다. 실천이성은 성격의 다른 목적들을 통합하고 정제하고 평가한다. 덕윤리학으로의 확장은 우리에게 이 장의 한계를 넘어서게 한다. 실천이성의 작용에 타당한 덕들은 지적인 덕과 성격적인 덕 모두이고, 성찰적이며 비판적인 습관은 그것들의 형성에 매우 중요한 역할을 한다는 것을 밝혀 두는 것으로 충분하다.

건전한 실천적인 판단과 적합한 행동을 위해 가장 중요한 덕 가운데 아멜리 로티(Amelie Rorty, 1988)가 언급한 것은 예리하게 초점을 맞추는 습관(the habit of salient focusing)이다. 이 습관은 일련의 주도적인 인지적 성향과 함께하며, 그것에 의해 부분적으로 구성된다. 그것은 적합한 행동을 논리적으로 이끌어 내기 위해 상황에 대한 사람의 지각과 정서적 반응을 구성하기 때문에 자극에 대해 지향성이 있는 것이다. 실천이성을 지닌 사람들은 로티(1988, p. 316)가 설명한 것처럼 예리하게 초점을 맞추는 습관들을 갖고 있다. 그 습관들은 혼란스러움 없이 교정할 수 있고, 변덕스럽지 않게 관련된 것들을 넓혀 가는 상상력이 풍부한 연상의 습관들이며 과민하지 않으면서도 감수성이 풍부한 것이다.

실천적 추론자(혹은 실천적 지혜를 지닌 사람)가 되는 것은 무엇과 관련이 있으며, 타당한 성질과 능력을 발달시키는 교육의 역할은 무엇인가? 교육의 과제 중 하나는 비판적 사고를 가르치는 것이라는 아우디의 주장과 같은 관점은 주로 주장 분석을 생각하면서 취소 가능성에 대한 이해와 불안정한 성취로 합리적 행동을 만들어 내는 우리 자신의 심리와 세계의 특징들을 조율한다. 실천지의 현대적 버전을 받아들이거나 혹은 향상시키는 교육 연구자에게 성격의 습관화와 분별의 개발은 비록 최종적인 교육의 목적은 아닐지라도 주요한 교육의 과제임에 틀림없다.

민주 시민성

당신이 그렇게 말하고 싶다면 특별한 덕이라 할 수 있는 현대 민주주의의 시민성을 위해 필요한 성격의 특별한 차원들이 있는가? 민주적 실제를 위해 가장 결정적인 실천적 심의의 형태는 무엇인가? 그것들을 증진하기 위해 교육이 할 수 있고 또 해야 할 역할은 무엇인가?

심의민주주의에 대한 최근의 커다란 관심은 공적 영역에서의 실천적 이성에 대한 새로운 관심과 심의적 시민을 육성하는 교육의 역할에 대한 관심과 함께하고 있다. 에이미 거트만(1995)에 따르면 공립학교들은 젊은 시민들에게 민주주의를 가르치기 위한 민주정부의 유일하고 가장 정당하고 강력한 수단들이며 그렇게 해야 할 특별한 의무를 지니고 있다고 주장한다. 이런 의무의 한가운데에 이성적인 공적 의견차 존중을 가르치는 것이 있다. 시민들은 또한 이성적인 공적 의견차를 떠받치고 있는 추론의 종류에 대한 이해와 능력이 필요하다(Gutmann, 1987, 1995). 이것은 주로 실천적인 측면의 도덕적 추론이다. 즉, 옳고 그름 그리고 좋고 나쁨에 대한 물음과 관련 있으니 도덕적이며, 행동 또는 행동에 관한 정책에서 생겨나는 것이니 실천적이다. 거트만(1987)은 그것이 심의적인 민주 시민들의 성격에 주의를 기울이지 않고는 개발될 수 없다고 주장한다.

심의적인 성격에 관한 차이를 나타내는 덕들은 무엇인가? 첫 번째 목록은 상호성, 상호존중, 개방성, 이성을 부여하는 의지 그리고 심의적인 교류 안에서 타인의 이성을 듣는 것이다. 여기서 공통의 특징은 주고받는다는(give-and-take) 생각으로, 심의민주주의의 모든 현재 모델에서 통용되고 있는 생각이다. 그것은 오직 각각의 다른 모델에서 하나의 차이를 나타내는 범위, 영역, 방향 등을 지니고 있을 뿐이다. 어떤 심의적인 주고받음—예를 들면, 공적 이성에 관한 롤즈(Rawls, 1993)의 모델—에서는 중첩적 합의와 대화적 구속에 관해 인색한 범위 안에서 작동한다. 다른 주고받음—예를 들면, 대화적 민주주의(Young, 1996, 1997)—에서는 태도와 이의와 차이를 생생하게 수용하는 것을 포함하는 문제에까지 범위를 넓힌다.

공적 심의에서 다름과 이의가 그들의 교육적 가능성을 위해 환영받는다는 생각은 자유주의 교육에서의 교육과정 개혁에 대한 너스바움(Nussbaum, 1997)의 연구 중심에 놓여 있다. 그녀의 스토아학파에 대한 최근의 글은 공적 심의의 영역을 민족국가의 경계를 넘어 전 지구적 관심으로 확대한다. 세계 공동체 일원의 자격을 취득하는 것은 우리 자신의 방식의 선함을 의심하고 윤리적 · 정치적 선택에 대해 비판적인 논쟁을 주고받는 것에 참여할 우리의 의지를 요구한다. 경험과 논쟁의 점차 세련된 교환은 참여자들이 점점 그들 자신의 전통 안에서 "타자를 위한 규범으로 추천된 것들로부터 무엇이 편협한지, 이성적인 논쟁에 의해 정당화될 수 있는 것으로부터 무엇이 자의적이고 부정의한지 구별할 수 있는 능력을 얻을 수 있도록 한다." (Nussbaum, 1997, p. 60)

영과 마찬가지로, 너스바움(1997)도 차이에 대해 연구하는 자발적인 의지를 풍부한 교육적 가능성을 지닌 하나의 심의적인 덕으로서 간주한다. 좋은 시민은 많은 양태들에서 인간성을 생각하는 것이 자기 인식의 가치로운 원천이기에 세계의 시민이다. 다른 이성적인 사람들의 그것과 관련하여, 우리 자신의 방식을 아는 것은 우리로 하여금 우리 자신과 우리의 관습을 보다 명확히 알 수 있게 한다. 자기 인식을 가능케 하는 그것의 역할을 넘어, 세계시민의 인식은 '답답한 파벌의식(cramped partisanship)' 에 의해 제한받지 않는 상상력이 풍부한 공적 심의를 가능하게 한다. 다른 예술 형식들과 이야기는 실천이성을 시민들이 작동시키는 데 필수적인 상상력과 판단력, 감수성 등을 계발한다. 너스바움은 아리스토텔레스에 관한 이전의 연구들을 통해 유사한 논쟁의 흐름을 추구한다. 공적이고 사적인 삶에서 실천적 지혜를 지닌 사람들은 "스스로 그리고 타자들에게서 정서와 상상력을 계발할 것이며, 이러한 반응들을 방해하거나 억누를 수 있는 기술적이거나 순수하게 지적인 이론에 너무 지나치게 의존하지 않기 위해 매우 주의할 것이다." (Nussbaum, 1990, p. 82) 영과 너스바움 모두 이야기(narrative)가 공적 영역에서 결정적인 역할을 한다고 여긴다. 영은 연구에서 교육과제의 하나는 자격이나 필요를 주장할 수 있는 근거로서 제시된 이야기를 통해 젊은이들이 어떻게 형식적 논쟁을 보완하는지 배울 수 있도록 도와주는 것이라고 제안한다(Enslin et al., 2001 참조).

심의민주주의의 다른 모델들은 지구적 관점을 위한 너스바움의 주장과 함께 확장된 교육적 의제를 제안한다. 공적 이성의 모델의 한계 안에서 엄격하게 연구한다면(예: Rawls, 1993), 교육과제는 수용하는 일반적 신념들에 대한 마땅한 고려와 함께 추론과 증명의 법칙들을 존중하고 적용하는 능력을 개발하는 것이다. 한 가지 관련 과제는 자제력, 상호존중, 대화적 제약의 실행 등을 육성하는 것이다. 벤하비브(Benhabib, 1996b)의 추론적 모델이 이러한 교육적 요청에 근거하고 있는 반면, 그것은 넓은 영역의 심의적 주제를 허락하고 격려하는 교육적 의제를 확대한다. 심의 자체는 학생들이 그들 스스로를 더 잘 이해하고, 안내되는 비판적 성찰을 통해 일관되게 그들의 관점을 정리하고, 심의적인 주고받음이 일어나는 시각들의 영역에 의해 그들을 변화시킬 수 있는 능력을 갖도록 하는 수단이다. 영의 의사소통적 모델과 너스바움의 시민의 인간성을 계발하는 프로젝트는 교육의제를 더욱 확대하여 이야기식 상상력의 개발, 정서적 조율, 다른 환경과 상황적 순간의 대화적 요청에 대한 감수성, 이런 감수성들에 의해 행동하는 능력 등을 포함한다. 여기서는 공적 영역에서 실천이성을 위한 교육은 인성교육(education of character)과 밀접해지는 것이다.

교육실천에서의 실천적 추론

실천적 추론에 관한 설명은 실천으로서의 교수에 대한 우리의 이해를 고양시킬 수 있는가, 그리고 만일 그렇다면 무슨 설명을 어떻게 해야 하는가? 어떻게 교사들의 실천적 추론의 질을 평가하고 증진시킬 수 있으며, 그렇게 한다면 그것은 왜 중요한가? 교수에서 현명한 실천을 구성하는 것은 무엇이며 윤리적 판단의 본성과 역학은 무엇인가?

1980년대와 1990년대 초, 펜스터마허(G. Fenstermacher)의 실천적 합리성(practical rationality)에 관한 연구는 실천이성과 실천적 주장의 개념을 다시 교육 연구와 논쟁을 위한 의제로 자리 잡게 하는 데 상당한 책임이 있었다(Fenstermacher, 1986, 1987; Fenstermacher & Richardson, 1993). 논쟁의 대부분은 실천적 주장이 교수를 이해하고 향상시키기 위한 도구로서 사용될 수 있는가라는 문제에 좌우된다. 만일 실천적 주장이 목적을 향한 수단적 추론으로 제한되고 쇤(D. A. Schön, 1983)이 말한 기술적 합리성을 표현하는 것이라면, 실천적 주장은 교실에서의 실천에 관한 '온당함(reasonableness)' 이나 교사의 사고 중 어느 하나를 비춰 줄 수 있는 도구로서는 너무나 무익하고 부적절한 것이다. 교수는 목적의 구성요소 추론, 상황 이해 그리고 실천의 세계와 관계하는 세 가지 특징인 변덕스러움(mutability), 불확정성(indeterminacy), 특수성(particularity)으로부터 발생하는 인지적 불확실성의 영역에 대응하는 능력에 결정적으로 의존하는 하나의 도덕적 실천이다(Nussbaum, 1986 참조).

실천은 우리의 심의가 현명한 행동을 낳기 위한 것이라면 무시할 수 없는 새로운 형태들을 우리에게 제시하면서 시간이 지나가며 끊임없이 변하기 때문에 변덕스러운 것이다. 예를 들어, 교수실천과 그것의 특별한 도전과 딜레마들은 꽤 기나긴 시간의 흐름에서 그것을 담고 있으며 지지하고 있는 제도들과 함께 변화한다. 실천은 실천적 질문들이 반드시 특수한 맥락에서 생기는 것이기 때문에 불명확한 것이다. 그래서 적합한 행동은 맥락과 관계가 있다. 한 예로 오랫동안 내려온 학술적인 전통을 지닌 시설 좋은 도시 학교의 교사에게 가능하고 적절한 선택은 아프리카의 많은 부분에 있는 시설이 나쁘고 학생 수가 지나치게 많은 시골 학교 교사에게는 가능하거나 적절하기 어렵다. 그런 환경에서 상황에 따라 조화를 이룬 실천은 단지 수단뿐만 아니라 목적에 있어서도 조정이 요구된다. 이런 이유로, 그리고 조 던이 언급한 것들로, 교수에서 실천적 심의는 정돈되고 쉽게 구체화할 수 있는 목표에 대한 가장 효과적인 수단을 선택하기 위한 과정을 지배하는 일련의 일반 규칙에 이를 수 없다. 현명하고 능력 있는 교사는 분명 내적 좋음과 다른 환경에서 가능하고 적절한 것에 대한 현실적이고 명백하게 통찰력 있는 지각, 실천의 한정적인 목적들에 대한 풍부한 이해를 지닌 사람이다.

만일 실천적 주장을 끌어내는 것이 교사가 그들의 실천에서 실천적 심의의 풍부함과 복잡함을 알도록 도울 수 있다면, 아마도 그때 그것은 교수를 평가하고 향상시키는 도구로서 기능할 수 있을 것이다. 그러나 교사의 실천적 추론을 향상시킨다는 것은 단지 그들의 실천적 주장을 향상시키는 문제일 수 없다. 우리가 이 장에서 여러 차례 그리고 여러 방식으로 말했던 것처럼, 좋은 실천적 추론은 분별력(discernment)에 달려 있다. 상상력의 개발과 잘 조절되는 정서는 역할이 있으며(Nussbaum, 1990), 좋음에 대한 추구와 관련 있는 도덕적 추론의 개발 역시 그러하다(Carr, 2000). 교사교육에 관한 많은 최근 연구들은 현명한 실천에서 분별과 그 필요성을 이해하는 데 실패한다. 결과적으로 교사의 실천적 추론의 개발은 추론과 성찰의 '기교(skill)' 와 절차에 대한 훈련 이상이 되기 어렵다. 심지어 분별, 상상 그리고 현명한 실천 간의 관계를 인식하는 연구자들조차 이렇게 중요한 관심사들을 여전히 교사교육과 현명한 실천에 관한 그들의 설명에서 주변적인 것으로 두는 경향이 있다.

추 천 도 서

Dunne, J. (1997). *Back to the Rough Ground: Practical Judgement and the Lure of Technique,* University of Notre Dame Press.

Fenstermacher, G., & Richardson, V. (1993). The elicitation and reconstruction of practical arguments in teaching, *Journal of Curriculum Studies, 25,* pp. 101-114.

Pendlebury, S. (1990a). Practical reasoning and situational appreciation in teaching, *Educational Theory, 40,* pp. 171-179.

Wiggins, D. (1980). Deliberation and practical reason, in A. O. Rorty (ed.), *Essays on Aristotle's Ethics,* University of California Press.

제8장

직업교육훈련

Paul Hager & Terry Hyland / 김희선 역

도 입

교육과정을 "육성(upbringing)"이라는 광범위한 측면에서 바라본다면(J. White, 1997, p. 83), 직업교육(vocational studies)은 가장 오랜 역사를 가지고 있으며 논쟁의 여지없이 그 어떤 형태의 교육보다 중요하고 또 생존과 재생산의 핵심이라 할 수 있다. 도제제도(직업교육훈련(VET)에 대한 설명에서 역사적으로 중요한 요소)가 그 대표적인 예다. 도제제도를 신참이 특정 행동 영역을 마스터할 수 있도록 하는 교수-학습의 과정이라 한다면, 직업교육중심주의(vocationalism)는 인간이 스스로 독특한 공동체를 구성한 최초의 순간에서 그 연원을 찾을 수 있을 것이다. 커피(D. Coffey)의 연구에 따르면 모든 초기 형태의 교육은 "명백하게 직업적 기능"을 가지고 있었다. "경제적 삶은 기본적으로 한 세대가 다음 세대에게 수공 기술을 전수해 줌

으로써 유지될 수 있었고, 대부분의 사람들은 특히 형식적 혹은 비형식적 도제제도를 경험하면서 '일터에서' 교육받았다." (Coffey, 1992, p. 11)

초기 사회에서 형식교육과 비형식교육은 특히 생존과 재생산에 요구되는 지식, 기술, 가치를 가르치는 직업적 기능을 수행하기 위하여 공히 사냥, 낚시, 요리, 의복 제작, 양육에 관한 핵심적인 사안을 다음 세대에게 전수하는 과정을 포함하고 있었다. 벤자민(H. Benjamin)의 유명한 '송곳니 교육과정(saber-tooth curriculum)' ([1939] 1975)은 물고기 잡기, 말 길들이기, 호랑이 송곳니 부러뜨리기를 포함하고 있다. 그것은 분명 만들어 낸 이야기이지만 부족 혹은 공동체가 가지고 있는 종교관과 의식, 성년식, 조직관, 리더십에 대한 식견이 발달하면서 초기 직업교육훈련이 형식화되고 체계화되는 과정에 대한 타당하고도 정확한 설명이라 할 수 있다(Wilds & Lottich, 1970). 즉, 직업실무는 생존과 진보라는 측면에서 자연적이고 필수적인 위치를 차지하고 있었는데, 이러한 일련의 교육과정이 직업교육이라 정의되면서 냉대와 경시라는 전혀 다른 경로를 걷게 된 원인을 밝히는 것은 흥미로운 연구과제라 할 수 있다.

예를 들어, 루이스(T. Lewis)는 역사적인 측면에서 이 과제에 접근한다. 그는 직업교육이 학문연구 분야에서 하위에 위치하고 있는 상황은 "역사적으로 계급적 측면에서 기인한다."고 설명하고 있다(Lewis, 1991, pp. 96-97). 그와 유사하게 커피는 영국 학교에서 직업교육의 역사적 발달과정을 설명하면서, 직업교육은 "그 위치와 범위에 있어 빈약했고 그 목적이 제한적이었으며 파편화되어 있었다."고 지적한다(Coffey, 1992, p. 2). 또한 맥루어(S. Maclure)는 영국 교육에 있어 "학문적인 것과 실천적인 것, 교양적인 것과 직업적인 것의 통합은 역사적으로 실패했다."고 평가한다(Maclure, 1991, p. 28). 더불어 루이스는 "선진국이건 개발도상국이건 직업교육은 엘리트에게는 어울리지 않는 것이고, 피지배층이나 비특권층에게 보다 적합한 것으로 받아들여지고 있다."고 주장한다(Lewis, 1991, p. 97). 유사한 맥락에서 잉글랜드와 웨일스의 "교육전통을 보면 광범위하고도 종합적인 직업철학에 대한 연구가 전무하다."고 할 수 있다(Skilbeck et al., 1994, p. 138).

실버(H. Silver)와 브레넌(J. Brennan)이 지적한 바처럼, "교육과 훈련, 이론과 실천, 교양적인 것과 직업적인 것은 수세기 동안 극한 대립을 보이고 있다."(Silver & Brennan, 1988, p. 3) 이러한 역사는 플라톤과 아리스토텔레스가 지지한 지식관과 교육관까지 거슬러 올라갈 수 있을 것이다. 보다 최근의 역사적 상황에서 교양적인 것과 직업적인 것의 대립은 의무교육제도의 발달기와 밀접한 관련을 맺고 있다. 의무교육제도의 발달기에 각 사회는 산업화를 겪고 있었고, 대중은 일(work), 노동(labor), 생산(production)이라는 개념을 형성하고 있었다(Hyland, 1999). '자율적 활동과 관련된 일'과 '타율적 활동과 관련된 노동' 간의 구별은 존 화이트(1997, 2장)가 주장하고 있듯이 직업교육을 교양교육보다 하위의 것으로 생각하는 데 있어 결정적인 역할을 수행했다. 결국 직업교육이란 응용지식을 통해 생산적 일을 지원하는 수단이라는 사고가 직업교육훈련이 종속적 지위에 위치하게 된 원인이 되었다고 할 수 있을 것이다. 그러나 우리는 이 장의 말미에서 21세기 포스트-포디스트 사회(post-Fordist)의 현업학습(workplace learning)이야말로 지금까지 설명한 역사적 배경을 넘어서서 직업교육훈련 영역의 이분법을 뛰어넘고 직업교육이라는 개념에 대한 적절한 재개념화를 확립하는 데 매우 유용한 수단을 제공한다고 주장할 것이다.

직업 대 학문

순수지식은 여가가 있는 엘리트와 관련되고 응용지식은 살기 위해 일해야 하는 대중과 관련된다는 사회적 층화에 기초한 위계적 교육과정관은 이후 듀이에 의해 정밀하게 분석되었다. 듀이는 "노동과 여가, 이론과 실천,

육체와 정신"(Dewey, [1916] 1966, p. 306)이라는 그릇된 대립에 기초한 '직업교육과 문화교육의 대조'를 철저히 무너뜨리고자 시도했다. 위계적 교육과정관이 발전하면서, 영어권에서 교육제도는 철저히 고대 그리스인의 영향하에 육체 대 정신, 손 대 머리, 수공 대 정신, 기술 대 지식, 응용 대 순수, 방법적 지식 대 명제적 지식, 실천 대 이론, 특수 대 일반, 훈련 대 교육이라는 상호 관련되면서도 부분적으로는 중복되는 일련의 이분법에 따라 형성되었다. 이는 '구별'이라기보다는 '이분법'이다. 이분법이라는 표현이 보다 더 명확하게 그 사회적 · 정치적 실재의 구체적 결과를 나타내기 때문이다. 위와 같은 일련의 이분법의 작용으로, 직업교육은 제도적 측면에서 꾸준히 교육의 주류로부터 분리되었다.

물론 대학교육의 영역 중 일부는 명확하게 직업적이고 역사적으로도 그래 왔다(Carr, 1997). 예를 들어, 그 발생의 초기에 대학의 주요 역할은 교회 및 법률 관련 영역의 지도자를 배출하는 것이었다. 또한 산업혁명 이후 대학에서 직업적 영역은 지속적으로 확대되어 왔다. 그러나 직업적 영역의 확장은 대학에서의 직업교육은 육체적인 것이 아닌 정신적인 것이 우위를 점하면서, 직업적인 것에 한정된 것이라기보다는 교육적인 것으로서 정당화되었다. 애시비(E. Ashby)는 이를 다음과 같이 간략하게 설명하고 있다.

> 대학(university)에서 어떠한 학과가 설치되어야 하고 그 학과에서는 어떤 영역을 가르쳐야 하는가를 결정하는 준거는 다음과 같다. 만약 그 학과가 순수한 사고에 적합하고, 그 학과를 통해 일반화가 도출될 수 있으며, 그 학과가 연구에 의해 발전될 수 있는 영역이고 정신적으로 이성을 길러 주는 분야라면 대학에 적합하다. 그러나 그 학과가 보다 오랜 역사를 지닌 연구로부터 모든 근본 원리를 빌리고 있고(예를 들어, 저널리즘이 문학으로부터, 판매전략이 심리학으로부터, 마사지가 해부학이나 생리학으로부터 그 원리를 빌리고 있듯이) 일반화를 도출하지 못한다면

> 대학에 부적합하다. 그럴 경우에는 반드시 대학이 아닌 어딘가 다른 곳에서 교수되어야 한다. 대학에 부적합한 학과 역시 그것을 훈련할 기회가 주어져야 한다는 의미에서 중요하다. 하지만 그것은 하나의 기술이지, 정신건강을 유지하기 위한 연습이라 할 수는 없다. 따라서 기술을 연마하기 위한 장은 기술전문대학(technical college)과 같은 공간이다(Ashby, 1946, p. 81).

애시비의 주장은 일견 그럴듯하다. 일반교육(general education)을 위한 대학교와 직업교육을 위한 기술(계속교육 혹은 공동체)전문대학이라는 제도적 배치로 이분법을 정당화했다. 또한 애시비의 주장은 특정 대학교육과정의 발달에 있어 역사적으로 나타났던 상황에 대한 설명을 제공하기도 한다. 법학과 의학에 있어 그 직업의 기초가 되는 일반적 원리는 대학에서 다루어지는 분야다. 반면 그 직업의 기술적 측면은 대학이 아니라 도제와 같은 계약직 직원 혹은 인턴으로서 학습하게 된다. 대학에서 그 위치를 차지하기 위해 오랜 전쟁을 치른 학과도 있다. 예를 들어, 약학은 대학으로 진입할 수준의 정신적인 영역으로 성장하기 이전에는 기술전문대학이나 계속교육을 위한 전문대학에서 도제과정으로 교육되는 것이 보통이었다. 공학이 대학에 진입하는 과정도 약학과 같이 길고 복합했다(Ashby, 1966, 3장). 사람들은 대학에서 가르칠 것과 아닌 것이라는 이분법을 통해 지식으로 선택될 바, 지식을 전달할 자, 학위를 수여할 자와 같은 중요한 세부사안들을 사회적 · 정치적 의미에서 선택했다. 플라톤과 아리스토텔레스로부터 도출된 교육에 대한 '거대서사'에서 이론적 지식(theoretical knowledge)은 실천적 · 생산적 지식(practical and productive knowledge)보다 우위를 점한다. 아리스토텔레스에게 이론적 지식은 "확실성에 관여한다. 왜냐하면, 이론적 지식의 대상은 늘 항상 그러한 것 혹은 어떤 경우의 대부분에 대한 것이기 때문이다."(Aristotle, 1976, p. 207) 따라서 아리스토텔레스에 따르면 이론적 지식은 신성(神性)과 그 영역을 공유한다. 그는 실천적 지식이란 이론적 지식보다 열등한 것이라는 입장을 취했다. 실천적 지식은 '상대적인 여러 가지 것 중에서의 선택' 을 포함하기 때문이다. 또한 생산적 지식은 실천적 지식보다 더 열등한데, 그 이유는 생산적 지식이란 '불확정적인 문제로부터 결정된 바' 를 포함하기 때문이다. 그리스인들에게 이와 같은 이론, 실천, 생산 간의 위계는 인식론적 측면에만 그치지 않고, 그들의 일상적 관심과 관련된 지식에 반영되어 시민국가에서 어떤 사람의 위치를 사회적으로 결정하는 기준으로도 작용하였다.

플라톤과 아리스토텔레스의 인식론이 그 빈약한 지식관 때문에 문제를 발생시켰는가는 논쟁의 여지가 있다. 지식은 흔히 감정이나 의지와는 분리된 것으로 정의된다. 그런데 이 감정이나 의지와 분리된 지식이라는 일반화된 관점은 플라톤과 아리스토텔레스의 사상에 그 기원을 두고 있다고 할 수도 있지만, 그것을 보다 확고하게 만든 것은 데카르트적 전통의 영향이 크다(Schofield, 1972). 데카르트적 전통에서 인간은 본질적으로 우연히 육체에 거하게 된 정신이고, 따라서 정신의 발달이 교육의 핵심이 되어야 한다. 또한 사고(thinking)가 정신의 본질적 특징이라 할 때, 사고는 비본질적 감정 및 의지와 분리되어 다루어질 수 있다.

이론적 지식을 보다 높게 대접하는 것은 일(work)을 위한 교육에 있어 프런트-엔드(front-end) 모델의 근간이라 할 수 있다. 프런트-엔드 모델이란 특정 직업에 들어서기 전에 구조화된 적절한 교육을 받는 것이 그 직업의 기본적인 요소를 충족시킬 수 있다는 관점이다. 이 모델에서 직업 준비 과정의 주된 과업은 신참에게 실무에서 활용할 지식을 제공하는 것이다. 그러나 이와 같은 이론/실천의 이분법적 사고는 그 일터만의 지식에 대한 심도 있는 고찰이나 혹은 그 일터 자체가 지식의 중요하고 독특한 원천이 될 수도 있는 가능성을 차단한다. 만약 일터에서의 직무가 단지 형식교육을 통해 교수되는 일반이론의 적용만을 포함한다면, 일터에서 나타나는 문제의 세부 사안은 전혀 형식교육의 관심사가 될 수 없을 것이다.

직업교육/일반교육 이분법에 대한 비판

수년간 직업교육 대 일반교육이라는 이분법은 다양한 영역에서 비판받아 왔다(Skilbeck et al., 1994; Avis et al., 1996). 이분법에 대한 반론은 경제적 · 과학기술적 · 교육적 측면에서의 논의라는 세 가지 유형으로 나누어 볼 수 있는데, 이러한 분류에 대해서는 큰 이의가 존재하지 않는다(Hager, 1990 참조). 경제학자들의 시각에서 보자면 직업교육 대 일반교육이라는 이분법은 그릇된 것이다. 우선 기술전문대학보다 일반 대학의 졸업자들이 결국 상대적으로 좋은 대접을 받는 직업을 얻는다. 그리고 이와 같은 현상은 세계 어느 나라에서나 동일하다. 그에 더해, 교육체제를 직업교육으로 신중하게 설계하여 경제적 성장과 발전을 꾀하고 있는 후진국들은 일반교육에 투자하고 있는 국가들과 비교하며 국가성장의 성적이 좋지 못하다(Green, 1997). 결국 두 사례는 모두 일반교육이 직업교육에 비해 보다 직업적인 것으로 나타나는 모순을 보여 준다. 결과적으로 교육이란 그 무엇보다 사람들에게 직업을 찾을 수 있도록 준비시키는 과정이라 바라보는 사람들에게 직업교육/일반교육의 이분법은 무의미하다.

직업교육 대 일반교육이라는 이분법에 반대하는 과학기술적 논의의 핵심은 고등교육의 교수 역량이 급속한 기술적 변화를 성공적으로 다루어야 한다는 데 그 초점이 있다(Lewis, 1997). 과학기술적 논의의 주된 주장은 특정 분야에 한정된 기술은 과학기술적 변화의 속도에 따라 빠르게 폐기되고 있는 반면, 보다 일반적 특성(attributes)은 늘 타당하며 지속적으로 새로운 환경에 빠르고 쉽게 적용할 수 있는 열쇠가 된다는 것이다. 그 사례로는 대개 마이크로 전자공학 기술이 언급된다. 일반적인 특성에 대한 큰 관심은 지난 10년간 모든 수준의 교육에서 매우 강하게 나타났다. 그 핵심은 교육과 노동 현장 모두에서 수행에 공통적인 것이라 생각되는 일반적 특성을 명확하게 가려내고 교수하고 평가하는 것이었다. 일반적 특성은 미국에서는 '직무역량(workplace competencies)' 혹은 '근본기술(foundation skills)' (SCANS, 1991), 잉글랜드와 스코틀랜드에서는 '핵심기술(core skills)', 오스트레일리아에서는 '핵심역량(key competencies)', 뉴질랜드에서는 '공통기술(essential skills)'로 명명되고 있다. 이들 모두는 환원적 표현임과 동시에 혼란을 야기하고 있다. 또한 일반적 특성에 주목하는 접근에 문제가 없는 것도 아니다. 일반적 특성의 지지자들은 매우 순진하게 그 특성의 전이 가능성을 낙관한다(Hyland, 1999). 한편으로 실천적 상황에 근거를 두고 있을 때 일반적 특성이 보다 잘 획득된다는 연구결과는 직업 준비에 있어 프런트-엔드 모델의 한계를 보다 분명하게 드러내는 것이기도 하다.

직업교육 대 일반교육이라는 이분법에 반대하는 교육적 논의는 보다 다양하다. 광범위한 반론에서 공통적인 사항 중 하나는 이론 대 실천의 이분법에 대한 반론이고, 이는 일반교육 대 직업교육이라는 이분법과 밀접한 관련을 갖는다.

다양한 직업교육 대 일반교육의 이분법에 반대하는 교육적 논의에서 공통된 주제는 화이트헤드(A. N. Whitehead)의 설명에 응축되어 있다. "소위 기술교육과 일반 교양교육 간의 대별은 그릇된 것"(Whitehead, 1950, p. 74)이라고 주장하면서, 화이트헤드는 다음과 같은 근본적 도전을 제시한다. "현학자들은 유용한 교육을 냉소적으로 바라보고 조롱한다. 하지만 교육이 유용하지 못하다면 그건 도대체 무엇인가?"(같은 책, p. 3)

직업교육 대 일반교육이라는 이분법에 반대하는 교육적 논의는 대개 인식론적 관점에서 출발한다. 그중 하나는 지식과 역량이란 본질적으로 다르지 않다는 것이다. 울프(A. Wolf)는 "역량과 교육 간에는 분기점이 존재하지 않는다." 고 주장한다. 역량중심교육(competency-based education)이란 "고등 수준 기술의 학습, 일반화가 가능한 지식 및 그 이해의 획득 그리고 광범위한 교육과정이 완벽하게 혼합된 바이며, 따라서 역량이란 하나의 구성물이지 우리가 직접적으로 관찰할 수 있는 어떤 것이 아니라는" 주장이다(Wolf, 1989, pp. 39-40). 그러나 지식 역시 그러하다. 우리는 한 학생의 지식 수준을 다양한 검사와 과제 수행에서 추론한다. 정신의 구조에 대한 지금까지의 연구결과를 보면 다양한 인지적 능력의 중요성을 알 수 있다. 지식의 상기(recall)란 단지 시작에 불과하다. 일부 고등교육 비판가들이 염려하는 이론 없는 실천과 달리, 역량이란 우리를 상기와 같이 낮은 수준의 인지적 능력을 넘어 지식의 적용 및 종합과 같이 상위의 인지적 능력으로 이끌어 주는 것이다. 즉, 어떤 것이 행해졌다는 것이 중요한 것이 아니며, 그것이 행해졌다는 것이 결정적인 이유에 주목해야 한다는 것이다. "어떤 것을 '알고 있다는 것(knowing)' 은 그것에 접촉해야 할 시점과 그것이 적절하게 수행될 수 있는 시점을 아는 것을 말한다. 비록 그것이 시험을 치르는 교실에서만 이루어지더라도 말이다." (같은 책, p. 42)

위와는 다른 입장에서 직업교육 대 일반교육의 이분법에 반대하는 인식론적 주장도 있다. 예를 들어, 윌슨(A. Wilson)은 직업적인 것을 멀리함으로써 대학은 오히려 지식의 성장을 방해하고 있다고 주장한다. 지식이란 사회적 산물이고 우리가 그것을 짜임새 있게 꾸리는 방법도 그러하다는 것이다. 이러한 판단에서 그는 지식을 짜임새 있게 꾸릴 수 있는 다음과 같은 네 개의 층위로 구성된 분류법을 제시한다. ① 가능성을 열어 주는 학문 분야(철학, 수학, 계산 등), ② 자연 세계와 관련된 학문 분야(물리학, 화학, 생물학 등), ③ 인간 세계와 관련된 학문 분야(예술, 사회과학 등), 그리고 ④ 인간 세계에서의 실천과 관련된 학문 분야(엔지니어링, 의학, 법, 교육 등)다. 윌슨은 모든 학문 분야의 범주가 지식의 진보에 가치 있는 기여를 하고 있으며, 간학문적 · 다학문적 접근이 절실히 요구된다고 주장한다. 그리고 인간 세계의 실천과 관계된 학과는 설계, 진단, 패턴인지에 있어 그 학과만의 기술을 제공할 수 있어야 하며, 앞의 세 가지 범주에 기여해야 한다고 강조한다. 이러한 특성 중 많은 부분이 현재 대학의 현업학습 프로그램에 적용되고 있다(Symes & McIntyre, 2000).

이분법에 기초한 교육모델은 직업교육 대 일반교육의 이분법에 대한 위와 같은 비판에 직면하여 그 문제점이 점점 더 노출되고 있는 상황이다.

프런트-엔드 모델과 그 비판

'프런트-엔드 모델(front-end model)' 이란 사람들이 직업인의 자격을 갖추는 데 있어 해당 직업에 입문하기 전에 이수해야 하는 형식교육 및 훈련 등을 지칭한다. 이는 대개 일터와는 거리가 먼 교실 상황에서 이루어진다. 이 모델이 '프런트-엔드' 라고 명명된 까닭은 인생에 있어 실천기에 요구되는 모든 학습이 미리 끝마쳐져야 한다는 입장이기 때문이다. 모든 유형의 직업준비교육은 대개 프런트-엔드 모델을 취하고 있다. 특히 수년간 형식 교육기관에서 학습하는 것이 그 직업에 입문하는 전형적인 선행 조건인 전문직과 준전문직에서 그래 왔다. 그러나 프런트-엔드 모델은 직무현장에서의 수련과정이 신참교육에 있어 매우 중요하다고 널리 인정되고 있는 숙련기술 직업에서도 매우 큰 영향력을 발휘해 왔다. 이러한 직업군에서 형식교육 혹은 훈련에 필수적 기간이 요구되는 것은 당연하게 받아들여져 왔고 이런 경향은 더욱 강화되고 있다. 예를 들어, 호주의 경우, 지난 10년간 형식교육적 요소를 포함한 1년간의 인턴십이 도제제도가 도입되지 않았던 매우 다양한 범주의 직업에 개설되고 있다. 따라서 최근까지 직업준비에 대한 접근은 신참이 교실과 훈련 환경에서 형식화되고 구조화된 학습을 하는 것에 중점을 두어 왔다고 할 것이다.

그러나 최근 프런트-엔드 모델은 상당한 비판을 받고 있다. 특히 다음에서 살펴볼 세 가지 유형의 불신은 프런트-엔드 모델에 대한 신뢰를 많은 부분에서 무너뜨리고 있다. 이러한 불신에서 일부 학자들은 프런트-엔드 모델을 좀 더 적합한 새로운 형태의 모델로 재구성할 것을 주장하기도 한다. 결국 그들은 프런트-엔드 모델이 내재적으로 문제가 있다고 보고 있다. 또 다른 학자들은 새롭고 불안정한 외적 환경에 비추어 볼 때 프런트-엔드 모델이 시대에 뒤떨어진 것이라 평가한다.

프런트-엔드 모델의 실패 사례에서 나타난 불신

언론이 전문직이 드러낸 무능력과 과오를 집중 보도하면서 불을 붙이기도 했고, 소비자의 지적 교양이 높아지기도 했으며, 공적으로 전문직에게 보다 높은 책무성을 요구하게 된 결과, 1990년대는 전문직과 각 전문직의 수행에 대하여 전 세계적으로 대중의 불만이 점증한 시기였다. 각 전문직은 이러한 현상에 다양한 방식으로 대응했다. 전문직의 자격 부여와 평가에 있어 엄격성을 높이기도 했고, 전문직 계속교육(continuing professional education: CPE)에 대한 요구 수준을 높이기도 했으며, 직업준비과정의 평가절차를 개혁하기도 했다. 그러나 이 모든 조치에서 특히 전문직 계속교육에 대한 강화는 프런트-엔드 모델이 여전히 쓸모 있냐는 불신을 불러일으켰다.

프런트-엔드 모델의 효용성에 대한 불신은 전문직에만 해당되는 것은 아니었다. 지난 10년간 세계 각국은 직업역량표준(occupational competency standards)을 도입했고(Arguelles & Gonczi, 2000), 미국의 경우 1990년 퍼킨스 법안(Carl D. Perkins Act)에서 유사한 기준을 설정했다. 이와 같은 기준설정 과정은 특정 직업을 효과적으로 수행하는 데 있어 요구되는 주요 특성과 기술 수련 과정을 명시하고자 한다. 하지만 현실적으로

드러난 한 가지 분명한 교훈은 직업준비과정을 통해서는 역량표준을 완전히 충족시키는 졸업자를 배출할 수 없다는 사실이었다(Hager, 1998). 프런트-엔드 모델은 회사에서 요구되는 기술을 새롭게 배워야만 하는 신참을 양산할 뿐이다. 그러나 적어도 암묵적 인식은 하고 있는 소수의 경우를 제외하고는 대개의 경우 위와 같은 프런트-엔드 모델의 한계는 무시되고 있다. 전문직에 있어 오랜 기간의 형식교육과정을 끝마친 이후에도 인턴십, 전문가 양성과정, 수습과정 등이 필요한 것은 당연하게 받아들여지고 있다. 도제에서 완전히 숙련된 기술자로 발전하는 전통적인 과정 역시 고도의 수행이 요구되는 지속적인 현업학습에서 가능하다. 한 명의 기술자로서 충분히 그 역량을 발휘하도록 하는 데 있어 형식적 직업교육은 초기 몇 년에만 요구되는 경우가 많다. 물론 비형식적인 현업학습도 잘못 설계될 경우 '시간만 뺏는' 결과를 낳기도 하지만, 그 중요성은 명백하다 할 것이다.

직무의 본질적 특성에 대한 기존의 해석 불신

프런트-엔드 모델이 주된 기반으로 삼고 있는 "상식적" 가정은 형식교육에서 배운 이론이 직무수행에 중요한 역할을 할 수 있다는 것이다. 대단히 많은 학자들이 직업 준비에 있어 이 "상식적" 가정이 부적절하다고 지적해 왔는데, 예를 들면 쇤(D. A. Schön, 1983, 1987)은 이러한 가정을 "기능적 합리성(technical rationality)"이라 명명했다. 기능적 합리성이란 전문가가 매일의 업무에 들어섰을 때, 다양한 과제를 분석하고 해결하는 데 요구되는 과학적이고 학문적인 지식체를 습득할 필요가 있다는 관점을 말한다. 쇤은 이러한 접근이 전문가가 현실에서 행하는 업무에 전혀 부합하지 않는다고 주장한다. 전문가의 업무 과정을 보면 이론을 문제에 단순하게 적용하는 것으로는 현실적으로 충분하지 못하다. 전문가의 주된 역할은 주어진 환경에서 갖는 그 문제의 의미를 명확하게 하는 데 있다.

전문가 교육에 있어 프런트-엔드 모델은 전형적으로 그 교육과정에 기능적 합리성을 반영한다. 즉, 전문적 지식을 습득하여 전문적 문제를 해결하는 과정은 특정 지식을 적용하는 실천과정이다. 이러한 기능적 합리성에 근거한 비판이 완벽하다고 할 수는 없다 하더라도, 프런트-엔드 모델은 확실히 마구잡이식인 측면이 있다. 대개 전이가능성(transferability)과 적용(application)의 범위는 형식적 학습의 내용 지식과 일터 간의 근접성에 의존하고 있다. 대개 근접성은 이상적인 것으로 받아들여지는데(예를 들면, 은행업무는 예술학사보다는 경영학사가 잘 수행할 것이다. 그러나 현실적으로는 반대의 경우가 나타나기도 한다.), 외교나 공공 영역에서도 그러한 생각이 뿌리깊다. 매우 막연하게 최선의 전이와 적용 모델에 위와 같은 믿음이 유지되어 왔다. 그러나 정작 특정 전문직의 업무 능력을 증진시키는 데 있어 현실적으로 요구되는 그 전문직의 직무 특성 등에 대한 고찰은 최근까지도 관심의 대상이 아니었다.

기능적 합리성에 대한 비판은 직무에서 현실적으로 요구되는 지식의 유형에 대한 의문을 불러일으킨다. 역량표준 혹은 수행표준이 지식을 적절하게 구체화하고 있는가에 대한 논쟁은 이러한 의문점을 보다 구체화했다(Hager & Beckett, 1995; Davis, 1998; Lum, 1999 참조). 서구 문화에서 대학은 지식 창조와 개발의 중심으로 여겨져 왔고, 직업교육훈련의 영역은 지식의 생산자와 정반대 위치에 서 있는 지식의 활용자로 여겨져 왔다. 그러나 새로운 인식론적 접근에서는 일터를 이론가와 실천가의 관계와 관련된 오랜 논쟁에 새 장을 여는 또 다른 지식 창조와 개발의 장으로 인정할 것을 제안한다. 전통적으로 학자를 실천가보다 높이 평가하는 시각은 우리 문화에서 두 집단 간의 관계를 지배해 왔다. 실천을 바탕에 둔 지식과 형식교육을 통해 발전된 지식은 서로 독립적으로 존재하고, 각 영역은 다른 영역의 지식을 인정하지 않고 있다. 따라서 방법을 다루는 실무지식 영역은 대개 교육 프로그램에서 생략되고 있거나 다른 방식으로 기술·성문화되고 있다. 실천 중심의 방법적 지식(know-how)은 그 자체로 흔히 부정확하고, 본질상 암묵적이고, 맥락화되어 있으며, 따라서 설명이 난해하다. 반대로 교육과정의 지적 기반은 성문화(codification)와 일반화가능성(generalizability)에 기대고 있다. 교육과정에 있어 이러한 인식론적 특징은 전문직이건 아니건 모두 그러하다(Eraut, 1994).

급격한 변화에 대한 프런트-엔드 모델의 대처 능력 불신

일과 직업준비에 있어 예측이 불가능할 정도의 변화가 주는 충격은 이제 무시할 수 없는 지경에 이르렀다. 바로 이와 같은 급격한 변화가 프런트-엔드 모델에 또 하나의 압력이 되고 있다. 직장생활 초년에 받은 2년, 3년 혹은 4년간의 형식교육의 내용은 평생 동안의 직업실무에 충분한 기초라기보다는 초기 몇 년간 기본 지식의 역할을 수행할 뿐이다.

이와 같은 인식의 결과로 일터에서 갖는 지식의 역할을 재개념화하는 과정에 개방성(openness)이라는 개념이 유의미하게 자리 잡고 있다. 그러나 전문적 실천의 본질을 둘러싼 기존의 이해에 대한 확신이 줄어들고 있다는 사실이 모든 사람들이 대안적 모델의 필요성을 확신한다고 말할 수 있는 충분조건은 아닐 것이다. 프런트-엔드 모델이 전문적 실천의 본질에 대하여 모호한 이론/실천 이분법을 기반으로 하고 있다고 해도, 이 이론/실천 이분법을 결정적으로 대체할 만큼 충분한 지지를 얻고 있는 경쟁 이론은 현재 존재하지 않는다. 예를 들어, 쇤의 유명한 "반성적 실천(reflecting-in-action)" 이론은 폭넓은 영향을 미쳐 왔다. 하지만 이 이론은 프런트-엔드 모델에 반성적 실천을 통합시켜 그것을 소생시키려는 시도가 아님에도 불구하고 다양한 비판을 받고 있다. 주된 비판은 쇤의 이론에서 그가 주장하는 바보다는 그가 반대하는 바가 훨씬 더 명확하다는 데 있다. 즉, "반성적 실천"이라는 그의 제안은 너무 모호하다는 점에서 다양한 비판을 받고 있다. 길로이(P. Gilroy, 1993)는 인식론적 측면에서 숀의 주장을 비판했다. 베켓(D. Beckett, 1996)은 인식론적 측면에 더해, 그 행위가 전형적으로 "급박한(hot)" 것일 경우 "반성적 실천"이 과연 현실적으로 가능한가에 의문을 제기한다. "급박한" 행위는 "즉각적으로 행위하는" 것을 특징으로 하는 직업에서 나타나는데(Eraut, 1985, p. 128), 교사, 외과의사, 법률가, 법정 변호사, 간호사 등의 일을 포함한다. 반면 변호사의 소송사건 적요서 준비, 건축가의 설계, 의사의 진찰과정은 훨씬 "침착한(cooler)" 일이다. 베켓의 요지는 "반성적 실천"이 이후의 상황에서 나타날 수 있는 가능성을 고려해야 하기에, "급박한" 행위 상황에는 적용할 수 없다는 것이다. 그는 이러한 경우에는 물론 이 역시 어렵겠지만 "선제적 행위(anticipative action)"가 훨씬 더 적절한 설명이 가능한 개념이라고 주장한다.

숀의 이론뿐만이 아니라 다른 학자들의 이론도 대부분 폭넓은 동의를 얻는 데 실패했다(Hager, 1996). 다양한 이론이 직업적 · 전문적 실천의 본질에 대한 흥미로운 통찰을 제시해 왔지만, 우리의 이해는 여전히 소박한 수준이다. 우리는 일종의 불만족스러운 상황에 처해 있다. 프런트-엔드 모델의 익숙함과 상식적인 그럴듯함이 이 모델을 비판에서 벗어나게 해 주는 것도 아니고, 그것을 혁신하려는 시도가 과연 프런트-드 모델이 변화에 효과적으로 대처하는 직업인을 배출할 수 있는가에 대한 불신을 제거해 준 것도 아니다. 바로 이러한 상황에서 평생학습(lifelong learning)이라는 아이디어가 강한 관심을 불러일으켜 왔다.

직업교육훈련: 발전과 전략

교육사에 있어 지난 반세기이상 직업/학문의 이분법이 고수되어 왔음에도 불구하고, 자본과 노동시장의 특성 및 수요의 변화에 따라 교육이 고려해야 할 사항들은 급속히 변화하고 있다. "계급(class)"과 "기술(skill)"이라는 핵심적인 개념의 의미 변화와 대중이 정의하는 "계급"과 "기술"에 대한 개념 변화는 포디즘적 생산에서 포스트-포디즘적 생산으로의 이동이라는 자본주의의 발전과 그 맥을 같이하고 있다(Ainley, 1993). 특히 1970년대의 오일쇼크, 경기침체 그리고 청년실업의 증대와 같은 변화는 직업교육훈련의 역할을 재형성하는데 큰 영향을 미쳤다(Flude & Sieminski, 1999).

그 대표적인 예가 바로 "신직업주의(new vocationalism)"다. 신직업주의는 1970년대 이후, 모든 교육적 측면의 직업교육화(vocationalization)를 표현하기 위해 사용되는 용어(Avis et al., 1996; Hyland, 1999)로서 "실천적으로 적절함의 이상적 상태 혹은 적용 가능한 지식과 기술"로 정의될 수 있다(Skilbeck et al., 1994, p. 18). 그러나 최근 "산업화된 세계 각국에서 교육의 직업적 측면에 대한 관심이 새롭게 부활하고 있는 것"(같은 책, p. 22)은 학문적인 것과 직업적인 것을 조화시키거나 동등하게 취급하려는 교육적 고려에서 촉발된 것이 아니라 세계화된 경제와 노동시장이라는 변화에서 촉발된 것이다. 영국의 대논쟁(Great Debate)의 시기와 1970년대 신직업주의의 도래로, 직업교육훈련과 경제적 · 산업적 성과를 직접적으로 그리고 흔히 인과관계로 관련시키는(이후 논의하겠지만 철저하게 잘못된 방향을 취했다는 점에서 불행한) 경향이 나타났다(Hyland, 1994; Raggatt & Williams, 1999). 이러한 경향은 영국 경제문제에 대한 분석에서 더욱 불이 붙었는데, 예를 들면 바넷(C. Barnett)의 『전쟁결산(*Audit of War*)』(1986)이나 위너(M. Wiener)의 『영국 문화와 산업정신의 쇠퇴(*English Culture and the Decline of the Industrial Spirit*)』(1981)를 들 수 있다. 바넷이나 위너와 같은 분석은 화이트사이드(T. Whiteside) 등이 지적한 바처럼, "영국의 장기적인 경제불황의 핵심적 원인은 교육훈련에 있다는 정치인과 경제인의 신념이 발전된 결과다."(Whiteside et al., 1992, p. 4)

결국 당시 영국 경제불황의 원인은 학교교육이 노동하는 삶을 준비하는 데 부적절했기 때문이 아니라 학교 중퇴자들의 개인적 결함 때문이라는 시각이 나타나기 시작했다. 장기불황에 대한 이와 같은 설명은 잔인하고도 불성실한 "직업중심주의자들의 사고방식"을 드러낸 것이다. 이는 "문제를 청소년들에게 귀착시켜 개인화하며, 원인 분석을 철저히 하지 않은 것이고, 교육과 경제적 성공을 단순하게 등식화하고, 청년실업을 빗나간 시선으로 바라본" 잘못된 정보에 기초한 어리석은 짓의 집합체였다(Stronach, 1990, p. 173). 이 담론의 불합리성은 "경제적 변화, 교육 그리고 고용 간의 관계에 대한 정부 정책을 둘러싼 논쟁을 왜곡시키는 효과를 낳았다."(Esland, 1990, p. 5) 보다 큰 문제는 그와 같은 정책적 논의가 직업교육, 특히 수많은 청소년훈련 프로그램(Youth Training Schemes: YTS) 개발의 근거로 활용되었다는 데 있다. 이들 청소년훈련 프로그램의 대부분은 "기업"의 이름표가 붙어 있었고, 부도덕하게도 "훈련을 실업불안의 해소책으로 판매했다."(Lee et al., 1990, p. 195) 이는 결과적으로 좁은 범위의 직업기술과 역량에 치중함으로써(Hyland, 1994; Green, 1997) 일반 훈련, 특히 현장중심훈련(work-based training)의 가치를 격감시켰다.

최근 몇 년간 의무교육 이후의 교육훈련 정책은 기술 및 역량에서 평생학습이라는 개념으로 개혁의 모델을 이동시켰다. 성인교육에 있어 전통적인 학교교육형이라 할 수 있는 "프런트-엔드" 모델을 폐기하려는 목적에서 출발한 "평생학습"이라는 슬로건은 현재 직업교육훈련에 있어 특정한 입장을 대중에게 전파하는 수단으로 주로 활용되고 있다. 『학습의 시대(*The Learning Age*)』(DfEE, 1998; 새 노동당 정부가 확정한 교육훈련 정책집)를 보면, 총리는 "직업을 보장받으려는 개인에게나 세계를 상대로 경쟁하는 국가에게나 학습은 그 열쇠"라고 강조하고 있다(Blunkett, 1998, p. 18).

교육이 실천하는 시민정신, 개인의 발달, 사회적 포용 등과 같은 광범위한 영역을 고려해야 함에도 불구하고 보다 최근의 노동당 정책은 경제적인 측면에만 과도하게 초점을 맞추고 있고, 세계시장에서 경쟁력을 확보하기 위하여 노동자의 비숙련을 해결하는 데에만 주로 관심을 두고 있다(Hyland, 1999). 그러나 교육훈련과 직업교육훈련 분야의 전문가들은 1980년대와 1990년대 영국의 교육훈련을 지배한 좁은 일 중심의 직업주의(occupationalism)를 넘어서기 위해 기술 혹은 역량중심훈련과는 반대되는 학습(learning)을 강조하고 있다.

의무교육 이후의 교육훈련에 대한 정부 정책 중 다음의 두 가지 사례를 살펴볼 필요가 있다. 그중 하나는 산업대학(University for Industry: UfI) 정책이고, 다른 하나는 실업자를 위한 뉴딜 프로그램(New Deal programs for unemployed people)이다. 이 두 프로그램은 정부정책 중 최고 수준의 것이었을 뿐만 아니라 직업교육훈련을 위한 현대적 전략을 설명하는 데 적절하다. 두 프로그램은 모두 "제3의 길 정책"의 일환이라 할 수 있으며, 그 목표가 "평등을 통합으로, 불평등을 배제로 정의하는 사회투자적 정부"에 있었다(Giddens, 1998, p. 102). 사회적 통합에 대한 약속은 "교육과 훈련에서 혜택을 받은 사람들과 그렇지 못한 사람들 간의 분열에 다리를 놓는 작업과 관련된다."(DfEE, 1998, p. 11) 이를 목적으로 산업대학 정책과 뉴딜 프로그램의 리더들은 전통적으로 혜택 받지 못했던 개인과 조직을 위해 직업교육훈련 프로그램의 기회와 접근성을 확대하는 방안을 내놓았다.

산업대학은 일종의 "가상" 조직으로서 정보통신기술(informationa and communications technology: ICT)과 인터넷의 기존 자원 및 설비를 활용하여 직업교육훈련의 사용자와 공급자 간에 자원과 서비스를 "매개하는 학습센터"로서의 네트워크를 구축하고자 시도한다(Hillman, 1997). 역사적으로 직업교육훈련 네트워크에서 배제되어 온 기본 기술이 부족한 개인과 소규모 및 중간 규모의 기업(small and medium-sized enterprises: SMEs)을 대상으로, 산업대학은 다양한 기회를 제공하고자 시도하고 있으며 평생학습에 대한 요구를 충족시키고 있다.

일자리 찾기 뉴딜 복지(New Deal Welfare to Work: WtW) 프로그램(DfEE, 1997) 역시 실업자(특히 18~24세)들이 안정된 직업을 찾을 수 있도록 기술과 자금을 제공하기 위해 설계되었다는 점에서 사회적 배제의 문제와 관련된다. 뉴딜 복지 프로그램의 핵심은 초기 "통로(Gateway)" 단계에 있다. 이 단계는 실업자가 구직을 할 때 공적 영역, 사적 영역, 자원봉사 영역이라는 다양한 선택지를 찾게 함으로써 충분한 안내와 상담을 제공한다. 이후 실업자는 전일제 직업교육훈련을 선택할 수도 있고, 고용주가 정부에서 교부금을 받을 수 있는 파트타임 교육훈련에 연계될 수도 있다. 2년 동안 뉴딜 프로그램은 23만 명의 청년이 직업을 찾을 수 있도록 도왔고, 그 외에도 14만 8천 명의 청년을 직업 경험 및 훈련으로 안내했다(Educa, 2000, p. 5).

현재 이와 같은 평생학습 정책이 주로 과거 직업교육훈련의 단점을 교정하는 결핍 모델에 기초하여 운영되고 있기는 하지만, 전통적으로 혜택 받지 못한 집단을 위해 접근 가능성을 확장시키고자 하는 대중주의적 자세와 해법은 큰 의미를 갖는다 할 수 있다. 평생교육으로서의 직업교육은 이전 전략의 특징인 기술주의와 폭이 좁은 도구주의에 여전히 많은 영향을 받고 있다. 하지만 단기 직업-지원 계획과 훈련, 현대적 도제제도 그리고 영국에서의 종합적인 직업교육훈련 준비 프로그램 간에 연결고리를 세우면서, 직업교육에서의 역사적 과제를 해결하기 위해 요구되는 개혁을 이끌어 낼 가능성을 보이고 있다(Hyland, 2000a).

결론: 직업교육훈련 연구의 발전 방향

지난 25년간 영국 등지에서 이루어진 직업교육훈련의 발전은 직업교육과 학문교육 간의 역사적 분열을 해결하는 데 실패했을 뿐만 아니라, 기술 및 역량중심 전략으로 협소하게 정의됨으로써 실제로는 수많은 직업교육훈련 프로그램을 단순화하여 그 수준을 떨어뜨리는 결과를 낳았다는 주장이 제기되고 있다. 평생학습 프로그램도 이러한 이분법이 남긴 역사적 과제에 제한적인 영향을 미쳤을 뿐이다. 그 이유는 오늘날의 평생학습 프로그램은 주로 실업률 감소, 노동력의 질 향상, 청년층에서 취업 가능성을 높이는 기술 제고 등에만 그 목적을 두고 있기 때문이다. 직업교육의 가치를 높이고 현업학습을 발전시키면서 평생학습이라는 목적을 성취하기 위해서는 단기적인 안정책보다는 실질적인 개혁방안이 요구된다.

이론적으로도 실천적으로도 교육에 있어 직업적 준비와 학문적 준비라는 흐름을 화해시키려는 수많은 시도가 있어 왔다. 19세기 그린(T. H. Green)과 같은 이상주의자들과 밀(J. S. Mill)과 같은 공리주의자들은 산업혁명의 과학적 · 기술적 진보를 통합시킨 보다 정교한 자유교양교육의 개념을 구성하고자 했다(Gordon & J. White, 1979). 듀이 역시 "직업교육과 교양교육 간의 대립"(Dewey, [1916] 1966, p. 301)을 해소하고자, "직업의 풍부한 지적 · 사회적 의미를 강조하는 교육"(Dewey, [1916] 1966, p. 318)을 주장했는데, 이는 그린과 밀의 이론보다 더 큰 영향을 미쳤다.

애덤스(J. Adams)는 그의 『현대교육 실천의 발전(*Modern Developments in Educational Practice*)』에서 보다 흥미로운 개혁안을 제시했다. "모든 교육은 바람직한 방향으로든 그 반대로든 우리 미래의 삶에 영향을 미치고 있으며, 바로 그만큼 모든 교육은 우리가 인생에서 직업을 준비하도록 한다는 점에서 직업적이다."(Adams, 1933, p. 50) 이와 같은 접근을 보이는 보다 최근의 사례는 고등교육에 있어 "자유교양교육적 직업중심주의"를 옹호하는 실버와 브레넌(1988)의 주장을 들 수 있다. "자유교양교육적 직업중심주의"란 예술 및 과학 교과를 결합하는 "하이브리드(hybrid)" 교육과정과 공학 · 경영학 학위과정의 직업 프로그램에 자유교양교육적 요소를 편입시키는 것을 포함한다. 이와 같은 관점에 있어 핵심적인 원리는 자유교양교육과 직업교육이 많은 공통점을 가지고 있다는 것을 증명하는 것이라 생각된다. 피터스(R. S. Peters)는 이론적이면서 실천적인 활동은 "그 활동 자체를 위한 것"(Peters, 1978, p. 9)이라 하면서 유사하게 지적한 바 있다. 같은 맥락에서 월시(P. D. Walsh)는 "만약 자유교양에서 추구하는 진정한 가치를 말하고 분류할 수 있다면 그것이 바로 실천적으로 추구되어야 할 바다."라고 주장했다(1978, p. 62).

그런데 모든 이와 같은 화해전략에 있어 나타나는 위험은 (그 주장을 펼치는 학자들이 자유교양교육이 직업적인 것으로 포함될 수 있다거나 직업교육이 자유교양교육일 수 있음을 보이고자 노력하고 있음에도 불구하고) 차별의 본래적 경계와 근원을 강조하는 데 있다. 프링(R. Pring)은 그와 같은 수많은 화해전략이 드러내고 있는 어려움에 대하여 다음과 같이 설명한다. "만약 직업적인 것이 형편없이 교수될 경우 그것은 자유교양적이라 볼 수 없다고 말한다면, 즉 형편없는 직업교육은 인간을 무지에서 해방시키고 새로운 시각, 새로운 가능성을 열어 주는 지식으로 이끌지 못한다고 한다면, '자유교양적' 이라는 것은 '직업적' 이라는 것과 다른 것이라 할 수 있다."(Pring, 1995, p. 189) 그러나 현재 직업교육을 향상시키고 학문적인 것과 직업적인 것의 대립을 해소하는 데 있어 실천적 · 이론적 수준에서 요구되는 바에 대한 일종의 합의가 이루어지고 있다(Avis et al., 1996; Raggatt & Williams, 1999). 이제 결론적으로 학습, 교육과정 그리고 가치라는 세 가지 핵심 영역에서 나타나고 있는 담론을 검토해 보고자 한다.

학습

프링은 직업 대 학문 간 화해전략의 하나로 교수를 중심에 두고 있지만, 학습(learning)과 교수(teaching)가 상호 연관되어 있다는 것을 인정하더라도 "학습자 정신(studentship)"과 "학습 경력" 이라는 개념이 확연하게 드러나도록 하기 위해서는 학생의 자율성과 임파워먼트를 지향하는 학습이 강조될 필요가 있다(Bloomer, 1997). 직업 대 학문, 이론 대 실천, 교육 대 훈련이라는 주요 이원론의 한 가지 분명한 교집합은 분명 학습과정이라는 점이 대단히 중요하다. 그러므로 직업교육훈련의 질과 지위의 향상에 있어 관건은 바로 한 개인이 꾸준히 직업적 경력을 쌓고 평생학습해 나갈 수 있도록 하는 풍부하고 깊이 있는 학습이라 할 것이다.

이와 같이 학습에 주목하는 것은 가치 있는 학습이란 형식교육 이외의 환경에서도 이루어질 수 있다는 도전적 인식을 제기하는 것이기도 하다. 앞서 살펴보았듯이, 일터는 교육적 관점에서 보면 중요한 장소가 아니었다. 실무 중 이루어지는 학습은 다른 수단, 특히 형식적 교육훈련의 결과로 획득된 지식과 비교하여 그 중요성을 인정받지 못했다. 즉, 비형식학습은 대개 사회가 지식을 조직 · 전달하고 승인하는 정치적 · 사회적 과정 밖에 존재했기에 주목받지 못했다. 비형식적 현업학습(informal workplace learning)과 전통적인 "교육" 활동에서 찾아볼 수 있는 주된 차이를 살펴보면 비형식적 학습을 인정하지 않는 시각이 널리 받아들여지고 있는 상황에 대한 이해가 가능할 것이다. 직업교육 대 일반교육 이분법의 영향으로, 형식적 OJT(formal on-the-job training)는 대개 모호하지만 교육적 지위를 부여받고 있다. 그러나 많은 점에서 구조화된 OJT는 비형식적 현업학습보다는 전통적인 "교육" 활동과 유사하다고 할 수 있다. 그것은 전통적인 교육 활동과 구조화된 OJT가 모든 형식학습의 특징을 공유하고 있기 때문이다. 따라서 비형식적 현업학습이 교육과정으로 고려되어야 한다는 제안은 일종의 패러다임 전환을 요구한다. 비형식적 현업학습과 모든 형태의 형식적 학습의 차이는 다음과 같다.

1. 제도교육에서의 형식적 학습과 구조화된 OJT는 모두 교사가 통제하는 반면, 비형식적 현업학습은 학습자가 통제한다. 즉, 형식적 학습은

의도적인 반면, 현업학습은 대개 비의도적이다.

2. 형식적 교육과 구조화된 OJT에서 학습은 형식적 교육과정, 역량표준, 학습결과 등에 의하여 사전 계획된다. 반면 비형식적 현업학습에서는 형식적 교육과정 혹은 사전 계획이 존재하지 않는다.
3. 제도교육과 OJT 모두 학습결과의 대부분이 예측된다. 반면 비형식적 현업학습의 결과는 예측할 수 있는 부분이 많지 않다.
4. 제도교육과 OJT에서 학습은 대개 명시적이다. 예를 들어, 학습자는 학습한 바를 지필고사나 교사의 질문에 대한 응답으로 명시화할 것을 요구받는다. 또는 훈련의 결과로 적절한 활동을 수행할 것을 요구받는다. 반면 비형식적 현업학습은 대개 함축적이거나 암묵적이다. 학습자는 대부분의 경우 그들이 학습한 범위를 인식하지 못한다.
5. 형식적 교실 공간과 OJT는 교수 · 훈련과 그 대상인 내용 및 구조를 강조한다(대개 위의 1에서 4의 결과로). 반면 비형식적 현업학습은 직업인으로서의 학습자의 경험을 강조한다. 그러나 이것은 자기주도적 학습의 결과로 자신의 직업적 삶뿐만 아니라 일터도 이해한다는 식의 가벼운 의미는 아니다.
6. 형식적 교실학습과 OJT는 대개 개인적 학습에 초점을 맞춘다. 5에서 지적했듯이 오늘날 자기주도와 개인적 경험이 정책적 · 수사적으로 강조되고 있지만, 비형식적 현업학습은 많은 경우 협동적이고 팀의 수준에서 이루어진다. 이와 같은 사회성이 나타나는 원인은 노동의 장이란 그 정의상 사회문화적으로 위치하며, 노동자가 결과적으로 공유하는 그 일터만의 경험을 교육적으로 활용하는 것은 집단적으로만 가능하기 때문이다. 따라서 노동자는 일에 그들의 개인적 정체성의 대부분을 투자하고, "우리가 여기서 일하는 방식에 의해", 즉 그 국지적 노동문화에 의해 정의되고 재정의된 개인의 정체성을 찾는다.

7. 형식적 교실학습은 비맥락적이다. 맥락에 따른 적용보다는 일반 원칙을 강조한다. 구조화된 OJT는 대개 맥락화되어 있다. 그렇지만 일반 산업 표준을 위한 훈련과 같이 일반적인 것을 강조한다. 반면 비형식적 현업학습은 6에서 대략 설명한 바와 같이 그 본질상 대단히 맥락화되어 있다. 그리고 노동자가 학습을 진행해 가는 과정은 그들의 경험이 갖는 정서적 · 인지적 · 사회적 측면을 포함해야 한다.
8. 형식교육과 구조화된 OJT에서 학습은 이론(지식)과 실천(이론과 지식의 적용)으로 나누어진다. 반면 비형식적 현업학습은 이음새 없는 방법적 지식(know-how)이라 할 수 있으며, 아리스토텔레스적 개념에서는 프로네시스(*phronesis*) 혹은 실천적 지혜에 가깝다.
9. 제도교육과 OJT에서는 지식을 학습하는 것이 기술을 학습하는 것보다 훨씬 어렵다고 본다. 따라서 교수의 노력은 대개 기술보다는 지식에 투자된다. 반면 적절하게 구조화된 경험의 계열화를 통한 역량 개발이나 능력개발과 같은 비형식적 현업학습은 지식과 기술을 구별하지 않는다.

이상에서 볼 때, 현업학습이 포함된 비형식적 학습에 비해 형식적 학습 · 교육이 보다 가치를 평가받는 것은 그다지 놀라운 일이 아니다. 비형식적 현업학습은 특히 모든 수준의 형식적 교육체제에서 그 가치가 저평가된 비형식교육의 한 유형이다. 역사적으로 훈련이란 정신이 결여된 기계적이고 반복적인 행위로서 지적으로 도전적인 과제를 완성하여 정신의 발전을 꾀하는 교육과는 상반된 것이었다(Winch, 1995). 그러나 교육과 훈련에 대한 "상반된" 시각에도 불구하고, 비형식적 현업학습과의 관계에서 살펴보면 교육과 훈련은 오히려 공통점이 더 많다고 할 수 있다. 따라서 교육 관계자들이 비형식적 현업학습은 순수한 교육의 범위 밖에 존재하는 것으로 생각하는 것은 어찌 보면 당연한 현상이라고도 할 수 있다. 그럼에도 불구하고 평생학습에 대한 관심의 증가와 산학협동의 도래와 같이 이 장에서 논의한 몇 가지 원인으로 인해, 일터에서의 비형식적 학습은 갑작스러운 주목을 받기 시작했다.

비형식적 현업학습을 교육활동의 주류에 포함되는 것으로 고려하면, 전통적 이분법을 벗어나 교육 개념 자체를 재개념화할 필요성이 제기된다. 이는 존 화이트(1997)가 보여 준 바처럼 교육철학에 대한 주된 도전 중 하나로 남아 있다. 그의 책에서 화이트는 일에 대한 다양한 철학적 해석에 대단히 훌륭한 분석을 제공하고 있다. 그러나 그의 이론은 전통적인 이분법을 지속시키는 효과를 갖는다. 화이트는 교육과 일을 서로 다른 영역의 것으로 정의한다. 그 결과, 아마도 의도한 결과는 아니겠지만 화이트의 지적 틀에서 일은 교육에 비해 시시한 것이고, 따라서 일에서 이루어지는 학습의 가치는 크지 않다(Hager, 1999).

과연 현대의 일이 교육철학에 있어 전통적 이분법을 확실히 넘어설 수 있게 하려면 무엇이 요구되는가? 아마도 가장 가능성 있는 해답은 후기 비트겐슈타인에 기초하여 학습에 대한 새로운 이해를 발견하려는 시도라 할 수 있을 것이다(예: M. Williams, 1994; Winch, 1998). 전통적 교육철학이 부과한 훈련의 의미가 갖는 나쁜 영향력에도 불구하고, 비트겐슈타인에 기초한 분석에서는 학습의 기본적 형태란 실천이나 관습으로 승인된 활동에 참여하기 위한 학습, 즉 패턴화된 행동을 훈련받는 것이라고 주장한다. 또한 학습은 어떠한 문제에 대하여 대부분의 철학적 사고가 형성해 온 정신적 사전 가정을 피하고 새로운 기준을 세우는 사회적 실천이라 강조한다.

교육과정

스킬벡 등(M. Skilbeck et al.)은 국가적 수준의 직업교육훈련 전략을 광범위하게 비교하는 과정에서 "학교교육"으로서의 직업교육이라는 접근과

"직업생활(working life)"로서의 직업교육이라는 접근 간의 차이를 지적한 바 있다(미국, 프랑스, 영국에서 각기 다른 수준으로 실시되고 있음). 학교교육 모델에서는 "직업교육에 있어 일차적인 책임이 학교에 있다." 반면 (독일, 호주, 스위스, 덴마크 직업 교육훈련 체제에서 특징적인) 직업생활 모델에서는 "직업교육에 대한 일차적 책임이 고용주에게 있거나 혹은 고용주와 학교가 분담하고 있다."(Skilbeck et al., 1994, p. 64) 다양한 모든 시스템을 검토한 후, 스킬벡 등이 결론적으로 제시한 안은 (직업교육이 학교교육과 직업생활 간의 수직선에서 어느 위치에 존재하든) "최소한 18세 혹은 그 이상의 모든 청소년들을 포함시키는 것을 목표로, 교육 프로그램의 질과 적합성을 향상시킬 필요가 있다."는 것이었다(Skilbeck et al., 1994, p. 105). 이러한 목표를 달성하기 위해 그들은 다음과 같이 주장했다. "직업생활에 요구되는 보통학습, 즉 기초학습에서 핵심적인 개념을 찾고, 그것을 정의하고 조직하여 학생들에게 적절한 환경에서 전달하는 것은 전통적으로 그리고 비기능적으로 분리된 일반교육과 직업교육의 영역을 상호 관련시키는 하나의 수단을 제공한다."(Skilbeck et al., 1994, p. 60)

유사한 맥락에서 그린은 성인의 삶과 직업생활에서 요구되는 일반적인 교육적 기초에 토대를 둔 직업교육훈련이 활용하는 두 가지 주요 전략을 제시한다(프랑스, 독일, 일본, 스웨덴에서 실시되고 있음). "일반 기술 · 직업교육" 패러다임은 "직업학습이란 일반교육이라는 공통의 토대(common foundation, culture generale)에 의거한다는 지각"에 기초한다(Green, 1997, p. 92). 시민정신과 최소한의 문화적 권리부여라는 아이디어와 관련하여, 이러한 접근은 모든 형태의 직업교육이 직업생활에서 요구되는 지식과 기술을 지원하는 일반적 토대를 요한다고 가정한다. 이와 반대로, (미국과 영국의 제도에서 특징적으로 나타나는) "핵심기술(core skills)" 패러다임은 일반적인 교육적 · 문화적 권리부여를 가정하지 않으며, 여기서 직업교육훈련은 고용 및 노동 시장의 요구와 관련된 기술적이고 본질적으로 공리적인 고려에 기초하게 된다.

앞서 논의한 기술 및 역량 중심으로 영국의 직업교육훈련이 발전하는 과정을 검토하면서, 그린은 "시간 들이는 도제제도의 쇠퇴와 역량중심 학습의 도래란 이미 문화와 이론으로부터 자유로운 보다 간결해진 기술 개념에 '기대고 있다'."고 설명한다(Green, 1997, p. 93). 그의 결론은 다음과 같다.

> 핵심기술 패러다임은 일반교육이 빈곤해진 상황을 대표적으로 드러낸다. 이는 정상적으로 조직된 최소한의 기본 기술을 효과적인 일반교육과 함께 적절히 전달하지도 못할 뿐더러, 현대 사회에 있어 행동하는 시민정신에 대한 요구에 과학적 · 인문적으로 적절한 기초를 전달하려는 시도도 하지 않는다…. 그러나 보다 큰 문제는 핵심기술이 16세 이후 교육의 개혁에서 핵심적인 또 다른 사안들을 고려하는 데 부족하다는 것이다. 그 결과 핵심기술 패러다임은 실현 가능한 공통교육과정(unified curriculum)의 기초를 제공하는 데 실패했다(Green, 1997, p. 100).

지금보다는 후기까지 전문화를 피하고 일반교과와 직업교과를 혼합하는, 14~19세에 해당하는 학생들을 위한 공통교육과정의 필요성은 폭넓은 합의에 도달해 있다(Hodgson & Spours, 1997). 이 연령단계에서 직업교육과 학문교육 간의 분리를 철폐함으로써 역사적 분열을 효과적으로 연결하고, 현대 평생교육 정책과 실천을 지원하기 위해 요구되는 학습문화를 육성할 수 있다.

가치

기술중심 및 역량중심 전략으로 인해 직업교육훈련이 나타내는 빈곤화에 대한 그린의 분석은 가치의 빈곤화에도 동일하게 적용될 수 있다. 앞서 언급한 신직업주의자들은 학생을 노동시장에서 경쟁력 있는 기술과 역량을 채우는 그릇에 지나지 않는 것으로 주장함으로써 과도하게 기술주의적이고 산업주의적인 직업교육훈련 체제, 그리고 모든 가치를 고용주들이 원하는 바로 환원시키는 직업교육훈련 체제를 형성시켰다. 이와 같이 직업교육에 대한 윤리성이 결여된 접근에 현재 비판이 높아지고 있다(J. White, 1997; Hyland, 1999). 비판의 핵심은 듀이의 정신에 기초해, 직업교육훈련 프로그램은 모든 노동하는 삶에서 필수적인 사회적 · 도덕적 · 미적 가치에 기반을 두고 있어야 한다는 주장이다.

직업교육훈련에서의 가치는 재구조화된 직업교육훈련이 가능한 한 공동체주의적인 틀과 공적 서비스의 가치가 구성될 수 있도록 1980년대와 1990년대 "기업문화"의 특징인 공리주의적 · 신자유주의적 개념을 넘어서야 할 것이다(Hyland, 2000b). 이에 대해 프링은 다음과 같이 잘 설명하고 있다.

> 자유교양교육과 직업준비 간의 서로 다른 전통을 화해시키는 데 있어, 우리는 인간의 삶을 보다 풍요롭게 만드는 것은 과연 무엇이며, 개인적 발전과 그 발전이 이루어지는 광범위한 사회적 틀 간의 연계란 무엇인가에 대한 보다 근본적인 도덕적 질문을 제기할 필요가 있다(Pring, 1995, pp. 194-195).

글리슨(D. Gleeson)도 "새로운 교육의 화해"를 주장하면서 유사한 관점을 제시한 바 있다. 새로운 교육적 화해란 "시장, 자격증, 고용자 중심 사고를 넘어, 개인의 교육과 경제적 관계에 파트너십과 임파워먼트를 결합한 시민정신이라는 능동적 시각"을 채택한다. "또한 그것은 교육, 학습, 사회 그리고 노동이 분리된 실재가 아닌 통합된 하나가 되는 것을 포함한다." (Gleeson, 1996, p. 15)

추 천 도 서

Hyland, T. (1999). *Vocational Studies, Lifelong Learning and Social Values*. Ashgate.

Pring, R. (1995). *Closing the Gap: Liberal Education and Vocational Preparation*. Hodder & Stoughton.

Symes, C., & McIntyre, J. (eds.) (2000). *Working Knowledge: The New Vocationalism and Higher Education*. SPHE/Open University Press.

White, J. (1997). *Education and the End of Work: A New Philosophy of Work and Learning*, Cassell.

제9장

진보주의

John Darling & Sven Erik Nordenbo / 정훈 역

도 입

교육에서 진보주의(progressivism)는 어떤 일반적인 실제적 · 이론적 접근을 지칭하는 용어다. 오늘날 진보주의는 최소한 그 고전적인 형태로는 특히 20세기 초반에서 중반까지 번창했던 하나의 역사적 현상으로 여겨질 수 있다. 그렇지만 이러한 주장은 시공간과 관련하여 어떤 자격을 요구한다. 이 주장은 무엇보다 중부 유럽, 특히 독일과 스칸디나비아 반도 그리고 북아메리카에 적용될 수 있으나, 진보주의는 영국에서 몇십 년이 지나고 나서야 그 의미를 갖게 되었다. 동시에 이 주장은 21세기 초인 오늘날의 학교들이 진보주의 노선에 따라 운영되지 않는다고 말하는 것이 아니다. 실제로 고전적 진보주의의 접근들과 방법들은 최소한 일부 학교체제에서 새로운 정설이 되었다고 주장될 수 있다. 그리고 이는 그 접근들과 방법들이

여전히 '진보주의'라는 용어로 불릴 만한 가치가 있는지의 여부에 대한 난감한 질문을 제기한다.

현행 제도들과 지각된 사회·문화적 요구들 사이의 중요한 간극의 형태로 주요 교육적 위기들이 존재한다는 맥락에서 진보주의 또는 개혁교육학이 발생한다. 실천가나 이론가 혹은 둘 다는 이때 널리 퍼져 있는 교육적 개념들과 절차들에 대한 대안들로 새로운 교육적 개념들과 절차들을 고안하기 시작한다. 베너와 캠퍼(Benner & Kemper, 1993; 또한 Benner, 1998 참조)에 따르면 주요 교육적 위기들은 근대 교육의 역사에서 세 차례 나타났다. 첫 번째는 루소(J. J. Rousseau, 1712~1778)와 훔볼트(W.von Humbolt, 1767~1835)가 여러 인물들 중에서 아주 두드러진 역할을 수행했던 18세기 후반과 19세기 초반이다. 두 번째는 아동의 본성에 관한 어떤 새로운 관심이 '아동으로부터(*vom Kinde aus*)'—이 명칭은 스웨덴 작가이자 페미니스트인 케이(Ellen Key, 1849~1926)의 『아동의 세기(*Barnets Århundrade*)』라는 에세이집의 1900년판 독일어 번역서에서 따온 것이다—라는 운동에서 그 출발점을 삼았던 19세기의 마지막 10년과 20세기의 1/3에 해당하는 시기다. 그리고 세 번째는 위기에 처해 있는 것으로 사태를 생각하는 것이 흔한 일이었던 1960년대 이후의 기간이다. 진보주의와 위기에 대처하는 이러한 대응의 본질을 이해하기 위해서는 우선 진보주의가 반대하는 전통적 교육의 명확한 특징들을 우선 파악하는 것이 필요하다.

이어지는 논의는 세 가지 주된 영역으로 나누어질 것이다. 먼저 우리는 고전적 진보주의 운동 전개의 역사적 배경과 주요 공헌자들에 대한 간략한 설명을 제공할 것이다. 그다음 우리는 가장 명징한 설명으로 진보주의를 특징짓는 다섯 가지 핵심 주제들을 구명(究明)할 것이다. 여기서 다섯 가지 주제는 철저히 검토될 것이다. 마지막으로 우리는 진보주의가 오늘날 여전히 실행 가능성이 있는지를 간략히 논의할 것이다. 탈학교 운동, 아동권 운동, 그리고 반교육(학) 운동의 세 운동 모두가 20세기 후반 '포스트모던한'

조건들에 대한 당대의 초기 반응으로 고려될 수 있을 것이라는 점이 주장될 것이다.

역사적 관점

진보주의의 역사는 진보주의 학교들과 실천가들에 대한 설명이나 혹은 진보주의 사상의 이론가들과 주창자들에 대한 설명으로 진술할 수 있다. 교육철학자로서 우리의 주요 관심은 후자와 관련될 것이다. 독일 교육사에서 개혁교육학은 1890년에 시작하여 1933년에 끝났다는 것이 통상적인 견해다(Nohl, 1970 참조). 그렇지만 최근 욀커스(Jürgen Oelkers, 1989)는 어떤 한정된 시대적 기간으로 이해되는 진보주의를 상세히 검토한 이후 그것이 일정한 역사적 전통의 산물로 판명되었음을 제시한 바 있다. 진보주의는 특정한 날에 시작된 것이 아니다. 그것은 20세기 초엽의 교육 영역에서 가장 지배적인 특징이 될 때까지 19세기 동안 매우 천천히 움직이고 발전한 것이다. 이미 언급한 바처럼, 진보주의는 유럽의 여러 나라에서 동시에 번창하지 않았다. 더 정확히 말하면, 진보주의적이거나 개혁 교육적인 숙고들은 주요 요새인 독일과 함께 북유럽과 스칸디나비아 반도에서는 1930년대까지 절정을 이루었다. 반면 영국에서 진보주의의 전성기는 1960년대와 1970년대에 찾아왔으나, 결국 대처와 레이건의 시대에 쇠퇴했다.

어떤 교육운동을 진보주의로 규정하기 위해서는 그 전제조건으로 어느 정도의 주제와 논증이 제시되어야 한다. 진보주의 선구자들의 이력을 언급하는 것은 이를 소개하는 전통적인 방식이다. 이러한 역사적 기술과 상징적 추이(Cousinet, 1950)로 진보주의의 전모를 제시할 때 필연적으로 언급할 수 있는 코메니우스, 루소, 페스탈로치, 프뢰벨, 듀이 같은 중요한 인물들의 집합이 있다. 코메니우스(Johan Amos Comenius, 1592~1670)는 나중에 진보주의에서 가치 있는 것으로 인정된 몇 가지 특징을 소개했다. 수년 동안 그는 자신의 주요 교육 저작인 『대교수학(*Didactica Magna*)』(1657)의 집필에 전념했다. 이 책의 부제가 말해 주는 것처럼, '이 책에는 모든 사람들에게 모든 것을 가르치는 일반적으로 타당한 기술이 제시되어 있다.' 코메니우스는 이후 이러한 백과전서주의적 교과과정의 야심찬 재생을 '범지학(pansophism)'의 이름으로 발전시켰다. 이 저작은 교육체제 전체를 다시 조직하기 위한 논리적이고 체계적인 계획을 제시한다. 그 근본적인 철학적 원리는 자연(Nature)이 어느 곳에서나 모든 교수(敎授) 양태, 즉 교수 단계, 진행, 방식, 내용에 대한 하나의 본보기로 고려될 수 있다는 점이다. Nature(자연)를 대문자로 쓴 것은 인간에서 nature(본성)를 소문자로 썼기 때문이다. 이에 비추어 아동의 본성은 존중되고, 놀이 속에서 자유롭게 펼쳐지게 해야 한다. 코메니우스는 인문주의적 언어중심주의에 대항하며, 종교 이외에 '실물(實物)'이나 과학을 교육과정에 포함시켰다. 이제 중요한 것은 바로 아이들 자신의 경험이다. 코메니우스는 훈육의 문제에서 관대함의 입장을 취한다. 태양이 교사의 이상이어야 한다. 그것은 언제나 밝고 따뜻하며, 때때로 비와 바람을 불러오지만 좀처럼 번개와 천둥을 불러오지 않는다.

이 모든 것에도 불구하고 코메니우스는 진보주의 역사의 거장들 중 첫 번째 인물인 루소의 서막에 지나지 않는다. 몇몇 사람의 기준에 따르면, 루소는 서구 세계의 지적인 거장 중 한 명이거니와, 우리가 지금 이따금씩 교육에서 아동 중심적 접근이라 부르는 것의 사상을 처음으로 주창한 학자다. 『에밀(*Émile*)』(1762)에서 루소는 교육자는 아동의 본성과 그것이 발달하는 방식에 대한 어떤 적절한 이해가 필요하다는 점을 강조한다. 그다음 이러한 지식은 아동이 무엇을 배워야 하는지를 숙고하는 데 활용되어야 한다. 『에밀』의 서문에서 루소는 우리가 아동이 무엇을 알아야 하는지를 생각하는 것이 아니라 아동이 학습할 수 있는 것이 무엇인지가 핵심 질문이라는 점을 주장한다. 그러고 나서 그는 아이들이 사고하는 과정이 우리가 사고하는 과정과 동일하다는 경솔한 가정에 주의할 것을 요구한다. “아동기는 보고 사고하고 감지하는 고유의 방식이 있다. 우리의 방식을 시도하게 하고 대신 사용하게 하는 것보다 더 어리석은 것은 아무것도 없다.” (Rousseau, 1911, p. 54)

루소의 관념적 심리학은 이성(理性)이 12세까지 부재한다고 주장하는데, 놀랍게도 이는 피아제의 결론을 예견하게 한다. 12세 이전, 아이들은 그들 자신의 경험에 뿌리박고 있고 그것을 통해 발견된 것을 뛰어넘어 어떤 개념들을 파악할 수 없다. 그 까닭에 어떤 다른 개념들을 가르치려고 시도하는 것은 그 어린아이들이 더 나이가 들 때까지 늦추어야 한다. 왜냐하면 우리는 첫 번째 원리로부터 그러한 소재들이 아동의 이해를 넘어선다는 것을 알기 때문이다. 물론 루소는 전통적 방식의 교사들이 그렇게 하지 않는다는 점을 스스로 확인하는 것은 쉽다고 말한다. 그리고 그는 다음과 같은 예증을 제공한다. 우리는 교사가 어떤 개념을 학생에게 언어적으로 전달하는 전통적 방식의 수업을 생각할 수 있다. 그 개념이 수용되었는지를 점검하기 위해 교사는 어떤 질문을 제기하고, 학생은 교사와 동일한 단어를 사용하여 명확한 대답을 한다. 교사의 관점에서 그 대답은 수업이 성공적이었음을 확증하는 것으로 여겨진다. 그러나 루소에 따르면 이는 잘못된 결론이다. 이러한 종류의 표준적인 교실의 상호작용에서 실제로 일어나고 있는 것은 학생의 마음이 단지 거울처럼 기능을 하고 있다는 것이다. 교사는 일련의 단어를 거울 쪽을 향해 비춘다. 그리고 동일한 단어들이 교사에게 반사된다. 그러나 루소가 진술한 바처럼 그 메시지는 거울 뒤쪽으로 관통되지 않는다. 그 개념은 실제로 받아들여지거나 내면화되지 않는다. 진보주의에 관한 저작의 이러한 초기 작품에서 우리는 즉시 두 가지 전형적인 특징에 주목할 수 있다. 하나는 여기서 어떤 그럴듯하고 통찰력 있는 분석을 논쟁적으로 제공하면서 전통적인 교수에 대한 비판적 설명을 하는 것이다. 다른 하나는 실재 학습은 단지 학생이 배운 것을 이해할 때 발생한다는 가정이다. 이해의 중요성에 대한 루소의 주장은 지금 너무나 일반적으로 수용되는 것이어서, 루소가 그 점을 아주 강력하게 강조해야 했던 이유를 우리가 오늘날 올바로 인식하는 것은 어려울 수 있다.

우리가 어떤 책에 대해 카리스마가 있다고 말할 수 있다면, 『에밀』은 확실히 카리스마가 있다. 이 책은 빠르게 몇 개의 상이한 언어로 번역되었고, 유럽을 통틀어 다양한 집단과 개인에게 강력한 영향력을 행사했다. 예컨대, 덴마크에서는 『에밀』의 중요한 부분이 영국 『스펙테이터(*Spectator*)』[1]에 필적하는 덴마크의 *Den patriotiske Tilskuer*에서 그것이 소개된 달에 논의되었다. 루소는 특히 상위 계급 사이에서 폭넓게 읽혔는데, 심지어 덴마크 왕세자는 1770년대 초에 루소주의적 원리에 따라 양육되기도 했다. 1799~1806년에 이루어진 캄페(J. H. Campe)의 『재검토(*Revisonwerk*)』[2] 전권의 덴마크어 번역에서, 『에밀』 전체는 로크의 『교육에 관하여(*On Education*)』와 함께 제16권에 포함되었다(Nordenbo, 1984).

『에밀』의 매력에 빠졌던 한 교육자는 페스탈로치(J. H. Pestalozzi, 1746~1827)였다. 그는 몇 개의 학교를 운영하고 교육에 관한 많은 논문과 책을 집필했다. 가장 유명한 책은『린하르트와 게르트루트(*Leonard and Gertrude*)』(1781)로 10년 동안 세 차례나 다시 출판되었다. 『에밀』에서의 허구적 요소를 따르면서, 『린하르트와 게르트루트』는 소설의 형식을 취한다. 그러나

1) 1828년 런던에서 창간된 시사여론 주간지다.

2) 캄페가 교육학적 사고와 실천을 집대성한 책을 모아 편집 · 출판한 것으로, 정확히 말하면 『학교와 교육제도의 전반적 재검토(*Allgemeine Revision des gesammten Schul und Erziehungswesens*)』(16Bände. Hamburg, 1785~1792)다. 이 전집은 박애주의 교육학의 핸드북으로 만들어졌으며, 『전집』 제9권에서 제15권까지 로크의 『교육에 관하여』와 루소의 『에밀』이 새롭게 번역되어 자세한 각주와 함께 실렸다(한스 쇼이얼 외, 정영근 외 옮김, 2004, 『교육학의 거장들 1』, 서울: 한길사, pp. 238, 243).

루소와 달리 페스탈로치는 성찰적 교사이자 아버지로서 습득한 경험의 권위를 자신의 교육 저술에 반영할 수 있었다.

페스탈로치는 진보주의의 또 다른 주제인 자신의 '머리, 가슴, 손' 이라는 구절로 요약되는 전인교육을 발전시키는 데 도움을 주었다. 그의 논증은 우선 우리가 어떤 이상적인 인간을 구성하는 것이 무엇인지를 구명하려 해야 한다는 점을 주장하는 것으로 진행된다. 따라서 우리가 그러한 사람을 찾을 수 있다면 그가 받은 교육에 관해 그 사람에게 질문해야 한다. 우리는 그때 '그가 받은 교육의 특성은 그것이 오직 혹은 지배적으로 지적인 성취의 산출을 목적으로 하는 것이 아니라' 인간의 다방면에 걸친 능력의 자기실현을 돕는 것을 목적으로 한다는 점을 인식하게 될 것이다(Pestalozzi, 1805, in Green, 1912, p. 58).

실천적 교육자에게 루소의 한계 중 하나는 그가 학교에서 가르치는 기술을 어떻게 실천할 것인지에 관심이 없어 학교에 대한 생각에 너무나 무관심했다는 것이다. 페스탈로치는 이 점에서 더욱 상상력이 풍부하고 참여적인 방식으로 학교교육을 재구조화할 수 있는 가능성을 지적한 첫 번째 진보주의자였다. 동시에 페스탈로치는 일부 실천성이 부족한 진보주의 저술가들이 나중에 행하는 데 실패했던 바처럼, 이것이 그 일을 더욱더 어렵게 만들 수 있을 것이라는 점을 인식했다.

> 교사는 진행 중인 목적과 완전히 같이하면서 아동의 관점을 전적으로 고려해야 한다. 그리고 아동과 함께 진리에서 진리로, 발견에서 발견으로 전진해야 한다. 이는 인정하는 바와 같이 당신의 손에 교과서를 들고 아이들에게 교과서의 내용을 받아 쓰게 하고 예증하게 하면서 교탁에 서 있는 것보다 훨씬 더 어려운 일이다(Pestalozzi, 1807, in Green, 1912, p. 350).

프뢰벨(F. Froebel, 1782~1852)은 페스탈로치의 학교들 중 한 곳을 방문했는데, 계속해서 아이들의 인식과 이해에 관한 그 자신의 이론을 발전시켰다. 이는 아직까지 발달하지 않았더라도 실제로 본유된 것이라 말할 수 있다. 인식과 이해는 아이들이 자연스럽게 관여하기를 원하는 실천적이고 창조적인 활동을 통해 '펼쳐진다'. 불행히도 이러한 본능은 그와 같은 활동이 신의 힘으로 정돈된 본성에 설계되어 있는 일부분이라는 점을 깨닫지 못하는 잘못 인도된 어른들에 의해 종종 방해받는다. 따라서 교육자는 다음과 같은 중요한 민감성으로 자신의 교육적 중재를 시행해야 한다.

> 우리가 신이 부여하는 행위를 고려하고 원초적 상태에서의 인간을 숙고한다면, 처방을 내리고 결정하는 모든 교수 행위가 틀림없이 방해하고 파괴하고 절멸하게 할 것이라는 점은 분명해진다. 자연으로부터 또 다른 사례를 들 수 있다. 포도나무는 가지를 쳐내야 한다. 그러나 가지를 쳐내는 것이 더 많은 포도주를 가져오지 않는다. 아무리 좋은 의도라 하더라도 포도나무는 이 과정 속에서 완전히 못쓰게 될 수 있다. 혹은 포도나무의 다산성(多産性)은 정원사가 그 나무의 자연적 성장에 주의를 기울이지 않는다면 파괴될 수 있다. 우리가 자연의 대상물을 다룰 때는 종종 아무런 문제가 없는 반면, 인간 존재를 다룰 때는 완전히 잘못된 궤도에 올라설 수 있다. 여전히 힘들이 작용하고 있는데, 그 힘들은 하나의 원천에서 흘러나오고 동일한 법칙을 따른다. 그리고 이는 인간이 주시하는 것이 중요한 자연의 측면이다(Froebel, 1826, in Lilley, 1967, p. 52).

실천적 활동과 창조성으로 유발되는 어떤 펼쳐지는 과정인 프뢰벨의 교육적 발달 개념은 놀이와 예술, 공예 작업의 중요성에 대한 새로운 근거를 제공한다. 놀이와 예술, 공예 작업은 오늘날 진보주의 노선의 초등학교에서 교실생활의 지배적인 특징이다. 학교에 영향력을 행사한 것은 프뢰벨의 저작이 아니라 그의 죽음 이후에 프뢰벨주의(그리고 또한 페스탈로치주의)적

실천의 촉진을 목적으로 하는 단체들의 설립이었다는 주장이 있어 왔다(Darling, 1994, p. 24). 교사들은 의심할 바 없이 실천적 수단(놀이와 예술, 공예 작업)의 이용 가능성을 높이 평가했는데, 그것을 통해 이 단체들은 교육적 가치가 있는 것으로 여겨질 수 있는 일련의 놀이들을 활성화시키려 했다.

듀이(J. Dewey, 1859~1952)는 그의 출생 연도에도 불구하고 '20세기의 한 인물' (Murphy, 1990, p. 59)이었다. 그가 제1차 세계 대전부터 1930년대 말까지의 기간에 출판한 최고의 철학적 저작들은 다음을 포함한다. 『민주주의와 교육(*Democracy and Education*)』(1916), 『철학의 재구성(*Reconstruction in Philosophy*)』(1920), 『인간 본성과 행위(*Human Nature and Conduct*)』(1922), 『경험과 자연(*Experience and Nature*)』(1925), 『확실성을 위한 탐구(*The Quest for Certainty*)』(1929), 『경험으로서 예술(*Art as Experience*)』(1934), 『논리학: 탐구론(*Logic: The Theory of Inquiry*)』(1938). 그는 1919년 일본에서, 그 후 2년 동안은 중국에서 강의를 했다. 듀이는 1924년에 터키의 학교들, 1926년에는 멕시코의 학교들, 1928에는 소련의 학교들을 시찰하는 여행을 했다. 이 모든 것은 듀이가 국제적으로 알려진 교육 이론가였다는 사실을 반영한다. 이 점에서 카(Carr)와 하트넷(Hartnett)이 "존 듀이는 의심할 바 없이 20세기의 가장 영향력 있는 교육철학자다."라고 단언한 것은 놀랄 만한 일이 아니다(Carr & Hartnett, 1996, p. 54). 그렇지만 듀이의 교육철학이 유럽에서 최소한 20세기 초기에 진보주의와 개혁교육학에 얼마나 많은 영향력을 갖고 있었는지에 관한 의문이 존재한다. 독일, 영국 그리고 네덜란드에서의 연구는 듀이가 영향력이 있고 단순하게 경시되지 않았다는 측면에서 그의 작업이 각 나라의 진보주의 교육자들에 의해 간접적으로 전해졌다고 주장한다(Biesta & Miedema, 1999). 독일에서 듀이에 관한 지식은 그가 노작학교 원리의 설계자로 잘 알려진 케르쉔슈타이너(Georg Kerschensteiner, 1854~1932)에게 영향을 주었고, 교육철학 분야에서 그의 주요 저작인 『민주주의와 교육』의 독일어 번역본이 1930년에 나오긴 했지만, 학계의 교육자들 사이에서조차 부족한 면이 있었다(Bohnsack, 1976).

독일에서 교육학을 공부했던 핀들레이(J. J. Findlay)는 편집된 두 권의 듀이 선집인 『학교와 아동(*The School and the Child*)』(1906), 『교육에 관한 에세이(*Educational Essay*)』(1910)로 초기 단계에서 듀이를 영국에 소개했다. 그는 듀이의 시카고 실험학교에 토대를 두고 맨체스터에 학교를 설립하려 했으나 큰 성과를 거두지 못했다. 학술지 『새로운 시대(*New Era*)』와 함께 신교육연맹(1921년 설립)을 조직하였고 미국진보주의교육연합(1921년 설립)이 1932년 신교육연맹의 미국 지부가 되었다는 사실에도 불구하고, 전간기(戰間期)에 듀이는 영국에서 거의 알려지지 않았다(Brehony, 1997). 제2차 세계 대전이 지나고 나서야 '듀이적' 입장, 듀이의 사상과 저작과 일치하는 생각들이 두드러지게 되었다(Darling & Nisbet, 2000). 그리고 그의 저작은 영국에서 1960년대 동안 초등교육에 대한 정부 보고서와 교사교육을 받는 세대들에게 확실한 영향력을 행사했다. 흥미롭게도 이러한 영향력이 이후 듀이적 입장의 이론들이 교육을 잘못된 길로 들어서게 한 것에 책임이 있어 왔다는 취지에서 대처 정부의 첫 번째 교육부장관인 조셉(Keith Joseph)의 논평을 불러왔다는 점은 주목할 만하다. 이러한 의견의 일면은 1990년대 초기 영국 메이저 수상의 다음과 같은 언명으로 되풀이되었다. "진보주의자들은 하고 싶은 말을 끝냈고, 또 진보주의자들은 그들의 전성기를 보냈다."

교육과 민주주의에 대한 듀이의 견해와 관련된 어떤 지속적인 관심의 부흥은 1990년대에 미국과 독일에서 일어났다. 듀이와 관련해 거트만(Amy Gutmann, 1987)은 심의민주주의(deliberative democracy)[3]에서 학교의 주

3) 심의민주주의(또는 숙의민주주의)는 집단의 숙의/논의가 최종적 수준의 민주주의라고 보는 개념이다. "평범한 시민들의 자유롭고 평등한 참여와 토론을 통해 도출된 판단을 정책 결정의 근거로

요 목적으로 정치교육을 강조했으며, 나딩스(Nel Noddings)는 학교에서의 민주주의를 혁신할 것을 주장했다(Noddings, 1995). 반면에 하버마스(Jürgen Habermas)와 요아스(Hans Joas)는 듀이를 심의민주주의의 선구자로 이해했다.

듀이의 인식론인 프래그머티즘에 입각한 도구주의는 철학에 대한 다윈 진화론의 도전에서 영감을 얻은 것이다. 듀이는 지식이 유한하고 영속적인 진리로 드러날 수 있다는 만연된 견해를 지식은 개인적이고 목적론적이며 도구적이고 상대적이라는 새로운 이해로 대체하기를 원했다. 듀이에 따르면 그 만연되어 있는 견해는 세계가 근본적으로 영원하고 변하지 않는다는 잘못된 판단에 토대를 둔 것이다. 만약 그렇다면 세계에 관한 지식이 '역사' '수학' '지리' 등으로 명명된 지식 꾸러미로 한 세대에서 다른 세대로 전해질 수 있을 것이라고 믿는 것은 이해할 만할 것이다. 새로운 세대에게 그 지식이 창조되는 방식을 소개하지 않으면서 말이다. 반면 세계가 끊임없이 변화하는 현상의 한 흐름이라면 지식은 매우 빠르게 쓸모없는 것이 될 것이다. 듀이에 입각하면 세계를 아는 것은 끊임없이 새로운 문제 사태에 직면하는 것이다. 이는 주어진 맥락과 상관된 문제들에 대처하기 위해 개인의 지성을 도구적으로 적용하는 것이다. 따라서 교육의 목적은 아동이 다른 인간 존재들과 더불어 그러한 세계에서 살아가도록 준비시키는 것이다.

이를 행하는 한 가지 방식은 아동에게 어떤 과학적인 방법으로 사고하는 방식을 가르치는 것이다. 듀이는 지식의 체계적이고 방법론적인 습득은 처음에는 어떤 확실한 절차인 '논리론'으로 불리고 나중에는 그것의 가장 정교화된 형태인 '탐구론'으로 불리는 것을 요구한다고 자신의 저작에서 강조한다(Dewey, 1938). 듀이는 『사고하는 방법(*How We Think*)』(1910)에서 특별히 교육과 관련해 다섯 단계로 그 이론을 제시한다(Dewey, 1991,

---

삼아야 한다는 이론으로 '시민 배심원제'가 대표적인 예다."(김문주 외 5인, 2006, 『새로운 사회를 여는 상상력』, 서울: 시대의창, p. 373)

77ff). 원칙적으로 우리가 우리의 일상생활에서 과학을 하는 방법과 경험을 습득하는 방법 사이에는 차이가 없다. 둘 다 근본적으로 우리가 계속해서 우리의 경험을 재구성하는 문제 해결의 사태로 여겨진다. 그 까닭에 우리가 학교를 축소된 모형으로서 일상생활의 문제들이 능동적이고 사회적으로 책임 있는 방식으로 직면되고 해결되어야 하는 장소로 조직한다면, 학교는 그 자체의 힘으로 삶을 준비하는 곳일 뿐 아니라 삶의 터전이 될 것이다. 듀이에게 이에 대한 하나의 중요한 결과는 몸과 영혼, 행위와 사고, 의식과 활동, 이성과 정서, 개인과 사회라는 전통 철학의 이원론이 결국 총체적 유기체가 계속해서 세계 및 사회와 상호작용하는 가운데 있는 어떤 사태로 귀착된다는 점이다. 아동은 다른 사람들과의 민주적 협력에 대한 관심에서 삶에서 직면하는 실재 문제들을 능동적으로 해결하는 행위자가 된다. 이렇게 듀이식 원리에 따라 프로젝트와 문제 해결의 방법으로 현실화되는 교과 간 통합교육과정의 접근은 학교에서 가르치는 일의 필요 수단이 되었다. 그렇지만 듀이의 저작들은 실천(가능성)에 대한 질문과 관련해 애매함과 모호함, 심지어 불일치로 가득 차 있다. 듀이의 저작에 관한 논의를 출판하는 데 많은 학문적 관심이 제공되어 왔던 것은 이러한 특성 때문일 것이다. 정말로 듀이 자신은 스스로를 일반적인 제안자로 한정하기를 선호하면서, 때로 자기 사상의 실천적 함의에 관한 질문을 적극적으로 회피했던 것으로 여겨진다.

일반적으로 듀이를 포함하며 더욱 엄밀하게 철학적인 저술가들과 관련하여, 그들과 교실실천 간의 관계에 관해 무엇을 말할 수 있는지를 아는 것은 언제나 쉽지 않다. 진보주의에 입각한 교실실천의 발달과 루소의 『에밀』 사이의 관계성을 주장하는 것은 분명히 더 문제시될 수 있다. 이 책은 많은 교사들에게, 심지어 오늘날의 교사들을 가르치는 교사들에게도 알려지지 않았다. 그렇지만 그들은 발견학습의 가치에 관해 열광적일 수 있다. 어떤 경우라도 실천적 혁신을 18세기의 한 권의 저작 덕분으로 돌리는 것은 본래적으로 사회변화의 원인이 어떻게 설명될 수 있는지에 관해 받아들이기 힘든 가정을 수반할 것이다. 진보주의 교육의 발달사, 특히 진보주의의 주창자들에 의해 구성된 그러한 역사에서 주요 철학자들을 포함하는 것은 아마 상징적 의미가 있는 것으로 설명될 수 있을 것이다. 이는 결국 누군가 선호하는 교수 유형에 어떤 인상적인 계보가 있고, 그 교수 유형이 최고의 지적 위상을 갖는 사상가들에 의해 분명히 뒷받침된다는 믿음을 재확인하는 것이다.

진보주의의 다섯 가지 주제

진보주의가 너나 할 것 없이 '진보주의적' 인 것으로 특징되는 것으로 필히 받아들여지지 않는 다양한 특징을 포함하는 하나의 운동이라는 점에 대해서는 대체로 동의한다. 최근 독일에서 나온 논문에서 클라이네스펠과 틸만(Kleinespel & Tillmann, 1998, pp. 719-720; 또한 Tenorth, 1994 참조)은 전반적으로 진보주의적 담론의 특성을 기술하는 다섯 가지 논증을 제기했다. 먼저 그들은 교육이 모든 측면에서 아동을 자기 학습과정의 주인으로 만드는 것을 포함해, 아동들뿐 아니라 그들의 본성과 관점으로부터 교육의 출발점을 삼아야 한다는 코페르니쿠스적 혁명을 언급한다. 두 번째로 그들은 국가가 관장하는 학교, 지나치게 많은 교과과정, 그리고 성취에 대한 압력, '실생활' 로부터의 거리감, 의례화되고 위계적인 학교 운영에 대한 만연되어 있는 비판을 강조한다. 이러한 두 가지 논증에 이어 학교는 모든 구성원이 균등한 지위로 참여하는 학교 공동체(Schulgemeinde)이어야 하고, 학교와 학급의 내부 조직은 상이한 부류의 그룹 작업이 수반되게 개혁되어야 하며, 학교는 더 넓은 사회 내에서 온전히 자율적인 사회적 단위가 되어야 한다는, 모두 사회적 측면을 띠는 나머지 세 가지 논증이 뒤따른다.

또 다른 설명으로, 바아게(Sveinung Vaage, 2000, pp. 9-10)는 노르웨이에 듀이를 소개하면서 진보주의가 19세기 말 새로운 아동심리학의 출현, 학습에서의 활동과 자발적 활동 그리고 경험에 커다란 중요성을 부여하는 것, 프로젝트 방법과 더 많은 학생 활동을 수반하는 다른 형식의 방법들로 교수방법을 변화시키는 것의 세 가지 특징과 연결된다는 점을 강조한다. 바아게는 특히 교육의 최종 목적이 '심의민주주의' 로 알려진 민주주의의 더 나은 성질의 발달에 기여하는 것이라는 자신의 개념으로 듀이가 진보주의 운동 내에서 어떤 독립적인 위치를 차지하고 있다는 점을 강조한다.

경험해 온 교육적 위기들과 관련해 많은 모순된 응답이 있어 왔다는 사실 때문에 진보주의를 정확히 정의할 수 없을 것이라는 견해에 우리가 동의한다 하더라도(Biesta & Miedema, 1999, p. 99 참조), 우리는 역사를 통해 되풀이되는 진보주의의 다섯 가지 주제의 도움으로 진보주의의 본질을 파악할 수 있다. 이는 다음의 다섯 가지 소제목들 아래서 논의된다.

전통적 교육 비판

위에서 주목한 바처럼, 교육에서 전통적 접근에 대한 불만족은 진보주의 교육이론의 발달을 자극해 왔다. 이러한 불만족의 표현은 많은 형태를 취하는데, 그중 일부는 철학적이지 않다. 일부 아이들이 한때 교육받았던 방식에 만연하였던 시대 정신은 디킨스(C. Dickens)의 개혁 소설인 『어려운 시절(*Hard Times*)』(1854)에 현저히 묘사되어 있다. 여기서 디킨스는 맥초컴차일드라는 갓 교육을 마친 신참 교사를 채용한 그레드그라인드 씨 소유의 사립학교를 풍자해 묘사했다.

> 철자법, 어원학, 구문론 및 시작법(詩作法), 전기(傳記), 천문학, 지리학과 일반 우주형상학, 복합비율학, 대수학, 토지측량학, 성악 그리고

회화에 두루 정통했다. …그는 (그것이 무엇이든지) 세상의 모든 분수계(分水界)에 대한 모든 것을 알았다. 모든 민족의 모든 역사, 모든 강과 산의 이름, 그리고 모든 나라의 모든 산물과 풍습과 관습, 그리고 모든 경계선과 나침반의 32방위를 두루 잘 알았다. 아아, 맥초컴차일드는 너무나 지나치게 배웠다. 그가 단지 약간만 덜 배웠더라면 무한히 훨씬 더 잘 가르칠 수 있었을 텐데!

이 글에서 디킨스는 정보를 직접 전수하는 것에 최고의 중요성을 부여하는 교육적 접근을 조롱하고 있다. 거기서 상상력의 가치는 의도적으로 강등된다. 그레드그라인드 씨는 자기 딸에게 자신의 친구가 그녀와 결혼하고 싶다는 청을 한 것을 알리면서 그녀가 누군가와 연정을 나누고 있는지를 물었다. 이에 루이자는 다음과 같이 대답했다.

"아버지, 제가 취향과 상상, 열망과 애정 그리고 그런 부드러운 감정들이 자랐을 수도 있는 제 본성의 모든 부분에 대해 뭐 알고 있는 게 있나요? […] 아버진 저를 너무나 잘 훈련시켰어요. 그래서 저는 결코 아이의 꿈조차 꿔 본 적이 없어요. 아버진 어릴 때부터 지금까지 저를 너무나 현명하게 다루었어요. 저는 결코 아이다운 믿음이나 아이다운 두려움이 없어요."

그레드그라인드 씨는 자신의 성공과 성공에 대한 증거를 보고 무척 감동했다(같은 책, pp. 101-102).

여기서 지식('사실들')은 그 유용성으로 가치를 부여받는다. 그러나 디킨스는 풍부한 경험이 단지 경험 자체로가 아니라 우리를 남은 인생을 위해 준비하게 하는 능력으로 그 가치를 부여받아야 한다는 더욱 확장된 견해를 지적하고 있다. '공상'과 관계된 무엇이든지 헐뜯으려는 그레드그라인드 씨의 시도에 대한 두 가지 반대가 있다. 하나는 더욱 다채로운 접근이 아동의 경험을 고양시킬 수 있는데도 그레드그라인드 씨의 그와 같은 편협한 시도는 결국 아동의 경험 가치를 저해한다는 점이다. 다른 하나는 사실의 세계에 초점을 맞추는 것이 실제로 삶에 대한 적절한 준비를 구성하지 않는다는 점이다. 예컨대, 사랑과 결혼은 많은 사람들의 삶의 중심 특징이기 때문에 교육이 정서적 발달의 문제에 주의를 기울이는 것은 유용할 것이다.

지식 전수가 중심적 역할을 차지하는 것은 디킨스 전후 전통적 교육의 특징이었다. 1947년 에든버러의 교사 지침은 오늘날 널리 알려지지 않았고, 지금의 아이들이 이해하기 어려운 것으로 간주되는 역사적 인물들과 일화들에 아이들이 정통해야 함을 권고한 바 있다. 여덟 살에 스코틀랜드 노동조합과 영국 의회에 관해 배웠으며, 일곱 살에는 앤드류 우드(Andrew Wood, 15세기 스코틀랜드의 해군 제독으로 '짧은 언급만으로 충분할 것이다.') 경을 알아야 했다. 그리고 여섯 살에는 은둔자 피터(Peter the Hermit)와 예루살렘 정복을 공부해야 했다. 나중에 논의될 일부 진보주의자의 논증에 영향을 받아, 우리는 지금 아이들에게 적합한 교육과정의 소재를 무엇으로 구성할 것인지와 더 근본적으로 교육과정이 무엇인지를 이해하는 방식에 관한 우리의 생각을 변화시켜 왔다.

사실 전통주의적 교육 개념의 많은 부분은 이상하게도 오늘날 생소하게 여겨진다. 그러나 전통주의적 접근은 진보주의자들이 제기한 상반된 제언들에도 불구하고 전적으로 비합리적이지는 않다. 전통주의적 접근은 알려진 것으로 여겨지는 지식이 권위로 수용되고 결과적으로 아무런 문제가 없는 것으로 통용되는 시기에서 유래한다. 세계에 관한 의견들의 확실성을 검증할 필요가 없다고 여겨지는 곳에서, 지식의 대부분은 아이들의 마음에 주입된 사실들로 구성되어 있는 것으로 적절히 이해된다. 아이들의 마음 자체에 대한 이해는 그것이 성인의 정신 작용과 상당히 다를 수 있다는 가능성을 올바로 인식하지 못하는 한계가 있던 초보적 수준이었다. 그래서 교사가 제시한 지식을 학생들이 동화시키지 못하는 것은 대체로 아동의 부주의나 게으름에 의한 것으로 보았기에 비난할 만한 어떤 것으로 설명된다.

우리는 아마 다음과 같은 방식으로 전통주의가 함축하는 인간 본성론을 진술할 수 있을 것이다. 인간 존재는 본성으로 기억, 상상, 공상, 의지, 이성, 감정, 지각 등 어느 정도의 정신 능력이나 재능을 부여받았다. 이러한 능력들 모두는 마음이 순조롭게 제 기능을 다하는 데 본질적인 것이지만, 평생 동안 상이한 방식과 방향으로 발달한다. 아이들이 어릴 때 그들 능력들의 일부는 충분히 발달해 있지 않은 반면 다른 능력들은 그 정점에 도달해 있다. 예컨대, 어린 아동은 탁월한 기억력을 가지고 있고, 의미가 있든 없든 정보 더미를 저장할 수 있을 것이라 여겨진다. 우리가 나이를 먹으면 먹을수록 기억력은 약화된다. 한편 우리의 추론 능력은 미래의 왕 오이디푸스가 스핑크스의 수수께끼에 했던 답을 생각나게 하는 어떤 발달의 과정을 겪는다. 네 발로 걷기 시작해서 그다음에는 두 발로 걷고 마지막에는 세 발로 걷는 것은 어떤 피조물인가? 이 경우에 그 대답은 우리의 이성 능력에 있는데, 그것은 삶의 초반과 후반에는 불완전하게 작동한다. 우리가 사회에서 적절히 제 기능을 다하려면 우리 인간 능력과 재능을 적시에 가능한 한 가장 잘 이용하는 것이 필요하다. 그리고 이러한 목적을 완수하는 것이 교육의 목표다. 주어진 이러한 전제에서, 아동(또는 더 정확하게는 교사)은 좋은 기억력으로부터 이점을 끌어내어 기계적 암기로 배운 것이 자신에게 이해하기 힘든 것일지라도 가능한 한 많이 암기해야 한다. 그 후 시간이 경과함에 따라 아동의 이성은 인출할 유용한 지식이 가득 찬 이용할 수 있는 창고를 찾아낼 것이다. 어린아이들이 이해할 수 없는 소리에 관심이 없는 것은 당연한 일이므로, 그들은 '왜'에 대한 이해 없이 그들 자신을 위해 가장 좋은 것으로 많은 것을 배우도록 강제당해야 한다. 교사와 전체 학교체제는 체벌을 포함해 학습의 과정을 촉진시키는 데 필요한 수단을 적용하면서 이러한 방식으로 정당화된다.

이 과정에 참여하는 것에 아동이 보이는 이해할 만한 반감은 규율(훈육)과 통제가 교수 기술에서 왜 피할 수 없는 요소로 고려되었는지를 분명하게 한다. 아동을 가르치는 것은 학습에 대한 아동의 자발적 동기를 찾아내는 문제가 아니라 그들이 자신이 바라는 바를 억제하면서 학습하게 하는데 필요한 외적 동기를 제공하는 문제였다.

수업을 받아들이게 하는 매개자로서 교사가 제 기능을 다하기 때문에, 주의는 교사에게 초점이 맞춰져야 한다. 한층 높은 교단에 때때로 자리 잡은 교탁과 함께 교실 '정면' 에 위치하고 있는 교사를 정면으로 바라보도록 하기 위해 학생들의 책상을 배치하여, 교실은 교사에게 지배적인 지위를 제공할 수 있게 설계되었다. 이러한 배치는 교사에 의한 권위주의적 통제의 행사를 용이하게 한다. 이러한 방식으로 교육받았던 사람들에 의해 종종 '자연스러운 것' 으로 이해되는 이와 같은 종류의 자리 배치는 발화의 주체와 대상 그리고 그 관계에 대해 분명한 교육적 함의를 내포한다. 교사는 학생들에게 강연하고, 학생들은 교사에게 직답(直答)을 가능하게 하는 곳에 자리잡고 있다. 학생들은 시야가 좁게 될 것으로 예상되고, 결국 그들이 보는 친구들의 모든 것은 그들의 뒤통수다. 학생들 사이의 상호작용은 수업의 장에서 받아들이기 힘든 산만함이기 때문에, 어떤 학생도 다른 학생과 서로 얼굴을 맞대고 있지 않다. 교사는 지배적인 위치에 자리 잡게 되고, 결과적으로 교사는 그러한 종류의 의사소통이 발생하지 않는다는 점을 확실히 할 수 있다.

동시에 교육에 대한 이러한 접근은 결코 학생들에게 아주 매력적인 것으로 지속될 수 없을 것이기에 그러한 통제에 대한 필요를 재차 강조했던 것이라 여겨질 수 있다. 거기에는 학생들이 그들 자신의 학습에 능동적으로 관여하게 될 여지가 없다. 학생들은 단지 정립된 지식으로 여겨진 것을 흡수하고 말이든 글이든 성공적으로 암기했다는 증거가 요청될 때 그것을 재생할 것을 요구받는다. 예컨대, 특히 학교가 종교 기구의 통제를 받았던 사회에서 오랫동안 최고로 가치 있는 것으로 평가된 지식의 형식인 종교적 지식은 대체로 교리문답의 암기식 학습의 필요성을 강조했다. 게다가 문해력과 수리(數理) 지식, 그 시대의 학문 분과(다음의 '지식의 본질' 참조) 등 어떤 다른 종류의 지식이 가장 가치 있는 것은 아닌지에 관해 교육자들 사이에 하등의 의심도 없었다. 모든 중요한 지식은 그 타당성에 의심할 여지가 없는 분류체계인 '교과들' 속에 포함되었다. 그런 까닭에 교육자의 의무는 아이들이 자신이 정말로 관심을 두고 있는 것에 전념하는 것을 그만두게 하고, 대신 어른인 권위자가 아이들이 관심을 두어야 한다고 믿는 것, 즉 '학교 교과들'을 구성하는 교육과정에 전념하게 하는 것이라는 주장을 하는 것이다. 이러한 야심찬 프로젝트에 내재된 긴장은 강한 강압의 요소를 포함한다.

다음에서 우리는 그러한 전통적 접근에 대해 진보주의자들이 제기했던 비판의 주요 경향을 더욱 상세히 검토할 것이다.

지식의 본질

진보주의자들이 고수하는 지식 개념에 대한 이해는 흔히 하는 것처럼 그들 자신이 거부하는 것으로 보이는 지식 개념의 이해에 놓인 배경과 대조하는 것으로 가장 잘 이해된다. 여기서 우리가 미국의 개혁가 홀트(John Holt)를 인용하는 것은 유용할 수 있다. 이는 그가 받아들일 수 없는 것으로 간주하는 것을 지적하기 위해서뿐 아니라 우스꽝스러운 풍자(그 입장을 해명하는 것보다 논의를 더욱 활기차게 만들 것 같아 행하는 하나의 습관인)로 전통주의자의 입장을 제시하는 일부 진보주의자들 사이의 경향을 설명하기 위해서다. 홀트는 학교교육이 다음의 세 가지 주요 개념에 근거를 두고 있는 것으로 이해한다.

> ① 막대한 인간의 지식체 중에는 모든 사람이 알아야 하는 본질적인 것이라 불릴 수 있는 확실한 단편이 있다. ② 한 개인이 오늘날의 세계에서 지적으로 살아갈 만한 자격을 갖추고 사회에서 유용한 한 구성원으로서 교육받았다고 고려될 수 있는 측면은 그가 지니고 있는 이러한 본질적인 지식의 양에 달려 있다. ③ 따라서 학교의 의무는 이러한 본질적인 지식을 가능한 한 많이 아이들의 마음속에 집어넣는 것이다(Holt, 1969, p. 171).

왜 그런가? 하나의 만족스러운 대답은 홀트의 서술에 적합하지 않은 지식의 본질에 대한 이해에 의지해야만 할 것이다. 중세에서 오늘날에 이르기까지 학교 교수에서 지식의 위상에 관한 몇 가지 검토는 그 대답을 제공하는 데 도움이 될 것이다.

우리가 교육적 경향들과 접근들을 큰 틀에서 조망한다면 그것들은 소수의 견해에 토대를 두고 세 단계로 구분될 수 있다. 그 견해는 다음과 같은 이념형으로 표현된다. 즉, 실재는 결코 고정된 범주들로 환원될 수 없다. 지식의 본질에 대한 이해가 사람들이 학습하는 방법이라는 교육적 문제와 연결된다면 교육의 중심 문제는 학습하는 주체와 학습의 대상, 즉 실재 혹은 학습의 주제 사이의 관계와 관련된 문제로 공식화될 수 있다(Gustavsson, 1996, p. 248 참조). 학습 주체와 학습 대상 양자 간의 지속적인 균형의 변화는 교육사 전체에 걸쳐 목격될 수 있다. 이러한 이동은 외부에서 내부로의 공간적인 용어로 기술될 수 있다.

전통적 교육실천은 역사적으로 개개인이 획득하는 것이 본질적인 이미 구축된 지식체와 객관적 진리의 집합이 실재한다는 단정에 근거를 둔다. 첫 번째 단계로 근대적 학교의 발단이 이루어졌던 중세에 객관적 진리는 어떤 신성(神性)에서 비롯하며, 교육의 임무는 간단히 말해 내적 영혼의 구원을 위해 그 신성의 진리를 초월적 세계로부터 인간의 영혼으로 운송하는 것이다. 두 번째 단계는 르네상스 이후부터라 여겨지는데, 이미 구축된 어떤 지식체가 존재한다는 생각이 여전히 주장되었다. 그렇지만 이제 그 지식은 더 이상 초월적 세계로부터의 신적인 계시가 아니라 과학이 계속해서 발달하는 과정 동안 세속적인 영역에서 정립된다. 학교의 임무는 여전히 진리가 아이들 안으로 운송된다는 점을 확실하게 하는 것이다. 그러나 그것은 이제 현존하는 세계의 구원을 위해서다. 이 단계와 첫 번째 단계 모두에서 중심을 이루는 것은 모방이다. 교육의 임무는 이미 구축된 진리가 전이되게 돕는 것이다. 처음 두 단계에서 본 바처럼, 전통적 교육은 학교의 모체인 교회에 그 기원을 둔다. 이러한 단계에서 교육의 실천적 임무는 진리가 이미 계시되거나 밝혀졌기 때문에 진리를 발견하게 돕는 것이 아니라 가능한 한 그 원형과 가까운 형태로 진리의 재생을 확실하게 하는 것이다. 세 번째 단계로 그 모방의 원리를 계속 유지하는 것이 가능한지가 논쟁이 된다. 지식은 이제 경험으로부터의 학습에 의해 획득되는 개인의 습득으로 이해된다. 지식과 학습이 학생 자신의 경험과 연결된다는 개념은 앞서 논의했던 일련의 고전적 선지자들의 작업에서 찾을 수 있다. 킬패트릭(William H. Kilpatrick, [1918] 1961)이 체계적으로 분명하게 설명한 것으로, 이러한 사고방식은 개인의 경험이 실재 학습의 전제조건이자 학습하는 과정 자체의 성과를 거두게 한다는 점을 가정한다. 이러한 단정을 무조건적으로 받아들이지 않는 것에 대해 많은 근거를 제시할 수 있겠지만(Ennis, 1961 참조), 그것은 20세기 초부터 '진보주의' 나 개혁교육학이라 불리는 그 발달의 세 번째 단계에서 중심 요소다. 그 목적은 학생이 새로운 개인으로 변형되는 것이거나, 이따금씩 언급되는 바처럼 자신의 성취된 경험으로 참된 인간성에 이르게 되는 것이다. 첫 번째 단계에서는 초월적 세계에 초점이 맞추어지고, 두 번째 단계에서는 외부 세계에 초점이 맞춰진다면, 세 번째 단계에서는 개인들과 그들의 개별적 성장에 초점이 맞추어진다.

진보주의가 비판하는 전통주의의 체제가 비정합적(非整合的)이지 않고 방식이나 '방법' 과 관련해서뿐 아니라 소재나 '내용' 과 관련해서 그 자체의 합리성을 갖추고 있다는 점을 이제 명확히 할 필요가 있다. 홀트가 '지식의 단편' 을 가르치는 것으로 전통주의의 체제를 설명한 것은 분명히 희화화 한 것이다. 지식에 대한 비진보주의적 이해를 재정립하려는 비교적 최근의 한 시도는 피터스(Richard Peters)와 허스트(Paul Hirst)의 폭넓은 영향력이 있는 저작에서 찾을 수 있다. 두 사람은 자유교양교육(liberal education)의 원리를 재진술하려고 시도한 것과 반진보주의적 견해로 인해 주목받은 지난 50년 동안 아마 가장 잘 알려진 영국의 교육철학자다. 허스트와 피터스는 '지식' 을 각기 그 자체의 방법론이 있는 상당히 많은 다양한 이해의 방식에 대한 하나의 포괄적 용어로 이해할 것을 주창한다. 시대에 걸쳐 다양한 앎의 형식이 발달하는 것은 우리 문명화의 중심 특징이다. 이러한 이해의 다양한 방식은 세계를 이해하는 도구다. 그렇지만 이러한 종류의 이해는 아이들이 혼자 힘으로 사고하면서 획득될 수 없다. 학생들은 효과적인 것으로 알려진 방식으로 사고하는 법을 제시받는 것이 필요하다. 이는 교사들이 존재하는 이유다.

이러한 설명 차원에서 어떤 견실한 교육 프로그램은 학생들이 다양한 지식의 형식 전 범위에 정통하게 만드는 것을 포함해야 한다. 교육과정에 그러한 넓이가 없다면 아이들은 균형 잡힌 정신의 발달을 성취하는 데 방해받는다. 결론적으로 화이트(John White)가 한때 주장한 바처럼, 어떤 지식의 형식도 선택적인 것으로 간주되지 않아야 한다. 그리고 어느 누구도 통상적으로 각 교과에 대한 기본적인 이해를 획득하지 못한 채 학교를 떠나지 말아야 한다. 아이들이 그 교과들 중 하나(예: 수학)에서 '미흡(less able)' 상태라면, 그때 그들이 대처할 수 있는 무언가로 그 교과를 포기하게끔 허락하는 것이 아니라 그 교과에서 아마 다르게 안내된 수업을 더 많이 받도록 해야 할 것이다. 그 결과 그들은 그것을 할 수 있게 된다.

이러한 종류의 사고에 놓여 있는 것은 학교의 교육과정이 어떤 점에서 지식의 본질을 반영해야 한다는 가정이다. 그리고 얼마나 다양한 학교 교과목들이 허스트의 지식의 형식과 관련된 것으로 이해될 수 있는지를 인식하는 것은 어렵지 않다. 진보주의자들은 두 가지 상이한 방식으로 이러한 개념에 반론을 제기했다. 첫 번째는 학교 교육과정이 대체로 인식론적 숙고로 결정되어야 한다는 가정을 수용하는 것이다. 그러나 위에 제기된 설명에 반론을 제기하기 위해 그것은 앞서 언급했던 듀이의 입장과 유사하거나 혹은 아마 다음 단락에서 약술된 것과 같은 종류의 진보주의적 분석으로 대체될 것이다.

전통적인 학교교육에서 지식으로 통용되는 것은 이따금씩 정말로 전혀 지식이 아니다. 그것은 어떤 영향력도 행사하지 못하고 영속성도 없으며 어떤 이해도 수반하지 않는다. 지식이 강압적으로 획득되는 곳에서는 학생들이 시험에 통과하기 위해 지식을 흡수하는 것이 필요하기 때문에 지식이 학습자의 삶에 거의 인상을 남기지 못할 수 있다. 왜냐하면 그 인상은 단지 학생들이 배우기를 원하거나 배우는 것이 필요할 때 발생할 것 같기 때문이다. 그러나 한편으로 이는 학생들이 이전에 했던 경험의 본질, 그들이 경험을 이해하는 방식, 그들이 머리를 짜내 찾아내거나 탐구하기를 원하는 일련의 사태와 같은 많은 요인에 의존한다. 이러한 모든 것은 한 개인에게서 또 다른 개인에 이르기까지 다를 수 있고, 어떤 교육과정이 효과적임을 입증하려면 고려해야 할 요인들이다. 여기서 우리가 영국에서 나온 두 편의 보고서인 스코틀랜드의 「프라이머리 각서(*The Primary Memorandum*)」(SED, 1965)와 「플라우든 보고서(*Plowden Report*)」(Central Advisory Council for Education, 1967)로 관심을 돌리는 것은 유용할 수 있다. 이는 일반적으로 영국 초등학교에서 비형식적 교육(informal pedagogy)을 촉진하는 데 막대한 영향력이 있었던 성명으로, 진보주의에 대한 전형적인 근대적 성명을 구체적으로 표현한 것으로 인정받는다. 한 국민국가가 작성한 소수의 다른 공식 보고서들은 다른 나라들에서 거의 동등한 양의 주목을 받았다. 플라우든 보고서는 심지어 독일에서도 번역되었다(Belser, 1972). 보고서는 다음과 같은 선언으로 시작한다.

> 교육적 과정의 중심에 아동이 놓여 있다. 정책에서의 어떤 진전, 새로운 능력의 어떤 습득도 그것이 아동의 본성과 조화를 이루지 못하고 근본적으로 아동이 받아들일 수 없는 것이라면 원하던 효과를 얻을 수 없다(Central Advisory Council for Education, 1967, p. 7).

이러한 관점에서 만족스러운 학습은 어른들이 가치 있는 것으로 정의한 어떤 고정된 교과 교육과정을 통해 제공될 수 없다.

교육과정이 지식의 본질을 반영해야 한다는 개념에 대한 두 번째 반론은 아동의 필요와 관심을 고려하는 것이 더욱 효과적인 학습을 촉진시키는 것 이상을 할 수 있다는 논증에 의거한다. 이는 또한 학생인 학습자를 한 명의 개인으로 얼마간 존중하고 있음을 보여 준다. 의무적인 지식의 메뉴를 제공하는 것에 대한 집착은 어떤 부정적인 메시지를 학습자에게 전수하기 쉽다. 이는 당신이 알아야 하는(그러나 알지 못하는) 것이며 또 당신이 관심을 두어야 하는(그러나 두지 않는) 것이다. 플라우든 보고서는 '아이들의 관심과 호기심을 잘 이용하고, 엄격하게 구획된 교과라는 관념을 최소화하고, 교사가 순전히 강의나 교과서에 중심을 둔 역할보다 상의하고 안내하고 자극하는 역할을 채택하는 것이 가능하도록 설계된' 유연성 있는 교육과정 조직의 방법을 권유한다.

인간 본성

여기에서는 앞에서의 마지막 주장을 해명하려는 시도로 시작한다. 진보주의자들은 아이들을 타고난 학습자로 이해할 것을 주장한다. 더불어 그들은 전통적 학교교육이 아이들이 실제로 배우길 원하는 것과 전통주의자들이 아이들이 배워야 한다고 주장하는 것 사이를 적절히 연결시키지 못한다는 점을 구명하여 불만족스러운 것을 입증해 왔다는 자신들의 믿음과 그것을 일치시킨다. 제안된 해결은 학습되는 것과 자기가 처한 사태와 주변 환경을 이해하고자 하는 아이들의 능동적 호기심과 그들의 충동으로 택한 방향이 서로 상응하게 교육과정을 재개념화하는 것이다. 이런 프로그램은 무엇으로 수행될 수 있고, 그것은 어떤 모습을 띨 것으로 보이는가?

「플라우든 보고서」는 아주 분명하게 인정하지는 않았지만 우리가 이 논문의 서두에서 진보주의의 선각자들에 대해 지적했던 사고의 대부분을 포함하고 있다(Darling & Nisbet, 2000 참조). 보고서에 제시된 학습에 대한 견해에 피아제가 미친 영향력을 아무리 인정하더라도 말이다(Central Advisory Council for Education, 1967, p. 192). 피아제는 학습하는 과정을 개인과 물리적 환경 사이의 상호작용으로 보았는데, 이는 더욱 개별적인 유럽판 진보주의의 편에서 그 보고서의 주요 요점에 무게를 싣는 데 공헌한다. '모둠식 방법(group methods)' 의 이점 중 하나가 학생들이 '협력적인 기획 속에서 함께 학습하는' (같은 책, p. 68) 기회를 갖는 것이라고 말하는 것은 중요한 의미가 있다. 인간의 삶이 선천적으로 사회적인 것으로 이해된다면 확실히 이러한 목적은 불필요해 보일 수 있다. 아이들의 가장 이른 시기의 경험은 결국 최소한 한 명의 다른 인간 존재와 상호작용하는 것이다. 그들은 홀로 성장하지 않는다.

「플라우든 보고서」의 학습자 본성에 대한 이해와 관련해 유사한 불확실성은 다른 경우에 발생한다. "초등학교의 주요 임무 중 하나는 학습에서 아이들에게 내재된 관심에 토대를 두고 (그것을) 강화시키는 것이며, 아이들이 인정받지 못한다는 두려움이나 칭찬받고 싶은 욕망에서라기보다 오히려 그들 자신을 위해 학습하게끔 인도하는 데 있다." (같은 책, p. 196) 그러나 이러한 주장에는 중요한 내적 긴장이 있는 것처럼 보인다. 아이들이 정말로 내적인 이유로 학습하게끔 동기가 부여된다면, 왜 아이들은 보상이나 제재 없이 그들 자신의 학습을 추구하게 '이끌리는 것'이 필요한 것일까? 아동이 발견으로 학습하는 것에 타고난 호기심과 능력이 있다는 진보주의의 믿음은 교사의 역할에 대한 훨씬 더 많은 조사연구를 요청한다. 여기서 플라우든 보고서는 아동 본성에 대한 이러한 견해가 명백히 함의하고 있는 바에 지적으로 충분한 대답을 내놓지 못한다. 이는 학교와 교수 행위가 계속되어야 하고, 요청되는 것은 아이들의 이해가 발달하는 방법에 대한 올바른 인식이며, 그것이 권위주의적 접근을 대체할 친절하고 격려하는 온정적 개입(paternalism)[4]을 가능하게 할 것이라는 점을 가정한다.

이러한 온정적 개입에 있어서 '좋은 활용'은 항상 아이들의 호기심으로부터 비롯돼야 한다는 앞에서 언급한 권고보다 더 좋은 예는 없다. 아동의 본능적 본성이라 말해진 것에 대한 이러한 조종은 또한 놀이에 대한 진보주의자의 토론에서 명확하다. 그것이 아동의 놀이에 대한 본성에 존재하기에 교육과정은 그것을 조정해야 한다. 먼저 진보주의 입장의 교사들이 제공하는 그러한 측면의 기회는 아이들이 교실에서 벗어났을 때 실제로 추구했던 뒤쫓고 포획하고 입맞춤하는 것을 수반하는 게임, 격렬하고 폭력적이기까지 한 게임 등 많은 종류의 게임을 사실상 배제한다. 진보주의 입장의 교사들이 아이들이 놀이할 수 있게 하거나 격려할 때, 머릿속에 대개 그리는 것은 일반적으로 그들이 앉아 있고 진지하게 있는 상황이다. 그러나 더욱 중요한 것은 교사가 가치 있는 것으로 여기는 어떤 학습 성과를 얻는 것이다. 여기서 다시 (온정적 개입의) '좋은 사용'이 아이들의 놀이에서 행해지고 있다.

놀이의 문제는 실천가와 이론가 모두를 포함한 다양한 진보주의자들 사이에서 중요한 의견 차가 존재한다는 이미 구축된 요점을 분명히 하는 데

4) 여기서 'paternalism'은 문맥에 따라 그것이 긍정적 의미로 사용될 때는 '온정적 개입'으로, 부정적 의미로 사용될 때는 '가부장주의'로 번역한다.

사용될 수 있다. 닐(A. S. Neill)은 70년 동안 학교를 운영하면서 많은 책과 논문을 작성했다. 이론을 제도적 실천으로 옮겨 놓는 그의 능력과 아이들과 함께 한 경험을 묘사하는 것으로 이론을 풍부히 하는 그의 능력은 그를 진보주의의 발달에서 특별한 관심을 끄는 인물로 만들었다. 그리고 닐은 여기서 몇 가지 진보주의의 주제를 예증하는 데 인용될 것이다. 놀이에 대해 그는 분명했다. 놀이는 아동이 하는 자연스러운 것이기에 그 자체로 추구되어야 한다. 놀이는 어떤 교육적 정당화를 요구하지 않으며, 학습의 증진을 위해 활용되지도 말아야 한다. 닐의 학교인 서머힐(Summerhill)은 흔히 그곳의 학생들이 많은 자유를 향유한다고 알려져 있다. 그들은 수업에 출석할 것을 요구받지 않으며, 그들이 원하면 하루 종일 놀기로 결정할 수 있다.

아마 닐은 진보주의를 그곳의 논리적 결론으로 삼고 있는 것으로 이해될 수 있을 것이다. 진보주의자들은 특성상 아동의 본성에 대해 매우 긍정적인 견해를 취한다. 아이들은 전적으로 덕이 있는 것은 아니라 하더라도 악의가 적으며, 그들 주변 세계의 의미를 이해하고 싶은 본능적 욕망을 지닌 타고난 학습자다. 게다가 그들은 훌륭한 방식으로 발달하도록 이미 프로그램되어 있다. 그러나 아직까지 닐의 눈에 비친 많은 진보주의자들은 그들의 확신에 대한 용기가 부족하다. 확실히 그런 존재들은 안내와 자극을 필요로 하지 않는다. 그들이 제공받아야 하는 것은 바로 자유다.

민주주의와 학교 공동체

아동으로부터(*vom Kinde aus*)라는 관념은 아이들이 세계를 어떻게 인식하는지 이해하려고 애써야 할 필요성을 강조하기 위해 흔히 제기된다. 어떤 수업이 성공을 거두려면 아동의 관점에 대한 민감성이 본질적인 것이라 하더라도, 아동을 단지 능동적으로 지적인 학습자로서가 아니라 한 명의 인간 행위자로 바라봐야 할 훨씬 더 근본적인 필요가 있다. 아이들은 그들의 생활이 어떻게 전개되는지에 관해 발언할 권리(아마도 주요 결정권)가 있다. 오히려 이를 논증해야 하는 일 대신에 어떤 설득력 있는 사례를 만들어 낼 책임이 아이들을 대표해 의사결정할 권리가 있다고 가정하는 어른들의 의무라는 점이 주장될 수 있을 것이다. 인습적으로 이해되는 교육에서 이러한 가부장적인 결정은 언제나 만들어진다. 실제로 현행 정책인 의무적 학교교육 자체는 자기결정권이 있는 아동의 권리와 뻔히 갈등하고 있을 것이라 말할 수 있다(Nordenbo, 1986 참조). 이 딜레마를 피하는 한 가지 방식은 학교를 민주적 공동체로 전환하는 것이다. 진보주의 학교들에서 교육과 민주주의 사이의 관련은 영국과 독일 그리고 미국에서 놀랄 만큼 유사하게 발달했다.

아이들의 권리가 서머힐 같은 학교에서 일반적으로 더욱 존중된다는 것은 분명하다. 그러나 물론 어떤 개인도 그들 마음대로 하고 싶은 것을 할 제한 없는 권리를 향유할 수 없다. 어떤 사회에서든 제약은 있어야 한다. 서머힐에서(Neill, 1960 참조) 어른 권위의 행사는 해로운 것으로 여겨지기 때문에, 규칙은 각 구성원이 한 표씩 행사하는 모든 학생과 교사로 구성된 집회에서 결정된다. 의제는 주로 사회적 문제들, 특히 반사회적 행동의 경감 문제로 구성되는 것으로 여겨진다. 교육과정은 토론되는 것으로 여겨지지 않는다. 교실 안팎에서 각 학생들에게 주어진 선택의 권리는 합리적이라 여겨질 수 있는데, 이는 그들의 결정이 오로지 자신의 관심사로 내려진 것이라 주장될 수 있기 때문이다. 그러나 현실에서 그러한 선택은 어떤 수업을 개설할 수 있는지에 따라 제약될 수 있다. 예컨대, 특정한 교과의 수업을 실제로 진행할 수 있게 교사를 배치하고 있지 않다면, 당신은 그 특정한 교과 수업에 참석하는 것을 선택할 수 없다. 그래서 원칙상 교육과정은 서머힐의 집회에서 숙의(熟議)되어야 한다. 그러나 수업 출석이 의무적인 학교에서 (교육과정을) 통제하지 않는다면 학생들이 교육과정 개설의 본질에 영향을 미치는 더욱 현저한 사례가 분명히 있을 것이다.

닐은 어느 순간 갑자기 서머힐의 집회를 생각한 것이 아니다. 1928년에 쓴 서머힐에 관한 짧은 글에서, 그는 실제로 학교 학생들 사이의 관계의 특성을 기술하기 위해 독일어 단어 Schulgemeinde(학교 공동체)를 사용했다. 그는 다음과 같이 말한다. "아이들은 그들이 인간과 관계를 맺을 때 이상적이다. 우리 학교 공동체에서 보여 준 관용과 공감은 경이적이다. 이곳에서 아이들은 어른들과는 다르게(하지만 때로는 어른들과 함께) 사태를 다룬다."(Neill, 1928, pp. 70-71) 청년 시절에 닐은 제1차 세계 대전 전후 수년 동안 오스트리아와 독일의 다양한 진보주의 학교에서 교사로 일했다. 독일에서 진보주의 또는 개혁교육학의 주요 특징 중 하나는 대도시에서 벗어나 자연과 밀접한 시골에서 생활하는 것이 교육적으로 이득이 있다는 믿음과 가정(家庭)을 하나의 모델로 삼는 학교 공동체에 대한 믿음이었다(Scheibe, [1969] 1994, pp. 111-137).

많은 **전원기숙사학교**(*Landerziehungsheime*), 즉 시골에 설립된 기숙학교는 독일 진보주의의 어떤 실질적인 구성요소가 되었다. 그중 일부가 여전히 실재하고 있는 이 학교들은 형식적인 교과 수업을 강조하는 대신 개인적·사회적 측면의 양육에 초점을 두었다. 학교에서 생활하는 것은 개인들 사이의 조화를 이루려 노력하는 공동체의 구성원이 되는 것이다. 학교는 시골에 자리 잡은 것으로 두 가지 목표를 성취했다. 학교는 도시생활의 바람직하지 못한 영향으로부터 보호받았고, 그 환경은 아이들이 자연에 대한 올바른 인식을 경험하고 도야하게 하는 좋은 기회를 제공했다. 학교는 또한 신체를 단련하기 위해서뿐 아니라 인격을 튼튼하게 할 것이라는 믿음에서 농장과 작업장 그리고 정원에서의 노작을 제공했다. 또한 청소년 문화의 독립된 가치에 신념을 갖고 있었으며, 그 가치를 위해 학교는 좋은 기회를 제공했다.

공동체에서 살아갈 능력을 발달시키는 것은 주요 목표 중 하나였다. 남녀공학, 가정과 같은 환경에서의 가족 같은 관계(학교는 사실 '학교'가 아닌

'집' 이라 불렸다.), 학생과 교사들 사이의 우호적이고 비형식적인 교육적 관계, 이 모든 것은 학교 공동체를 학생과 교사가 공동의 문제를 토론하고 의사결정하기 위해 정기적으로 만나는 하나의 장소로 만들었다. 이러한 형태의 자치로 학생들 자신은 어떤 독립적인 학교 집회에서 공동의 이해관계가 걸린 문제들에 관한 규칙을 정했다. 더불어 이러한 인격형성 교육의 일부분으로 음악, 아마추어 연극, 포크댄스, 예술과 공예 같은 다양한 진보주의적 특성의 활동을 포함했다는 점이 마지막으로 언급되어야겠다. 많은 자유담화와 토론, 논쟁이 진행됐고, 수업에서 교과에 대한 통합 학문적 접근은 지식 전수에 집착하는 것에 거의 중요성을 두지 않으면서 지배적인 위상을 차지했다. 중요하게 생각되었던 것은 학생들이 즐겁게 공부한다는 점이다. 여러 측면에서 이러한 서술은 닐이 서머힐에 관해 했던 서술과 크게 다르지 않다.

더욱 일반적인 용어로, 하나의 제도로서의 학교에는 그 자체의 사회적 삶이 있고 사회적 삶 자체는 교육적이라는 듀이의 관찰에 주목하는 것은 가치가 있을 것 같다. 학교는 이러한 방식으로 심의민주주의를 촉진시키는 온실과 같다. 자격과 권리에 대한 숙고를 등한시하는 것은 그것(자격과 권리)의 교육적 가능성이 학교 공동체가 자치적으로 운영되는 정도에 실질적으로 달려 있을 수 있다고 타당하게 주장할 수 있다. 어느 정도 제도화된 학생 권력은 학생들이 의미심장한 역량과 양식을 갖추고 있는 존재로 어른들에 의해 인식된다는 메시지를 전달하거니와, 사려 깊음과 책임감의 발달을 분명히 격려할 것 같다. 반대로 학생 권력이 최소한 보장받는 곳에서는 그 반대의 메시지가 확실히 전달되고 있을 것이고, 하나의 중요한 교육적 도구는 간과되고 있을 것이다. 아이들에 대한 긍정적인 견해로, 진보주의자들은 이러한 실수를 범하지 않을 것 같다.

전인(全人)의 발달

진보주의에 대한 중요한 비판은 이후의 삶을 준비하는 것으로 교육적 과정을 강조하는 것을 너무나 많이 낙담시켜 왔다는 데 있다. 우리는 이를 두 가지 상이한 종류의 요점으로 설명할 수 있다.

제1차 세계 대전 이후, 영국과 독일의 진보주의자들은 교육체제가 권위에 절대 순종할 것을 가르치면서 어떤 비판 없이 장성들과 정치가의 비지성적 지시에 겨냥된 자신들의 삶으로 맹목적으로 조국을 지키는 청소년 세대를 준비시켜 왔다고 생각했다. 다른 시대에서 진보주의자들은 학생들을 내일의 노동력으로 간주하는 것에 강하게 저항해 왔다. 학생들을 내일의 노동력으로 간주하는 것은 그것이 그들의 학교화되는 방식과 교육과정을 위한 것으로 의미될 수 있을 것이다. 국가가 특히 학교체제에 매우 많은 비용을 충당하고 있는 경우라면, 국가가 자체의 필요를 충족시키는 데 알맞은 강력한 기제로 교육을 바라보지 않기는 어렵다.

두 번째 측면의 요점은 학교가 삶을 위해 준비시키는 존재라기보다 오히려 그 자체로 삶의 중요한 일부분이라는 듀이의 통찰이다. 어른으로서의 미래 삶의 질이라는 견지에서 배타적으로 사고하는 대신, 우리는 아동의 현 실존의 질에 관해 더 많이 사고하고 있어야 한다. 이러한 변형은 아이들에게 어떤 풍성하게 하는 교육적 경험을 제공하는 데 집중하면서, 사실 의도적이지 않다 하더라도 우리가 그들에게 미래를 실현할 최선의 가능성이 있는 기회를 제공하는 것이라고 제안하는 것이다. 나중에 플라우든 보고서에 영감을 주었던 영국의 「해도 보고서(Hadow Report)」(1931)는 충분히 생기 넘치는 아동기가 성인기에 대한 최선의 가능한 준비를 구성한다는 점이 주장되었다. 「해도 보고서」에 따르면 아이들에게 학교교육은 '아이들의 현재의 필요에 전념하는 헌신으로 그들의 미래에 가장 잘 공헌할 것이다.' 분명히 어떤 교육자도 아동의 미래에 대한 적절한 관심이 없을 수 없다. 그래서 진보주의적 입장의 논증은 여기서 그러한 간과를 역설하는 것으로서가 아니라 성인기에 대한 어떤 상이한 관점을 조언하는 것으로 해석되어야 한다. 부정적인 용어로, 우리가 이미 주목했던 바처럼 어른들은 단순한 임금노동자나 더 현재적인 말로 부의 창조자가 아니다. 그들은 꿈꾸고, 우정을 맺고, 문학작품을 읽고, 게임을 하고, 술을 마시고, 사랑에 빠지고, 음악을 듣고, 삶의 의미에 대해 궁금해한다. 이 대부분은 물론 아동기의 활동과 연속적인데, 그것은 아동이 온전히 살아갈 수 있게 하는 이유로서 「해도 보고서」가 주장한 바처럼 정말로 어떤 윤택한 어른의 실존을 촉진할 것 같다.

그러나 준비로서의 교육이라는 극히 단순화된 이해를 단념시켜야 하는 다음과 같은 고려점이 있다. 어떤 종류의 미래를 한 아동이 가질 것인지를 예견하는 것은 불가능하다. 이에 대해 두 가지 근거가 있다. 보다 표면적인 근거는 가속화되는 사회변화 현상이다. 우리는 아이들이 어떠한 성인 사회에 들어설 것인지를 알지 못한다. 이를 어떤 새로운 문제로 보는 것은 흔한 일이 되었다. 그러나 물론 이것이 진실이 아닌 사회를 상상하기는 어렵다. 예컨대, 루소는 한 군주의 아들을 군주의 역할을 수행하도록 교육하는 것이 왜 잘못된 것인지를 설명하기 위해 예견되는 사회변화를 인용했다. 그런 (군주의) 역할은 간단히 소멸될 수 있다. 그렇지만 더 중요하게 인간 존재는 그들이 어떤 역할을 찾아야 한다는 의미에서가 아니라 어느 정도 스스로를 창조해야 한다는 의미에서 그들 자신의 삶을 만들어야 한다. 그들은 그들 자신의 생각, 관점, 가치를 발달시킬 것이다. 그리고 이것은 그들이 어떤 종류의 개인이 되고 싶은지와 어떤 종류의 삶을 이끌기를 원하는지에 영향을 미칠 것이다. 이처럼 전형적으로 개인주의에 입각한 설명에서 행위자의 확실성은 미래를 위한 준비로서의 교육이라는 기계적인 이해와 서로 양립하지 않는다. 어떤 열린 미래라는 믿음과 함께, 인간 삶에 대한 이해의 폭은 로저스(Carl Rogers)가 발달시킨 것과 같은 '인본주의' 라 불리는 진보주의 교육의 최근의 변형을 이끌었다.

마지막 분석으로, 이 모든 것에 담긴 함의는 진보주의자들에게 교육의 목적이 아동 본성의 모든 측면을 펼치게 하는 것이란 점이다. 교육은 이렇게 아동이 온전한 개인으로 발달하게 하는 데 공헌하는 것으로 이해된다. 훔볼트는 이러한 목적을 독일의 도야(Bildung) 개념 속에 구체화했다. 이러한 방식으로 도입부에서 논의했던 근대 교육사에서의 첫 번째와 두 번째 위기에 대한 '진보주의적' 대응 간의 어렴풋한 유사성을 찾을 수 있을 것이다.

오늘날의 진보주의

진보주의는 오늘날에도 실재하는가? 조금 가벼운 의미에서 우리는 진보주의가 널리 퍼져 있는 정설이며, 오늘날 우리가 어떤 새로운 '진보주의'를 경험하고 있다고 주장할 수 있다. 진보주의가 20세기 동안 전통적 교육에 제기해 왔던 대다수 요구들, 즉 아동의 본성을 숙고하고, 학습자 중심성을 선호하고, 수업을 아동의 '타고난' 동기에 적합하게 하고, 아동의 개인적인 성장과 창조성을 촉진하는 것은 오늘날 근대적 교사의 어휘와 실천의 표준적인 장치에 속한다. 이러한 교육적 접근은 거의 모두에 의해 채택되는 교육에서 공통된 지식의 일부분을 형성한다. 학생 활동의 방법들은 전형적으로 프로젝트 방법으로 대표되며 동시에 교육적 · 노작적 생활에 존재하는 것으로 유포되어 있어 더 이상 놀람이나 논란을 불러일으킬 수 없다. 마찬가지로 학생 참여와 민주주의는 그럭저럭 모든 사람에게 당연한 것으로 인정된다. 진보주의는 억압의 용인을 희생시키는 것을 통해 성공해 왔다. 신 '진보주의'에 널리 퍼져 있는 정설이 절차에, 그리고 교육의 내용보다는 오히려 방법에 초점을 두고 있기 때문이다. 고등교육에 관한 최근의 글은 영국뿐 아니라 스칸디나비아 반도, 북유럽과 미국에 현존하는 교육체제에 대한 대략적인 개요로 적용할 수 있다.

> 고등교육에서 신 '진보주의' 는 플라우든 보고서와 프라이머리 각서에서 밝힌 초등교육의 특성을 기술하는 개인적 성장과 창조성과 관련해 단지 어떤 허식만이 있다. 신진보주의에서는 사람들을 노동을 위해 '효과적으로' 준비시키려는 충동이 쉽게 확인될 수 있다. 학습자 중심성의 언어는 임파워먼트의 소비주의적 개념화에 쉽게 이용되어 왔다. 거기서 고립된 선택자로서의 학습자의 지위는 경영관리주의가 번성하는 능률적인 유연한 체제와 욕망의 은밀한 창조가 더욱 성취 가능하게 한다(Blake, Smith, & Standish, 1998, pp. 43-44).

신 '진보주의' 는 전통적 진보주의의 교육적 양식을 교육적 경영관리주의 서비스로 놓음으로써, 최초 진보주의자들에게서 나타났던 것과 같은 개인과 사회 사이의 관계를 뒤집었다. 오늘날 이 질문은 개인들이 사회적 필요와 접촉하도록 하기 위해 우리가 학교를 어떻게 배치해야 하는지다. 진보주의자들에게 있어 왔던 바처럼, 학교들이 아동의 개별적인 필요와 접촉하게 하기 위해 우리가 사회를 어떻게 배치할 것인지가 아니다. 교육적 도구주의는 목욕물과 함께 아기를 밖으로 던져 버렸다.

그러나 신 '진보주의' 는 '오늘날의 진보주의' 일 수 없다. 도입부에서 우리는 진보주의나 개혁교육학이 단지 교육의 이론과 실천에 관한 어떤 명징한 의견 덩어리에 대한 명칭이 아니라는 점을 주장한 바 있다. 우리가 논의하고 있는 것과 같은 부류의 진보주의는 그것이 발생한 역사적 상황과 관련되어야 하며, 우리는 진보주의가 주요 교육적 위기들이 실재하는 맥락들 속에서 발생한다는 개념을 수용했다. 즉, 각각의 위기는 그 자체에 해당하는 진보주의의 부류를 불러일으켰다. 우리는 또한 1960년대 이래로 계속

교육이 위기에 처해 있다고 생각하는 것이 하나의 일상이 되었다고 주장한 바 있다. 그때 이후로 교육체제가 끊임없이 팽창하고 있었다 하더라도, 개별적인 학습자, 아동이나 어른에 그 초점이 맞춰지지는 않아 왔다. 대신 교육 이론들과 개념들은 경제체제의 어떤 효율적인 도구로서 학습자를 전환시키는 방법에 관한 전문 기술들로 점점 더 변해 갔다. 개인들은 그들 자신이 발달하는 데 있어 주체가 아닌 대상이 되었다. 이러한 조건 아래 개인과 학교, 사회 사이의 관계를 이해하는 것은 위협받았다. 진보주의가 개인과 학교 및 사회 사이의 관계를 개인의 발달을 증진시키면서 학교를 매개로 하는 사회의 공헌을 가장 중요시하는 상호작용으로 이해하는 곳에서, 당대의 위기는 개인이 지금 이러한 게임에서 실패자로 간주된다는 점을 보여준다.

따라서 우리는 하나의 교육적 관점에서 최소한 세 가지 가능한 방식으로 개인과 학교, 사회 사이의 상호작용을 생각할 수 있다. 우선 사회가 어떤 종류의 영향력을 학교가 개인들에게 행사해야 하는지를 설계하고 결정하는 것처럼 지배 권력이 사회에서 나와야 한다고 우리는 주장할 수 있다. 여기서 과제는 개인들이 사회가 바라는 바를 따르게 보증하는 것이다. 대강의 개요로 이는 전통적 교육의 견해다. 두 번째로 우리는 학교에 큰 권력을 부여할 수 있고, 학교의 역할은 더 많은 민주화의 방향 속에서 개인을 매개로 하여 사회를 변화시키는 것이다. 이는 대체로 20세기 진보주의 교육의 견해였다. 끝으로 우리는 하나의 공적인 기관으로서의 학교가 사회의 지배적인 영향력에 의해 너무나 손상되어 더 이상 도덕적으로나 정치적으로 정당화될 수 없고, 하나의 공적인 기관으로서 (그 영향력이) 쇠퇴해야 한다고 주장할 수 있다. 최근 새롭게 형성되는 상황들은 이 마지막 관점에 우호적이다. 1970년대 이래 지식에 대한 학교(그리고 대학)의 독점은 새로운 미디어와 소비사회에 의해 더욱 다방면에 걸쳐 심한 경쟁을 겪게 되었다. 마찬가지로 테일러(Charles Taylor, 1992, p. 25)가 언급한 바처럼 현대 정치학에서 다수의 요소는 재인식에 대한 필요, 다시 말해 요구를 불러왔다. "그 요구는 오늘날의 정치학에서 소수자나 '하위 주체(subaltern)' 집단들을 대표해, 일부 페미니즘의 형식과 오늘날 '다문화주의' 정치학이라 불리는 것에서 여러 방식으로 표면화된다."(같은 책) (재인식이 요구되는) 이러한 집단 중 하나는 아동의 관심을 대표하는 것들로 이루어져 있다.

그러므로 독립적이지만 연관된 세 가지 운동인 탈학교, 아동권과 반교육(학)은 근대 사회가 아이들을 다루는 방식에 깊은 도덕적 분개를 공유하고 있다. 이 운동들은 아동을 희생자로 이해한다. 즉, 한 극단에서는 성적 학대의 희생자로, 그러나 다른 극단에서는 선의의 교사조차 행하고 있는 모든 종류의 보살핌의 맥락에서 작동되는 부드러운 온정주의적 개입의 희생자로 이해된다.

이러한 운동들은 비판의 초점과 정치적 급진성에서 차이가 있다. 탈학교 운동은 일리히(Ivan Illich)의 저작들, 특히 『탈학교 사회(*Deschooling Society*)』(1971)와 라이머(Everett Reimer)의 『학교는 죽었다(*School is Dead*)』(1971)의 출판과 함께 1970년 즈음에 일어났다. 이 책들의 주된 표적은 학교를 온화한 제도(기관)로 받아들이는 당시의 견해다. 그들은 이면에서 작동하는 잠재적 교육과정이 현존하는 사회의 가치와 계급 간 분리를 용인하도록 학생들을 주입하고 있다고 주장한다. 이에 대한 해결책은 의무적인 학교교육을 폐지하고, 예컨대 교육 네트워크에 결합하게 함으로써 학습자들이 그들 자신의 교육을 통제할 수 있게 하는 것이다.

아동권 운동은 유럽과 영국의 여러 대학에서 일어났던 1968년 5월 혁명과 연관된 학생들의 투쟁 정신에서 부분적으로 영감을 얻은 것으로, 탈학교 운동과 거의 동시에 나타났다(Wringe, 1981 참조). 미국에서 이 운동은 아프리카계 미국인과 여성 같은 다양한 소수자 집단의 권리를 위해 싸웠던 그 일반적인 추세를 따랐다. 청소년들은 모든 소수자들 중에서도 가장 억압받는 존재라고 주장되었다.

그들은 영화관 출입에서 성(性)에 이르기까지 모든 측면에서 나이에 기초를 두고 차별 대우를 받았다. 그들은 전통적으로 어른들이 하는 조롱과 창피 그리고 정신적 고문의 신민(臣民)들이다. 그들의 시민권은 집과 학교 그리고 다른 기관들에서 일상적으로 침해받았다. 그들은 종종 자신의 돈이나 재산을 소유할 수 없다. 그들은 감옥형을 선고받기 전에 배심원에 의해 공판받을 권리가 부족하다(Gross & Gross, 1977, p. 1).

교육에 반대하는 운동(반교육학)은 또한 1970년대 독일에서 실재하기 시작했다. 정신분석학과 반정신의학에서 영감을 얻은 이 운동의 주요 표적은 학교를 고프먼(Goffman)이 제기한 '전제적 기관(專制的 機關, total institutions)' [5]으로 고려하는 것이었다. 철학적으로 이 운동은 모든 형태의 교육과 모든 구축된 양육을 거부하면서 어떤 급진적이고 반가부장주의적 입장을 나타낸다.

우리에게 이 세 가지 운동을 전통적 진보주의의 후예로 기술할 수 있는 자격을 주는 것은 무엇인가? 우리가 진보주의의 본질을 파악하기 위해 위에서 시도했던 것의 도움으로 다섯 가지 주제를 바라본다면, 세 가지 운동이 그것들 모두를 더욱 급진적인 형태로 채택하고 있다는 점을 쉽게 제시할 수 있다. ① 세 가지 운동은 널리 퍼져 있는 전통적 교육을 책망하는데, 그 운동들이 모든 학교와 양육의 폐지에 찬성하는 정도만큼 그렇게 한다. ② 세 가지 운동은 아동의 고유하고 특별한 필요들에 민감하고, 아이들의 학습활동이 그들 자신의 경험된 필요들로부터 뒤따라올 것을 요구한다.

5) 고프먼에 따르면 전제적 기관은 "비슷한 상황에 있는 많은 사람들이 오랜 기간에 걸쳐 사회로부터 격리되고 차단되어 폐쇄적인 방식으로 관리된 채로 일상생활을 함께 보내도록 고안된 장소"를 뜻한다. 이러한 기관에 수용된 사람들은 전체적으로 통제를 받으면서 사회화와 재사회화를 겪게 되고, 자신들의 자유의지와 상관없이 시설이 요구하는 가치와 행동을 내면화한다. 교도소, 정신병원, 군대, 기숙학원, 수도원 등이 그 대표적인 예다(손준종, 2002, 『교육사회학』, 서울: 문음사, p. 320).

③ 세 가지 운동은 가장 부드러운 형태의 교육적인 온정주의적 개입에 의한 것조차 교육적 개입이 정당화될 수 없다는 믿음과 결합돼 있다. ④ 세 가지 운동은 모든 아동이 민주적 협력에 참여할 자격이 있다는 견해를 포함한다. ⑤ 세 가지 운동은 교육기관을 전인으로서의 아동의 잠재력과 성장을 펼쳐나가게 하는 것을 가로막는 주요 장애물 중 하나로 고려한다.

이 세 가지 운동을 대표적인 '오늘날의 진보주의'로 구명함으로써 더욱 심원한 교훈을 배울 수 있을 것이다. 그것들은 전통적 진보주의의 프로그램을 그 극단으로 취한다. 이는 진보주의가 아동의 개별성과 제도화된 학교의 조직적 통일 사이에서 아마도 다루기 힘든 갈등을 포함하고 있음을 드러낸다. '아동으로부터'나 아동 중심성은 진보주의에 깊이 스며들어 있으며, 최후의 수단으로 모든 종류의 교육적인 온정주의적 개입을 거부한다. 진보주의가 그것의 논리적 결론을 취한다면 그것은 교육적 기획 자체의 거부로 귀결될 것이다.

추 천 도 서

Cremin, L. (1961). *The Transformation of the School: Progressivism in American Education 1876-1957*, Alfred A. Knopf.

Darling, J. (1994). *Child-Centered Education and its Critics*, Paul Chapman Publishing.

Oelkers, J. (1989). *Reformpädagogik*. Eine kristische Dogmengeschichte, Juventa.

Scheibe, W. ([1969] 1994). *Die reformpädagogische Bewegung*, Beltz Taschenbuch.

제10장

도덕관 및 도덕교육관의 변화

Nel Noddings & Michael Slote / 고미숙 역

지난 세기에 일상적인 도덕관이 크게 변해 왔다는 것은 현대 생활을 무심코 살펴본 관찰자에게도 분명하다. 빅토리아 시대에 도덕적인 비난을 받았던 행동이 오늘날에는 거의 눈살을 찌푸리게 하지 않으며, 심지어 어떤 행동은 널리 받아들여지고 있다. 어떤 관찰자들은 예컨대 성(sex)과 교회 출석에 대한 도덕적 태도에서의 변화를 개탄할지라도, 다른 많은 관찰자들은 이러한 변화를 환영한다. 우리 대부분은 변화를 좋아하든 그렇지 않든 간에 도덕관 및 관습이 지속적으로 변한다는 것을 이해한다.

도덕관은 또한 도덕철학을 변화시키고, 더불어 도덕적 관습과 도덕철학의 변화가 도덕교육의 변화에도 영향을 미쳐 왔다. 이 장에서 우리는 정치철학에서 관련된 연구를 포함해서 현대 도덕철학의 경향을 간략하게 논의하고, 그다음 도덕교육에서 무슨 일이 일어나고 있는지를 살펴보고자 한다.

우리는 칸트적 윤리학과 칸트주의에 기초한 자유주의(liberalism)에 대하

여 두 가지 흥미로운 도전을 집중적으로 논의한다. 중요한 한 가지 도전은 덕윤리학(virtue ethics)의 부활로부터 나오고, 다른 도전은 페미니스트 배려윤리(feminist ethics of caring)로부터 나온다. 덕윤리학과 페미니스트 배려윤리는 현대 도덕교육에 영향을 미치고 있다. 우리는 칸트주의에 대한 비판에 있어 두 가지 접근 사이의 유사점뿐만 아니라, 공감은 하지만 상이한 도덕교육관을 야기하는 차이점을 차례로 논의한다.

도덕철학

존 롤즈(John Rawls, 1971, 1993)와 그의 제자들의 연구에서 예시된 것처럼, 칸트적 윤리학(Kant, [1785] 1983)은 최근까지 학문적인 도덕철학 및 정치철학의 지배적인 경향이었다. 콜버그(Lawrence Kohlberg)의 영향력 있는 도덕발달 단계론은 개인의 발달심리를 기술하고, 그로 인해 가정과 학교에서 도덕교육의 실제적 근거를 제공하는 데 약간 칸트적 접근/롤즈적 접근을 취한다. 그러나 최근에 칸트적 윤리학에 대해 주요한 철학적 도전이 제기되어 왔고, 도덕교육 분야에서 콜버그 관점에 대한 가장 중요한 도전은 도덕철학에서의 새로운 이념을 반영하거나 적어도 그런 이념에 부합하는 것이다.

칸트주의는 일반적인 도덕 원칙을 도덕생활의 기초로(그리고 도덕적 의무를 이행하는 기초로) 간주한다. 또한 칸트주의는 그런 도덕 원칙을 순수이성(순수 이성의 실천적 측면)으로부터 추론할 수 있다고 보며, 도덕적으로 예의 바른 개인들에게 그들이 생활하는 모든 환경에서 도덕 원칙이 다소간 의식적인 영향력을 미친다고 본다. 칸트는 비도덕적으로 행위하는 사람은 일종의 실천적 불일치(사무실에 도착하기를 원하지만 아침에 일어나기를 거부한다고 하는 사람처럼)의 판결을 받을 수 있다고 주장하였다. 게다가 도덕성은 보편적 법칙이나 법칙성의 이념에 대한 존중으로 이해되며, 어떤 의미에서 비도덕론자는 인간 행위와 상호작용에 대한 협소한 관점을 취하는 사람으로 이해된다. 마지막으로 칸트적 윤리학은 모든 사람의 자율성과 존엄성을 강조하는데, 칸트 학설의 한 측면은 이러한 존엄성과 자율성 존중의 일반적 의무에 집중한다.

대조적으로 롤즈는 정치적 도덕성의 근거로 순수이성에 의존하기보다는 사회계약(social contract)의 이념을 사용한다. 그러나 롤즈가 마음에 그리는 계약적 상황은 합리성, 자율성 그리고 보편성의 특징을 내포하고 있는데, 이는 적어도 칸트의 이러한 개념들에 대한 이해와 유사하다. 칸트의 인간 존엄성에 대한 존중은 롤즈가 생각하기에 공정한 사회계약에서 동의하게 될 정치적 원칙에서 유사하게 구현된다. 칸트와 비슷하게 롤즈도 사회의 도덕생활은 어떤 정당화된 일반 원칙들에 명백히 호소하고, 또 그 원칙들을 사용함으로써 다스려진다고 주장한다.

최근에 이러한 일반적인 칸트적 도덕성(그리고 도덕교육) 패러다임은 상이한 측면과 많은 상이한 방식으로 비난을 받았다. 이러한 공격 중에서 두드러진 것은 '공동체주의(communitarianism)' 라고 불리는 것이었는데, 이는 칸트주의와 매우 밀접한 관련이 있는 철학적 자유주의를 반대하였다. 앨라스데어 매킨타이어(Alasdair MacIntyre, 1981), 마이클 샌들(Michael Sandel, 1982), 찰스 테일러(Charles Taylor, 1989) 그리고 마이클 월저(Michael Walzer, 1983)는 자유주의자/칸트가 자율적 개인, 개인의 권리 및 보편적 원칙을 강조한 것에 문제를 제기하였다. 그들은 도덕적 구심점으로 공동체, 사회적 맥락, 대화망(webs of interlocution) 그리고 상이한 삶의 방식을 지적한다. 대조적으로 칸트주의는 개인의 인간 이성의 보편적 능력과 합리적인 사회 규칙 및 제도를 제안하는 가능성에서 계몽주의의 신조에 그 원천(적어도 몇몇의 원천은)을 둔다. 이러한 합리적인 사회 규칙과 제도는 역사적으로 한 사회를 다른 사회와 갈라 놓았던 종교적, 문화적, 인종적 차이로부터 간섭을 참을 필요도 없고 또 그 간섭을 지속할 필요도 없다.

그러나 공동체주의자들은 개인의 인지와 이성의 도덕적 능력 및 잠재력을 문제 삼고 싶어 한다. 칸트와 달리 공동체주의자들은 공동체 가치, 전통 그리고 맥락 속에서 습득한 좋은 습관과의 관계에서만이 우리가 도덕적으로 덕 있는 사람이 될 수 있다고 주장한다. 일반적으로 공동체주의자들은 공동체마다 전통과 가치가 분명히 다르기 때문에 모든 곳에서 모든 사람에게 동일한 이성이나 합리성 형식에의 호소에 근거한 보편적인 계몽된 도덕성이란 없다고 주장한다. 매킨타이어와 샌들은 매우 독특한 공동체 가치를 정의(justice)에 대한 이해와 무관한 것으로 나타내는 롤즈의 사회계약을 비판하며, 유덕한 사람이 되거나 좋은 시민이 된다는 것은 자립적인 개인의 인간 이성의 산물이 될 수 없다고 생각한다. 오히려 우리는 어떤 의미에서 주어진 공동체나 전통 혹은 사회적 실천들(practices)[1] 내에서만 도덕적 개인으로 기능할 수 있다.

공동체주의자들뿐만 아니라 덕윤리학자와 배려 이론가들(우리는 다음에 이들의 연구를 논의할 것이다.)도 제기한 불평은 칸트와 철학적 자유주의가 요구한 보편화 가능성이 도덕적 논의 영역을 바람직하지 못한 방식으로 좁혀 왔다는 것이다. 이런 점에서 그들은 포스트모던 철학자들과도 연결된다. 후자도 도덕적 문제를 우리가 모두 동일한(논리적으로 결정된) 방식으로 반응해야 하는 논쟁점에 한정 짓는 것은 그 분야를 축소시킨다고 주장한다. 그들은 의무에 대한 철학적 분석이 살아 있는 타인들과 그들의 필요를 외면하고 이성에 의해 규정된 법칙을 지향하도록 하였다고 주장한다

1) practice는 학자에 따라서 '실천' '사회적 실천' '사회적 실제' '사회적 관행' '행위 전통' '실천 전통' 등으로 다양하게 번역 · 사용되고 있다. 홍은숙은 practice를 고유한 가치와 탁월성의 기준, 규범과 덕, 지식과 기술, 정서, 역사 등을 가지고 발달해 온 모종의 사회적 역사적인 인간 활동이라고 설명한다. 홍은숙은 실천 전통이라는 용어를 사용하고 있으나, 역자는 전통이라는 번역과의 혼동을 피하기 위해서 사회적 실천으로 번역하고자 한다(홍은숙, 2007, 『교육의 개념』, 서울: 교육과학사, pp. 19-20).

(Caputo, 1993). 의무에 대한 철학적 분석은 또한 그리스인들이 탐구한 중대한 실존적 질문, 즉 나는 어떤 종류의 인간이 되어야 할 것인가, 어떤 삶이 살 가치가 있는가, 나는 어떤 점에서 사회와 우주에 적합한 사람인가를 (철학적으로) 묻지 못하게 하였다.

덕윤리학자들(몇몇 공동체주의자들을 포함하여)은 이러한 질문에 대한 부활을 촉구하였다. 따라서 우리의 인격과 개인의 잠재력을 발달시키는 도덕적 의무를 인식하는 것만이 아니라 훨씬 더 복잡하고 풍부하며 다양한 분야인 타인에 대한 의무를 인식하는 도덕적 영역으로의 부활을 촉구하였다. 지난 15년 정도 동안 고대 윤리학 접근이 강력하게 부활되었다. 특히 플라톤, 아리스토텔레스 그리고 고대 세계에서 회의론자가 아닌 거의 모든 도덕론자에게 이상적인 인간 생활에서 중심적 역할을 하는 유덕한 인격(virtuous character), 유덕한 동기(virtuous motives) 및 욕망은 강력한 관심을 불러 일으켰다(Slote, 1992).

최근의 덕윤리학은 도덕생활에 대한 다양한 칸트적(그리고 공리주의) 관점을 의문시하였으며, 최고의 도덕성과 인간의 탁월성(excellence)은 보편적 도덕 원칙에 의식적으로, 또 양심적으로 주의하고 복종할 것을 요구하는 칸트적 가정을 의심스러워하였다. 오히려 많은 현대 덕윤리학자들은 최고의 탁월성이나 덕이 지각, 욕망 그리고 선택의 습관에서 나타난다고 생각한다. 이러한 관점에 따르면 진정으로 자비심이 있거나 친절한 사람은 아픈 이웃이나 누군가의 도움에 대한 필요를 지각할 정도로 민감해 있기에, 그들을 어떻게 도울 수 있는지에 대해 생각하고, 따라서 행동한다. 그 때에 친절의 덕은 도움을 필요로 하는 사람을 돕지 않는 것은 잘못이라는 생각이나 의무를 행하는 데 대한 자기 의식적인 관심으로부터 나오는 것이라기보다는 이들과 같은 습관을 통해서 나타난다.

하지만 실제로 최근 덕윤리학 접근을 발달시켜 왔던 대부분의 사람들은 양심에 맞는 경우에 적절한 도덕적 이상을 이루는 다른 덕들이 있다는 것을 인정한다. 친절한 사람은 자신의 행위가 친절한지 그렇지 않은지에 대해 생각하지 않을지라도, 정의로운 사람(just person)은 정확히 자신의 행위가 정의로운지에 대해 걱정한다(Williams, 1985, p. 10). 그러므로 그러한 덕[정의]은 칸트에 의해 옹호된 방식으로 자기 의식적이고 양심적이다. 배려이론에도 의무나 양심의 요소가 있다. 즉, 배려이론가들은 자발적인 배려 성향이 실패할 때가 있으며, 그때 우리는 배려하는 자로서 우리 자신의 윤리적 이상(ethical ideal)[2]을 불러일으켜야 한다는 것을 인정한다(Noddings, 1984). 게다가 최근 덕윤리학의 부활에 가장 큰 영향을 미쳤던 고대 사상가인 아리스토텔레스조차 유덕한 인간은 특징적으로 '고결함을 위해서' 행동한다고 자주 언급하였다(Korsgaard, 1998). 아리스토텔레스의 '양심'은 도덕적 의무가 아닌 고결함(nobility)과 여전히 관계되어 있을지라도, 이것은 명백히 칸트가 자기 의식적이고 양심적인 도덕성을 강조한 방향으로 이동한 것이며, 일반적 원칙에 호소하지 않으면서 이런저런 특정한 실천적 상황에서 요청될 것이라고 생각되는 것과 관련된다. 아직도 대부분의 현대 덕윤리학자들은 칸트(혹은 롤즈)가 자기 의식적인 도덕성을 상당히 보편적으로 강조한다는 것을 윌리엄스(Williams, 1976, 1985), 스토커(Stocker, 1996), 블럼(Blum, 1994), 푸트(Foot, 1978), 그 외의 다른 학자들이 제공한 예를 통해서 확신한다. 그리고 여기서 덕윤리학자들이 말한 것과 배려윤리를 비교하는 것은 흥미로운 일이다.

덕윤리학자들은 일반적으로 친절(혹은 배려나 자비)과 정의가 덕이라고 믿지만, 배려윤리는 때로 현대 도덕철학을 지배하고 있다고 생각한 정의윤리를 명백하게 반대한다. 따라서 배려의 도덕성(뒤에서 다루게 될)에서는 대부분의 덕윤리학자가 양심이 도덕적 사고와 행동의 영역에서 중요한 역할을 한다고 인정한 이유가 부족할 수 있다. 여기서 이유들이란 정의가 배려/

---

2) 윤리적 이상(ethical ideal)은 배려하는 자를 유지하고 강화하기 위해서 노력하는 최고의 자아상을 말한다(박병춘, 2002, 『배려윤리와 도덕교육』, 서울: 울력, p. 143).

친절/자비와 같은 인간 중심적인 덕과 관계가 없는 중요한 덕이라는 믿음에서 나오는 이유들을 말한다. 그런 정도로 덕윤리학은 적절한 도덕적 자기 의식과 양심의 논쟁점에 관해서는 칸트의 윤리학과 배려의 도덕성 사이의 중간 지점에 위치한다.

칸트적 윤리학에 대한 세 번째 도전은 길리건(Carol Gilligan, 1982)과 나딩스(Nel Noddings, 1984)에 의해 시작되었다. 길리건은 권리, 계약의 상호성 혹은 정의의 보편적 원칙에 대한 호소가 여성보다는 남성에게 더 일반적이라고 주장한다. 소녀와 여성은 도덕적 논쟁을 사람들의 복지에 대한 관심, 배려에 의해서 더 많이 생각하는 것 같다. 나딩스는 배려 지향(care orientation)이 전통적으로 여성과 연합된 경험에서 자연스럽게 자주 일어나지만, 정의 지향(justice orientation)은 전형적으로 남성과 더 많이 동일시된 경험에서 나온다고 주장한다. 후자에서 권리에 대한 강조는 사람들을 서로 분리된 것으로 다룬다. 왜냐하면 권리는 전형적으로 타인의 간섭을 반대하는 권리이기 때문이다. 그러나 여성은 다른 사람과의 관계 및 책임에 의해서 더 많은 것을 생각한다. 길리건과 나딩스가 주장하였을 뿐만 아니라 이러한 두 가지 사고방식 사이의 구분이 성(gender)과 상관이 없을지라도, 그들과 다른 배려 이론가들의 연구는 콜버그적 관점(뒤에서 논의하게 될)에 대한 수용을 점점 더 어렵게 만들었다. 콜버그적 관점은 다른 사람에 대한 직접적인 배려 관심이 정의와 인권의 원칙에 대한 양심적인 관심보다는 도덕적으로 덜 발달한 것이라고 보았다.

우리는 또한 길리건의 연구가 거의 모든 학문과 전문 분야에서 페미니스트 접근에 인상적인 영향을 미쳤다는 것을 지적해야 한다. 예컨대, 여성의 관계(relation)에 대한 강조는 '합리적인 인간' 학설에 도전하기 위해서 페미니스트 법 사상가들에 의해서 사용되어 왔다. 신학에서는 아브라함과 모세의 이야기와 같은 전통적인 이야기에서 신과 인간의 본질에 대해 문제를 제기하였다. 배려 이론가들은 간호이론과 간호윤리학에서, 정말로 남을 돕는 모든 직업에서 정기적으로 언급된다.

우리는 위에서 인권에 대한 '남성적인' 호소가 개인의 분리를 강조하는 경향이 있다는 것을 언급하였지만, 명백히 도덕적 원칙에 호소해야 한다는 가정 역시 관계보다 분리(separateness)를 우선시한다. 왜냐하면 원칙을 먼저 고려하고 다른 사람과 관련을 맺는 사람은 다른 사람의 복지에 대한 직접적인 관심, 즉 사랑이나 우정의 감정으로부터 행동하는 사람보다도 직관적으로 그러한 타인과 덜 관계를 맺을 것 같기 때문이다. 따라서 물에 빠진 아내를 구할 것인가 혹은 이방인을 구할 것인가의 선택에 직면하였을 때 이런 상황에서는 아내를 구하는 것이 도덕적으로 허용된다고(혹은 구할 의무가 있다고) 결정하고, 그다음에 아내를 구하는 사람에 대한 버나드 윌리엄스(Bernard Williams, 1976)의 유명한 예를 고려해 보라. 윌리엄스에 따르면 그러한 사람은 '지나치게 많은 생각(one thought too many)'을 가지는데, 확실히 우리는 그 상황에서 한 남자와 아내를 위한 그의 행위 사이에 아마도 타당한 도덕적 원칙을 개입시키는 것(혹은 도덕적 원칙에 양심적으로 주의하도록 하는 것)이 자연스럽지 못하고 매력적이지 못한 일이라는 데 동의할 것이다. 왜냐하면 그것은 그의 아내(혹은 모든 아내)가 바라는 것보다 적게 아내에 대한 관계와 감정을 보여 주고 있기 때문이다.

이와 같은 경우에 배려 이론가들은 칸트나 공리주의 원칙에 따라서 우리의 결정을 심사숙고하는 것은 우리 모두가 의존하고 있는 배려의 망(the webs of care)을 해치는 경향이 있다고 지적한다. 이러한 접근이 지속적으로 수행되면 도덕성 체계가 목적으로 하는 삶의 질을 파괴할 수 있다. 이에 대해 배려 이론가 및 덕윤리학자 그리고 공동체주의자는 동의하는 것 같다. 합리적인 사람은 이방인보다는 자신과 밀접한 관계가 있는 사람들에게서 당연히 더 많고 다른 종류의 선행을 기대한다. 공정한 도덕적 논리를 사용하는 행위자는 당연히 받아야 할 도덕적 명예가 높아지기는커녕, 우리는 이러한 사고가 도덕적으로(혹은 적어도 인간적으로) 뭔가 부족하다고 느낀다. 말하자면, 우리는 아마도 거북하게 느낄 것이다.

대조적으로 칸트는 도덕적 가치를 갖는 행위의 필요조건은 타당한 도덕적 원칙에 의해 인도되는 것이며, 이러한 기준은 결코 행위의 가치를 떨어뜨리지 않는다고 분명히 명시적으로 주장한다. 따라서 슬로트(Slote, 2001)가 주장한 것처럼 칸트가 인간의 자율성에서 나오는 원칙을 강조하고 그 원칙에 대한 기준 및 존중으로부터 나오는 행위를 강조한 것은 분리를 두 배로 강조한다.

대조적으로 배려윤리는 관계(connection)를 두 배로 강조한다. 배려윤리는 우리의 의무를 자발적인 계약(롤즈에게는)이나 개인적 자율성의 기능으로 간주하지 않는다. 오히려 배려윤리에서 말하는 우리의 의무란 타인과 마주하고 있는 우리의 상황에서 나오는 것이며, 우리가 타인과 관계되어 있으며 우리가 타인들을 돕거나 해칠 수 있다는 사실로부터, 즉 적어도 부분적으로 우리 자신의 선택과 무관하다는 사실로부터 나오는 것으로 간주한다. 배려이론은 또한 도덕적 원칙(혹은 우리 행위의 도덕적 지위에 대한 관심)에 대한 중재 없이 사람에게 초점을 두는(가능한 한 긍정적으로 반응하는데) 도덕적 중요성을 강조한다. 즉, 배려이론은 그러한 중재가 타인과의 배려관계를 방해하거나 떨어뜨린다고 간주하기 때문에 부분적으로 그렇게 한다.

나딩스에 의해 기술된 것처럼, 배려윤리에는 한 가지 칸트적 요소(위에서 간략하게 언급한)가 있다. 도덕적 행위자는 배려방식으로 반응하려는 자발적 성향이 일어나지 않을 때 적절한 반응을 동기부여하기 위해서 자기 자신의 배려의 이상을 참조해야 한다. 즉, 배려하는 자로서 우리는 자연적인 배려가 나타나지 않을 때 우리의 반응을 인도하기 위해 양심적으로 조언을 구할 수 있는 '배려하는 자아(caring self)'를 구성한다. 우리는 '기운을 되찾고' 평소의 배려 성향이 있는 '것처럼' 반응한다. 나딩스가 지적한 것처럼, 배려를 받는 자가 우리의 노력을 진정성이 적은 것으로 지각하는 이러한 사례에서는, 가령 윌리엄스의 사례에서 남편처럼 '지나치게 많은 생각'을 하는 위험이 있다. 그러나 이러한 생각이 개인의 도덕적 반응에 필연적인 경우에는 개인이 그런 생각을 하지 않는 것보다는 하는 것이 도덕적으로 더 낫다. 슬로트(2001)에 따르면 배려가 시들해지는 많은 경우(예: 우리가 연인에게 짜증이 나거나 단지 지쳐 있을 경우)에 기운을 되찾고 배려를 하도록 돕는 것은, 말하자면 배려에 대한 이상이나 규칙을 참조하는 것이라기보다는 우리가 도움이 되는 방식으로 행위를 하지 않는다면, 배우자에게 '일어날 나쁜 일'에 대해서 상황적으로 추론한 인식 덕분일 수 있다. 나딩스와 슬로트는 자연적(자발적) 배려(natural caring)가 이미 작용하고(혹은 작용될 수) 있을 때 원칙에 의지하는 것은 정말로 지나치게 많은 생각을 하는 것이라는 데 동의한다. 그리고 배려윤리가 양심에 어느 정도 호소할 필요가 있는지는 불명료한 채로 남아 있지만, 칸트와 대조적으로 배려이론은 이상으로서의 배려에 대한 양심적인 호소를 넘어서 배려의 자발적(혹은 자연적) 행위를 고양시킨다는 것이 분명하다.

자연적 배려에 대한 강조는 또한 배려와 덕윤리학 사이에 깊은 관계를 제안한다. 나딩스는 자연적 배려의 지위를 배려의 덕이 구성하거나 유지하는 데 도움을 주는 배려관계의 가치와 바람직함으로부터 나오는 덕으로 간주한다. 그러나 친밀한 관계에 도덕성의 근거를 두는 것은 칸트적 윤리학 및 공리주의 윤리학의 정신에 반대되는 것으로, 아리스토텔레스가 우정에 부여한 특별한 중요성으로 되돌아가는 것이다(적어도 특별한 중요성 중의 하나는 상기하도록 한다.). 이것은 나딩스의 접근이 덕윤리학적 접근 또는 그에 가까운 것처럼 보이게 한다.

그러나 그 이외에도 슬로트는 배려관계의 가치가 타인을 배려하는 덕에 앞서는 것인지(지위) 그렇지 않은지를 의문시할 이유가 있다고 주장한다. 결국 배려를 받는 것은 덕은 아니지만 배려는 덕이라고 우리는 직관적으로 생각한다. 그러나 배려하고 배려를 받는 것은 어떤 바람직한 관계(말하자면, 부모와 자녀 사이)를 구성한다. 따라서 배려(혹은 친절 또는 자비)는 본질적으로 덕이며, 도덕적으로 선한 특성이나 동기임을 주장하는 것이 가능하고 또 유익할 수 있다. 혹자는 배려의 도덕적 훌륭함을 어떤 관계의 선(goodness)으로까지 거슬러 올라가기보다는 배려의 근본적인 도덕적 훌륭함이— 적대감과 무관심에 상반되는 것으로서— 사랑과 우정의 관계가 우리의 삶에 왜 그렇게 중요한지, 그 이유를 이루게 된다고 주장할 수 있다. 하지만 사람들이 단지 서로를 이용하는 관계 혹은 서로의 이익에 불리하게 하는 관계는 그 자체로 인간의 삶에 어떠한 가치도 보태지 못한다.

이것이 우리 두 저자 사이의 가벼운(그리고 생산적인) 차이의 영역이다. 나딩스는 배려의 두 가지 개념, 즉 덕에 기초한 배려와 관계에 기초한 배려를 인정한다. 물론 우리는 덕의 의미에서 '배려'를 사용한다. 즉, 그는 배려적인 교사다, 그녀는 배려적인 친구다, 간호사는 의사보다 더 배려적이다와 같이 배려라는 말을 사용한다. 더욱이 이러한 덕 의미는 윤리적 배려에 대한 논의에서 인정된다. 우리가 실제적인 배려 만남에서 구성하였던 윤리적 이상을 이끌어 내는 데 있어 우리는 적어도 부분적으로 덕을 발휘하고 있는 것이다.

그러나 관계적 의미는 페미니스트 사상의 중심이 되어 왔다. 이러한 접근에서는 배려가 관계의 속성을 띠며, 양 당사자가 실질적인 기여를 한다. 배려하는 자는 주의를 기울인다. 즉, 배려를 받는 자에게서 무슨 일이 일어나고 있는지를 받아들이고 표현된 필요에 반응한다. 한편 배려를 받는 자(배려 관계나 만남에서의 두 번째 구성원으로서)는 배려하는 자의 노력을 인정한다. 이러한 인정은 명시적인 감사의 표현이 될 필요는 없다. 유아에게는 미소와 꼼지락거리기로 나타날 수 있으며, 학생에게는 프로젝트에 대한 자신감 있는 추구가 될 수 있고, 환자에게서는 고통의 경감에 대한 감사로 꼭 잡은 손이 될 수 있다. 명시적으로 표현되지 않을 때조차 인정은 '나는 배려를 받고 있다.' 라는 것을 확실히 전달한다. 그때만이 우리는 배려관계를 맺는다.

이것이 왜 중요한가? 첫째, 그것은 도덕적 상호 의존을 인정한다. 즉, 내가 얼마나 선해질 수 있는지는 적어도 부분적으로 상대방이 나를 어떻게 대하는가에 달려 있다. 우리로서는 종종 덕이라고 생각한 것이 마음이 맞고 민감하며 반응이 있는 파트너(혹은 배려를 받는 자)가 했던 기여와 좀 더 적절하게 자주 공유되곤 한다. 둘째, 그것은 디킨스(Charles Dickens)의 소설에서, 그리고 오웰(George Orwell)의 수필들(1956)과 버틀러(Samuel Butler)의 『육체의 길(*The Way of All Flesh*)』(1944)과 같은 자서전적이고 반자서전적인 작품에서 아주 잘 기술되어 있는 독선의 형식을 피하도록 돕는다. 이러한 작품에서 우리는 자기 자신이 배려가 있다고, 즉 명백히 좋은 의도, 자기희생, 배려를 받는 자에 대한 집중 등이 있다고 생각하는 정말로 무서운 사람들(젤리비 부인, 파디글 부인, 빙고와 심 그리고 테오볼드 폰티펙스)을 만나게 된다. 그러나 확립된 관계는 배려관계가 아니었다.

배려를 받는 자가 "당신은 정말로 배려하지 않아요!" 혹은 우리가 자주 학교에서 듣는 것처럼 "아무도 우릴 배려하지 않아요!"라고 주장하기 때문에, 어떤 관계가 배려의 관계가 아닐 경우 덕의 의미에서 배려하는 자가 실패하였다는 것은 반드시 사실인 것은 아니다. 비록 위의 설명에서는 확실히 사실이었을지라도 말이다. 배려를 받는 자가 무딜 수도 있고 혹은 특별히 까다로울 수도 있다. 아마(그리고 종종 학교에서 사실인) 관계가 위치하고 있는 환경에 뭔가가 잘못되어 있을 것이다. 교사들이 배려하고 배려한다는 강력한 신호를 보여 주어도 (덕의 의미에서) 학생들은 여전히 "아무도 우릴 배려하지 않아요!"라고 주장한다고 교사들이 항의할 때, 우리는 배려가 활발하게 이루어질 것으로 기대되는 상황을 검토할 만한 강력한 이유가 있다. 아마도 배려 및 덕윤리학자들은 이에 대해 철저하게 의견이 불일치하는 것은 아닐 것이다. 덕윤리학자들은 훨씬 더 강력한 덕을 사용함으로써 그런 상황을 치유하려고 애쓰지만, 배려 이론가들은 그 상황에 집중하고 더 많은 배려를 하도록 애쓸 것이다.

덕윤리학자들은 디킨스, 오웰 그리고 버틀러에 의해 기술된 사이비 배려(pseudocaring)를 확실히 비난할 것이지만, 그들은 관계가 아닌 행위자(agent)에게 집중한다. 슬로트(2001)가 제시한 것처럼 우리가 기본적인 덕으로서 타인에 대한 간접적 · 직접적 배려(caring about/for others), 친절과 자비를 생각한다면, 그때 배려의 윤리는 순수 덕윤리학(a pure virtue ethics)이 될 것이다. 왜냐하면 가장 순수한 덕윤리학은 행위의 옳고 그름을 그 행위들이 행위자의 내적인 생활, 유덕하거나 사악한 인격이나 동기에 대하여 보여 주는 기능을 하는 것으로 간주하기 때문이다. 배려윤리를 명백하게 옹호하는 데 있어, 도덕적인 행위인가 비도덕적인 행위인가는 우리의 행위가 타인에 대한(혹은 심지어 우리 자신에 대한) 유덕한 배려 태도를 반영하고 있는지의 문제라고 우리는 확실히 암시하고 또 분명하게 말할 수 있다. 그리고 이것은 확실히 덕윤리학적 접근이 되는 것이다.

확실히(슬로트를 따라) 배려윤리를 이러한 순수 덕윤리학적 방향에서 이해하는 것은 불운과 행위자가 도저히 예상할 수 없었던 방식이었기에 타인을 돕거나 배려하려는 시도가 그 목적을 이루지 못할지라도(혹은 우리가 도우려고 하는 사람에게 결코 인정받지 못할지라도) 배려 행위는 도덕적 가치를 전혀 잃지 않는다는 것을 함의한다. 그러나 이러한 함의는 논쟁의 여지가 있다. 나딩스는 행위자의 노력이 실패할지라도, 때로는 행위자가 정말로 배려에 대한 인정을 받을 만하지만 때로는 그렇지 않다는 데 동의한다. 누군가의 의도를 확인한다는 것은 어려운 것으로 악명 높다. 그러나 행위자가 배려하려고 노력한다는 점에서 도덕적 명예를 얻을 자격이 있을 때조차 그것이 그 관계를 배려의 관계로 만드는 것은 아니며, 도덕적 명예를 부여하고 보류하는 것은 배려윤리의 목적이 아니다. 배려윤리의 요점은 배려관계를 확립하고 유지하며 증진시킬 만한 방식을 발견하는 것이다.

배려의 모든 도덕성은 순수이성보다도 감정과 욕망(배려를 받으려는 욕망과 그 결과로 배려하려는 욕망)을 강조한다. 그런 정도로 그들의 역사적 뿌리는 부분적으로 18세기 영국 철학자 흄(David Hume), 허치슨(Francis Hutcheson) 그리고 스미스(Adam Smith)의 도덕적 감정주의(moral sentimentalism)[3]에 있다. 가장 특징적인 형식으로, 도덕적 감정주의는 도덕생활에서 (실천적) 이성의 역할을 경시하고, 특히 우리의 도덕적 의무가 순수이성에 기초하거나 순수이성에 의해 정당화된다는 칸트적 관점을 의문시한다. 허치슨은 특히 자비(benevolence)와 공감(sympathy)과 같은 감정/동기/덕을 도덕성의 기초로 간주하였다. 그러나 허치슨이 도덕성의 기초로 간주한 자비는 모든 인간의 복지에 대해 동등하게 강력한 관심을 보여 주는 보편적 혹은 공정한 자비(universal or impartial benevolence)였다. (그것은 기독교적 이상인 보편적 사랑이나 아가페를 생각나게 하며, 정말로 그런 기독교적 이상으로까지 거슬러 올라갈 수 있다.) 이러한 공평주의(impartialism)는 배려윤리의 편파성이나 특수주의(particularism)와 대조를 이룬다. 배려윤리는 직접적인 만남에서 일어나는 배려에 주요한 초점을 둔다. 이러한 초점은 원초적 조건으로 불릴 수 있는 것, 즉 유아와 가정에 대한 여성의 관심으로까지 거슬러 올라갈 수 있으며(Noddings, 2001a), 철학에서도 만남과 면대면을 강조하는 대륙철학으로까지 거슬러 올라갈 수 있다. 하지만 배려 이론가들은 도덕적 동기가 이성이 아닌 감정(feeling)에 뿌리를 두고 있다는 흄([1751] 1983)의 견해에 동의한다.

아직도 허치슨과 흄의 도덕적 감정주의는 옳고 그른 행위를 이해하는 데 내적인 태도와 동기를 강조한다는 바로 그 이유 때문에 때로는 덕윤리학의

---

3) 이들은 일반적으로 도덕감 학파 혹은 도덕감각 학파라고도 한다. 도덕감 이론(moral sense theory)은 도덕적 지각, 행위와 인격에 대한 평가, 그리고 숙고 및 동기부여에서 감정이 핵심적인 역할을 한다고 본다(Jacqueline A. Taylor, 1998, Moral Sense Theories, In Edward Craig Ed., *Routledge Encyclopedia of Philosophy, 6*, London: Routledge, p. 545).

형식으로 간주된다. 그러나 흄도 사회적 덕(social virtues)을 매우 강조하는데, 이러한 점은 특히 배려이론과도 잘 맞는다. 보통 친화성(congeniality), 정중함(civility), 반응성(responsiveness)과 같은 덕을 드러내는 사람들은 배려관계가 풍요로워지도록 돕는 풍토를 만드는 데 기여한다. 흄은 "위트와 유머는 사랑과 애정을 자극한다."고 말했다([1777] 1983, p. 101). 게다가 흄을 따르는 배려 이론가들은 도덕적, 지적, 사회적 덕을 분리하는 데 어려움을 겪는다.

물론 덕윤리학의 특징은 덕들에 대한 완전한 정렬을 강조하지만, 플라톤적 덕윤리학 및 아리스토텔레스적 덕윤리학과의 대조가 특히 두드러진다. 왜냐하면 플라톤과 아리스토텔레스는 도덕생활의 기초가 이성의 발휘에 있다고 생각하였으며, 그들 모두 허치슨에게는 적어도 도덕적 선의 기본이 되는 종류인 다른 인간에 대한 일반적 · 보편적 관심을 철학적으로 옹호하지 않기 때문이다. 그러나 배려윤리는 어떠한가? 배려윤리는 다른 인간에 대한 일반적 관심을 배제하는가?

반드시 그런 것은 아니다. 배려윤리를 옹호하였던 사람들은 때로 친밀한 인간관계의 영역을 넘어서 국가적이고 국제적인 공적 · 정치적 생활이라는 큰 영역에서 작용하는 정의윤리에 대한 여지를 남기고 싶어 한다. 배려윤리에 대한 또 다른 옹호자들은 배려가 공적 생활의 큰 영역에서 정의가 하는 일을 할 수 있다고 생각한다. 예컨대, 러딕(Sara Ruddick, 1989)은 모성적 사유(maternal thinking)가 일반 사회에서 그리고 국가나 정부와 시민 사이의 관계에서 정의에 해당하는 일을 할 수 있고 또 해야 한다고 주장한다. 헬드(Virginia Held, 1993), 슬로트(Michael Slote, 1998) 등(Haber & Halfon, 1998 참조)은 협소하게 개인적인 것을 넘어서 정치적이고 공적인 것에 잘 맞는 일종의 도덕적 배려가 있다고 주장해 왔다. 나딩스(1998a, 2001a)는 이러한 점에 동의하며, '간접적 배려(caring about)'[4]를 정의감의 기초로 인정한다. 따라서 배려윤리는 우리에게 가까이 있고 소중한 사람들에게 우리가 더 많이 배려하거나 다르게 배려하는 것이 당연할지라도(허치슨의 공평주의와는 대조적으로), 멀리 떨어져 있는 우리가 모르는 사람들의 운명에 대해서도 관심을 갖고 배려해야 한다고 말할 수 있다. 그러나 현대의 아리스토텔레스주의자들조차 아리스토텔레스나 플라톤에게서 발견하는 것보다 더 광범위한 인간적 관심을 취하기 위해서, 아리스토텔레스가 거의 말하지 않은 친절과 같은 덕을 옹호하고 아리스토텔레스적 정의의 범위를 확장하기를 원한다(우리가 정말로 고대 스토아 학파의 합리주의적 윤리학에서 이러한 관심을 발견할 수 있을지라도).

공동체주의는 배려윤리와 중요한 특징을 공유할 뿐만 아니라 상당한 차이가 있다. 양자는 확실히 보편적 도덕성의 기초를 이성에 두는 것에 회의적이다. 그러나 배려 관계와 만남에 초점을 두는 배려이론은 감정에 기초한 보편적 도덕성을 인정한다. 배려윤리에서는 개인의 행동의 보편적 준거나 사회적 규범의 보편적 준거와 같은 윤리를 사용하지 못하게 하는 것이 아니다(공리주의처럼 상이한 개인과 사회에 따라서 실제 상황과 반응에서 차이가 있다는 것을 받아들일지라도). 배려이론은 배려를 받으려는 욕망(즉, 긍정적인 반응 방식을 받으려는 욕망)에서 자연적인 (경험적) 보편성을 확인하며, 배려로 응답하려는 욕망에서 도덕적 보편성을 확인한다. 그러나 상이한 전통에 대한 공동체주의자의 강조는 모든 형태의 윤리적 보편주의를 배제하

---

4) 나딩스는 배려를 두 가지로 구분하여 설명한다. 하나는 직접적 배려(caring for)이고, 다른 하나는 간접적 배려(caring about)다. 전자는 가정에서 우리가 처음으로 경험하는 것과 같은 배려의 직접적인 면대면 경험이고, 후자는 자선활동, 정치적 활동이나 투표하기와 같은 간접적 통로를 통해서 나타나는 배려다. 우리가 모든 인간을 배려한다는 것은 불가능한 일이다. 예컨대, 먼 거리에 떨어져 있는 모르는 타인들을 직접적으로 배려할 수는 없는 것이다. 그렇지만 우리가 기아를 구제하기 위해 돈을 기부한다면 배고픈 아이를 간접적으로 배려할 수 있는 것이다. 이런 간접적 배려가 정의감이 된다고 나딩스는 주장한다. 나딩스는 간접적 배려가 배려와 정의 사이에 연결을 제공할 수 있다고 본다(Nel Noddings, 2002, *Educating Moral People*, New York: Teachers College Press, pp. 85-86; Nel Noddings, 2002, *Starting at Home*, California: University of California Press, pp. 21-24; Maurice Hamington, 2004, *Embodied Care*, Urbana & Chicago: University of Illinois Press, p. 28).

는 것(그리고 그러한 배제를 찬양하는 것) 같다. 그러므로 배려[윤리]와 공동체주의 사이의 한 가지 중요한 차이는 후자는 외관상으로 그렇지 않지만 전자는 주어진 사회 내부로부터 도덕적 비판을 고려한다는 점에 있다. 어떤 사회에서 지배 집단의 이익이 여성이나 소수 집단에게는 결핍되어 있는 경우, 그런 상황은 배려 및 (신중하게 정의된) 배려 사회의 이상과 관련하여 도덕적 비판을 받을 수 있다. 그러나 (공동체 가치가 내부적인 모순이 있는 것으로 보여질 때를 제외하고는) 공동체주의자가 이용할 수 있는 비판적인 도덕적 자원을 통해서 헤게모니적인 상황이 어떻게 바로잡아질 수 있는지는 불확실하다(그렇지만 Nussbaum, 1988 참조). 그리하여 배려[윤리]가 공동체주의보다 다양성을 더 잘 수용할 수 있는데, 공동체주의는 사회적 도덕성을 통일되고 역사적으로 주어진 가치체계, 사회적 실천 및 전통에 반드시 의존하는 것으로 (그리고 관계있는 것으로) 간주한다.

하지만 공동체주의자와 배려윤리학자는 타인에 대한 의무를 우리 자신의 선택이 아닌 타인과의 관계에 달려 있는 것으로 간주한다는 점에서 계약 이론가와 다르다. 매킨타이어와 같은 적어도 몇몇 공동체주의자들은 자기 자신을 덕윤리학자로 간주하고 있다. 그리고 그들은 전통과 공동체가 도덕생활을 가능하게 한다고 생각하며, 도덕생활이란 덕을 소유하고 나타내는 것으로서 최선으로 또는 우선적으로 생각된다. 앞으로 살펴보겠지만, 사실 인격교육의 오랜 전통은 요즘에는 철학 내에서의 덕윤리학의 부활에서만큼이나 자유민주주의에 대한 공동체주의의 비판으로부터 영감을 얻는다.

도덕교육

현 도덕교육을 이해하는 데 영향을 미칠 수 있는 세 가지(혹은 우리가 덕윤리학과 공동체주의를 분리한다면 네 가지) 주요한 도덕철학 이론이 있는 듯하다. 덕윤리학과 주류 공동체주의(mainstream communitarianism)가 도덕교육의 형식으로 당연히 장려하는 것은 학교와 부모가 특정한(분류된) 습관적 덕의 형태로 좋은 인격을 가르치려고 노력하는 것이다. 칸트적/롤즈적 합리론/자유주의는 도덕교육이 외관상으로는 도덕적 추론 능력의 발달과 다양한 도덕적 딜레마나 결정에 적용될 수 있는 매우 일반적인 원칙을 발달시키는 형식을 취하도록 장려할 것이다. 마지막으로 배려윤리는 도덕교육을 아이들이 자신의 삶을 살아가는 데 옹호할 수 있는 방법들을 깊이 있게 이해하도록 하는 것뿐만 아니라 타인의 삶에 자신의 행위가 좋은 결과를 미치는지 혹은 해로운 결과를 미치는지에 대한 지적이고 정서적인 이해에 이르도록 하는 문제로 가장 자연스럽게 이해할 것이다. 배려는 타인 배려뿐만 아니라 자기 배려도 포함한다.

도덕교육의 역사는 서양 문화에서만이 아니라 대부분의 동양 문화에서도 인격교육에 의해 지배되어 왔다. 우리의 논의를 서양 사회에 한정해 볼 때, 그리스와 유대 민족 유산이 인격교육을 증진해 왔다는 것을 알게 된다. 아이들은 바람직한 덕을 (아이들이 적절하게 덕에 대해 추론할 수 있기 훨씬 이전에) 실천해야 한다는 아리스토텔레스의 주장에서부터 "마땅히 행할 길을 아이에게 가르쳐라."(잠언, 22:6)라는 성서의 명령에 이르기까지, 인격교육은 가정과 종교기관에서 사용된 모델이었다. 정말로 최근까지 인격교육은 학교에서도 도덕교육의 주요한 접근이었다.

상당히 안정적이고 동질적인 사회에서 혹은 사회적 · 직업적 위계가 분명한 사회에서 가르쳐져야 할 덕을 확인한다는 것은 어려운 일이 아니었다. 예컨대, 미국 20세기 초 출판물(White, 1909)에서, 교육자들은 학년마다 직접적으로 가르쳐야 할 32개의 덕 목록을 만들었다. 하나의 덕목인 '상냥함(amiability)' 은 흄이 사회적 덕으로 불렀던 것이며, 다른 덕목인 '상상력(imagination)' 은 지적인 덕으로 분류될 수 있다. 그 외 나머지 덕들은 적절하게 도덕적인 덕으로 간주된다. 오늘날 우리는 하나의 예로서 '야망(ambition)'과 같은 어떤 덕목은 생략할 수 있으며, 다양한 집단의 구성원들은 확실히 대부분의 덕목을 다르게 정의할 것이다. 예컨대, '정의(justice)'는 '진리의 적용과 업무에 대한 복종'으로 정의된다. 이는 오늘날 우리가 들을 수 있는 정의에 대한 정의와 얼마나 다른가?

미국에서 인격교육의 쇠퇴는 부분적으로는 인격교육이 실효성이 없다는 것을 보여 주는 것 같은 경험적 연구에서 그 원인을 찾을 수 있다. 그러나 미국 사회의 다양성 또한 인격교육을 방해하는 장애물이다. 즉, 누구의 가치와 전통이 공적인 도덕교육의 기초를 형성해야 할 것인지에 대해 문제가 있다. 바로 이러한 문제가 인지적 · 합리적 발달의 일반적 형태를 강조하고, 특정한 사회의 가치에 대한 의존으로부터 자유롭도록 하였으며, 콜버그적 도덕적 성장 모델을 포함하여 다른 모델들이 발달하도록 조장하였다.

콜버그의 도덕발달에 대한 접근은 기본적으로 칸트적 패러다임을 따른다. 콜버그 모델은 개인의 인지적 성장에 초점을 두고, 도덕적 차이를 주로 개인이 (가설적 혹은 실제적) 도덕적 논쟁에 대해 어떻게 추론하는지와 관련된 것으로 이해한다는 점에서 칸트적이고 계몽주의적인 뿌리를 보여 준다. 콜버그의 발달단계에서 가장 높은 단계는 개인이 권리, 상호성 혹은 정의의 명백한 일반적 원리에 의해서 지배되는 단계다. 피아제와 같이 콜버그는 단계 배열을 개인의 인지발달 증진을 구체적으로 나타내는 것으로 간주하는데, 이것은 도덕성이 자신의 합리성을 자율적으로 표현하는 문제라는 칸트적인 사상과 잘 맞는다. 사실 피아제와 콜버그는 보다 높은 도덕발달 단계의 합리성을 판단의 일관성과 보편성이 증대하는 것으로 이해한다. 판단의 일관성과 보편성은 칸트에게서 일찍이 도덕적 합리성의 본질로 간주되었던 특성들이다. 더욱이 도덕성의 최고의 원리를 상호성, 보편적 정의, 인권과 같은 개념에 호소하는 것으로 간주하여, 콜버그는 본질적으로 공리주의와 더 일찍이 18세기의 도덕적 감정주의에서 발견될 수 있는 인간의 복지에 대한 명백한 관심의 종류를 반대한다(또는 보다 낮은 도덕발달 단계로 분류한다.). 그리고 칸트 역시 감정주의를 인간의 도덕적 존엄성에 대해 부적절한 인식을 하는 것으로 간주하였다.

콜버그(1981)는 도덕발달의 철학을 제시하는 데 있어 명백하게 인격교육, 즉 '덕목 보따리' 접근('bag of virtues' approach)을 무시한다. 그는 좀 더 광범위하게 아리스토텔레스로부터 피터스(R. S. Peters, 1973b)에게까지 기술되었던 '문화 전달(cultural transmission)'을 비판하며, 이러한 접근이 거의 존재하지 않거나 권위에 의해서 모든 사람에게 강요되는 합의를 가정한다고 지적한다(우리가 살펴본 것처럼). 그는 또한 학생들이 옹호하는 가치들의 내재적 가치에 충분한 주의가 기울여지지 않았다는 근거로 가치 명료화(values clarification)도 거절한다. 콜버그적 모델은 자유민주주의의 이상인 정의를 목표로 한다.

콜버그 이론이 칸트에 뿌리를 두고 있다는 것은 의심할 여지가 없지만, 콜버그가 소크라테스, 칸트와 듀이에게 의존한다고 말한다면, 곧바로 철학적 혼란이 일어난다. 콜버그는 소크라테스의 질문인 덕은 가르쳐질 수 있는지를 검토함으로써 소크라테스와 칸트를 화해시키려고 시도한다. 그는 인격교육에 대한 거절을 지지하기 위해 덕은 가르쳐질 수 있는지에 대한 소크라테스의 정당한 회의를 사용하면서, 교화(indoctrine) 다음에 이성적인 대화가 이어지는 플라톤의 2단계 체계도 거절한다. 콜버그는 시종일관 연령에 적합한 추론을 선택한다. 하지만 그는 도덕성에서 지식과 이성을 중심에 두는, 즉 선을 아는 것이 선을 행하는 것이라는 소크라테스에게 머물러 있는 것 같다. 이러한 입장과 그것이 초래하는 명백한 질문, 즉 '도덕적 추론과 도덕적 행동 사이의 관계는 무엇인가?'는 콜버그가 결코 적절하게 대답하지 못했던 것이다. 오늘날 인격교육 지지자들은 콜버그의 추론에 대한 지속적인 강조를 약점으로 판단해 왔다. 즉, 그들은 콜버그주의자들이 도덕적 내용을 무시하고 배타적으로 도덕적 과정에 중점을 둔다고 비난한다. 이러한 반대는 공동체주의자들이 자유주의(정치철학으로서의)를 향해 제기했던 반대를 생각나게 한다.

철학적으로 콜버그가 칸트와 듀이를 결합시킨 것은 더 이해하기 어렵다. '정의공동체 학교(just community schools)'에 대한 콜버그의 실천연구는 듀이의 영향력이 강력하다. 그러나 칸트의 자율성과 보편화 가능성에 대한 강조에 대해서 우리는 무엇을 말할 수 있는가? 듀이는 경험적 삶으로부터 도덕적 추론의 분리, 비맥락적인 의무에 대한 강조, 절대주의, 실천 영역에서의 복종에 대한 강조와 경험에 대한 경시를 비판한다는 점에서 칸트적 도덕성 접근과 명백히 맞지 않았다. 인격 교육론자들을 위로하였던 구절에서, 듀이는 칸트의 의무의 개념(공허하고 형식적인)이 "사람들이 의무를 행하는 것이 최고의 행위법칙이라고 말하지만, 그들의 의무가 구체적으로 무엇인지에 대해서는 침묵한다." (Dewey, [1915] 1985, p. 163)라고 불평한다. 하지만 듀이([1897] 1972)도 배려 이론가들이 제공한 것 같은 바로 그 이유 때문에 인격교육을 비판한다(Noddings, 1998b). 먼저 인격을 교육한다는 것은 성인과 아이 사이에 지적 · 배려적 상호작용을 통해서 일어나야 한다. 그것은 실천에 초점을 두어야 한다. 둘째, 인격을 교육한다는 것은 단지 전통적인 도덕적 덕이 아니라 사회적, 지적, 정서적 덕을 장려하는 것을 포함해야 한다. 이러한 두 가지 점에 대해서 듀이, 배려 이론가와 덕윤리학자는 동의하는 것 같다.

콜버그가 또한 피아제([1932] 1948)에게 상당히 의존하고 있는 것은 좀 더 이해할 만하다. 피아제의 발달(development)과 단계론(stage theory)의 개념을 사용하여, 콜버그는 인상적인 도덕발달 단계론을 만든다. 여기서 다시 한 번 우리는 듀이와의 관계를 의심한다. 듀이는 '발달(development)'과 '성장(growth)'에 대해 말했지만, 거의 확실히 단계론이 너무 엄격하고 비맥락적이며 경험적으로 증명하기 어렵다고 거절하였을 것이다. 피아제의 경험을 통한 발달에 대한 강조는 확실히 듀이의 철학과 양립할 수 있을

지라도, 다양한 단계의 고정된 목표나 종착지는 양립할 수 없다. 피아제(1971)는 자기 스스로가 칸트주의적 정신에 매우 근접한 것으로 알지만, 그럼에도 경험보다 논리를 우선시하는 칸트의 믿음을 거절한다. 이러한 조치는 듀이를 피아제와 매우 유사한 것으로 보겠지만, 이번에는 듀이가 단계를 정교화하는 데 있어 피아제의 도식(scheme)이 불필요하게 추상적이며 너무 고정되어 있다고 생각할 것이다. 칸트는 출발점을 미리 명시하지만, 피아제와 콜버그는 목표를 미리 명시한다. 듀이는 양자 모두를 거절한다.

인격교육이 다양한 이유 때문에 쇠퇴한 것처럼, 콜버그적 도덕교육은 몇 가지 방면으로부터 공격을 받아 왔다. 앞서 언급한 것처럼 거기에는 철학적 모순이 있다. 그러나 보다 강력한 공격은 길리건(1982)의 연구에서 페미니즘으로부터 나왔다. 콜버그가 남성 표본만을 사용한 것은 그의 모델이 여성에게 맞지 않을 수 있다는 비판을 불러일으켰고, 정말로 평균적인 여성은 3단계에 '빠져(stuck)' 있지만 평균적인 남성은 4단계에 도달하였다는 것이 사실인 것 같았다. 길리건은 대안적인 방안이 3단계에서 나오는 강력한 발달 모델, 즉 관계를 확립하고 유지하는 능력의 증대에 집중하는 모델을 나타낸다고 제안하였다. '다른 도덕적 목소리'의 존재를 입증하는 길리건 자신의 연구는 두 가지 방식으로 해석될 수 있다(그리고 해석되어 왔다.). ① 다른 목소리가 종종 '여성의' 목소리로 불려 왔지만, ② 때로는 여성과의 면접에서 우연히 발견된 단지 '다른' 도덕적 목소리라는 것이다. 첫 번째 해석은 도덕적 지향에서의 특정한 성차를 시인한다. 두 번째 해석은 배려 접근이 여성과 남성에게서 발견될 수 있다고 제안한다. 길리건은 시간이 있을 때마다 이들 관점 모두를 시인하였을지라도, 두 번째 해석을 강조하지만 다른 목소리에서 포착된 배려 지향은 남성보다는 여성의 전통적 경험에서 더 많이 일어날 것 같다는 것을 인정하는 것이 이치에 맞는 것 같다(그리고 더 유용한 것 같다.). 경험에 대한 강조는 본질주의(essentialism)를 회피한다. 이 점을 감안해 볼 때, 우리는 배려 지향을 가치롭게 여긴다면 전통적으로 여자 아이들에게 제공된 것에 거의 가까운 사회교육을 남자 아이들이 받아야 한다는 것을 권장해야 한다.

길리건이 단계론이나 도덕발달론(moral developmentalism)에 이의를 제기하지 않았다는 것은 주목할 만하다. 철학적 접근으로부터 둘 중 어느 하나나 혹은 둘 모두 도전받을 수 있다. 우리는 발달론자로 남아 있을 수 있지만, 불변하는 단계에 대한 생각은 거절할 수 있다. 혹은 발달하는 것은 도덕성에 단지 지엽적으로만 관련되어 있는 추론 능력임(피아제에 의해 기술된 것처럼)을 주장할 수도 있다. 후자의 경우에 우리는 도덕발달론을 거절할 것이지만, 지적인 성장에 적합한 것으로서 발달론을 거절하지는 않을 것이다. 이러한 대안을 숙고할 이유가 있다. 몇몇 심리학자들이 주장한 것처럼, 오직 최고의 교육을 받은 사람들만이 콜버그의 최고의 단계에 이른다는 명백한 사실이 그 현상은 발달적이지 않다는 것을 함의한다. 즉, 그 현상은 일반적으로 발달적인 성장을 낳는다고 보는 단지 적절한 자극하에서만 일어나는 것이 아니라 오직 고등교육의 함양 특성으로부터만 나온다. 이러한 연구 결과가 추가적인 경험적 검증에서 나타난다면, 단계가 보편적이라는 콜버그의 주장에 심각한 의혹을 던지게 될 것이다. 그렇다면 콜버그의 추종자들은 콜버그적 모델이 특히 서양의 도덕적, 정치적 내용에서 부유한 계층을 내포한다는 것을 인정해야 한다(롤즈가 자유주의에 대한 기술을 최근에 그만둔 것처럼).

하지만 여기서 언급된 철학적 · 심리학적 공격이 학교에서 인지발달론의 영향력을 축소시키는 데 결정적인 역할을 했는지는 명확하지 않다. 아동의 도덕이 타락하고 있다는 광범위한 대중적 믿음으로부터 더 큰 효과가 생겼다. 학교 폭력, 약물 사용, 시험 점수의 하락, 또래에 대한 성희롱, 저질 언어, 문제 있는 옷차림이 아동의 도덕이 타락하였다는 비난에 기여하였다. 이러한 일반적인 비난의 기초가 된 것은 콜버그가 대답하는 데 어려움을 겪었던 질문, 즉 '도덕적 추론과 도덕적 행동 사이의 관계는 무엇인가?' 이다. 만일 아이들에게 보다 효과적으로 추론하도록 가르치는 것이 도덕적 행동을 개선시키지 못한다면 왜 이것을 가르쳐야 하는가?

아동의 도덕이 심각하게 손상되었다는 비난은 그 자체로 도전을 받을 수 있다. 이것이 진실이라는 명백한 증거는 없으며, 소크라테스 시대 이래로 이러한 비난은 지속적으로 있어 왔다. 미국 학교에서 살인이 증가하였지만, 그 증가의 원인으로 총에 대한 접근이 용이해졌기 때문이라는 것이 설득력을 얻고 있다. 다른 모든 불평들은 적어도 의문의 여지가 있다. 예컨대, 학교에 남아 있는 십대들의 인구수에서 큰 변화가 있다면 시험 점수가 실제로 하락하였는지는 명확하지 않다(Berliner & Biddle, 1996). 약물 사용이나 성희롱이 확실히 학교 실천이나 실패에서 기인한 것인지는 명확하지 않다. 대중매체에서의 변화와 같은 커다란 사회 요인이 적어도 부분적으로는 책임이 있다는 것이 훨씬 더 그럴듯한 것 같다. 그럼에도 불구하고 콜버그적 모델은 1920년대와 1930년대 인격교육에 향해 있던 바로 그 불평, 즉 실효성이 없다는 불평을 받게 되었다.

인격교육은 지금 다시 지지를 얻고 있으며, 몇몇 옹호자들은 전통적 실천을 처음으로 의문시하였던 하트숀과 메이(Hartshorne & May, 1928~1930)의 연구에 이의를 제기하였다. 인격교육은 덕윤리학 접근에서 볼 때 칭찬할 것이 많다. 특히 인격교육은 다시 한 번 도덕적 영역을 확장시킬 기회, 즉 행위자들이 타인뿐만 아니라 자기 자신에 대한 의무를 고려할 기회를 연다. 인격교육은 적어도 도덕적 토론을 이전에 언급하였던 중대한 실존적 질문으로 확장할 가능성이 있다. 그러나 동시에 인격교육은 불화의 씨를 내포한다. 즉, 이방인을 나쁜 사람으로, 이방인의 습관을 도덕적으로 비난할 만한 것으로, 그리고 이방인의 믿음을 의심스러운 것으로 간주하는 불행한 경향을 내포한다(Noddings, 1997). 분명 인격교육이 반드시 이런 결과를 함의하는 것은 아니지만, 역사적 기록은 주의할 것을 조언한다. 더욱이 오늘날 운영되고 있는 인격교육 프로그램에서는 실존적 질문에 주의를 기울이지 않는 것 같다. 대부분의 수업은 특정한 도덕적 덕을 가르치는 데 집중한다.

모든 인격 교육론자들이 이성의 역할을 무시하는 것은 아니다. 심지어 어떤 인격 교육론자들은 콜버그 모델에 대해서 호의적으로 말한다. 하지만 그들은 그 모델이 도덕적 내용이 부족하다고 생각한다(Lickona, 1991 참조). 그러나 때때로 이러한 동일한 저자들은 독자의 관심을 불러일으키기 위해서 비참한 일화와 의심스러운 수치(예: 미국에서의 사탄 숭배자 수)에 심하게 의존한다. 이러한 실천은 도덕적 추론과 비판적 사고에 집중하는 도덕 교사들에게 추가적인 질문을 제기한다. 그들은 '이러한 수치가 정확한가? 그 보고서는 사실인가? 그러한 보고된 학대들이 얼마나 만연되어 있는가? 20년간 도덕적 상황은 얼마나 많이 변했는가? 비판적 사고가 도덕교육의 주요부분이 되어야 하는가?' 를 묻고 싶어 한다.

배려 이론가들은 콜버그주의자의 추론의 강조에 대해서는 인격 교육론자들과 관심을 공유하지만, 몇몇 인격교육 프로그램에서 신중한 추론이 부족하다고 지각한 것에 대해서는 콜버그주의자들과 관심을 공유한다. 물론 인격 교육론자들과 배려 이론가들이 이성을 사용할지라도, 그들은 이성을 도덕성의 원천이나 도덕성의 주요한 요소로 보지는 않는다. 하지만 인격 교육론자들은 배려이론 역시 '도덕적 내용' 이 부족하다고 반대할 수 있다. 배려 이론가들은 아이들이 배려하는 법을 배우기를 원하지만 대개는 덕 목록을 나열하지는 않는다. 대신 그들은 아이들이 어떻게 다루어지고 있는지, 또 제공된 실천에, 즉 일상적인 상호작용에서 모델이 되고 토론되며 확증되고 있는 것은 무엇인지에 집중한다.

도덕교육에서 모델과 모델링의 사용은 흥미로운 문제를 제기한다. 마지막으로 우리는 이것이 깊이 있는 철학적 연구로부터 도움을 얻을 수 있는 영역이라는 것을 제안한다. 도덕교육의 모든 알려진 형식은 모델이나 모범(exemplar)을 사용한다. 확실히 교사들은 '자신이 훈계하는 것을 실천해야' 한다고 권고하는 것은 합당한 것 같다. 그러나 모델링은 얼마나 효과적이며, 언제 효과적인가, 또 모델링을 효과적으로 만드는 것은 무엇인가? 수학적 사고의 모델이 되는 것이 수학 교사들에게 아직도 종종 권장되고 있으나 학생들의 수학적 사고에 신빙성 있고 증명할 수 있는 효과가 있는 것은 아니다. 어떤 학생들은 수학적 사고의 모델이 되는 교사로부터 많은 것을 배울 수 있지만, 모델링 자체가 가장 강력한 효과를 갖는지는 분명하지 않다. 실천이 더 중요한 것 같다. 그러나 학생들이 모델이 없다면 수학적 사고(혹은 어떤 바람직한 특성)를 실천할 수 있을까? 반대로 많은 학생들은 왜 그렇게 매우 강력한 형식의 모델링조차 저항하는가?

인격 교육론자들은 모범을 많이 사용하지만, 이야기에서 묘사된 실제 인물이나 허구 인물에 강조점이 주어져 있는 만큼 교사가 행한 모델링에 강조점이 주어지지는 않는다. 몇몇 프로그램들은 훌륭한 도덕적 모범을 선택하는 것만이 아니라 문학적 가치가 높은 이야기를 선택하는 데 신중을 기한다. 이러한 이야기들은 몇 가지 목적에 도움이 된다. 즉, 그들은 도덕적 모범을 제공하고 문화적 소양에 기여하며 문학 감상을 장려한다. 하지만 그 이야기들은 종종 영웅에 대한 이야기며, 영웅 모델의 일반적 효과에 대해서는 문제가 제기된다. 결국 영웅의 행위란 정의상 일상적인 것으로부터 벗어난 행위다. 한마디로 우리가 모든 사람에게 기대하지는 않는 행위다. 그 이야기는 영감을 줄 수는 있지만, 정말로 도덕적 성장에 많은 기여를 하는지는 분명하지 않다.

인지발달 프로그램에서는 대개 문제(인물이 아닌)들이 예시가 된다. 다시 말하지만, 이러한 프로그램의 효과성에 대한 엄연한 증거는 없다. 그러나 우리는 학생들로부터 다음과 같은 흔한 불평을 듣는다. "이야기가 지루해요." 때로는 학생들 역시 인물과 환경에 대해 더 많은 것을 알고 싶지만, 인물과 그들의 삶에 대한 지식이 거의 없는 상태에서 도덕적 분석에 참여하도록 요구받을 때 그들은 좌절하게 된다. 이러한 종류의 반응(여성에게서 더 흔한 반응)은 때로는 여성이 도덕적 딜레마의 본질을 '전혀 이해하지 못한다' 는 증거로 사용되어 왔다. 좀 더 긍정적인 해석으로는 보다 많은 정보에 대한 이러한 요청이 도덕 문제를 기하학 문제처럼 다루는 것의 타당성을 도전하는 데 사용되어 왔다.

배려 이론가들도 종종 이야기(stories)를 사용하지만, 그들의 목표는 대개 어떤 하나의 덕을 예시하기 위해서가 아니라 토론에 참가하고 토론을 불러일으키기 위해서다. 더욱이 배려 이론가들과 몇몇 덕윤리학자들은 사회적, 정서적, 지적인 덕을 매우 강조하기 때문에, 문학이 인간 조건을 말하는 한 위대한 문학으로서 자격이 있는 문학을 선택할 것 같다. 그런 문학은 단지 덕을 설명하는 것이 아니다.

물론 배려하는 교사는 배려의 모델이 되기는 한다. 하지만 가장 큰 효과가 있다고 생각하는 것은 그런 모델링이 아니다. 오히려 가장 큰 효과는 배려를 받고 있는 학생들에게 미치는 효과다. 바로 배려를 받는 아이들, 성인과 유머, 모험, 비극의 이야기를 공유하는 아이들은 배려할 준비가 되어 있는 성인으로 자라날 것이라는 점이다. 즉, 아이들은 모든 교육자들이 제공해야 하는 배려를 실천할 준비가 되어 있을 것이다. 더욱이 배려 이론가들은 사람들을 돕고 피해를 입히지 않으며, 우호적 관계를 맺는 데 기여하는 사회적 덕과 지적인 덕에 관심이 있다.

심리학자 호프먼(Martin Hoffman, 1984, 2000)은 배려의 사상이 도덕교육을 통해 실행될 수 있는 방식에 대해서 몇 가지 흥미로운 제안을 하였다. 그는 '귀납법(induction)' 혹은 '귀납적 훈육(inductive discipline)' 이라고 부르는 과정을 기술한다. 아이들에게 공감(sympathy)과 감정이입(empathy)을 자연스럽게 발달시키려고 하는 부모와 교사는 아이들에게 자신의 행위가 타인에게 미치는 나쁜 결과(그리고 좋은 결과)를 깨닫게 하고, 그럼으로써 아이들이 행위를 할 때 좀 더 사려 깊고 배려적이게 인도한다는 것이다. 귀납법은 아이들이 행위하려고 하는 것의 결과에 대해서 사고하는 습관을 갖도록 하는 것을 뜻하며, 상당한 정도로 도덕적 비난이나 이상에 대한 명시적인 언급이 없이도 일어날 수 있다. 호프먼 역시 이야기(그리고 영화와 TV)가 아이들에게 타인들의 필요뿐만 아니라 자기 자신과 타인들의 행위(그리고 무활동)가 갖는 잠재적 결과에 대해서도 더 많이 의식하도록 도울 수 있다고 생각한다. 그는 배려윤리와 양립할 수 있을 것 같은 이러한 노선에 따라 많은 제안을 한다.

배려 이론가들과 인격 교육론자들(그리고 덕윤리학자들)은 더 나은 세계에 이르는 길이 더 나은 원칙보다는 더 나은 사람에게 달려 있는 것 같다는 데 동의하지만, 배려 이론가들은 덕을 직접적으로 가르치기보다는 선을 장려할 것 같은 조건 확립에 크게 의존한다(Noddings, 2001b). 양 집단은 '도덕적' 인 것으로 분류된 단지 전통적인 덕만이 아니라 광범위한 범위의 덕목 개발을 장려한다. 배려 이론가들에게 이러한 강조는 배려관계의 중심적 역할로부터 나온다. 배려를 받아 기쁜 자는 우리가 이러한 기여에 형식적인 도덕적 명예를 주든 그렇지 않든 배려관계와 도덕생활에 기여한다. 덕윤리학자들에게(Slote, 2001) 광범위한 범위의 덕목들은 칸트적 윤리학의 불균형(타인에 대한 도덕적 의무에 집중)을 피하는 데 본질적이다.

결론적으로 우리는 인격교육이 배려에 기초한 도덕교육보다 훨씬 더 광범위하게 장려되고 있으며 또 실제로 실천되고 있다는 것을 깨닫는다. 철학자들의 과제는 인격 교육론자가 인격교육의 기초가 되는 철학적 논쟁을 이해하도록 돕는 것이다. 이러한 이해가 오늘날 인격교육과 연합되어 있는 피상성과 비일관성을 제거할지도 모른다.

추천도서

Hoffman, M. (2000). *Empathy and Moral Development: Implications for Caring and Justice*, Cambridge University Press.

Noddings, N. (2001). *A Sympathetic Alternative to Character Education*, Teachers College Press.

Rawls, R. (1971). *A Theory of Justice*, Harvard University Press.

Slote, M. (2001). *Morals from Motives*, Oxford University Press.

제11장

종교 및 영성 교육

Hanan Alexander & Terence H. McLaughlin / 정윤경 역

종교와 영성(spirituality) 교육에 관해 일관되고 정당화할 수 있는 논의를 하려는 데는 명백한 세 가지 긴장이 문제를 더욱 어렵게 한다. 첫째, 많은 교육의 개념은 지식과 합리성을 강조한다. 그것이 전적으로 종교와 영성과 상반된 것은 아니라 하더라도 종교와 영성 영역의 많은 특징과 긴장관계를 갖는다. 종교와 영성 영역의 특징에는 불확실성에도 불구하고 신념 · 믿음 · 수용성을 포용하기, 의식과 실천 속에 내재된 복합적이고 때로 모호한 의미를 강조하기, 개인적 관여 · 경험 · 변형을 갈망하기, 도그마와 종교적 권위를 수용하기, 합리성과 정당화의 한계 · 범위 · 명료함을 인정하기 등이 포함된다.

둘째, 교육은 어김없이 어느 정도 개인적 해방과 번영 개념에 헌신한다. 많은 분석적 교육철학자에 따르면 해방과 번영은 합리적 자율성의 발달이라는 관점에서 최선의 것으로 간주된다. 한편 많은 포스트모더니스트들과

신마르크스주의자들은 해방과 번영을 다양한 지배적인 억압에 대한 개인적 · 집합적 힘 갖추기(empowerment)를 의미하는 것으로 생각하기도 한다. 그런데 종교와 영성이 비판적 합리성과 긴장을 보이는 한, 종교와 영성은 합리적 자율성을 달성하는 것을 방해할 것이고, 많은 종교적 · 영적 의식은 여성, 유색인, 여타의 소외된 자들을 억압하는 것의 공범으로 비난받을 것이다. 종교적 · 영적 전통에 구현된 특징적인 해방과 번영의 비전은 폭넓게 논쟁을 벌일 것이고 교육적 가치들과 갈등하는 것으로 간주될 것이다.

셋째, 교육은 다원주의, 다문화주의, 관용, 상호존중과 이해 같은 개념을 포함하여 종종 가치, 원칙, 자유민주주의 사회 실천들과 연결된다. 그런 사회 속에서 일반적인 교육적 영향력은 그 시민의 다수에게 어울리고 만족스러운 것이 되도록 추구해야 한다. 그런데 종교와 영성 교육은 종종 보다 많은 대중에 의해 공통적으로 지지되는 것이 아닌 신념과 의식을 다루는 것으로 간주되기도 한다. 더욱이 자유민주주의 사회는 통치 권리가 통치를 받는 자의 합의에서 나오고, 도덕적 권위와 책임감이 개인의 반성적인 결정 속에 주어진다. 많은 종교적 · 영적 전통은 한편으로 신성한 경전, 종교적 권위, 신의 계시와 같은 보다 높은 권위와 관련하여 정치적 · 도덕적 결정을 정당화한다. 자유민주주의 사회에서 종교적인 것과 시민의 것 같은 복잡한 관계의 관점에서 민주주의의 시민성을 위한 교육과 종교 및 영성의 교육 간에 복잡한 긴장이 일어날 수 있다(Audi, 2000; Rosenblum, 2000 참조).

종교와 영성 교육의 이론적 중요성 외에도 이러한 긴장은 중요한 실천적인 관심을 제기한다. 이와 같은 관심은 '공교육(common schooling)에서의 종교와 영성의 위치' 와 '분리된 종교계 학교를 국가가 인정하고 장려하며 지원할 것인가' 하는 교육정책과 교육실천에 관한 오래되고 지속적인 논쟁에서 드러난다. 위험에 처한 이러한 문제는 부모 권리의 성격과 정당성, 공교육의 영향까지 확대된다.

이러한 긴장을 해결할 수 없다고 보는 사람들은 그 실천적인 관심을 언급하는 것에 희망을 별로 보이지 않는다. 그러나 관련된 철학적인 이슈를 탐구함으로써 긴장을 완전히 해결할 수는 없다 하더라도 약화시킬 수는 있을 것이다. 이 장은 바로 그러한 탐구를 하는 것으로 크게 종교, 영성, 교육의 세 부분으로 구성되어 있다.

종 교

여기서 우리의 과제는 종교의 성격에 관해 확대된 논의를 하는 것이 아니며, 앞으로 하게 될 논의에 중요한 영역에 관한 세 가지 기본 요점을 다루는 것이다.

첫째, 종교라는 이름하에 이루어지는 신념, 전통, 공동체의 실천의 다양성을 인정한다면, 하나의 종교가 아닌 복수의 종교들이라는 표현이 더 적합할 것이다(Wach, 1958; Eliade, 1959).

둘째, 종교적 전통, 신념, 공동체, 즉 종교적 공동체가 다양한 방식으로 싸우는 네 가지 중첩되는 관심을 나타내는 범주는 신학적인 것, 인식론적인 것, 윤리적인 것 그리고 집합적인 것이다. 이들이 '중첩되는 관심사' 이고 '종교적' 이라는 말을 쓸 수 있는 필요조건은 아니라는 점을 아는 것이 중요하다.

신학적 관심은 '궁극적인' 헌신에 관련되고 존재의 목적, 고통에 대한 적합한 반응, 죽음, 삶의 찬미, 사랑, 아름다움 같은 근본적이고 실존적인 문제를 언급하는 최상의 이상적인 것에 관련된다(Tillich, 1957). 이러한 이상이 상이한 전통 속에서 구현되는 방식은 실재의 성격이 어떻게 관련된 것으로 간주되는가 하는 논의만큼 다양하다. 어떤 전통은 신, 여신, 유일신 같은 신적인 개념, 이미지, 실재를 호소하고, 어떤 전통은 불교도의 열반이나 힌두교도의 육화 같은 고양된 존재의 상태를 말하기도 한다. 이와 같은 실재와 그것이 관련된 이상은 선한 삶을 정의하고 지성적인 숙고, 대화, 노력, 헌신, 숭배를 동기화한다는 점에서 최고의 선으로 간주되기도 한다(Otto, 1950).

인식론적인 관심은 종교적 공동체가 궁극적이고 초월적인 실재, 이상, 헌신 등에 관한 이해와 지식을 얻고자 주장하는 방식과 관련이 있다. 종교적 이해와 지식을 성취하는 많은 접근들 중에 제일의 것은 신의 존재를 증명하는 다양한 고전에서 볼 수 있듯이 합리적 논쟁에 호소하는 것, 신비적 경험을 포함하는 종교적 경험에 호소하는 것, 그리고 신성한 경전, 의식, 전통의 권위에 호소하는 것이다(Peterson et al., 1991).

윤리적 관심은 종교적인 사람들이 자신의 신학적 헌신을 완전한 의미에서 가치 있는 삶이 어떤 것인지 생각하고 추구하는 데 시사점을 갖는 것으로 보기 때문에 생겨난다(Alexander, 2001). 마지막으로 집합적 관심은 종교적 의미와 실천이 주로 담론의 공동체와 사람들이 공동의 가정, 개념, 의식을 공유하는 생활 덕분에 가능하기 때문에 초점을 받는 것이다. 종교적인 사람들은 자신의 신념을 다음 세대에게, 특히 자신의 자녀에게 전달하고 싶어 한다(Bellah et al., 1985).

셋째, 두 가지 커다란 유럽의 혁명인 '계몽주의(Enlightenment)'와 '해방(Emancipation)'에 대한 서로 다른 종교의 반응에 주목하는 것이 유용하다. 17세기 유럽 계몽주의는 중세 아리스토텔레스적인 전통보다 더 회의적이고 경험적인 새로운 형태의 합리주의를 낳게 된 지적 혁명이었다. 이 혁명은 추론의 핵심적인 것이 공리적이고 권위적인 가정보다는 개인의 경험과 지각이라고 본다. 이러한 계몽주의는 과학과 기술의 성장을 야기했고, 당시 서양에서 지배적인 종교적 교리와 실천에 도전한 것이었다. 18, 19세기 해방은 계몽주의가 발견한 것과 계몽주의적 감각으로부터 성장한 정치적·경제적 혁명이었다. 이 혁명은 집합적 정체감이 아니라 개인적 정체감에 기초하여 시민에게 참정권을 주는 근대 국민국가를 탄생시켰고, 그 권위가 전통, 부, 신으로부터 나오는 주권을 대중에게서 얻은 합법성을 주장하는 정부로 바꾸어 놓았다. 이것은 도시화, 산업화 그리고 여타 다른 세속화 과정이 그랬던 것처럼 종교에 강력한 영향을 미쳤다.

분명 세계 도처의 많은, 아마도 대부분의 종교는 계몽주의와 해방의 영향을 받지 않았다. 이 두 혁명이 빠진 지배적인 종교적 감수성에는 가족, 친구, 공동체가 받아들이고 지지하는 전통을 아무런 이의 제기 없이 받아들이는 '소박한 신앙', 초월적인 실재와 궁극적 진리를 직면하고 경험하고 싶어서 집착하는 '신비적 신앙', 그리고 아리스토텔레스적 합리주의와 계시 성서를 조화시키고자 하는 '스콜라철학'이 포함된다. 그 가운데 계몽주의와 해방의 혁명을 경험한 대부분의 서구 사회들에서 우리는 종교가 행한 반응을 세 가지로 대별해 볼 수 있다. 첫째는 혁명에 의해 제기되는 많은 도전에 용인되어 오던 종교를 적응시키려고 하는 '자유주의'다. 둘째는 경전의 권위에 문자 그대로 그리고 타협하지 않고 호소하며, 비판적 이성의 범위와 타당성의 한계를 강조하는 '근본주의 또는 극단적 정통주의'다. 셋째는 이 두 가지의 중도에 해당하는 '전통주의 또는 신정통주의'다(Alexander, 2001, pp. 139-156). 종교 영역이 비록 직접적으로 영성적인 것의 영역과 동일한 것은 아니지만 이제 영성의 영역을 살펴보기로 한다.

영 성

영성을 정의하기는 어렵다. 우리의 목적을 위해서는 영성 개념이 종교적 신념의 전통과 연결되거나 그 안에서 수용되는 것인지에 기초하여, 종교적 영향 안의(tethered) 영성 개념인지 종교적 영향 밖의(untethered) 개념인지를 구분하는 것이 도움이 될 것이다(Nash, 1999; Alexander, 2001, pp. ixxvii 참조).

'종교적 영향 안의' 영성은 종교의 다양한 측면으로부터 형태와 구조를 취한다. 이때 종교는 이그나티우스(Ignatius)[1]나 나만(Nahman)이 개관한 것과 같은 '영적 발달'의 준거와 연합되어 있고, 우리는 그러한 준거를 확인할 수 있다. 종교적인 사람들의 영성은 부분적으로 절대자나 신들에 대한 신앙심을 통해 또는 묵상이나 의식의 특별한 상태를 통해 종교의 신학적 측면에서 목적이나 의미를 발견하는 데 있다. 종교의 인식론적 관심은 기도, 신성한 공부 또는 의식에의 참여를 통해 신을 알고자 하는 것과 관련해서 영성의 형태를 보강한다. 종교의 윤리적 관심은 예언자적 정의나 선행을 추구하는 영적 원천, 특징적이고 종교적으로 고무된 좋은 삶에 대한 비전의 원천을 낳는다. 그리고 종교의 집합적 측면은 기원, 공유된 기억, 담론, 실천의 신앙 공동체에 참여하는 경험에서 생기는 영성의 측면에 관련된다.

그렇지만 영성은 종교적 영역에 국한되는 것이 아니다. '종교적 영향 밖의' 영성은 종교로부터 분리되어 있고, 심지어 종교를 당황하게 하는 믿음과 실천을 포함한다. 어떤 개념에서는 영성이 제도화된 종교보다 더 가치 있는 것으로 간주되기도 하고, 종교로 평가하는 것의 관점에서 영성을 기준으로 삼기도 한다. 종교적 영향 밖의 영성은 다양한 형태를 띠는데, 그중 몇몇은 분명한 형태와 구조가 없는 것도 있다. 이것이 영성의 구조 및 형태와 관련해서 영적 발달의 명확한 준거를 찾고 싶어 하는 사람을 난처하게 한다.

종교적 영향 안의 영성과 종교적 영향 밖의 영성 개념의 대조는 종종 영적 영역을 특징짓는 상호 관련된 다섯 가지 요소—비록 그것이 '영적'이라는 현상이나 사람의 필요조건은 아니지만—를 참고 삼아 그려 볼 수 있다.

---

1) 에스파니아의 성직자(1491~1556). 1534년에 사비에르 등과 함께 예수회를 창립하고 프로테스탄트의 발흥에 대항하여 예수회 회원을 양성하는 노력을 하였다.

첫째 요소는 의미를 추구하는 것을 강조하는 것이다. 의미 추구는 전형적으로 삶의 가치와 중요성에 대한 개인적인 추구의 형태를 보이고, 이것은 개인적 정체감, 개인적인 헌신과 삶의 계획을 연마하는 것과 관련된다. 종교 맥락 안에서의 그러한 추구는 특정한 신념, 실천, 가치의 틀로부터 수행되고, '궁극적인' 것 혹은 '신성한' 것을 추구할 때처럼 조금 특정한 방식으로 표현된 '목적'과 '진리'를 추구하는 것을 목적으로 한다. 종교적 영향 밖의 영적 추구는 삶에는 표면적으로 분명한 것 이상의 것이 있고 그것이 극단적으로 구조화되지 않고 끝이 없다는 식으로 파악하는 것으로부터 수행된다.

둘째 요소는 '내적 공간(inner space)'의 단련이다. 여기서는 자각, 집중, 침묵 등이 눈에 띈다. 종교적 맥락에서 이 단련은, 예를 들어 '영적 발달'이라는 분명한 개념을 추구하는 일부분으로서 기도, 명상, 의식의 형태 속에서 표현된 특정 신념과 이상의 관점에서 이루어진다. 종교적 영향 밖의 영성 개념에서 그러한 단련은 단지 건강에 도움이 되는 측면을 포함하여 훨씬 덜 명확하고 더 산만한 방식으로 보인다.

셋째 요소는 영성이 삶 속에 현현하는 것이다. 이러한 것은 개인이 자기 자신, 타자, 세계 그리고 삶에 관해서 갖는 기본적인 지향점, 동기, 성향과 관련된다. 그것은 자기 소유, 자기통제, 자기 지식, 겸손, 고요, 침착, 개방성, 신뢰, 희망, 감사, 사랑, 관대함, 자기 초월, 지혜 같은 널리 알려진 개인적 특성을 포함한다. 종종 그러한 현현은 부수적으로 '영(spirit)'이라는 관념과 관련된 '생명력'과 '역동성'을 포함한다. 종교적 영향 안의 영성 개념에서 이러한 현현은 종교가 구체적으로 표현하는 사람의 비전, 좋은 삶, 영적 발달이라는 것과 관련되고 그에 의해 표현된다. 이 비전은 전형적으로 다양한 개인적 특성이 인간의 삶이라는 전체적인 형태를 창조하기 위해 서로 어떻게 균형을 이루는지, 그리고 어떻게 우선순위를 매겨야 하는지에 관한 논의를 포함한다. 종교적 영향 밖의 영성 개념에서 이러한 현현은 보다 단편적으로 그리고 보다 넓은 것으로부터 단절된 것으로 보인다.

넷째 요소는 자연과 인간 세계의 측면에 대한 구별되는 반응의 관념을 강조한다. 그러한 광범위한 반응 중에 두드러진 것은 놀람, 경이 및 존경이다. 종교적 영성 안에서 이러한 현상은 종교적 신념에 의해 숙지된다. 종교적인 것과 무관한 영성 개념에서 이러한 종류의 반응은 보다 개방적이다.

영적 영역의 다섯째 요소는 집합적이고 공동의 것이다. 영성의 형태는 종교적인 것과 유관한 것이든 무관한 것이든 자주 공유하는 기억, 의미, 소속감, 공통의 행동에의 헌신과 관련된 집합적이고 공동의 차원을 갖는다. 이러한 공동체는 그 형태가 어떻든지 많은 관점에서 다양하다.

영성 개념에 포함된 복합성은 이와 같이 분명하다. 영성 영역은 광범위한 인간의 특성, 성취, 반응의 범주를 포함하고, 실재와 좋은 삶의 본질 같은 근원적인 문제에 관한 광범위한 전제조건과 헌신을 포함한다. 종교적 영향 안의 영성의 경우에 그러한 전제조건과 헌신은 종종 종교적 영향 밖의 영성의 경우에 비해 더 잘 확인될 수 있다.

물론 영성 개념을 종교적 영향 안의 것과 종교적 영향 밖의 것으로 구분하는 데는 상당히 주의할 필요가 있다는 점을 강조해야 한다. 종교 영역은 그 자체가 분명한 특징과 경계를 갖지 않는다. 영성 현상은 위에서 나눈 것과 같은 명확한 구분에 맞지 않는다. 이러한 부정확함에도 불구하고 그렇게 구분하는 것은 현재 이루어지는 논의에 도움이 될 것이다(영적 영역에 관한 일반적인 논의는 Hadot, 1995; Haldane, 2000; Hick, 1999; McGhee, 2000 등을 참조).

종교와 영성 영역에 관한 주된 특징을 개관했으니, 이제 이들 영역과 관련해서 야기되는 복잡한 교육문제를 살펴보기로 하자.

교 육

종교와 영성 교육과 관련해서 제기되는 주요 철학적 이슈를 검토하는 데 있어, 우리는 아이들의 교육과 18세까지의 청소년 교육에 주목할 것이고 대학교육에서의 종교와 영성 교육에 관해서는 다루지 않을 것이다. 이 초점의 맥락에서 '외부적 관점의 종교 · 영성 교육(education in religion & spirituality from the outside)' 과 '내부적 관점의 종교 · 영성 교육(education in religion & spirituality from the inside)' 으로 각각 나누어 살펴보는 것이 도움이 될 것이다.[1]

'외부적 관점의 종교 · 영성 교육' 은 어떤 종교적 · 영적 전통도 규범적 지위를 갖지 않는 영역에서의 교육 형태를 뜻한다. 종교적 · 영적 영역에 관련된 의미, 진리, 가치의 이슈는 주로 탐구, 논의, 비판적 평가 문제로 간주된다. 종교적 · 영적 신념, 헌신, 실천은 개인의 입장에서는 중요한 사업의 전제조건이나 목적이 아니다. 이런 이유에서 이와 같은 교육은 특정한 종교적 · 영적 전통 외부의 것이라고 할 수 있다. 그렇지만 이런 형태의 교육이 내부자의 관점에서 종교적 · 영적 영역을 이해하려고 시도하지 않는다는 의미에서 '외부적' 교육 형태가 아니라는 점을 알아야 한다. 종교적 · 영적 전통과 이상을 이해와 평가의 목적을 위해 적합하고 명백하게 하고자 한다면, 내부자의 관점에서 종교적 · 영적 영역을 이해하려고 하는 시도는 필요하다. '외부적 관점의 종교 · 영성 교육' 형태는 전형적으로 자유민주주의 사회의 공립학교에서 이루어지는 교육 형태이고, 그런 사회의 시민 대다수에게 자신의 신념에 상관없이 시행할 수 있는 교육이다.

'내부적 관점의 종교 · 영성 교육' 이라는 용어는 특정한 종교적 · 영적 전통 안에 있는 사람들, 즉 그 전통에 입문되어 있는 이들에게 적합한 교육의 형태이자 영성의 형태를 나타낸다. 이런 형태의 교육은 전형적으로 분리된 종교계 학교에서 전일제나 보충식으로 이루어지기도 하고, 청소년 단체나 여름 캠프, 교육연수 같은 종교 공동체 안의 다른 교육 상황에서 이루어지기도 한다. 이런 형태의 종교 · 영성 교육의 핵심은 특정한 종교적 · 영적 전통의 특정 신념, 가치, 의식을 형성하고 배양하고자 하는 것이다. 다원주의적 자유민주주의 사회에서 이런 형태의 교육을 요구하는 것은 그들의 자녀와 젊은 세대의 형성과 관련해서 부모와 종교 공동체의 권리를 사용하는 것으로 보이고, 교육제도 안에서 합법적인 복수성의 요구를 인정하는 것으로 보인다.

우리는 어떤 자유민주주의 사회든지 종교와 영성 교육에 관한 두 가지 형태 모두를 인정할 필요가 있다고 생각한다. 이러한 형태는 그 사회의 가치, 관심, 요구에 내재한 긴장의 상이한 측면을 나타낸다. 이러한 긴장이 드러나는 한 가지 방식은 '개방성(openness)' 대 '독실함(rootedness)'의 대조라는 점에서다. '개방성' 쪽에서 자유민주주의 사회는 종교적 · 영적 신념, 헌신, 활동을 수용하고, 개인이 자기 자신을 명확하게 하는 도구를 발달시킬 수 있도록 보증하는 강한 다원주의 사회의 일반적 한계 내에서 헌신해야 한다. 그러한 사회는 특정한 종교적 · 영적 신념, 가치, 의식을 장려하거나 유지하기 위해 국가 권력을 사용하는 데 적절하게 주의를 기울인다. 왜냐하면 그것은 상당히 논쟁의 여지가 있기 때문이다. 이런 전망에서 국가 권력이 양심의 문제에 사용되면 민주주의와 종교 모두 고통을 받게 된다. 이런 관점은 미국 헌법에 분명한 형태로 나타난다. 미국 헌법은 자유로운 종교의 표현을 보호하고 국교의 건립을 반대함으로써 종교의 자유뿐만 아니라 종교로부터의 자유까지 보장한다. 잉글랜드나 웨일스 같은 자유민주주의 사회에는 국교회 같은 것이 있어 다소 다른 문화적 환경이 우세하지만, 종교적 · 도덕적 확신의 문제에 관해서 국가 권력을 사용하는 것에는 여전히 경계하고 있다. 한편 '독실함' 쪽에서 자유민주주의 사회는 역시 일반적 한계 안에서 종교적 · 영적 신념, 헌신, 활동을 과시하는 데 관심이 있다. 종교적 · 영적 신념, 헌신, 활동은 인격과 민주적 특성을 형성하는 데 중요한 맥락과 우리 삶을 형성하는 자원을 구성한다(Tocqueville, 1961; Bellah et al., 1985).

'외부적 관점의 종교 · 영성 교육' 은 특히 개방성의 요구와 관련되고, '내부적 관점의 종교 · 영성 교육' 은 독실함의 요구에 대응하는 것이다. 특정 사회에서 이런 형태의 교육이 학교교육의 배치에 시사하는 바를 설명하는 데 있어서는 주의할 필요가 있다. 학교교육이라는 제도적 배치와 규정은 많은 요인, 특히 사회적 · 정치적 요인의 영향을 받아 결정되며, 철학적 고려는 오직 의사결정을 하는 데 도움을 주는 역할 정도를 한다. 그렇지만 어떤 자유민주주의 사회든 두 가지 종류의 종교적 · 영적 교육 형태에 대한 준비를 해야 한다.[2]

'외부적 관점의 종교 · 영성 교육' 은 그것이 없다면 비종교적 배경의 학생들이 종교적 · 영적 영역을 경험할 기회를 잃게 됨으로써 그들의 삶을 형성할 전망의 범위를 제한할 수 있기에 필요하다. 학생들은 종교적 · 영적 문제에 관한 여러 가지 경솔한 편견에 상처받기 쉽고, 널리 알려진 종교적 또는 영적 숭배와 운동의 위험에도 상처받기 쉽다(Alexander, 1981). 더구나 학생들은 종교적 · 영적 문제에 관련된 '시민의 덕' 이라는 측면의 발달에서 도움을 적게 받게 되는데, 이에는 적합한 이해, 존중, 관용의 성취가 요구된다. 이러한 생각은 공립학교에서 종교적 · 영적 문제에 관한 것을 배제하는 것은 미국에서 그랬던 것처럼 무엇인가 심각한 문제가 있다는 것을 시사한다. 중립성의 관점에서 종교적 · 영적 교육을 정당화하는데도 그런 정책은 실제로 종교와 영성에 대한 이해와 공감의 결여를 야기하고, 심지어는 그 영역을 의심하게까지 한다. 공립학교에 다니는 학생이라면 종교적 · 영적 교육의 어느 것이든 적게 받는 이스라엘의 경우에 이런 결과는 분명하다. 그러나 '개방성' 의 요구는 '외부적 관점의 종교 · 영성 교육' 에만 해당되지 않는다. 내부적으로 제공되는 종교 · 영성 교육을 포함해서 모든 형태의 종교 · 영성 교육에는 '개방성' 의 요소가 있어야 한다. 자유민주주의 사회는 비록 무비판적 교화나 형성에 어떻게 대응하는 것이 최선인지 몰라 당황해할지라도 종교적 · 영적 문제와 관련하여 무비판적 교화나 형성의 형태에 무관심할 수 없다. '내부적 관점의 종교 · 영성 교육' 은 어떤 학생에게 특정 종교적 · 영적 전통에 대해 세부적으로 이해할 수 있는 기회를 주고 그런 전통 속에서 독실함을 발달시키게 하기 위해 필요하다. 위에서 제시한 논의는 그런 형태의 종교 · 영성 교육이 공립학교에서 솔직하게 제공될 수 없다는 것을 시사하였다. 앞서 언급했듯이, 이런 형태의 교육을 위한 가장 명백한 환경은 부모가 선택의 권리를 행사할 수 있는 분리 종교계 학교다. 잘 알려진 대로, 이런 학교가 공공의 경제적 지원이나 보조금을 받는 정도는 자유민주주의 사회별로 각각 다른데, 이것이 많은 논쟁의 핵심이 되고 있다. '독실함' 의 요구 측면에서 자유민주주의 사회는 '내부적' 관점의 종교 · 영성 교육 형태에 관한 자발적 선택에 접근하기 어려움을 걱정해야 한다. 비록 이런 걱정이 내부적 관점의 종교 · 영성 교육은 '개방성' 의 요구에 관한 고려를 구체화해야 한다는 것에 주목하지만, 그것은 외부적 관점의 종교 · 영성 교육을 지지하는 '독실함' 의 요구에도 부응해야 한다. 그런 형태는 앞에서 제시한 대로 내부적 전망을 조망하고자 해야 한다.

따라서 자유민주주의 사회의 이론과 실천에 내재적인 '개방성' 대 '독실함' 이라는 대조되는 요구는 외부적 관점의 종교 · 영성 교육과 내부적 관점의 종교 · 영성 교육 각각의 요구에 적합한 교육정책과 교육실천 사이에서 세심한 균형을 이루어야 한다. 그런데 이 두 형태의 교육과 영성에는 문제가 있다. 이제 각각의 형태의 교육과 관련해서 야기되는 철학적 복합성을 탐구해 보기로 하자.

외부적 관점의 종교 · 영성 교육

외부적 관점의 종교 · 영성 교육의 개념에는 뿌리 깊고 쉽게 발견할 수 있으며 아마도 근절할 수 없는 종류의 가치 불일치가 깔려 있다. 이런 가치 불일치는 롤즈가 선의의 사람과 박식한 사람 간의 합리적인 불일치의 근절할 수 없는 원천을 가리켜 '판단의 부담(burden of judgement)' 이라고 철학적으로 표현한 것에서 유추해 볼 수 있다(Rawls, 1993, pp. 54-58). 이러한 불일치와 차이는 자유민주주의 사회에서 두드러지는데 상당히 논쟁적이다. 이러한 불일치는 어떻게 사회 구성원 모두에게 그들의 다양한 차이에 상관없이 교육적 영향력을 목표로 하는 것이 정당한가에 대한 걱정을 하게 한다. '상당히 논쟁적인' 문제를 공립학교 교육과정에 도입하는 것을 고려할 때에는 존중, 관용, 상호 이해 같은 가치를 고려해야 한다.

합법적인 다양성에도 불구하고 공통의 교육적 영향력을 위한 기초는 다원주의적 자유민주주의 사회 자체에 가정되어 있고 필수적인 공통의 가치, 원칙, 헌신에서 찾을 수 있다. 이 가치, 원칙, 헌신에는 개인의 합리적 자율성과 민주적 시민성의 요구가 포함되고, 그것은 중요한 일반적 교육목적 역할을 한다. 공통의 교육적 영향력을 형성하는 데 중요한 역할을 하는 또 다른 요소는 공공의 또는 시민적 이성을 발달시키는 것의 중요성과 더불어 공공과 비공공 간의 생각과 영역 구분, 선에 관한 약한 개념과 강한 개념 간의 구분 등이다(자유민주주의 사회와 관련된 일반적인 교육 개념은 Callan, 1997; Gutmann, 1987; Levinson, 1999; Macedo, 2000; J. White, 1990; P. White, 1996을 참조). 이러한 교육적 영향력 개념과 공립학교 간에는 가정해 볼 수 있는 강한 상관관계가 있다. 공립학교는 자유민주주의 사회에서 종교적, 민족적, 계급적, 문화적 배경에 상관없이 모든 학생에게 열려 있고 모든 학생을 위한 학교다(공립학교 개념은 Callan, 1997, 특히 7장, 2000; Feinberg, 1998; McLaughlin, 1995a; Salomone, 2000 등을 참조).

이런 맥락에서 종교적 · 영적 신념, 가치, 관습은 '상당히 논쟁적이고', 따라서 성찰적인 평가와 의사결정, 개인과 가족의 반응을 요하는 문제다. 종교적 · 영적 신념, 가치, 관습은 모든 시민과 그들 자녀에게 정치적 권력, 즉 공교육을 통해 부과할 수 없다. 그것은 특정 종교적 · 영적 전통의 진리를 가정하며 학생을 그런 전통의 일원으로 주조하고자 하는 것이다. 따라서 자유민주주의적인 공립학교의 교육적 역할 개념은 사우디아라비아와 같은 신정주의적 사회에서의 일반적인 공립학교의 역할 개념과는 상당히 다르다.

다원주의적 자유민주주의 사회의 공립학교 교육과정에 '외부적 관점의 종교 · 영성 교육'을 포함시키는 것은 문제가 매우 심각하다. 그것은 학생, 가족들의 선택의 여지가 없는 공립학교 필수 교육과정의 일부가 될 수 없다. 미국에서 그것은 공립학교에서 배제된다. 왜냐하면 국가는 헌법에 의해 특정한 종교적 · 영적 전통을 옹호할 수 없게 되어 있기 때문이다. 다른 자유민주주의 맥락에서 '외부적 관점의 종교 · 영성 교육'은 공립학교 교육과정 중 자발적인 선택과목에 의해서만(말하자면 대안적인 윤리교과로서) 또는 자발적인 보충 교과로서만 제공된다. 이러한 경우 종교 지도자를 방문하는 것이 그 책임으로 간주된다.

따라서 우리는 공립학교에서 '전인으로 교육'할 필요가 있다고 말할 때 주의해야 한다. 이러한 전일적인(holistic) 열망이 특정 종교적 · 영적 전망과 인품의 특성을 수반하는 정도에 따라서, 그것은 공공의 동의가 없는 문제와 관련하여 교육적 영향력을 자제해 줄 것을 요구받는 상황에서는 공립학교 조건에서 정당화되지 않을 수 있다(McLaughlin, 1996a). 공립학교가 가지는 권한은 폭넓은 대중이 수용할 만하고 위에서 언급한 자유민주주의적 원칙과 양립할 수 있는 영향력의 중요성을 강조한다.

'외부적 관점의 종교 · 영성 교육'은 종교 · 영성 영역에 관한 공통의 교육적 영향력을 관리하는 교육적 접근이라고 판단되면 가능하다. 종교에 관한 그러한 접근은 오랫동안 종교 교과가 필수과목인 잉글랜드와 웨일스 또는 그 외 지역의 공립학교에서 채택되어 왔다(Hobson & Edwards, 1999; Hull, 1984; Astley, 1994). 심지어 미국에서조차 공립학교에서 종교 교과를 도입하라는 요구가 증가하고 있다. 왜냐하면 미국 헌법의 제1차 수정 조항이 이런 맥락에서의 종교에 관한 교육을 금지하지 않고 있기 때문이다(Noddings, 1993; Spinner-Halev, 2000 참조). 이러한 발달에 동조하는 논의는 도덕교육의 확고한 기초를 제공하기 위해, 특히 인격발달을 위해 종교와 영성이 학교에서 필요하다고 하는 대중적이고 불명확한 주장에 의해 복잡해진다.

'외부적 관점의 종교 · 영성 교육' 은 적합한 형태의 이해와 비판적 반응을 성취할 목적으로 학생이 종교와 영성에 관해 열린 탐구를 할 수 있도록 노력한다. 여기에서 '열린' 이란 말은 학생의 입장에서 고려된 전통과 전망의 범위, 학생에게 안내된 태도, 학생의 입장에서 추구하는 자발적인 판단과 반응의 형태와 관련된다. 이런 입장이 특정 종교적 · 영적 헌신을 받아들이고 있거나 받아들이려고 하는 학생과 모순되지 않지만, 반드시 학생이 그렇게 해야 한다고 요구하는 것은 아니다. 종교적 · 영적 영역의 광범위한 특징을 탐구하는 데 있어서는 학생이 이러한 특징에 관해 공감적인 관여나 참여 같은 전략을 통해 내재적 전망을 보장하는 시도가 필요하다는 것을 인정해야 한다.

공립학교 안에서 종교를 가르치는 것이 오랫동안 토의와 논쟁의 주제였지만, 공립학교가 영성을 고려해야 한다는 주장은 비교적 최근에 제기되고 있다. 잉글랜드와 웨일스에서는 전적으로 공적 지원을 받는 학교가 학생들의 영적 발달을 추구해야 할 의무가 있고(Erricker, 2000), 미국 공립학교에서도 영성에 관한 유사한 생각이 분명하게 나타나고 있다. 영성이 공립학교에서 어떻게 다루어져야 하는가에 대해서는 분명하게 제시되지 않고 있다. 다만, 영성이 하나의 독립된 교과로서 그려지지 않고 있는 것만은 분명하다. 이와 같은 공립학교에서의 영성에 관한 관심의 급증은 많은 요인에서 기인하는데, 그중 몇 가지는 앞서 언급한 현재의 영성 일반에 대한 관심과 함께 이루어진 것이다(Alexander, 2001). 많은 현대 학교는 학업적 성공과 협의로 정의되는 목적에 집착하고 있다. 이런 상황에서 영성은 보다 인간적인 교육을 가능하게 하는 것의 역할을 하고 학생의 전인적 발달과 개인적 풍요로움에 관련된 것으로 간주된다. 영성은 또한 젊은 세대의 아노미 현상에 대한 해독제이자, 현대 삶에서 의미와 근원성을 추구하는 데 도움이 되는 것이며, 번영의 기회를 확대해 주는 좋은 사람과 좋은 사회에 대한 비전에 뿌리박힌 구체적인 삶의 경로를 만드는 것으로 간주되기도 한다. 이러한 많은 요인들은 교육에서 '무엇인가 빠져 있는데', 바로 영성이 그것을 채워 줄 수 있다고 지각하는 것으로 요약해 볼 수 있다.

그러나 공교육 안에서의 영적 교육 프로젝트는 딜레마에 빠진 것 같다. 한편으로 학생에게 '종교적 영향 내'의 특정한 영적 전통에 관련시키는 것은 공립학교가 '상당히 논쟁적인' 교육적 영향력을 행사하는 것을 피해야 한다는 주장을 어기는 것이 된다. 따라서 그러한 영성 형태는 적합하게 비판적인 방식, 즉 영성을 외부적 관점에서 접근하는 방식으로 다루어야 한다. 그러한 전망에서 공립학교에 '종교적 영향 내'의 영성을 도입하는 것은 공립학교 맥락에 종교를 도입하는 위장된 방식일 수 있다는 걱정이 깔려 있다(Beck, 1999). 다른 한편으로, '종교적 영향 밖'의 영성 형태를 강조하는 것은 충분히 분명하게 정의되지 않은 영성 개념에서 생기는 모호함과 무미건조함을 대가로 '상당히 논쟁적인' 영향력을 막는 의미에서의 비난을 회피하는 것일 수 있다. 카(D. Carr)는 교육적 맥락에서의 영성 개념이 매우 '일관된 개념적 관련성을 거의 찾을 수 없는 인식, 직관, 감정이 매우 모호하게 연합된 잡탕'에 불과하다고 지적하고 있다(Carr, 1995, p. 84). 이런 상황에서 '개인적 발달'이나 '자기 지식' 같은 범주는 추구할 교육목적에 더 적합한 것으로 폭넓게 논의된다. 어쨌든 공립학교에서 영성을 어떤 식으로 취급하든 간에 그것은 '외부적 관점' 에서여야 한다(영성 교육에 대한 개념은 Best, 1996; Blake, 1996b; D. Carr, 1995, 1996; Copley, 2000; Erricker, 2000; Hull, 1996; Thatcher, 1999; Wright, 2000 등을 참조).

그렇지만 '외부적 관점의 종교 · 영성 교육' 은 난점과 반대를 면할 수 없다. 실질적인 관점에서 대부분의 공립학교는 교육 조항 중 이러한 측면에 교사 안배나 교육과정 구성을 포함하여 자원의 비교적 적은 부분만을 할애할 수 있는데, 이것이 그러한 복합적이고 열망에 찬 교육 프로그램을 제한한다. 또한 사실상 사회 전반의 세속적 조건과 많은 공립학교 풍토의 두드러진 세속적 성격이 종교 · 영성에 대한 교육적 영향력의 방해물이 된다.

'외부적 관점의 종교 · 영성 교육' 에 관한 많은 난점과 반대는 철학적 특징을 갖는다. 여기에서 네 가지를 살펴보기로 한다.

첫 번째 난점은 외부적 관점의 종교 · 영성 교육에서 비판적 사고와 합리적 자율성을 강조하는 것에 관한 것이다. 비판적 사고와 합리적 자율성에 관한 강조는 많은 의문과 비판을 가져온다. 극단적인 비판은 비판적 합리성과 그에 관련된 이상이 종교적 · 영적 전통과 똑같으면서 단지 대안적인 이데올로기적 입장을 구성한다고 주장한다. 따라서 비판적 합리성 역시 '상당히 논쟁적인' 것으로 간주되어야 한다는 것이다. 이러한 입장에서는 비판적 합리성이 다른 전통을 이해하고 평가하며 판단하는 아르키메데스적 지점일 수 없다(Apple, 1990; Aronowitz & Giroux, 1991). 그런 관점에서 우리는 여러 이데올로기들 중에 선택할 수밖에 없는데, 그 선택이 이루어지는 준거는 '합리성' 에 근거한 것이 아니라 말하자면 학교교육을 받는 이들의 권력 이익에 의한 것이다(McLaren, 1989). 이런 종류의 비판은 강한 상대주의에 내재한 다양한 모순에 관한 논쟁(Siegel, 1988), 그리고 선에 관한 특정 논의에 따라서 어떤 삶의 형태가 다른 어떤 것보다 낫다고 주장하는 '선함' 이라는 아이디어 속에 드러나는 합리성 개념에 관한 논쟁에 직면하게 된다(Alexander, 1997a, 2001, pp. 156-170). 자유주의적 교육 전통은 비록 자유주의적 교육적 이상이 필요로 하는 종교적 전망의 비판 정도에 관해 그리고 그러한 이상이 형성되어야 하는 방식에 대해 논쟁적이기는 하지만, 비판적 사고와 합리적 자율성이라는 이상의 타당성을 옹호할 것을 요청한다(Galston, 1989). 비판적 합리성과 합리적 자율성 개념이 종교적 · 영적 전망에 심하게 냉대하는 식으로 특징지어지지 않도록 주의할 필요가 있다.

두 번째 난점은 이러한 교육 형태의 명칭이 말해 주는 것처럼 외부적 관점의 종교 · 영성 교육이 학생의 입장에서 적합한 형태의 이해를 성취할 수 있느냐의 문제다. 이 난점에는 철학적으로 중요한 측면이 많다. 한 가지 측면은 적합한 형태의 이해와 종교적 · 영적 관습 간의 관련성에 관한 것이다. 종교적 · 영적 이해가 종교적 · 영적 습관과 관계없이 이루어지는 정도는 어느 정도인가? 특히 특정 종교적 · 영적 전통과 삶의 형태에 관계없이 종교적 · 영적 이해가 이루어지는 것은 어느 정도인가? 이해를 위해서 특정 종교적 · 영적 전통에 참여하고 관여하는 것의 중요성은 상당하다. 종교적 · 영적 전망과 전통을 외부적 관점에서 나타내려는 시도에 들어 있는 피상성의 지각은 중요한 철학적 지지를 갖는다. 종교적 · 영적 영역에 관한 전반적인 이해의 한계는 폭넓게 감지된다(비트겐슈타인 학파의 전망과 그들의 교육에의 시사점에서 볼 수 있는 이러한 난점에 대한 조망은 McLaughlin, 1995b 등을, 그리고 종교 전반에 관한 비트겐슈타인의 전망에 관해서는 Kerr, 1998; Phillips, 1993, 1997 등을 참조).

이상과 관련된 세 번째 난점은 가능성에 관한 것이다. 반대를 무릅쓴 종교 · 영성 교육에 대한 열망에도 불구하고, 이런 형태의 교육은 교사가 그 영역에 해당하는 철학적인 문제를 왜곡해서 다룸으로써 종교적 · 영적 영역의 불균형적이고 불공평한 특징을 학생에게 제시하게 될 것이다.

비판적 합리성과 합리적 자율성의 부적합한 개념에 호소하는 것의 위험성은 이미 언급하였다. 열렬한 지지자는 말할 것도 없고 이 영역에 깔린 철학적 문제를 부주의하게 다룸으로써 생기는 또 다른 위험은 학생들이 종교적 · 영적 영역에서의 가능성이나 진리의 성격과 관련하여 다양한 형태의 상대주의가 적합하다는 인상을 갖게 되어(Carr, 1994; Kerr, 1998 참조), 각각 다른 종교들이 그저 개인에게 호소력을 갖는 것에 관련된 준거에 따라 선택하기에 적합한 것으로 간주되고 영성은 치료적 측면에서 간주되어야 한다는 점이다(여기서 세심하게 다룰 필요가 있는 철학적 이슈의 범위는 Hobson & Edwards, 1999, 2, 3장 등을 참조).

네 번째 난점은 보다 광범위한 공립학교 내에서의 문제로, 공립학교가 발휘하고자 하는 가치 영향력의 범위는 어느 정도가 적합한가에 관한 것이다. 어떤 공립학교도 가치중립적이지 않고 또 그럴 수도 없다. 교육은 결국 가치에 관여할 수밖에 없는 것이다. 공립학교의 이러한 열망은 중요한 가치 다양성을 공정하게 다루려고 함으로써 더 잘 기술될 수 있다.

이 문제에서의 공립학교의 공정함에 관한 논쟁은 종종 과격한 논쟁과 뿌리 깊은 감정을 초래하기도 한다. 공립학교의 업무 중 이러한 측면은 복합적이고 도전적인 것이며, 가치의 구성과 복합성을 분명하게 하는 것과 관련하여 공립학교에 다양한 요구를 야기한다. 예를 들어, 공립학교는 '공공의' 또는 '시민적' 규범이 가치판단이 이루어지는 유일한 근거라는 인상을 주어서는 안 된다. '공공의' 또는 '시민적' 관점에서 관용되고 받아들여야 하는지의 여부가 사실 자체에 의하여 그것을 모든 관점 중 충분히 받아들일 만한 것으로 만드는 것은 아니다. 공교육은 학생의 입장에서 '도덕적 이중언어 정책'을 이루고자 해야 한다(McLaughlin, 1995a, pp. 248-250). 그리고 이것은 도덕이나 가치 문제가 충분히 적합한 고려에 의해서 조명되어야 한다는 것을 의미한다. 따라서 종교적 · 영적 전망은 공립학교에서 도덕적 · 사회적 · 정치적 문제가 토론되는 식으로 보여서는 안 되고, 동시에 그러한 토론에서 배제되거나 무시되어서도 안 된다(이에 관련된 일반적인 문제는 McLaughlin, 1995a 등을, 그리고 성교육에 관한 핵심의 논의는 McLaughlin, 1998을 참조). 공립학교가 종교적인 전망을 합법적으로 수용할 수 있는 정도가 어느 정도인가는 흥미 있는 문제로, 미국 법원의 '모저트 대 호킨스 카운티 교육위원회(Mozert v. Hawkins County Board of Education)' 판례에서 조명된 바 있다. 이 판례에서 부모는 그의 자녀에게서 종교적으로 공격적인 것이 발견되었다는 이유로 자녀를 읽기 프로그램에 참여시키는 것을 반대했다. 이 논쟁의 핵심은 정중하게 다양성을 접하게 하는 것이 종교적 신념의 자유로운 행사를 방해할 수 있는지와 공립학교는 공립학교 교육명령의 기본 원칙인 다양성에의 노출을 주장할 수 있는지의 문제였다. 이 경우 부모는 자녀가 계속 공립학교에 다니기를 희망하지만 특정 프로그램에서는 제외되길 바란다. 이와 대조되는 '위스콘신 대 요더(Wisconsin v. Yoder)' 판례에서는 아미쉬 공동체 일원인 부모가 자녀가 기본 기능을 습득한 이후에는 공교육을 받지 않기를 희망했다. 그런데 이런 두 판례 모두 부모의 종교적 감수성이 공교육의 원칙과 요구 내에서 수용될 수 있다는 것과 관계가 있다. 이들 판례에서 법원이 내린 결정의 복합성, 쟁점이 되는 점과 그 배후에 깔린 추론은 관련 문제에 관한 분명한 판단에 도달하는 것의 어려움에 초점을 맞춘다(이들 판례에 대한 논의는 Macedo, 2000, 16장 등을, 그리고 교육권과 부모의 의무에 관해서는 McLaughlin, 1984, 1990, 1994 등을 참조).

이러한 난점이 생기는 공립학교 측에 대한 요구는 광범위하고 지나치다. 그 때문에 실제로 공립학교가 이룬 공립학교의 영향력에 관한 목적을 달성하고자 하는 열망에 대해서 회의적이고, 또 부적합한 세속적 영향력이 제거될 수 있는지에 대해서도 회의적이다(이러한 회의에 대해서는 Sandsmark, 2000; Haydon, 1997, 10장 등을 참조).

이러한 난점에 대한 대응으로, 공립학교는 그 영향력을 가치 구조와 복합성을 조명하는 것에 관한 불가능한 요구에 맞추려는 시도에 두려고 하지 말고, 한 사회에 만연한 지배적 규범에서 생기는 일련의 '이행하지 않는' 규범에 두고자 해야 한다(McLaughlin, 1995a, pp. 245-248; Haldane, 1986

참조).

그렇지만 이러한 난점에도 불구하고 '외부적 관점의 종교 · 영성 교육'의 기회는 공립학교 내에서 시도할 수 있는 최선이라고 생각된다. 그 난점과 한계가 몇몇 학부모에게는 별도로 다른 기초와 전제하에서 다른 목적으로 이루어지는 대안적인 종교 · 영성 교육을 찾게 할 것이다.

내부적 관점의 종교 · 영성 교육

내부적 관점의 종교 · 영성 교육은 특수하고 특정한 종교적 · 영적 전통 안에서 이루어지고, 이해뿐만 아니라 어느 정도 학생 측의 종교적 · 영적 믿음, 신념, 관습을 목적으로 하고 전제한다. 따라서 그것은 외부적 관점의 종교 · 영성 교육의 전통을 지지하는 것일 수가 없다. 이런 의미에서 종교 · 영성 교육은 적극적으로 찾는 부모에게 적합한 선택을 제공하고, 분리된 종교학교 전일제나 시간제 또는 특징적인 종교 개념이 교육과정뿐만 아니라 학교 풍토나 교사가 드는 사례 같은 과정을 통해서도 실현될 수 있는 종교 공동체 내의 다른 맥락에서 가장 잘 자리 잡을 수 있다(McLaughlin, 1996b; Scheffler, 1995). 그것은 외부적 관점의 종교 · 영성 교육이 공립학교에서 제공할 수 있는 교육과 관련하여 볼 수 있는 교육적 영향력을 자제할 것에 대한 요구를 완화할 수 있는 형태의 교육이 갖는 자발적인 특성이다.

이 교육은 교화나 그 비슷한 것을 추구하는 교육에서의 무비판적 고백주의와 혼동되기 쉽다. 교육에서의 무비판적 고백주의는 일찍이 계몽주의나 해방의 영향을 받지 않은 종교 형태나 근본주의 또는 극단적 정통주의의 관점에서 계몽주의나 해방에 대응한 종교 형태와 특히 관련된다. 무비판적 '고백주의'를 좀 더 자세히 논의해 보면 다음과 같다. 그러나 여기서 우리의 처음 관심은 교화적인 것이 아니라 교육적인—학생 입장에서 종교적 믿음, 신념, 관습을 목적으로 하면서 종교적 · 영적 전통을 지지하고,

동시에 합리적 자율성과 민주 시민성의 발달을 목적으로 한다는 점에서 교육적이다—것으로 확인되는 종교 · 영성 교육 형태다.

여기에서 우리가 기술하고자 하는 내부적 관점의 종교 · 영성 교육은 먼저 중요하게 '교육'의 형태라는 점이다. 그것은 특히 앞에서 언급한 계몽주의와 해방의 도전을 기꺼이 받아들이는 종교적 · 영적 전통과 조화를 이루고 자유민주주의 사회의 가치, 원리 원칙과도 대화할 수 있다. 이런 형태의 교육에서 특정 종교적 · 영적 전통은 교육과정을 통해서 자율성과 민주 시민성으로 가는 개인의 성장과 발달을 위한 합법적인 시발점으로 간주된다(Alexander, 1995, 1997b, 2000, 2001, pp. 198-203; McLaughlin, 1992b; Scheffler, 1995; Thiessen, 1993). 여기서 구체적인 종교적 · 영적 전통에 노출되고 관여되는 것은 일종의 '독실함을 지닌 개방성'의 토대를 놓는 것이다. 학생들은 특정한 선 개념에 의해 구체화된 교육 형태에 노출되고 관여되지만, 이때 그들은 비판적 전망하에 형성되도록 하고 그것을 본인 입장에서 받아들일 수 있게 한다. 이 교육 형태의 일관성에 관한 우려 즉 '이런 교육이 비판적 이해나 비판적 신념을 목적으로 할 수 있을까?' 하는 우려가 있을 수 있다. 이런 걱정은 그 교육 개념이 목적하는 것이 그저 말뿐이 아니라 비판적이고 참된 믿음이라는 점을 인정하게 되면 완화될 수 있다. 자유민주주의 사회의 기본 규범과 원칙은 종종 그 뿌리를 그 사회 안의 다양한 선에 대한 비전을 이루고 있는 여러 종교적 · 영적 전통들 중의 합의점에서 찾기 때문에, 그 사회 안에 확고한 공통의 문화가 존재하는 것은 종교적 · 영적 전망과 헌신을 지속시키는 교육 형태에 주로 의존한다. 예를 들어, 미국의 현대 가톨릭학교는 공립학교보다 더 학생들에게 민주 시민성을 준비시키는 데 효과적으로 보인다(Bryk et al., 1993).

여러 관점에서 이런 교육 형태의 이점 중 하나는 앞에서 살펴본 외부적 관점의 종교 · 영성 교육에 관한 네 가지 난점을 완화할 수 있다는 점이다. 첫째, 한 가지 특정한 전통 안에서 종교적 · 영적 관습과 연결된 교육 형태를 제공함으로써 부적합한 비판적 사고와 합리적 자율성 개념을 더 적게 야기할 수 있다. 둘째, 그런 교육적 접근은 중요한 이해를 성취하기 위한 관련과 참여에의 요구를 더 쉽게 만족시킬 수 있다. 예를 들어 영성의 경우, 어느 정도 발달했고, 어느 정도 발달을 목적으로 할지에 대해 분명하게 감잡을 수 있다. 셋째, 특정 종교적 · 영적 전통에의 참여는 적어도 한 가지 전통의 기초를 이루는 철학적 가정을 지속적이고 일관되게 체험할 수 있다. 따라서 학생들은 앞에서 언급한 것처럼 기본적인 철학적 가정이 제대로 다루어지지 않는 교육 형태를 경험한 사람들보다 종교적 · 영적 영역의 적합한 철학적 가정의 성격에 관해 더 잘 판단할 수 있다. 마지막으로 '분리된' 종교계 학교는 특정 삶의 관점과 가치관을 일관되게 체험할 수 있게 한다. 이것은 앞서 개관한 가치 구조와 복합성을 조명하는 것과 관련해서 공립학교가 요구 조건을 만족시키기 위해 노력하는 것으로부터 생기는 그것보다 더 일관되고 조리 있는 형태의 영향력을 제공한다.

내부적 관점의 종교 · 영성 교육은 이런 종류의 교육적 영향력의 요구 조건의 토대가 되는 부모의 권리와 다른 권리 범위의 정당화를 전제조건으로 한다. 자유민주주의 국가가 그런 형태의 교육을 어느 정도 지원해야 하는가(예: 종교계 학교를 위한 재정 지원)는 더 충분한 설명과 세심한 주의가 필요하다.

이러한 형태의 교육에 관한 주된 우려는 이런 교육이 정확하게 교육적이지 않게 되는 점이다. 우리가 논의한 대로, 만일 이런 교육 형태가 비판적 이성과 합리적 자율성을 지닌 관심을 구체화한다는 점에 의해서 무비판적 고백주의와 구분될 수 있다면, 어떻게 이러한 구체화가 종교적 · 영적 전통 중 하나에 초점을 두는 것이나 학생 입장에서 단지 이해가 아닌 믿음, 신념, 관습을 가져다준다는 목적과 화합될 수 있는가? 어떤 사상가들은 이 문제에 대해 내부적 관점의 교육 형태는 본래적으로 교조적일 수밖에 없다고 부정적으로 결론짓는다(Flew, 1968; Dwyer, 1998). 또 다른 이들은 내부적 관점의 종교·영성 교육에 관여하는 활동은 일정한 맥락 안에서 정당화될 수 있고, 또 그것은 적합한 교육적 영향력이 인식론적으로 기초가 튼튼해야 한다는 이유에서 '교육'('교리교수' 개념을 사용하면서)으로부터 구별되어야 한다고 주장한다(Hirst, 1981, 1985).

이와 같은 문제에 관한 논의의 진전을 방해하는 것은 '교육' '비판적 이성' '합리적 자율성' 같은 개념이 논쟁의 여지가 있다는 점이다. 이것은 내적 관점의 종교·영성 교육과 무비판적 고백주의를 매우 예리하게 구분하기 힘들게 만든다. 예를 들어, 비판적 이성과 관련하여 어떤 종류의 추론은 일관되고 강력한 전통 안에 놓이게 되는데, 이런 경우 이성이 비판적이기 위해 갖추어야 할 정확한 특징을 드러내기 힘들게 된다. 기본 가정과 개념화에 따라 이러한 특징을 드러내려고 하는 데 있어서의 어려움은 종교적 전통 내부에 존재하는 비판의 복잡한 인식들이 적절히 이해되었는지에 대한 정당한 주의에 의해 비판적 검토가 성립되며 강화된다는 점이다. 예를 들어, 교육에 대한 이슬람의 개념화는 주의 깊고 섬세한 해석을 요하며, 이러한 개념들을 쉽게 부정해서는 안 된다(Halstead, 1995b; Ashraf & Hirst, 1994). 즉, (이슬람의 종교적 관점에 의할 때) 오히려 자유민주주의적 가정과 가치가 심각하게 검토될 필요가 있다.

이런 문제를 논의하는 한 가지 전략은 특정 삶의 형태에 '내재적'으로 나타나는 종교적·영적 문제에서의 추론 형태와 '외재적' 요소를 갖는 것을 구분하는 것이다. 많은 근본주의자나 극단적 정통주의 공동체는, 예를 들어 자신의 종교적 전통에 내재적인 논쟁과 정당화가 경전 해석과 관련된 추론 형태의 기초를 이룬다는 이유에서 여기에 참여한다. 그러한 공동체와 전통은 자신의 신념과 헌신을 다른 전망의 비판에 노출하는 추론 형태에 두드러지게 저항한다. '내재적'과 '외재적'이란 추론 형태를 구분하는 데서 생기는 철학적 복잡성에 관한 광범위한 논의를 시작하지 않고도, 자유민주주의 사회의 시민은 선에 대한 자기 자신의 구체적인 비전에서 내재적인 것뿐만 아니라 공적이고 시민적인 추론 형태에 참여할 것이 요구될 것임을 알 수 있다. 예를 들어, 이스라엘에서 매우 민족주의적이고 종교적인 졸업자가 이스라엘 목사 라빈(Y. Rabin)을 암살한 것은 자유민주주의에서 그런 형태의 공적이고 시민적인 추론을 회피하거나 심하게는 비판하는 민족주의자나 종교적 학습 형태에 관한 심각한 걱정을 하게 한다.

따라서 자유민주주의 사회가 내부적 관점의 종교 · 영성 교육이 지나치게 편협하게 될 때 걱정하는 것은 정당하다. 비록 다원주의적 민주주의의 공통 기본 규범은 어떤 중요한 의미에서 선의 굳은 비전에 대한 견고한 헌신을 하는 시민에게 달려 있다. 그런 시민이 경쟁적인 전통에 집착하는 사람들을 의식하지 못하거나 받아들이지 못하는 정도로 그런 공통성의 섬세하고 요소를 이루는 구조는 위협되고, 그 결과로 다원주의 사회의 생존성 역시 위협된다. 따라서 자유민주주의 사회에서 내부적 관점의 종교 · 영성 교육은 민주주의를 포함하고 민주주의에 의해 보호받는 여타의 다른 선의 비전에 노출되는 것을 포함해야 한다. 뿐만 아니라 적합한 형태의 관용을 포함하여 시민적 덕 형태를 고무시키는 것이어야 한다(이 문제에 관해서는 Bishops' Conference of England and Wales, 1997을 참조; Bryk et al., 1993).

자유민주주의 사회가 합법적이고 효과적으로 이러한 시민의 권리가 분리된 종교계 학교에서 보장되도록 하는 방법은 종교문제에서 '무비판적 고백주의' 가 시민의 권리를 만족시키는 것과 조화되고 '차선' 의 실제적인 절충안의 중요성과 조화되는 정도에서 그러한 학교에 부과하는 조항 요건의 성격과 역할을 포함하는 복합적인 이슈를 생기게 하는 것이다. 이런 문제에 대응하는 적합한 반응의 한 요소는 무비판적 고백주의의 원인을 교육 개념과 학교교육 배치가 너무 무비판적으로 이루어지는 것에 돌리는 것을 꺼리는 것이다(McLaughlin, 1992b, pp. 125-128). 우리는 이제까지 각각 다른 형태의 종교 · 영성 교육에 관해서 그것이 서로 조화될 수 있고 또 자유민주주의 사회의 가치, 원칙, 관습을 위해 필요한 것임을 논의한 한편, 확인된 복합성은 다른 문제에서와 마찬가지로 그러한 열망을 만드는 데 있어서 감수성이 필요하다는 것을 시사함을 밝혔다.

미 주

1 '외부적 관점의 종교 · 영성 교육(education in religion & spirituality from the outside)'과 '내부적 관점의 종교 · 영성 교육(education in religion & spirituality from the inside)'으로 구분하기 위해 적합한 어휘를 찾는 것이 쉽지 않다. 한 가지 가능성은 하나를 '보통의 개방된 종교 · 영성 교육'으로 나타내고, 나머지를 '구별되는 전통의 지지를 받는 종교 · 영성 교육'으로 나타낼 수도 있다. 또는 '종교와 영성에 관한 교육'과 '종교와 영성 안에서의 교육'으로 구분할 수도 있다. 또 다른 가능성으로는 '이해를 위한 교육'과 '믿음에의 헌신을 위한 교육'으로 구분해 볼 수도 있다. 그런데 이렇게 대조되게 구분해서 명명하는 것의 난점은 각 형태의 교육이 그 형태에만 유일한 것이라는 인상을 준다는 점이다. 따라서 개방성 대 특정 전통의 지지를 보이는 종교와 영성 교육, 종교와 영성에 대한 교육 대 종교와 영성 내에서의 교육, 이해를 위한 교육 대 믿음에의 헌신을 위한 교육 사이에서 분명한 선택을 해야 한다는 인상을 준다. 실제로 우리가 나누어 본 구분은 대조되는 요소들이 보다 복합적으로 혼합되어 있다. 예를 들어, 위의 예에서 전자에 해당하는 교육의 형태가 정말로 교육적이려면 단순히 정보를 주는 형태를 넘어서야 한다. 따라서 '종교와 영성에 대한 교육'을 넘어 어떤 점에서는 '종교와 영성 내에서의 교육'이라고 할 수 있다. 더욱이 그런 형태의 교육은 관심사를 이해에만 국한시킬 수 없다. 왜냐하면 믿음과 헌신의 문제 역시 부분적으로 이해를 필요로 하기 때문이다. 반대로 위의 예에서 후자에 해당하는 교육 형태 역시 비교의 관점에서 여러 전통 중 자신의 전통의 위치를 논하는 경우 종교와 영성 내에서의 교육만이 아니라 종교와 영성에 대한 교육에도 관여한다. 이러한 것은 자유민주주의 사회에서 바람직한 일이다. 어떤 것도 믿음과 헌신을 위한 교육의 형태와 이해를 위한 교육의 형태를 구분하려고 시도하지 않는다.

2 대부분의 자유민주주의 맥락에서 논쟁은 국가가 분리된 종교계 학교를 어느 정도까지 지원할 것이냐에 초점이 맞추어져 있다. 이스라엘의 경우 국가의 지원을 받는 유일한 종교적 · 영적 교육의 형태는 정통적인 것뿐이다.

추 천 도 서

Alexander, H. A. (2001). *Reclaiming Goodness: Education and the Spiritual Quest*. University of Notre Dame Press.

Dwyer, J. G. (1998). *Religious Schools v Children's Rights*. Cornell University Press.

Hobson, P. R., & Edwards, J. S. (1999). *Religious Education in a Pluralist Society. The key Philosophical issues*. Woburn Press.

Nash, R. (1999). *Faith, Hype and Clarity: Teaching about Religion in American Schools and Colleges*. Teachers College Press.

| 참고문헌 |

Abu-Lughod, J. (1981). *Before European Hegemony: The World System AD 1250-1350* (Oxford University Press).

Ackerman, B. (1980). *Social Justice and the Liberal State* (New Haven, CT: Yale University Press).

Adams, J. (1933). *Modern Developments in Educational Practice* (London: University of London Press).

Adorno, T. (1966). *Negative Dialektik* (Frankfurt am Main: Suhrkamp).

Adorno, T. (1971a). Erziehung nach Auschwitz, in: T. Adorno *Erziehung zur Mündiakeit* (Frankfurt am Main: Suhrkamp).

Adorno, T. (1971b). *Erziehung zur Mündiakeit* (Frankfurt am Main: Suhrkamp).

Adorno, T. (1972). Theorie der Halbbildung, in: R. Tiedemann (ed.) *Gesammelte Schriften,* vol. Ⅷ (Frankfurt am Main: Suhrkamp).

Adorno, T. (1986). *The Jargon of Authenticity* (London: Routledge & Kegan Paul).

Adorno, T., Frenkel-Brunswik, E., Jahoda, M., and Sanford, P. (eds.) (1950). *The Authoritarian Personality* (New York: Norton).

Ainley, P. (1993). *Class and Skill* (London: Cassell).

Albercht, C., Behrmann, G., and Bock, M. (1999). *Die Intellektuelle Gründung der Bunderepublik. Eine Wirkungsgeschichte der Frankfurterschule* (Frankfurt am Main and New York: Campus).

Alexander, H. A. (1981). Schools without faith, *Religious Education*, *77*, pp. 307-321.

Alexander, H. A. (1995). On the possibility of teaching theology, *Panorama: International Journal of Religious Education and Values, 7*, pp. 83-93.

Alexander, H. A. (1997a). Rationality and redemption: Ideology, indoctrination, and learning communities, in *Philosophy of Education Yearbook 1996* (Urbana, IL: Philosophy of Education Society).

Alexander, H. A. (1997b). Jewish education and the search of authenticity: A study in Jewish identity, in: D. Zisenwein and D. Schers (eds.) *Making a Difference: Jewish Identity and Education* (Tel Aviv: Tel Aviv University, Kelman Center for Jewish Education).

Alexander, H. A. (2000). Literacy, education, and the good life, in: D. Zisenwein and D. Schers (eds.) *Identity, Language, and Culture: Studies in Jewish Culture, Identity, and Community* (Tel Aviv: Tel Aviv University, Kelman Center for Jewish Education).

Alexander, H. A. (2001). *Reclaiming Goodness: Education and the Spiritual Quest* (Notre Dame, IN: University of Notre Dame Press).

Alibhai-Brown, Y. (1995). *No Place Like Home: An Autobiography* (London: Virago).

Allott, K. (ed.) (1968). *The Penguin Book of Contemporary Verse* (London: Penguin Books).

Apple, M. (1990). *Ideology and Curriculum* (New York: Routledge).

Arcilla, R. V. (1992). Tragic absolutism in education, *Educational Theory, 42*, pp. 473-481.

Arendt, H. (1958). *The Human Condition* (Chicago: University of Chicago Press).

Arendt, H. ([1991] 1993). *Between Past and Future* (Harmondsworth, UK: Penguin Books).

Arendt, H. (1968). *The Origins of Totalitarianism* (New York and London: Harvester and Harcourt Brace).

Arguelles, A. and Gonczi, A. (eds.) (2000). *Competency Based Education and Training: A World Perspective* (Balderas, Mexico: Conalep/Noriega).

Aries, P. (1973). *Centuries of Childhood* (Harmondsworth, UK: Penguin Books).

Arnold, M. (1932). *Culture and Anarchy* (London: Cambridge University Press).

Aront, M. (1997). "Gendered citizenry": New feminist perspectives on education and citizenship, *British Educational Research Journal, 23,* pp. 275-295.

Aront, M. and Dillabough, J. A. (eds.) (2000). *Challenging Democracy: International Perspectives on Gender, Education and Citizenship* (New York: Routledge).

Aronowitz, S. and Grioux, H. (1991). *Postmodern Education: Politics, Culture and Social Criticism* (Minneapolis and London: University of Minnesota Press).

Arthurs, J. and Grimshaw, J. (eds.) (1998). *Women's Bodies: Representation, Discipline and Transgression* (London: Cassell).

Ashby, E. (1946). Universities in Australia, in: E. Ashby (ed.) *Challenge to Education* (Sydney and London: Angus and Robertson).

Ashby, E. (1966). *Technology and the Academics* (London: Macmillan).

Ashraf, S. A. (1986). Foreword, in: J. M. Halstead *The Case for Muslim Voluntary-Aided Schools: Some Philosophical Reflections* (Cambridge, UK: Islamic Academy).

Ashraf, S. A. and Hirst, P. H. (eds.) (1994). *Religion and Education. Islamic and Christian Approaches* (Cambridge, UK: The Islamic Academy).

Assister, A. (1996). *Enlightened Women: Modern Feminism in a Postmodern Age* (London: Routledge).

Astley, J. (1994). *The Philosophy of Christian Religious Education* (Birmingham, AL: Religious Education Press).

Audi, R. (1989). *Practical Reasoning* (London and New York: Routledge).

Audi, R. (1993). *The Structure of Justification* (Cambridge, UK: Cambridge University Press).

Audi, R. (2000). *Religious Commitment and Secular Reason* (Cambridge, UK: Cambridge University Press).

Aviram, A. (1995). Autonomy and commitment: Compatible ideals, *Journal of Philosophy of Education, 29,* pp. 61-73.

Avis, J., Bloomer, M., Esland, G., Gleeson, D., and Hodkinson, P. (1996). *Knowledge and Nationhood: Education, Politics and Work* (London: Cassell).

Ayim, M. (1987). Warning: Philosophical discussion, violence at work, in: *Women and Philosophy, Resources for Feminist Research,* Ontario Institute for Studies in Education, September, pp. 23-25.

Bailey, C. H. (1984). *Beyond the Present and the Particular: A Theory of Liberal Education* (London: Routledge & Kegan Paul).

Bailin, S. (1987). Critical and creative thinking, *Informal Logic, 9,* pp. 23-30.

Bailin, S. (1990). Argument criticism as creative, in: R. Trapp and J. Schuetz (eds.) *Perspectives on Argumentation: Essays in Honor of Wayne Brockriede* (Prospect Heights, IL: Waveland Press), pp. 232-240.

Bailin, S. ([1988] 1992a). *Achieving Extraordinary Ends: An Essay on Creativity* (Norwood, NJ, Ablex).

Bailin, S. (1992b). Culture, democracy and the university, *Interchange, 23,* pp. 63-69.

Bailin, S. (1995). Is critical thinking biased? Clarifications and implications, *Educational Theory,* 45, pp. 191-197.

Bailin, S. (1998). Education, knowledge and critical thinking, in: D. Carr (ed.) *Education, Knowledge and Truth: Beyond the Postmodern Impasse* (London: Routledge), pp. 204-220.

Bailin, S., Case, R., Coombs, J. R., and Daniels, L. B. (1999). Conceptualizing critical thinking, *Journal of Curriculum Studies, 31*, pp. 285-302.

Ball, S. (ed.) (1990). *Foucault and Education: Disciplines and Knowledge* (London: Routledge).

Ball, S. (1994). *Education Reform: A Critical and Post-Structural Approach* (Buckingham, UK and Philadelphia: Open University Press).

Banks, J. A. and McGee-Banks, C. A. (eds.) (1999). *Multicultural Education: Issues and Perspectives* (New York: Wiley).

Barnes, J. (ed.) (1984). *The Complete Works of Aristotle* (Princeton, NJ: Princeton University Press).

Barnett, C. (1986). *The Audit of War* (London: Macmillan).

Barnett, R. (1990). *The Idea of Higher Education* (Buckingham, UK: The Society for Research into Higher Education and Open University Press).

Barnett, R. (2000). *Realizing the University in an Age of Supercomplexity* (Buckingham, UK: Open University Press).

Bar On, B.-A. and Ferguson, A. (eds.) (1998). *Daring to Be Good: Essays in Feminist Ethico-Politics* (New York: Routledge).

Barr, J. (1999). *Liberating Knowledge: Research, Feminism and Adult Education* (Leicester, UK: National Institute for Adult Continuing Education).

Barrow, R. (1987). Skills talk, *Journal of Philosophy of Education, 21*(2), pp. 87-201.

Bassey, M. (2001). A solution to the problem of generalisation in educational research: Fuzzy prediction, *Oxford Educational Review, 27*(1), pp. 5-22.

Battersby, C. (1998). *The Phenomenal Woman: Feminist Metaphysics and the Patterns of Identity* (Cambridge, UK: Polity Press).

Bayer, L. E. and Liston, D. P. (1992). Discourse or moral action? A critique of postmodernism, *Educational Theory, 42,* pp. 371-393.

Bearn, G. (2000). The University of Beauty, in: P. Dhillon and P. Standish (eds.) *Lyotard: Just Education* (London: Routledge), pp. 230-258.

Beck, J. (1999). "Spiritual and moral development" and religious education, in: A. Thatcher (ed.) *Spirituality and the Curriculum* (London: Cassell).

Beck, U. (1992). *The Risk Society* (London: Sage Publications).

Beckett, D. (1996). Critical judgment and professional practice, *Educational Theory, 46,* pp. 135-149.

Bell, D. (1993). *Communitarianism and its Critics* (Oxford: Oxford University Press).

Bellah, R. N., Madsen, R., Sullivan, W. M., Swidler, A., and Tipton, S. M. (1985). *Habits of the Heart. Individualism and Commitment in American Life* (Berkeley: University of California Press).

Belser, H. (ed.) (1972). *Kinder, Schule, Elternhaus: eine Untersuchung über das englische Primarschulwesen (Plowden-Report)* (Abridged edition in German). (Frankfurt, Berlin, München: Diesterweg).

Benhabib, S. (1992). *Situating the Self: Gender, Community and Postmodernism in Contemporary Ethics* (Cambridge, UK: Polity Press).

Benhabib, S. (ed.) (1996). *Democracy and Difference: Contesting the Boundaries of the Political* (Princeton, NJ: Princeton University Press).

Benhabib, S. (1996b). Toward a deliberative model of democratic legitimacy, in: S. Bendabib (ed.) *Democracy and Difference: Contesting the Boundaries of the Political* (Princeton, NJ: Princeton University Press).

Benjamin, H. ([1939] 1975). The saber-tooth curriculum, in: M. Golby, J. Greenwald, and R. West (eds.) *Curriculum Design* (London: Croom Helm/Open University Press).

Benner, D. (1998). Die Permanenz der Reformpädagogik, in: T. Rülcker and J. Oelkers (eds.) *Politische Reformpädagogik* (Bern, Switzerland: Peter Lang).

Benner, D. and Kemper, H. (1993). *Zur Theorie und Geschichte der Reformpädgogik 1-2.* (Hagen, Germany: Feruniversität).

Berlin, I. (1969). *Four Essays on Liberty* (Oxford and New York: Oxford University Press).

Berliner, D. and Biddle, B. (1996). *The Manufactured Crisis: Myths, Fraud and the Attack on America's Public Schools* (New York: Perseus Books).

Bernauer, J. and Rasmussen, D. (eds.) (1988). *The Final Foucault* (Cambridge, MA: MIT Press).

Bernstein, R. (1992). *The New Constellation* (Cambridge, MA: MIT Press).

Bertens, H. (1995). *The Idea of the Postmodern. A History* (London and New York: Routledge).

Best, R. (ed.) (1996). *Education, Spirituality and the Whole Child* (London: Cassell).

Beat, S. and Kellner, D. (1991). *Postmodern Theory: Critical Interrogations* (London: Macmillan).

Biesta, G. J. J. and Miedema, S. (1999). Dewey in Europe. Ambivalences and contradictions in the turn-of-the-century educational reform, in: J. Oelkers and F. Osterwalder (eds.) *Die neue Erziehung. Beiträge zur Internationalität der Reformpädagogik* (Bern: Per Lang), pp. 99-124.

Bishops' Conference of England and Wales (1997). *Catholic Schools and Other Faiths* (London: Bishops' Conference of England and Wales).

Blacker, D. (1993). Allowing educational technologies to reveal: A Deweyan perspective, *Educational Theory*, Spring, pp. 181-194.

Blacker, D. (1995). Philosophy of technology and education: An invitation to inquiry, in: M. S. Katz (ed.) *Philosophy of Education 1994* (Urbana, IL: Philosophy of Education Society), pp. 320-328.

Blake, N. P. (1992). Modernity and the problem of cultural pluralism, *Journal of Philosophy of Education, 26*, pp. 3-50.

Blake, N. P. (1995a). Truth, identity and community in the university, *Curriculum Studies,* October, pp. 263-281.

Blake, N. P. (1995b). Ideal speech condition, modern discourse and education, *Journal of Philosophy of Education, 29*, pp. 355-368.

Blake, N. P. (1996a). The democracy we need: Situation, post-foundationalism and enlightenment, *Journal of Philosophy of Education, 30*, pp. 215-238.

Blake, N. P. (1996b). Against spiritual education, *Oxford Review of Education, 22*, pp. 443-456.

Blake, N., Smeyers, P., Smith, R., and Standish, P. (1998). *Thinking Again: Education after Postmodernism* (Westport, CT and London: Bergin & Garvey).

Blake, N., Smeyers, P., Smith, R., and Standish, P. (2000). *Education in an Age of Nihilism* (London: RoutledgeFalmer).

Blake, N., Smith, R., and Standish, P. (1998). What we teach and what students learn, in: *The Universities We Need: Higher Education After Dearing* (London: Kogan Page), pp. 27-48.

Blake, N., and Standish, P. (eds.) (2000). *Enquiries at the Interface: Philosophical Problems of On-line Education* (Oxford: Blackwell); also in *Journal of Philosophy of Education, 34* (special issue).

Bloom, A. (1987). *The Closing of the American Mind: How Higher Education Has Failed Democracy and Impoverished the Souls of Today's Students* (New York: Simon and Schuster; London: Penguin Books).

Bloom, B. S. (1956). *Taxonomy of Educational Objectives, Part I, Cognitive Domina* (New York: Longmans Green).

Bloom, H., De Man, P., Derrida, J., Hartman, G., and Miller, J. H. (eds.) (1979). *Deconstruction and Criticism* (New York: Seabury).

Bloomer, M. (1997). *Curriculum Making in Post-16 Education* (London: Routledge).

Blum, L. (1993). Vocation, friendship, and community: Limitations of the personal- impersonal framework, in: O. Flanagan and A. O. Rorty (eds.) *Identity, Character and Morality: Essays in Moral Psychology* (Cambridge, MA: MIT Press).

Blum, L. A. (1994). *Moral Perception and Particularity* (Cambridge, UK: Cambridge University Press).

Blunkett, D. (1998). Opportunities to live and learn, *Times Higher Education Supplement,* February, *27*, p. 18.

Bohman, J. (1997). The public spheres of the world citizen, in: J. Bohman and M. Lütz-Bachman (eds.) *Perpetual Peace: Essays on Kant's Cosmopolitan Ideal* (Cambridge, MA:

MIT Press).

Bohman, J. (1998). The globalisation of the public sphere: Cosmopolitan publicity and the problem of cultural pluralism, *Philosophy and Social Criticism, 24*, pp. 199-216.

Bohnsack, F. (1976). *Erziehung zur Demokratie. John Deweys Pädagogik und ihre Bedeutung für die Reform unserer Schule* (Ravensburg, Germany: Otto Maier Verlag).

Boisvert, R. D. (1999). The nemesis of necessity: Tragedy's challenge to Deweyan pragmatism, in: C. Haskins and D. I. Seiple (eds.) *Dewey Reconfigured. Essays on Deweyan Pragmatism* (Albany: State University of New York Press).

Bonnett, M. (1978). Authenticity and education, *Journal of Philosophy of Education, 12*, pp. 51-61.

Bonnett, M. (1986). Public standards and personal significance, in: D. E. Cooper (ed.) *Education, Values and Mind* (London: Routledge & Kegan Paul).

Bonnett, M. (1994). *Children's Thinking* (London: Cassell).

Bono, P. and Kemp, S. (1991). *Italian Feminist Thought* (Oxford: Blackwell).

Bordo, S. (1987). *The Flight to Objectivity* (Albany, NY: State University of New York).

Bordo, S. (1993). *Unbearable Weight: Feminism, Western Culture, and the Body* (Berkeley: University of California Press).

Borgmann, A. (1984). *Technology and the Character of Contemporary Life* (Chicago: University of Chicago Press).

Bowers, C. A. (1982). The reproduction of technological consciousness: Locating the ideological foundations of a radical pedagogy, *Teachers College Record, 83*(4), pp. 529-557.

Bowers, C. A. (1988). *The Cultural Dimensions of Educational Computing: Understanding the Non-Neutrality of Technology* (New York: Teachers College Press).

Bowles, S. and Gintis, H. (1976). *Schooling on Capitalist America* (New York: Basic Books).

Braidotti, R. (1994). *Nomadic Subjects: Embodiment and Sexual Difference* (New York: Columbia University Press).

Braudel, F. (1981). *The Structures of Everyday Life: The Limits of the Possible* (trans. S. Reynolds) (New York: Harper & Row).

Brehony, K. J. (1997). "Undeniable" and "disastrous" influence? Dewey and English education (1895-1939), *Oxford Review of Education, 23*(4), pp. 427-445.

Brent, A. (1978). *Philosophical Foundations for the Curriculum* (London: Allen & Unwin).

Bricker, D. C. (1988). *Classroom Life as Civic Education* (New York: Teachers College Press).

Bridges, D. (1994). Parents: Customers or partners? in: D. Bridges and T. McLaughlin (eds.) *Education and the Market Place* (London: Falmer Press).

Bridges, D. and Husbands, C. (eds.) (1996). *Consorting and Collaborating in the Education Market Place* (London: Falmer Press).

Bridges, D. and McLaughlin, T. H. (eds.) (1994). *Education and the Market Place* (London: Falmer).

Bridges, T. (1991). Modern political theory and the multivocity of postmodern critical discourses, *Inquiry: Critical Thinking Across the Disciplines, 8,* pp. 3-7.

Brine, J. (1999). *underEducating Women: Globalizing Inequality* (Buckingham, UK: Open University Press).

Bronfenbrenner, U. (1970). *Two Worlds of Childhood, USA and USSR* (New York: Russell Sage).

Brontë, A. (1994). *Agnes Grey* (Ware, UK: Worldsworth).

Bryk, A. S., Lee, V. E., and Holland, P. B. (1993). *Catholic Schools and the Common Good* (Cambridge MA: Harvard University Press).

Bubner, R. (1981). *Modern German Philosophy* (Cambridge, UK: Cambridge University Press).

Bukatman, S. (1993). *Terminal Identity: The Virtual Subject in Postmodern Science Fiction* (Durham, NC: Duke University Press).

Bullivant, B. (1986). Towards radical multiculturalism: Resolving tensions in curriculum and educational planning, in: S. Modgil, G. Verma, K. Mallick, and C. Modgil (eds.) *Multicultural Education: The Interminable Debate* (London: Falmer Press).

Burbules, N. C. (1990). *The tragic sense of education, Teachers College Record, 91,* pp. 467-479.

Burbules, N. C. (1995). Reasonable doubt: Toward a postmodern defense of reason as an educational aim, in: W. Kohli (ed.) *Critical Conversations in Philosophy of Education* (New York: Routldge), pp. 82-102.

Burbules, N. C. (1997). Rhetorics of the Web: Hyperreading and critical literacy, in: I. Snyder *Page to Screen: Taking Literacy into the Electronic Era* (Sydney, NSW: Allen and Unwin), pp. 102-122.

Butler, J. (1990). *Gender Trouble: Feminism and the Subversion of Identity* (New York: Routledge).

Butler, J. (1993). *Bodies that Matter* (New York: Routledge).

Butler, J. (1997). *The Psychic Life of Power: Theories in Subjection* (New York: Routledge).

Butler, S. (1994). *The Way of all Flesh* (Garden City, NY: Doubleday).

Byatt, A. S. (1995). *Sugar and Other Stories* (London: Vintage).

Callan, E. (1994). *Autonomy and alienation, Journal of Philosophy of Education, 28,* pp. 35-53.

Callan, E. (1997). *Creating Citizens: Political Education and Liberal Democracy* (Oxford: Clarendon Press).

Callan, E. (2000). Discrimination and religious schooling, in: W. Kymlicka and W. Norman (eds.) *Citizenship in Diverse Societies* (Oxford: Oxford University Press).

Caputo, J. D. (1993). *Against Ethics* (Bloomington: Indiana University Press).

Carr, D. (1994). Knowledge and truth in religious education, *Journal of Philosophy of Education, 28*, pp. 221-238.

Carr, D. (1995). Towards a distinctive conception of spiritual education, *Oxford Review of Education, 21*, pp. 83-98.

Carr, D. (1996). Rival conceptions of spiritual education, *Journal of Philosophy of Education, 30,* pp. 159-178.

Carr, D. (1998). *Education, Knowledge and Truth: Beyond the Postmodern Impasse* (London and New York: Routledge).

Carr, D. (2000). *Professionalism and Ethics in Teaching* (London: Routledge).

Carr, W. (1995). *For Education: Towards Critical Educational Enquiry* (Buckingham, UK and Philadelphia: Open University Press).

Carr, W. (1997). Professing education in a post-modern age, *Journal of Philosophy of Education, 31*, pp. 309-327.

Carr, W. and Hartnett, A. (1996). *Education and the Struggle for Democracy* (Buckingham, UK: Open University Press).

Carr, W. with Kemmis, S. (1986). *Becoming Critical: Education, Knowledge and Action Research* (Brighton, UK: Falmer Press).

Castells, M., Flecha, R., Freire, P., Grioux, H. A., Macedo, D., and Willis, P. (1999). *Critical Education in the New Information Age* (Lanham, MD: Rowman and Littlefield).

Cavarero, A. (1995). *In Spite of Plato: A Feminist Rewriting of Ancient Philosophy* (Cambridge, UK: Polity Press).

Cavell, S. (1972). *The Senses of Walden* (New York: Viking Press).

Cavell, S. (1995). Notes and afterthoughts on the opening of *Wittgenstein's Investigations,* in: S. Cavell, *Philosophical Passages: Wittgenstein, Emerson, Austin, Emerson* (Oxford: Blackwell).

Central Advisory Council for Education (1967). *Children and Their Primary Schools* (The Plowden Report) (London: HMSO).

Chilman, C. S. (1988). *Variant Family Forms* (London: Sage).

Chubb, J. and Moe, T. (1990). *Politics, Markets and America Schools* (Washington, DC: The Brookings Institution).

Chubb, J. and Moe, T. (1992). *A Lesson in School Reform from Great Britain* (Washington, DC: The Brookings Institution).

Clark, B. R. (1998). *Creating Entrepreneurial Universities* (Oxford: Pergamon).

Coffey, D. (1992). *Schools and Work: Developments in Vocational Education* (London: Cassell).

Cohen, B. (1981). *Education and the Individual* (London: Allen & Unwin).

Cohen, G. A. (1994). Back to socialist Basics, *New Left Review, 207,* September/October, pp. 3-16.

Conlon, T. (1997). The internet is not a panacea, *Scottish Educational Review, 29,* pp. 30-38.

Coons, J. E. and Sugarman, S. D. (1978). *Education by Choice: The Case for Family Control* (Berkeley: University of California Press).

Cooper, D. E. (1980). *Illusions of Equality* (London: Routledge & Kegan Paul).

Cooper, D. E. (1983). *Authenticity and Learning* (London: Routledge & Kegan Paul).

Copley, T. (2000). *Spiritual Development in the State School* (Exeter, UK: University of Exeter Press).

Cousinet, R. (1950). *L'Education Nouvelle.* (Neuchâtel, Switzerland: Delachaux et Niestlé).

Cox, C., Douglas-Hume, J., Marks, J., Norcross, L., and Scruton, R. (1986). *Whose Schools? A Radical Manifesto* (London: The Hillgate Group).

Cranston, M. (1967). Human rights, real and supposed, in: D. D. Raphael (ed.) *Political Theory and the Rights of Man* (London: Macmillan).

CSUP (Committee of Scottish University Principals) (1992). *Teaching and Learning in an Expanding Higher Education System* (the MacFarlane Report) (Lasswade, Scotland: Polton House Press).

Cuypers, S. E. (1992). Is personal autonomy the first principle of education? *Journal of Philosophy of Education, 26,* pp. 5-17.

Cuypers, S. E. (1995). What Wittgenstein would have said about personal autonomy, *Studies in Philosophy and Education, 14,* pp. 251-265.

Cuypers, S. E. (2000). Autonomy beyond voluntarism: In defense of hierarchy, *Canadian Journal of Philosophy, 30,* pp. 225-256.

Cuypers, S. E. (forthcoming). *Self-Identity and Personal Autonomy. An Analytic Anthropology* (Aldershot, UK: Ashgate).

Daniel, D. (1987). *The International Stance* (Cambridge, MA: MIT Press).

Darling, J. (1994). *Child-Centered Education and its Critics* (London: Paul Chapman Publishing).

Darling, J. and Nisbet, J. (2000). Dewey in Britain, *Studies in Philosophy and Education, 19* (1-2), pp. 39-52.

Davidson, D. (1985). Rational animals, in: E. LePore and B. McLaughlin (eds.) *Actions and Events* (Oxford: Blackwell).

Davies, B. (1989). *Frogs and Snails and Feminist Tales* (Sydney, NSW: Allen & Unwin).

Davies, B. (1993). *Shards of Glass: Children Reading and Writing Beyond Gendered Identities* (Sydney, NSW: Hampton Press).

Davis, A. (1998). *The Limits of Educational Assessment* (Oxford: Blackwell).

Day, J. (1999). The primary of relationship: A meditation on education, faith and the dialogical self, in: J. C. Conroy (ed.) *Catholic Education: Inside Out, Outside In* (Dublin: Veritas).

de Alba, A. (1995). *Postmodernidad y Educatión* (Mexico, Grupo Editorial).

Dearden, R. F. (1968). *The Philosophy of Primary Education* (London: Routledge & Kegan Paul).

Dearden, R. F. (1972a). Education as a process of growth, in: R. Dearden, P. Hirst, & R. S. Peters (eds.) *Education and the Development of Reason* (London: Routledge & Kegan Paul).

Dearden, R. F. (1972b). Autonomy and education, in: R. Dearden, P. Hirst, & R. S. Peters (eds.)

Education and the Development of Reason (London: Routledge & Kegan Paul).

Dearden, R. F. (1975). Autonomy as an educational ideal *I*, in: S. C. Brown (ed.) *Philosophers Discuss Education* (London: Macmillan).

Dearden, R. F. (1982). Philosophy of education, 1952-82, *British Journal of Educational Studies, 30*, pp. 57-71.

De Beauvoir, S. ([1949] 1972). *The Second Sex* (Harmondsworth, UK: Penguin).

de Bono, E. (1970). *Lateral Thinking* (London: Ward Lock Educational).

de Bono, E. (1976). *Practical Thinking* (Harmondsworth, UK: Penguin Books).

Delanty, G. (1997). Models of citizenship: Defining European identity and citizenship, *Citizenship Studies, 1*, p. 285-303.

Deleuze, G. (1983). *Nietzsche and Philosophy* (trans. H. Tomlinson) (New York: Columbia University Press).

Dennett, D. C. (1987). *The International Stance* (Cambridge, MA: MIT Press).

Department of Education and Science (DES) (1991). The Parents' Charter (London: Department of Education and Science).

Derrida, J. (1981). *Positions* (trans. A. Bass) (Chicago: University of Chicago Press).

Derrida, J. (1992). Mochlos: Or, the conflict of the faculties, in: R. Rand (ed.) *Logomachia: The Conflict of the Faculties.* (Lincoln, NE: University of Nebraska Press).

Derrida, J. (1997). *Politics of Friendship* (trans. G. Collins) (London: Verso Books).

Derrida, J. (n.d.). The Future of the Profession or The Unconditional University (Thanks to the "Humanities", What *Could Take Place* Tomorrow) (trans. P. Kamuf).

De Ruyter, D. (1993). Met recht ingrijpend. Een pedagogisch criteium voor het opleggen van hulp [The right to interfere. An educational criterion for the enforcement of guidance] (Unpublished doctoral dissertation: Vrijr Universiteit, Amsterdam).

Desmond, W. (1995). *Perplexity and Ultimacy. Metaphysical Thought From the Middle* (Albany: State University of New York Press).

Dewey, J. (1927). *The Public and Its Problems* (Chicago: Sage).

Dewey, J. (1938). *Logic: The Theory of Inquiry.*

Dewey, J. ([1916] 1966). *Democracy and Education* (New York: Free Press/Macmillan).

Dewey, J. ([1891] 1969). Outlines of a critical theory of ethics, in: J. A. Boydston (ed.) *John Dewey: The Early* Works, vol. 3 (Carbondale: Southern Illinois University Press).

Dewey, J. ([1897] 1972). Ethical principles underlying education, in: J. A. Boydston (ed.) *John Dewey: The Early Works, 1882-1898*, vol. 5 (Carbondale: Southern Illinois University Press).

Dewey, J. ([1916] 1980). Democracy and education, in: J. A. Boydston (ed.) *John Dewey: The Middle* Works, vol. 9 (Carbondale: Southern Illinois University Press).

Dewey, J. ([1925] 1981). Experience and nature, in: J. A. Boydston (ed.) *John Dewey: The Later Works,* vol. 1 (Carbondale: Southern Illinois University Press).

Dewey, J. ([1922] 1983a). Individuality, equality and superiority, in: J. A. Boydston (ed.) *John Dewey: The Middle Works,* vol. 13 (Carbondale: Southern Illinois University Press).

Dewey, J. ([1922] 1983b). Human nature and conduct, in: J. A. Boydston (ed.) *John Dewey: The Middle Works,* vol. 14 (Carbondale: Southern Illinois University Press).

Dewey, J. ([1925] 1984). The development of American pragmatism, in: J. A. Boydston (ed.) *John Dewey: The Later Works,* vol. 2 (Carbondale: Southern Illinois University Press).

Dewey, J. ([1927] 1984). The public and its problems, in: J. A. Boydston (ed.) *John Dewey: The Later Works,* vol. 2 (Carbondale: Southern Illinois University Press).

Dewey, J. ([1930] 1984). From absolutism to experimentalism, in: J. A. Boydston (ed.) *John Dewey: The Later Works,* vol. 5 (Carbondale: Southern Illinois University Press).

Dewey, J. ([1915] 1985). German philosophy and politics, in: J. A. Boydston (ed.) *John Dewey: The Middle Works,* vol. 8 (Carbondale: Southern Illinois University Press).

Dewey, J. ([1932] 1985). Ethics, in: J. A. Boydston (ed.) *John Dewey: The Later Works,* vol. 7 (Carbondale: Southern Illinois University Press).

DfEE (1997). *Design of the New Deal for 18-14 Year Olds* (London: Department for Education and Employment).

DfEE (1998). *The Learning Age: A Renaissance for a New Britain* (London: Department for Education and Employment).

Dhillon, P. A. (1994). *Multiple Identities: A Phenomenology of Multicultural Communication* (Frankfurt: Peter Lang).

Dhillon, P. A. (1996). Where do the birds go after the last sky? in: T. S. Popkewitz and L.

Fendler (eds.) *Critical Theories in Education: Changing Terrains of Knowledge and Politics* (New York: Routledge).

Dhillon, P. A. (2001). The longest way home: Language, philosophy and creativity in diaspora, in: B, Kachru and C. Nelson (eds.) *Language and Identity in Diaspora Communities* (Urbana-Champaign: University of Illinois Press).

Dhillon, P. and Standish, P. (eds.) (2000). *Lyotard: Just Education* (London: Routledge).

Dickenson, D. (1997). *Property, Women and Politics: Subjects or Object?* (Cambridge, UK: Polity Press).

Diprose, R. (1994). *The Bodies of Women: Ethics, Embodiment and Sexual Difference* (New York: Routledge).

Docherty. J. (1993). (ed.) *Postmodernism: A Reader* (New York: Harvester Wheatsheaf).

Doll, W. (1993). *A Post-Modern Perspective on Curriculum* (New York: Teachers College Press).

Doyle, R. (1996). *The Women Who Walked Into Doors* (London: Jonathan Cape).

Dryzek, J. (1999). *Transnational democracy, Journal of Political Philosophy, 7,* pp. 30-51.

Duane, M. (1971). Freedom and the state system of education, in: P. Adams, A. S. Neill, and R. Ollendorff (eds.) *Children's Rights* (London: Elek Books).

Dubiel, H. (1978). *Wissebschaftsorganisation und Politische Erfahrung. Studien zur Frühen Kritischen Theorie* (Frankfrut am Main: Suhrkamp).

Dunne, J. (1997). *Back to the Rough Ground: Practical Judgement and the Lure of Technique* (Notre Dame, IN: University of Notre Dame Press).

Dunne, J. (1995). What's the good of education?, in: P. Hogan (ed.) *Partnership and the Benefits of Learning: A Symposium on Educational Policy* (Maynooth: Educational Studies Association of Ireland).

Dunne, J. (1999a). Professional judgement and the predicaments of practice, *European Journal of Marketing* (special issue on pedagogy), *33*, pp. 707-719.

Dunne, J. (1999b). Phronesis, virtue and learning. in: D. Carr and J. Steutel (eds.) *Virtue Theory and Moral Education* (London: Routledge).

Dwyer, J. G. (1998). *Religious Schools v Children's Right* (Ithaca, NY: Cornell University Press).

Edel, A. (1972). Analytic philosophy of education at the cross-roads. *Educational Theory, 22,* pp. 131-152.

Edgerton, S. H. (1997). *Translating the Curriculum: Maulticulturalism Into Cultural Studies* (New York: Routledge).

Educa (2000). New Deal, *Educa, 205,* September, pp. 5-6.

Eliade, M. (1959). *The Sacred and the Profane. The Significance of Religious Myth, Symbolism and Ritual Within Life and Culture* (New York: Harcourt, Brace and World).

Eliot, G. (1970). *Daniel Deronda* (London: Panther).

Eliot, G. (1976). *Scenes of Clerical Life* (London and New York: Dent and Dutton).

Elliott, J. (1991). *Action Research for Educational Change* (Milton Keynes, UK: Open University Press).

Elliott, R. K. (1975). Education and human being, in: S. C. Brown (ed.) *Philosophers Discuss Education* (London: Macmillan).

Ellul, J. (1964). *The Technological Society* (trans. J. Wilkinson) (New York: Vintage Books).

Elshtain, J. B. (1981). *Public Man, Private Woman: Women in Social and Political Thought* (Princeton, NJ: Princeton University Press).

Ennis, R. H. (1961). Learning one's responses and only one's responses, *Studies in Philosophy of Education, 1*(4-5), pp. 202-211.

Ennis, R. H. (1962). A concept of critical thinking, *Harvard Educational Review, 32,* pp. 81-111.

Ennis, R. H. (1987). A taxonomy of critical thinking dispositions and abilities, in: J. Boykoff-Baron and R. J. Sternberg (eds.) *Teaching Thinking Skills: Theory and Practice* (New York: W. H. Freeman), pp. 9-26.

Ennis, R. H. (1996). *Critical Thinking* (Upper Saddle River, NJ: Prentice-Hall).

Enslin, P. (1999). The place of national identity in the aims of education, in: R. Marples (ed.) *The Aims of Education* (London: Routledge).

Enslin, P., Pendlenury, S., and Tjiattas, M. (2001). Deliberative democracy, diversity and the challenges of citizenship education, *Journal of Philosophy of Education, 35,* pp. 115-130.

Eraut, M. (1985). Knowledge creation and knowledge use in professional contexts, *Studies in Higher Education, 10,* pp. 117-133.

Eraut, M. (1994). *Developing Professional Knowledge and Expertise* (London: The Falmer Press).

Erricker, C. (2000). A critical review of spiritual education, in: C. Erricker and J. Erricker (eds.) *Reconstructing Religious and Moral Education* (London: RoutledgeFalmer).

Esland, G. (ed.) (1990). *Education, Training and Employment* (Wokingham, UK: Addison-Wesley/Open University Press).

Faubion, J. (1998) (ed.). *Michel Foucault: Aesthetics, Method and Epistemology* (London: Allen Lane, The Penguin Press).

Feeberg, A. (1991). *A Critical Theory of Technology* (New York: Oxford University Press).

Feinberg, J. (1980). The child's right to an open future, in: W. Aiken and H. Lafollette (eds.) *Whose Child?* (Totowa, NJ: Littlefield Adams).

Feinberg, W. (1998). *Common Schools/Uncommon Identities. National Unity and Cultural Difference* (New Haven, CT and London: Yale University Press).

Fenstermacher, G. (1986). Philosophy of research on teaching, in: M. C. Wittrock (ed.) *Handbook of Research on Teaching,* 3rd edn. (New York: Macmillan).

Fenstermacher, G. (1987). Prologue to my critics, *Educational Theory, 37,* pp. 357-360.

Fenstermacher, G. and Richardson, V. (1993). The elicitation and reconstruction of practical arguments in teaching, *Journal of Curriculum Studies, 25,* pp. 101-114.

Ferry, L. and Renaut, A. (1990). *French Philosophy of the Sixties. An Essay on Antihumanism* (trans. M. Cattani) (Amherst: The University of Massachusetts Press).

Fielding, M. (1996). Beyond collaboration: On the importance of community, in: D. Bridges and C. Husbands (eds.) *Consorting and Collaborating in the Educational Market Place* (London: Falmer Press).

Fiske, J. (1996). Postmodernism and television, in: J. Curran and M. Gurevitch (eds.) *Mass Media and Society* (London: Arnold).

Flew, A. (1968). Against introduction, in: A. J. Ayer (ed.) *The Humanist Outlook* (London: Pemberton).

Flew, A. (1991). Education services: independent competition or maintained monopoly? in: D. G. Green (ed.) *Empowering Parents* (London: Inner London Education Authority, Health and Welfare Unit).

Flude, M. and Sieminski, S. (eds.) (1999). *Education, Training and the Future of Work II: Develop-*

ments in Vocational Education and Training (London: Routeldge/Open University Press).

Foot, P. (1978). *Virtues and Vices* (Berkeley: University of California Press).

Foucault, M. (1972). *The Archaeology of Knowledge and The Discourse on Language* (trans. A. M. Sheridan Smith) (New York: Pantheon Books).

Foucault, M. (1977). Nietzsche, genealogy, history, in: D. F. Bouchard and S. Simon (eds.) *Language, Counter-Memory, Practice: Selected Essays and Interviews* (Ithaca, NY: Cornell University Press).

Foucault, M. (1984). What is enlightenment? in: P. Rabinow (ed.) *The Foucault Reader* (London: Pantheon Books).

Foucault, M. (1991a). *Discipline and Punish, The Birth of the Prison* (Harmondsworth, UK: Penguin Books).

Foucault, M. (1991b). *The Foucault Effect: Studies in Governmentality* (with two lectures by and an interview with Michel Foucault), in: G. Burchell, C. Gordon, and P. Miller (eds.) (London: Harvester Wheatsheaf).

Frank, M. (1988). *What is Neo-Structuralism?* (trans. S. Wilke and R. Gray; foreword by M. Schwab) (Minneapolis: University of Minnesota Press).

Frankfurt, H. G. (1988). *The Importance of What We Care About* (Cambridge, UK: Cambridge University Press).

Frankfurt, H. G. (1999). *Necessity, Volition, and Love* (Cambridge, UK: Cambridge University Press).

Fraser, R. (1997). *Justice Interruptus: Critical Reflections on the "Postsocialist" Condition* (London: Routledge).

Fraser, R. (1972). *In Hiding: The Life of Manuel Cortez* (Harmondsworth, UK: Penguin Books).

Frazer, E. (1999). Introduction: The idea of political education, *Oxford Review of Education, 25,* pp. 5-22.

Freeman, A. (1999). Light without heat, *Lehigh Review, 7.*

Freeman, M. and Veerman, P. (1992). *The Ideologies of Children's Rights* (Dordrecht, Netherlands: Martinus Nijhoff).

Freire, P. (1973). *Pedagogy of the Oppressed* (New York: Seabury Press).

Friedman, G. (1981). *The Political Philosophy of the Frankfurt School* (Ithaca, NY: Cornell University Press).

Friedman, M. (2000). Feminism in ethics: conceptions of autonomy, in: M. Fricker and J. Hornsby (eds.) *The Cambridge Companion to Feminism in Philosophy* (Cambridge, UK: Cambridge University Press).

Fuller, T. (1989) (ed.). *The Voice of Liberal Learning: Michael Oakeshott on Education* (New Haven, CT and London: Yale University Press).

Gadamer, H.-G. (1975). *Truth and Method* (ed. G. Barden and J. Cumming) (London: Sheed & Ward).

Gadamer, H.-G. (1977). *Philosophical Hermeneutics* (trans. D. E. Linge) (Berkeley: University of California Press).

Gaden, G. (1983). The case for specialisation, *Irish Educational Studies, 3*, pp. 47-60.

Gaden, G. (1990). Rehabilitating responsibility, *Journal of Philosophy of Education, 24,* pp. 27-38.

Gadet, F. (1989). *Saussure and Contemporary Culture* (trans. G. Elliot) (London: Hutchinson).

Gale, R. (1999). *The Divided Self of William James* (Cambridge, UK: Cmabridge University Press).

Galston, W. (1989). Civic education in the liberal state, in: N. L. Rosenblum (ed.) *Liberalism and the Moral Life* (Cambridge, MA: Harvard University Press).

Gardner, P. and S. Johnson (1996). Thinking critically about thinking: An unskilled inquiry into Quinn and McPeck, *Journal of Philosophy of Education, 30*, pp. 441-456.

Garrison, J. W. and Phelan, A. (1989). Toward a feminist poetic of critical thinking, in: R. Page (ed.) *Philosophy of Education 1989* (Normal, IL, Philosophy of Education Society), pp. 304-414.

Garry, A. and Pearsall, M. (eds.) (1996). *Women, Knowledge, and Reality: Explorations in Feminist Philosophy,* 2nd edn. (London: Routledge).

Gatens, M. (1996). *Imaginary Bodies: Ethics, Power and Corporeality* (London: Routledge).

Gee, J. P, Hull, G., and Lankshear, C. (1996). *The New Work Order. Behind the Language of the New Capitalism* (St. Leonards, UK: Allen & Unwin).

Gibbons, M., Limoges, C., Nowotny, H., Schwartzman, S., Scott, P., and Trow, M. (1994). *The New Production of Knowledge: The Dynamics of Science and Research in Contemporary*

Societies (London: Sage).

Giddens, A. (1991). *Modernity and Self-Identity: Self and Society in the Late Modern Age* (Cambridge: Polity Press).

Giddens, A. (1998). *The Third Way: The Renewal of Social Democracy* (Cambridge: Polity Press).

Giesecke, H. (1987). *Das Ende der Erziehung: neue Chancen für Familie und Schule* (Stuttgart: Klett-Cotta).

Gilbert, R. (1992). Citizenship, education and postmodernity, *British Journal of Sociology of Education, 13*, pp. 51-68.

Gilligan, C. J. (1982). *In a Different Voice* (Cambridge, MA: Harvard University Press).

Gilroy, P. (1993). Reflections on Schön: An epistemological critique and a practical alternative, in: P. Gilroy and M. Smith (eds.) *International Analyses of Teacher Education: Festschrift for Edgar Stones* (Oxford: Carfax Publishing).

Giroux, H. (1983a). *Critical Theory and Educational Practice* (Geelong, Victoria: Deakin).

Giroux, H. (1983b). *Theory and Resistance in Education. A Pedagogy for the Opposition* (London: Heinemann).

Giroux, H. (1989). *Schooling for Democracy. Critical Pedagogy in the Modern Age* (London: New York: Routledge).

Giroux, H. (1997). *Pedagogy and the Politics of Hope: Theory, Culture and Schooling* (Boulder, CO: Westview Press).

Giroux, H., Lankshear, C., McLaren, P., and Peters, M. (1996). *Counternarratives: Cultural Studies and Critical Pedagogies in Postmodern Spaces* (London and New York: Routledge).

Giroux, H. and McLaren, P. (ed.) (1989). *Critical Pedagogy, the State, and Cultural Struggle* (Albany, NY: State University of New York Press).

Gleeson, D. (1996). Continuity and change in post-compulsory education and training, in: R. Halsall and M. Cockett (eds.) *Education and Training 14-19: Chaos or Coherence?* (London: David Fulton).

Gokulsing, K. and DaCosta, C. (eds.) (1997). *Usable Knowledges as the Goal of University Education* (Lampeter, UK: Edwin Mellen Press).

Goodman, P. (1971). *Compulsory Miseducation* (Harmondsworth, UK: Penguin Books).

Gordon, P. and White, J. (1979). *Philosophers as Educational Reformers* (London: Routledge & Kegan Paul).

Grace, G. R. (1988). *Education: Commodity or Public Good? Inaugural Lecture in Education* (Wellington, NZ: Victoria University Press).

Grace, G. R. (1989). Education: Commodity or public good? *British Journal of Educational Studies, 37*, pp. 207-221.

Grace, G. R. (1994). Education is a public good, in: D. Bridges and T. McLaughlin (eds.) *Education and the Market Place* (London: Falmer Press).

Gramsci, A. (1980). *The Modern Prince and Other Writings* (New York: International Publishers).

Greco, J. (1999). Introduction, in: J. Greco and E. Sosa (eds.) *The Blackwell Guide to Epistemology* (Blackwell: Oxford).

Green, A. (1994). Postmodernism and state education, *Journal of Education Policy, 9*, pp. 67-83.

Green, A. (1997). Core skills, general education and unification in post-16 education, in: A. Hodgson and K. Spours (eds.) *Dearing and Beyond: 14-19 Qualifications, Frameworks and Systems* (London: Kogan Page).

Green, D. G. (eds.) (1991). *Empowering the Parents: How to Break the Schools' Monopoly* (Choice in Welfare no. 9) (London: The Institute of Economic Affairs, Health and Welfare Unit).

Green, J. A. (ed.) (1912). *Pestalozzi's Educational Writing* (London: Edward Arnold).

Greene, M .(1988). *The Dialectic of Freedom* (New York: Teachers College Press).

Greene, M .(1995). *Releasing the Imagination: Essays on Education, the Arts and Social Change* (San Francisco: Jossey Bass).

Greene, M .(2000). Lived spaces, shared spaces, in: M. Fine and L. Weiss (eds.) *Construction Sites* (New York: Teachers College Press).

Griffiths, M. (1995). *Feminism and the Self: The Web of Identity* (Lodnon: Routledge).

Griffiths, M. (1998). *Educational Research for Social Justice: Getting off the Fence* (Buckingham, UK and Philadelphia: Open University Press).

Griffiths, M. (2000). Collaboration and partnership in question: Knowledge, politics and practice, *Journal of Education Policy, 15*, pp. 383-395.

Griffiths, M. and Davies, C. (1995). *In Fairness to Children: Working for Social Justice in the Primary School* (London: David Fulton).

Griffiths, M. and Whitford, M. (eds.) (1988). *Feminist Perspectives in Philosophy* (Bloomington: Macmillan and Indiana University Press).

Gross, B. and Gross, R. (1977). *The Children Rights Movement: Overcoming the Oppression of Young People* (New York: Doubleday).

Grosz, E. (1994). *Volatile Bodies: Towards a Corporeal Feminism* (Bloomington: Indiana University Press).

Gunew, S. (ed.) (1990). *Feminist Knowledge: Critique and Construct* (London: Routledge).

Gur-Ze'ev, I. (1998). Toward a nonrepressive critical pedagogy, *Educational Theory, 48,* pp. 463-487.

Gur-Ze'ev, I. (1999). Cyberfeminism and education in the era of the exile of spirit, *Educational Theory, 49*(4), pp. 437-456.

Gustavsson, B. (1996). *Bildning I vår tid. Om bildningens möjligheter och villkor i det moderne samhället.* (Stockholm: Wahlström & Widstrand).

Gutmann, A. (1987). *Democratic Education* (Princeton, NJ: Princeton University Press).

Gutmann, A. (1995). Civic education and social diversity, *Ethics, 105,* pp. 516-534.

Gutmann, A. and Thompson, D. (eds.) (1996). *Democracy and Disagreement* (Cambridge, MA: Belknap Press).

Haber, J. G. and Halfon, M. S. (eds.) (1998). *Norms and Values: Essays on the Work of Virginia Held* (Lanham, MD: Rowman & Littlefield).

Habermas, J. (1968). *Erkenntnis und Interesse* (Frankfurt am Main: Suhrkamp).

Habermas, J. (1969). *Protestbewegung und Hochschulreform* (Frankfurt am Main: Suhrkamp).

Habermas, J. (1970a). *Toward a Rational Society* (Boston: Beacon Press).

Habermas, J. (1970b). Toward a theory of communicative competence, in: H. Dreitzel (ed.) *Patterns of Communicative Behaviour* (New York: Macmillan).

Habermas, J. (1971a). Vorereitende Bemerkungen zu einer Theorie der kommunikativen Kompetenz, in: *Theorie der Gesellschaft oder Sozialtechnologie* (Frankfurt am Main: Suhrkamp).

Habermas, J. (1971b). *Knowledge and Human Interests* (trans. J. Shapiro) (Boston: Beacon Press).

Habermas, J. (1971c). Science and technology as ideology, in: *Towards a Rational Society* (London: Heinemann).

Habermas, J. (1981a). *Therie des Kommunikativen Handelns,* 2 vols. (Frankfurt am Main: Suhrkamp).

Habermas, J. (1981b). *The Theory of Communicative Action,* vol. 1 (trans. T. McCarthy) (Boston: Beacon Press).

Habermas, J. (1981c). Modernity versus postmodernity, *New German Critique, 22*, pp. 3-22.

Habermas, J. (1987a). *The Philosophical Discourse of Modernity* (trans. F. Lawrence) (Cambridge, MA: MIT Press).

Habermas, J. (1987b). *Towards a Rational Society* (Cambridge, UK: Policy Press).

Habermas, J. (1990a). Philosophy as stand-in and interpreter, in: J. Habermas *Moral Consciousness and Communicative Action* (Cambridge, UK: Policy Press).

Habermas, J. (1990b). *The Philosophical Discourse of Modernity* (Oxford: Polity Press).

Habermas, J. (1990c). Remarks on the discussion, *Theory, Culture and Society, 7,* pp. 127-132.

Habermas, J. (1992). Citizenship and national identity: Some reflections on the future of Europe, *Praxis International, 12,* pp. 1-19.

Habermas, J. (1996). Citizenship and national identity, in: *Between Facts and Norms: Contributions to a Discourse Theory of Law and Democracy* (Cambridge, UK: Policy Press).

Habermas, J. (1998). *Between Facts and Norms* (Cambridge, UK: Policy Press).

Hadot, P. (1995). *Philosophy as a Way of Life. Spiritual Exercises from Socrates to Foucault* (trans. M. Chase, ed. with an introduction by A. I. Davidson) (Oxford: Blackwell).

Hager, P. (1990). Vocational education/general education—a false dichotomy?, *Studies in Continuing Education, 12*, pp. 13-23.

Hager, P. (1996). Professional practice in education: research and issue, *Australian Journal of Education, 40*, pp. 235-247.

Hager, P. (1998). On-the-job and off-the-job assessment: Choosing a balance, *Australian and New Zealand Journal of Vocational Education Research, 6*, pp. 87-103.

Hager, P. (1999) Review of J. White (1997). *Education and the End of Work: A New Philosophy of Work and Learning, Journal of Education and Work, 12,* pp. 95-100.

Hager, P. and Beckett, D. (1995). Philosophical underpinnings of the integrated conception of competence, *Educational Philosophy and Theory, 27,* pp. 1-24.

Haldane, J. (1986). Religious education in a pluralist society: A philosophical examination, *British Journal of Educational Studies, 34,* pp. 161-181.

Haldane, J. (1995). Education: Conserving tradition, in: B. Almond (ed.) *Introducing Applied Ethics* (Oxford: Blackwell).

Haldane, J. (2000). On the very idea of spiritual values, in: A. O'Hear (ed.) *Philosophy, the Good and the Beautiful* (Cambridge, UK: Cambridge University Press).

Halpin, D. (1997). *Utopian Ideals, Democracy and the Politics of Education* (London: University of London. Goldsmiths College).

Halsall, R. and Cockett, M. (eds.) (1996). *Education and Training 14-19: Chaos or Coherence?* (London: David Fulton).

Halsey, A. H. (1992). *Decline of Donnish Dominion* (Oxford: Oxford University Press).

Halstead, J. M. (1995a). Voluntary apartheid? Problems of schooling for religious and other minorities in democratic societies, *Journal of Philosophy of Education, 29,* pp. 257-272.

Halstead, J. M. (1995b). Towards a unified view of Islamic education, *Islam and Christian-Muslim Relations, 6,* pp. 25-44.

Halstead, J. M. (1996). Liberal values and liberal education, in: J. M. Halstead and M. J. Taylor (eds.) *Values in Education and Education in Values* (London: Falmer Press).

Hand, S. (1989). *The Levinas Reader* (Oxford: Blackwell).

Haraway, D. (1985). A manifesto for cyborgs: Science, technology, and socialist feminist in the 1980s, in: L. J. Nicholson (ed.) *Feminism/Postmodernism* (London: Routledge).

Haraway, D. J. (1991). *Simians, Cyborgs, and Women: The Reinvention of Nature* (London: Free Association Books).

Haraway, D. J. (1996). Modest_Witness@Second_Millennium.FemaleMan© *Meets_OncomouseTM: Feminism and Technoscience* (London: Routledge).

Harding, S. (1991). *Whose Science? Whose Knowledge? Thinking from Women's Lives* (Milton Keynes, UK: Open University Press).

Harding, S. and Hintikka, M. B. (eds.) (1983). *Discovering Reality* (Dordrecht, Netherlands and London: D. Reidel).

Hare, W. (1979). *Open-Mindedness and Education* (Kingston, ONT: McGill-Queen's University Press).

Hare, W. (1985). *In Defense of Open-Mindedness* (Kingston, ONT: McGill-Queen's University Press).

Hare, W. (1995). Content and criticism: The aims of schooling, *Journal of Philosophy of Education, 29,* pp. 47-60.

Harland, R. (1987). *Superstructuralism: The Philosophy of Structuralism and Post-Structuralism* (London and New York: Methuen).

Harland, R. (1993). *Beyond Superstructuralism: The Syntagmatic Side of Langaude* (London: Routledge).

Harman, G. and Thompson, J. J. (1996). *Moral Relativism and Moral Objectivity* (Oxford: Blackwell).

Hart, W. (1993). Children are not meant to be studies, *Journal of Philosophy of Education, 27,* pp. 17-26.

Hartshorne, H. and May, M. (1928-1930). *Studies in the Nature of Character, vol. 1: Studies in Deceit, vol. 2: Studies in Self-control, vol. 3: Studies in the Organization of Character* (New York: Macmillan).

Harty, S. (1994). Pied Piper revisited, in: D. Bridges and T. McLaughlin (eds.) *Education and the Market Place* (London: Falmer Press).

Hassan, I. (1993). Toward a concept of postmodernism, in: J. Docherty (ed.) *Postmodernism: A Reader* (New York: Harvester, Wheatsheaf).

Hawkins, E. (1999). *Listening to Lorca: A Journal Into Language* (London: Center for Information on Language Teaching and Research).

Haydon, G. (1977). The "right to education and compulsory schooling" *Educational Philosophy and Theory, 9,* pp. 1-15.

Haydon, G. (1997). *Teaching About Values. A New Approach* (London: Cassell).

Heidegger, M. (1962). *Being and Time* (trans. J. Macquarrie and E. Robinson) (New York: Harper &

Row).

Heidegger, M. (1991). *Nietzsche*, 2 vols. (trans. D. Krell) (San Francisco: Harper).

Held, D. (1980). *Introduction to Critical Theory. Horkheimer to Habermas* (Berkeley: University of California Press).

Held, V. (1993). *Feminist Morality* (Chicago: University of Chicago Press).

Herbart, J. F. (1806). *The Science of Education* (trans. H. M. and E. Felkin) (London: Swan Sonnenschein).

Herbart, J. F. (1965). *Pädagogische Schriften*, vol. 2 (Düsseldorf, Germany: Kupper).

Herrmann, U., Kaufmann, H. B., Flitner, W., and Bollnow, O. F. (1987). *Kontinuität und Traditionsbrücke in der Pägagogik*. (Münster: Comenius).

Hick J. (1999). *The Fifth Dimension. An Exploration of the Spiritual Realm* (Oxford: Oneworld Publications).

Hickman, L. A. (1990). *John Dewey's Pragmatic Technology* (Bloomington and Indianapolis: Indiana University Press).

Hillman, J. (1997). *University for Industry: Creating a National Learning Network* (London: Institute for Public Policy Research).

Hirsch, E. D. (1988). *Cultural Literacy: What Every American Needs to Know* (New York: Vintage Books).

Hirst, P. H. (1974a). Realms of meaning and forms of knowledge, in: P. H. Hirst *Knowledge and the Curriculum: A Collection of Philosophy Papers* (London: Routledge & Kegan Paul).

Hirst, P. H. (1974b). *Knowledge and the Curriculum: A Collection of Philosophy Papers* (London: Routledge & Kegan Paul).

Hirst, P. H. (1981). Education, catechesis and the church school, *British Journal of Religious Education*, Spring, pp. 85-93, 101.

Hirst, P. H. (1985). Education and diversity of belief, in: M. C. Felderhof (ed.) *Religious Education in a Pluralistic Society* (London: Hodder & Stoughton).

Hirst, P. and Peters, R. (1970). *The Logic of Education* (London: Routledge & Kegan Paul).

Hobson, P. (1984). Some Reflections on parents' rights in the upbringing of their children, *Journal of Philosophy of Education, 18*, pp. 63-74.

Hobson, P. R. and Edwards, J. S. (1999). *Religious Education in a Pluralist Society. The Key Philosophical Issues* (London: Woburn Press).

Hodgson, A. and Spours, K. (eds.) (1997). *Dearing and Beyond: 14-19 Qualifications, Frameworks and Systems* (London: Kogan Page).

Hoffmann, D. (1978). *Kritische Erziehungswissenschaft* (Stuttgart and Berlin: Kohlhammer).

Hoffman, M. (1984). Empathy, its limits, and role in a comprehensive moral theory, in: W. Kurtines and J. Gewirtz (eds.) *Morality, Moral Behavior, and Moral Development* (New York: Wiley).

Hoffman, M. (2000). *Empathy and Moral Development: Implications for Caring and Justice* (New York: Cambridge University Press).

Hogan, P. (1995). *The Custody and Courtship of Experience: Western Education in Philosophical Perspective* (Dublin: The Colomba Press).

Hollinger, R. (ed.) (1985). *Hermeneutics and Praxis* (Notre Dame, IN: Notre Dame University Press).

Holmes, S. (1995). *Passions and Constraint: On the Theory of Liberal Democracy* (Chicago: University of Chicago Press).

Holt, J. (1969). *How Children Fail* (Harmondsworth, UK: Penguin Books).

Holub, R. (1991). *Jürgen Habermas: Critic in the Public Sphere* (London: Routledge).

Honneth, A. and Bonss, W. (1982). *Materialen zur Kritischen Theorie* (Frankfurt am Main: Suhrkamp).

Hook, S. (1974). *Pragmatism and the Tragic Sense of Life* (New York: Basic Books).

Horkheimer, M. (1972). *Gesellschaft im Übergang. Aufsätze, Reden und Vorträge 1942-1970* (ed. W. Brede) (Frankfurt am Main: Fischer).

Horkheimer, M. (1974). *Eclipse of Reason* (New York: Continuum).

Horkheimer, M. (1976). *Zur Kritik der Instrumentellen Vernunft* (Frankfurt am Main: Fischer).

Horkheimer, M. (1977). Traditionelle und kritische Theorie, in: A. Schmidt (ed.) *Kritishce Theorie* (Frankfurt am Main: Fischer).

Horkheimer, M., Fromm, E., and Marcuse, H. ([1936] 1987). *Studien über Autorität und Familie: Forschungsberichte aus dem Institut für Sozialforschung* (Lüneburg, Germany: zu Klampen).

Horkheimer, M. and Adorno, T. (1947). *Dialektik der Aufklärung* (Frankfurt am Main: Fischer).

Horkheimer, M. and Adorno, T. (1991). *Dialectic of Enlightenment* (New York: Continuum).

Hoy D. Couzens (ed.) (1986). *Foucault: A Critical Reader* (Oxford: Basil Blackwell).

Hughes, J .(1988). The philosopher's child, in: M. Griffiths and M. Whitford (eds.) *Feminist Perspectives in Philosophy* (Bloomington: Macmillan and Indiana University Press).

Hull, J. (1984). *Studies in Religion and Education* (London: Falmer Press).

Hull, J. (1996). The ambiguity of spiritual values, in: J. M. Halstead and M. J. Taylor (eds.) *Values in Education and Education in Values* (London: Falmer Press).

Hume, D. ([1751] 1983) *An Enquiry Concerning the Principles of Morals* (Indianapolis, IN: Hackett).

Hunter, I. (1996). Assembling the school, in: A, Barry, T, Osborne, and N. Rose (eds.) *Foucault and Political Reason. Liberalism, Neo-liberalism and Rationalities of Government* (London: UCL), pp. 143-66.

Huchings, K. (1996). *Kant, Critique and Politics* (New York: Routledge).

Hyland, T. (1994). *Competence, Education and NVQs: Dissenting Perspectives* (London: Cassell).

Hyland, T. (1999). *Vocational Studies, Lifelong Learning and Social Values* (Aldershot, UK: Ashgate).

Hyland, T. (2000a). Vocational education and training under the New Deal: Towards a social theory of lifelong learning, *Journal of Vocational Education and Training, 52,* pp. 395-411.

Hyland, T. (2000b). Values and studentship in post-compulsory education and training, in: M. Leicester, C. Modgil, and S. Modgil (eds.) *Education, Culture and Values IV-Moral Pluralism* (London: Falmer).

Ihde, D. (1990). *Technology and the Lifeworld: From Garden to Earth* (Bloomington: Indiana University Press).

Illich, I. (1971). *Deschooling Society* (London: Calder Boyars).

Irigaray, L. (1985a). *This Sex Which is Not One* (Ithaca, NY: Cornell University Press).

Irigaray, L. (1985b). *Speculum of the Other Woman* (Ithaca, NY: Cornell University Press).

Jagger, A. (1983). *Feminist Politics and Human Nature* (Brighton, UK: Harvester).

James, W. ([1890] 1950). *The Principles of* Psychology, vols 1 and 2 (New York: Dover Publications).

James, W. ([1899] 1958). *Talks To Teachers on Psychology* (New York: W. W. Norton).

James, W. (1985). *The Varieties of Religious Experience* (New York: Penguin Books).

James, W. (1992). Talks to teachers on psychology, in: *James: Writings 1878-1899* (New York: The Library of America).

Jaspers, K. ([1946 1965). *The Idea of the University* (London: Peter Owen).

Jay, M. (1973). *The Dialectical Imagination* (Boston: Little, Brown).

Jencks, C. (1996). *What is Post-Modernism?* 4th rev. edn. (London: Academy Editions).

Joas, H. (ed.) (2000). *Philosophie der Demokratie. Beiträge zum Werk von John Dewey* (Frankfurt: Suhrkamp).

Johnson, R. H. and Blair, J. A. (1994). Informal logic: Pat and present, in: R. H. Johnson and J. A. Blair (eds.) *New Essays in Informal Logic* (Windsor, UK: Informal Logic), pp. 1-20.

Johnson, S. and Gardner, P. (1999). Some Achilles' heels of thinking skiils: A response to Higgins and Baumfield, *Journal of Philosophy of Education, 33*, pp. 435-449.

Jonathan, R. (1983). The manpower service model of education, *Cambridge Journal of Education, 13*, 2.

Jonathan, R. (1989). Choice and control in education: Parental rights, individual liberties and social justice, *British Journal of Educational Studies, 37*, pp. 321-338.

Jonathan, R. (1990). State education service or prisoner's dilemma: The "hidden hand" as a source of education policy, *British Journal of Educational Studies, 38*, pp. 116-132.

Jonathan, R. (1993). Parental rights in schooling, in: P. Munn (ed.) *Parents and Schools: Customers, Managers or Partners?* (London: Routledge).

Jonathan, R. (1997a). Illusory freedoms: Liberalism, education and the market, *Journal of Philosophy of Education, 31*, pp. 1-220.

Jonathan, R. (1997b). *Illusory Freedoms: Liberalism, Education and the Market* (Oxford: Blackwell).

Jonathan, R. (2000). Cultural diversity and public education: Research negotiation and hard cases. *Journal of Philosophy of Education, 34*(2), pp. 377-393.

Joncich, G. (1968). *The Sane Positivist* (Middleton, CT: Wesleyan University Press).

Jones, A. R. (ed.) (1990). *Wordsworth: The 1807 Poems* (Basingstoke and London: Macmillan).

Jones, K. (1990). Citizenship in a women-friendly polity, *Signs, 15*, pp. 781-812.

Judd, C. H. (1936). *Education as Cultivation of the Higher Mental Processes* (New York: Macmillan).

Kaminsky, James S. (1993). *A New History of Educational Philosophy* (Westport, CN: Greenwood Press).

Kane, P. (2000). Play for today, in: *The Observer Magazine*, 22 October.

Kant, I. (1964). *Werke Bd. VI. Schriften zur Anthropologie, Geschichtphilosophie, Politik und Pädagogik* (Frankfurt am Main: Suhrkamp).

Kant, I. ([1785] 1983). *Ethical Philosophy: The Metaphysics of Morals* (trans. J. W. Ellington) (Indianapolis, IN: Hackett).

Kearney, R. (1988). *The Wake of Imagination* (London: Huchinson).

Keller, E. Fox (1985). *Reflections on Gender and Science* (New Haven, CT: Yale University Press).

Kellner, D. and Best, S. (1991). *Postmodern Theory: Critical Interrogations* (London: Macmillan).

Kent, G. (1992). Little foreign bodies: International dimensions of child prostitution, in: M. Freeman and P. Veerman (eds.) *The Ideologies of Children's Rights* (Dordrecht, Netherlands: Martinus Nijhoff).

Kenway, J. and Nixon, H. (1999). Cyberfeminisms, cyberliteracies, and educational cyberspheres, *Educational Theory, 49*(4), pp. 457-474.

Kerr, C. (1972). *The Uses of the University* (Cambridge, MA: Harvard University Press).

Kerr, F. (1998). Truth in religion: Wittgensteinian considerations, in: D. Carr (ed.) *Education, Knowledge and Truth. Beyond the Postmodern Impasse* (London: Routeldge).

Kilpatrick, W. H. ([1918] 1961). In retrospect at ninety, *Studies in Philosophy and Education, 1*(4-5), pp. 146-152.

Kincheloe, J. L. and Steinberg, S. R. (1997). *Changing Multiculturalism* (Buckingham: Open University Press).

King, A. (1984). *The Bungalow: The Production of a Global Culture* (London: Routledge & Kegan Paul).

Kirp, D. L. (1979). *Doing Good by Doing Little: Race and Schooling in Britain* (Berkeley: University of California Press).

Kiziltan, M. U., Bain, W. J. and Canizares, A. M. (1990). Postmodern conditions: Rethinking public education, *Educational Theory, 40*, pp. 351-369.

Klafki, W. (1976). *Aspekte kritisch-konstrucktiver Erziehungswissenschaft* (Weinheim, Germany: Beltz).

Kleinespel, K. and Tillmann, K.-J. (1998). Reformpädagogische Argumente in der bildungspolitischen Debatte-zwei Fallstudien, in: T. Rülcker and J. Oelkers (eds.) *Politische Rrformpädagogik* (Bern: Peter Lang), pp. 715-741.

Kleinig, J. (1976). Mill, children and rights. *Educational Philosophy and Theory, 8*, pp. 1-15.

Kohlberg, L. (1981). *The Philosophy of Moral Development*, vol. 1 (San Francisco: Harper & Row).

Korsgaard, C. (1998). From duty and for the sake of the noble: Kant and Aristotle on morally good action, in: S. Engstrom and J. Whiting (eds.) *Aristotle, Kant, and the Stoics: Rethinking Happiness and Duty* (Cambridge, UK: Cambridge University Press).

Korthals, M. (1981). Inleiding, in: H. Horkheimer and H. Marcuse *Filosofie en Kritische Theorie* (Mellel, Netherlands: Boom), pp. 7-61.

Kourany, J. A. (1998). *Philosophy on a Feminist Voice: Critiques and Reconstructions* (Princeton, NJ: Princeton University Press).

Kuhn, T. (1962). *The Structure of Scientific Revolutions* (Chicago: University of Chicago Press).

Kumar, R. (1993). *The History of Doing: An Illustrated Accounts of Movements for Women's Rights and Feminism in India 1800-1990* (London: Verso and New Delhi: Kali for Women).

Kymlicka, W. (1989). *Liberalism, Community and Culture* (Oxford: Oxford University Press).

Kymlicka, W. (1995). *Multicultural Citizenship* (Oxford: Clarendon Press).

Kymlicka, W. (1996). Three forms of group-differentiated citizenship in Canada, in: S. Benhabib (ed.) *Democracy and Difference* (Princeton, NJ: Princeton University Press).

Kymlicka, W. (1999). Education for citizenship, in: J. M. Halstead and T. McLaughlin (eds.) *Education in Morality* (London: Routeldge).

Kymlicka, W. and Norman, W. (1994). Return of the citizen: A survey of recent work on citizenship theory, *Ethics, 104*, pp. 352-381.

Lakoff, G. and Johnson, M. (1980). *Metaphors We Live By* (Chicago: University of Chicago Press).

Lamb, M. E. (ed.) (1982). *Nontraditional Families. Parenting and Child Development* (London: Erlbaum).

Langeveld, M. (1946). *Beknopte Theoretische Pedagogiek* [Concise Philosophy of Education] (Groningen, Netherlands: Wolters-Noordhoff).

Lankshear, C., Fnobel, M. and Peters, M. (2000). Information, knowledge and learning: Some issues facing epistemology and education in a digital age, in: N., Blake and P. Standish (eds.) *Enquiries at the Interface: Philosophical problems of on-line education, Journal of Philosophy of Education, 34* (special issue), pp. 17-40.

Lankshear, C. and McLaren, P. (eds.) (1993). *Critical Literacy: Politics, Praxis and the Postmodern* (Albany, NY: State University of New York Press).

Larrosa, J. (1998). *Apprendre et Être. Langage, Littérature et Expérience de Formation* (Paris: ESF).

Lash, N. (1988). *Easter in Ordinary: Reflections in Human Experience and the Knowledge of God* (Notre Dame, IN: University of Notre Dame Press).

Lather, P. (1991). *Getting Smart: Feminist Research and Pedagogy With/In the Postmodern* (London: Routledge).

Lave, J. and Wenger, E. (1991). *Situated Learning: Legitimate Peripheral Participation* (Cambridge, UK: Cambridge University Press).

Lawrence, D. H. ([1923] 1973). Benjamin Franklin, in: J. Williams and R. Williams (eds.) *D. H. Lawrence on Education* (Harmondsworth, UK: Penguin Books).

Lawrence, D. H. ([1936] 1973). Education of the people, in: J. Williams and R. Williams (eds.) *D. H. Lawrence on Education* (Harmondsworth, UK: Penguin Books).

Leavis, F. R. (1943). *Education and the University* (Cambridge, UK: Cambridge University Press).

Le Doeuff, M. (1991). *Hipparchia's Choice: An Essay concerning Women, Philosophy, Etc.* (trans. T. Selous) (Oxford: Blackwell).

Lee, D., Marsden, D., Richman, P. and Dunscome, J. (1990). *Scheming for Work: A Study of the YTS in the Enterprise Culture* (Milton Keynes, UK: Open University Press).

Lennon, K. and Whitford, M. (eds.) (1994). *Knowing the Difference: Feminist Perspectives in Epistemology* (London: Routledge).

Levinas, E. (1987). *Time and the Other* (Pittsburgh, PA: Duquesne University Press).

Levinson, M. (1999). *The Demands of Liberal Education* (Oxford: Oxford University Press).

Lewis, T. (1991). Difficulties attending the new vocationalism in the USA, *Journal of Philosophy of Education, 25*, pp. 95-108.

Lewis, T. (1997). Towards a liberal vocational education, *Journal of Philosophy of Education, 31*(3), pp. 477-489.

Lickona, T. (1991). *Educating for Character: How Our Schools Can Teach Respect and Responsibility* (New York: Bantam Books).

Lifton, R. J. (1993). *The Protean Self: Human Resilience in an Age of Fragmentation* (Ithaca, NY: Cornell University Press).

Lilley, I. M. (1967). *Friedrich Froebel: A Selection from his Writings* (Cambridge, UK: Cambridge University Press).

Lipman, M. (1991). *Thinking in Education* (Cambridge, UK: Cambridge University Press).

Lloyd, G. ([1984] 1993). *The Man of Reason: "Male" and "Female" in Western Philosophy*, 2nd edn. (London: Routledge).

Løvlie, L. (1997). On the uses of example in moral education, *Journal of Philosophy of Education, 33*, p. 3.

Luhmann, N. and Schorr, K. E. (eds.) (1982). *Zwischen Technologie und Sekbstreferenz: Fragen an die Pädagogik*. (Frankfurt: Suhrkamp).

Lukasiewicz, J. (1994). *The Ignorance Explosion* (Ottawa, ONT: Carleton University Press).

Lum, G. (1999). Where's the competence in competence-based education and training? *Journal of Philosophy of Education, 33*, pp. 403-418.

Lustgarten, L. S. (1983). Liberty in a culturally plural society, in: A. Phillips Griffiths (ed.) *Of Liberty* (Cambridge, UK: Cambridge University Press).

Lyotard, J.-F. (1984). *The Postmodern Condition: A Report on Knowledge* (trans. G. Bennington and B. Massumi; foreword by F. Jameson) (Minneapolis: University of Minnesota Press and Manchester, UK: University of Manchester Press).

Lyotard, J.-F. (1985). *The Postmodern Condition: A Report on Knowledge* (Minneapolis: University of Minnesota Press).

Lyotard, J.-F. (1988a). *L'inhumain: Causeries sur le temps* (Paris: Galilée).

Lyotard, J.-F. (1988b). *The Differend: Phrases in Dispute* (trans. G. Van Den Abbeele) (Minneapolis: University of Minnesota Press).

Lyotard, J.-F. (1992). *The Postmodern Explained to Children: Correspondence 1982-1985* (Sydney, NSW: Power Publications).

Lyotard, J.-F. (1993a). *Libidinal Economy* (trans. I. Grant) (Bloomington, Indiana University Press).

Lyotard, J.-F. (1993b). *Political Writings* (trans. B. Readings and K. P. Geiman) (Minneapolis: University of Minnesota Press).

Lyotard, J.-F. (1994). *Lessons on the Analytic of the Sublime* (trans. E. Rottenberg) (Stanford, CA: Stanford University Press).

Lyotard, J. -F. (1998). A propos du différend. Entretien avec Jean-Francois Lyotard. *Les Cahiers de Philisophie*, *5*, pp. 35-62.

MacDowell, J. (1996). Deliberation and moral development in Aristotle's ethics, in: S. Engstrom and J. Whiting (eds.) *Aristotle, Kant and the Stoics* (Cambridge, UK: Cambridge University Press).

Macedo, S. (1990). *Liberal Virtue: Citizenship, Virtue and Community in Liberal Constitutionalism* (Oxford: Clarendon).

Macedo, S. (ed.) (1999). *Deliberative Politics* (Oxford: Oxford University Press).

Macedo, S. (2000). *Diversity and Distrust: Civic Education in a Multicultural Democracy* (Cambridge, MA: Harvaard University Press).

MacIntyre, A. (1977). Epistemological crises, dramatic narrative, and the philosophy of science. *The Monist*, *60*, pp. 453-472.

MacIntyre, A. (1981). *After Virtue: A Study in Moral Theory* (Notre Dame, IN: University of Notre Dame Press).

Mackenzie, P. J. (1998). David Carr on religious knowledge and spiritual education. *Journal of Philosophy of Education*, *32*, pp. 409-427.

Macklin, E. D. and Rubin, R. (eds.) (1983). *Contemporary Families and Alternative Lifestyles. Handbook on Research and Theory* (London: Sage).

Maclure, S. (1991). *Missing Links: The Challenge to Further Education* (London: Policy Studies Institute).

Macmillan, C. J. B. (1994). Is community necessary? Quasi-philosophical ruminations, *Studies in Philosophy and Education, 15*, pp. 77-78.

Malkin, J. and Wildavsky, A. (1991). Why the traditional distinction between public and private goods should be abandoned, *Journal of Theoretical Politics, 3*, pp. 355-378.

Mani, L. (1998). *Contentious Traditions: The Debate on Sati in Colonial India* (Berkeley: University of California Press).

Marcuse, H. (1964). *One-Dimensional Man: Studies in the Ideology of Advanced Industrial Society* (Boston: Beacon Press).

Marcuse, H. (1972). Philosophy and critical theory, in: M. Marcuse and J. J. Shapiro (eds.) *Negations: Essays in Critical Theory* (Harmondsworth, UK: Penguin Books).

Marshall, J. (1996). *Michel Foucault: Personal Autonomy and Education* (Dordrecht, Netherlands: Kluwer).

Marshall, T. H. (1950). *Citizenship and Social Class and Other Essays* (Cambridge, UK: Cambridge University Press).

Martin, J. R. (1985). *Reclaiming a Conversation: The Ideal of the Educated Woman* (New Haven, CT: Yale University Press).

Martin, J. R. (1992). Critical thinking for a humane world, in: S. P. Norris (ed.) *The Generalizability of Critical Thinking* (New York: Teachers College Press), pp. 163-180.

Martin, J. R. (1994). *Changing the Educational Landscape: Philosophy, Women and Curriculum* (London: Routledge).

Maskell, D. (1999). Education, education, education: Or, what has Jane Austen to teach Tony Blunkett? *Journal of Philosophy of Education, 33*(2), pp. 157-176.

Masschelein, J. (1991a). *Kommunikatives Handeln und Pädagogisches Handeln* (Leuven, Belgium: Leuven University Press and Weinhein, Germany: Deutscher Studien Verlag).

Masschelein, J. (1991b). The relevance of Habermas' communitive turn. Some reflections on education as communicative action. *Studies in Philosophy and Education, 11*, pp. 95-111.

Masschelein, J. (1997). In defence of education as problematisation: Some preliminary remarks on a strategy of disarmament, in: D. Wildemeersch, M. Finger, and T. Jansen (eds.) *Adult Education and Social Responsibility. Reconciling the Irreconcilable* (Frankfurt and Bern: Peter Lang).

Masschelein, J. (1998). How to imagine something exterior to the system: Critical education as problematization. *Educational Theory, 48*, pp. 521-530.

Masschelein, J. and Smeyers, P. (2000). L'enfance, education, and the politics of meaning, in: P. A. Dhillon and P. Standish (eds.) *Lyotard. Just Education* (London: Routeldge).

Matthews, J. (ed.) (1998). *Jane Gallop Seminar Papers* (Canberra, ACT: Humanities Research Centre, Monography Series, 7, ANU).

May, S. (1999). Critical multiculturalism and cultural difference: Avoiding essentialism, in: S. May (ed.) *Critical Multiculturalism: Rethinking Multicultural and Antiracist Education* (London: Falmer Press).

McClintock, R. O. (1988). Introduction: Marking the second frontier, in: R. O. McClintock (ed.) *Computing and Education: The Second Frontier* (New York: Teachers College Press).

McClintock, R. and Paechter, C. (eds.) (1999). *Learning and Knowledge* (London: Paul Chapman).

McGhee, M. (2000). *Transformations of Mind. Philosophy as Spiritual Practice* (Cambridge, UK: Cambridge University Press).

McGillivary, A. (1992). Reconstructing child abuse: Western definition and non-western experience, in: M. Freeman and P. Veerman (eds.) *The Ideologies of Children's Rights* (Dordrecht, Netherlands: Martinus Nijhoff).

McLaren, P. (1989). *Life in Schools. An Introduction to Critical Pedagogy in the Foundations of Education* (New York: Longman).

McLaren, P. (ed.) (1995). *Postmodernism, Postcolonialism and Pedagogy* (Albert Park, Victoria: James Nicholas).

McLaren, P. (1999). *Schooling as Ritual Performance: Towards a Political Economy of Educational Symbols and Gestures* (Lanham, MD: Rowman & Littlefield).

McLaren, P. (2000). *Che Gueavara, Paulo Freire, and the Pedagogy of Revolution* (New York and Oxford: Rowman & Littlefield).

McLaughlin, T. H. (1984). Parental rights and the religious upbringing of children, *Journal of Philosophy of Education, 18,* pp. 75-83.

McLaughlin, T. H. (1990). Peter Gardner on religious upbringing and the liberal ideal of religious autonomy, *Journal of Philosophy of Education, 24,* pp. 107-125.

McLaughlin, T. H. (1992a). Citizenship, diversity and education: A philosophical perspective, *Journal of Moral Education, 21,* pp. 235-250.

McLaughlin, T. H. (1992b). The ethics of separate schools, in: M. Leicester and M. Taylor (eds.) *Ethics, Ethnicity and Education* (London: Kogan Page).

McLaughlin, T. H. (1994). The scope of parents' educational rights, in: J. M. Halstead (ed.) *Parental Choice and Education. Principles, Policy and Practice* (London: Kogan Page).

McLaughlin, T. H. (1995a). Liberalism, education and the common school, *Journal of Philosophy of Education, 29,* pp. 239-255.

McLaughlin, T. H. (1995b). Wittgenstein, education and religion, in: P. Smeyers and J. D. Marshall (eds.) *Philosophy and Education: Accepting Wittgenstein's Challenge* (Dordrecht, Netherlands: Kluwer).

McLaughlin, T. H. (1996a). Education of the whole child? in: R. Best (ed.) *Education, Spirituality and the Whole Child* (London: Cassell).

McLaughlin, T. H. (1996b). The distinctiveness of Catholic education, in: T. H. McLaughlin, J. O'Keefe and B. O'Keeffe (eds.) *The Contemporary Catholic School: Context, Identity and Diversity* (London: Falmer).

McLaughlin, T. H. (1998). Sex education, moral controversy and the common school, *Muslim Education Quarterly, 15*(3), pp. 28-52.

McPeck, J. E. (1981). *Critical Thinking and Education* (New York: St. Martin's Press).

McPeck, J. E. (1990). *Teaching Critical Thinking* (New York: Routledge).

McWilliam, E. and Taylor, P. (eds.) (1998). *Pedagogy, Technology and the Body* (New York: Peter Lang).

Mele, A. R. (1995). *Autonomous Agents. From Self-Control to Autonomy* (New York: Oxford University Press).

Mernissi, F. (1987). *Beyond the Veil: Male-Female Dynamics in Modern Muslim Society* (Bloomington: Indiana University Press).

Merquior, J. G. (1985). *Foucault* (London: Fontana Press and Collins).

Middleton, S. (1998). *Disciplining Sexuality: Foucault, Life Histories and Education* (New York: Teachers College Press).

Midgley, M. (1989). *Wisdom, Information, and Wonder: What is Knowledge For?* (London: Routledge).

Midgley, M. (1991). *Can We Make Moral Judgments?* (New York, St. Martin's Press).

Milan Women's Bookstore Collective (1990). *Sexual Difference: A Theory of Social-Symbolic Practice* (Bloomington: Indiana University Press).

Miliband, D. (1991). *Markets, Politics and Education* (Education and Training Paper 3) (London: Institute for Public Policy Research).

Mill, J. S. ([1867] 1979). Inaugural address at the University of St Andrews, in: F. W. Garforth *John Stuart Mill's Theory of Education* (Oxford: Martin Robertson).

Mill, J. S. (1910). On liberty, in: J. S. Mill, Utilitarianism, Liberty, *Representative Government* (London: Dent).

Miller, D. (1989). In what sense must socialism be communitarian? in: E. F. Paul, F. D. Miller Jr, J. Paul, and D. Greenberg (eds.) *Socialism* (Oxford: Blackwell).

Miller, D. (1992). Community and citizenship, in: S. Avinieri and A. De-Ahalit (eds.) *Communitarianism and Individualism* (Oxford: Oxford University Press).

Minogue, K. (1973). *The Concept of a University* (London: Weidenfeld & Nicolson).

Missimer, C. (1990). Perhaps by skill alone, *Informal Logic, 12*, pp. 145-153.

Moberly, W. (1949). *The Crisis in the University* (London: SCM Press).

Mollenhauer, K. (1972). *Theorien zum Erziehungsprozess* (München: Juventa).

Montgomery, L. M. (1994). *Anne of Green Gables* (London: Puffin).

Moody-Admas, M. (1997). *Fieldwork in Familiar Places: Morality, Culture, and Philosophy* (Cambridge, MA: Harvard University Press).

Morgan, J. (1996). A defence of autonomy as an educational ideal, *Journal of Philosophy of Education, 30*, pp. 239-252.

Morris, G. (1994). Local education authorities and the market place, in: D. Bridges and T. McLaughlin (eds.) *Education and the Market Place* (London: Falmer Press).

Mourad, R. (1997). *Postmodern Philosophical Critique and the Pursuit of Knowledge in Higher Education* (Westport, CT and London: Bergin & Garvey).

Mulhall, S. and Swift, A. (1996). *Liberals and Communitarians,* 2nd edn. (Oxford: Blackwell).

Murdoch, I. (1992). *Metaphysics as a Guide to Morals* (London: Shatto & Windus).

Murphy, J. P. (1990). *Pragmatism. From Peirce to Davidson* (Boulder, CO: Westview Press).

Murungi, K. (1994). Get away from my genitals! A commentary on Warrior Marks, *Interstices, 2*(11), p. 13.

Nagel, T. (1986). *The View form Nowhere* (Oxford: Oxford University Press).

Naismith, D. (1994). In defence of the educational voucher, in: D. Bridges and T. McLaughlin (eds.) *Education and the Market Place* (London: Falmer).

Narayan, U. (1997). *Dislocating Cultures: Identities, Traditions, and Third Wolrd Feminisms* (London: Routledge).

Nash, P. (1966). *Authority and Freedom is Education* (New York: Wiley).

Nash, R. (1999). *Faith, Hype, and Clarity: Teaching about Religion in American Schools and Colleges* (New York: Teachers College Press).

Neill, A. S. (1928). Summerhill, *The New Era, 9*(34), pp. 70-72.

Neill, A. S. (1960). *Summerhill* (New York: Hart).

Neill, A. S. (1962). *Summerhill. A Radical Approach to Education* (London: Gollancz).

Neiman, A. (2000). Self examination, spirituality, and philosophical education, *Journal of Philosophy of Education, 34*(4), pp. 571-590.

Newman, J. H. ([1853] 1976). *The Idea of a University* (ed. I . T. Ker) (Oxford: Oxford University Press).

New Zealand Treasury (1987). *Government Management: Brief to the Incoming Government,* vol. 2 (Wellington: Education Issues, Government Printer).

Nicholls, D. (1974). *Three Varieties of Pluralism* (London: Macmillan).

Nicholls, D. (1975). *The Pluralist State* (London: Macmillan).

Nicholson, L. (ed.) (1990). *Feminism/Postmodernism* (New York: Routledge).

Nietzsche, F. ([1889] 1981). *Twilight of the Idols* (trans. R. J. Hollingdale) (Harmondsworth, UK: Penguin Books).

Nietzsche, F. (1967). *On the Genealogy of Morals* (trans. W. Kaufmann and R. J. Hollingdale) (New York: Vintage Books).

Nietzsche, F. (2000). *The Birth of Tragedy* (trans. and with an introduction by. D. Smith) (Oxford: Oxford University Press).

Noddings, N. (1984). *Caring: A Feminine Approach to Ethics and Moral Education* (Berkeley: University of California Press).

Noddings, N. (1986). Fidelity in teaching, teacher education and research for teaching, *Harvard Educational Review*, *56*, pp. 496-510.

Noddings, N. (1993). *Educating for Intelligent Belief or Unbelief* (New York and London: Teachers College Press).

Noddings, N. (1995). *Philosophy of Education* (Boulder, CO: Westview Press).

Noddings, N. (1997). Character education and community, in: A. Molner (ed.) *The Construction of Children's Character* (Chicago: National Society for the Study of Education).

Noddings, N. (1998a). Feminist morality and social policy, in: J. G. Haber and M. S. Halfon (eds.) *Norms and Values* (Lanham, MD: Rowman and Littlefield).

Noddings, N. (1998b). Thoughts on John Dewey's "Ethical principles underlying education." *The Elementary School Journal*, *98*, pp. 479-488.

Noddings, N. (2001a). *Starting at Home: Care Theory and Social Policy* (Berkeley: University of California Press).

Noddings, N. (2001b). *A Sympathetic Alternative to Character Education* (New York: Teachers College Press).

Nohl, H. (1970). *Die pädagogische Bewegung in Deutschland und ihre Theorie* (Frankfurt: Verlag G. Schulte-Bulmke).

Nordenbo, S. E. (1984). *Bidrag til den danske pedagogiks historie* (Copenhagen: Museum Tusculanum).

Nordenbo, S. E. (1986). Justification of paternalism in education, *Scandinavian Journal of Educational Research*, *30*, pp. 121-139.

Norris, S. P. (ed.) (1992). *The Generalizability of Critical Thinking* (New York: Teachers College Press).

Nozick, R. (1974). *Anarchy, State and Utopia* (Oxford: Blackwell).

Nozick, R. (1981). *Philosophical Explanations* (Cambridge, MA: The Belknap Press of Harvard University Press).

Nunn, P. (1945). *Education, Its Data and First Principles,* 3rd edn. (London: Arnold).

Nussbaum, M. (1985). The discernment of perception: An Aristotelian conception of private and public rationality, in: J. Cleary (ed.) *Proceedings of the Boston Area Colloquium in Ancient Philosophy*, vol. 1.

Nussbaum, M. (1986). *The Fragility of Goodness: Luck and Ethics in Greek Tragedy and Philosophy* (Cambridge, UK: Cambridge University Press).

Nussbaum, M. (1988). Non-relative virtues: An Aristotelian approach, *Midwest Studies in Philosophy, 13,* pp. 32-35.

Nussbaum, M. (1990). *Love's Knowledge: Essays in Philosophy and Literature* (Oxford: Oxford University Press).

Nussbaum, M. (1996). *For Love of Country* (Boston: Beacon Press).

Nussbaum, M. (1997). *Cultivating Humanity: A Classical Defense of Reform in Liberal Education* (Cambridge, MA: Harvard University Press).

Nussbaum, M. (2000). *Women in Development* (Cambridge, MA: Cambridge University Press).

Nye, A. (1990). *Words of Power: A Feminist Reading of the History of Logic* (New York: Routledge).

Oakeshott, M. (1972). Education: The engagement and its frustration, in: R. Dearden, P. Hisrt, and R. Peters (eds.) *Education and the Development of Reason* (London: Routledge & Kegan Paul).

Oakeshott, M. (1981). *Rationalism in Politics and Other Essays* (London: Methuen).

Obeyeskere, G. (1992). *The Apotheosis of Captain Cook: European Mythmaking in the Pacific* (Princeton, NJ: Princeton University Press).

Oelkers, J. (1989). *Reformpädagogik. Eine kritische Dogmengeschite* (Weinheim and München: Juventa).

Okin, S. M. (1979). *Women in Western Political Thought* (Princeton, NJ: Princeton University Press).

Okin, S. M. (1989). *Justice, Gender, and the Family* (New York: Basic Books).

Okin, S. M. (1992). Women, equality and citizenship, *Queen's Quarterly, 99*, pp. 56-71.

Okin, S. M. (1995). Women and the complex inequality of gender, in: D. Miller and M. Walzer (eds.) *Pluralism, Justice, and Equality* (Oxford: Oxford University Press).

Okin, S. M. (1999). Is multiculturalism bad for women? in: J. Cohen and M. Howard (eds.) *Is multiculturalism Bad for Women?* (Princeton, NJ: Princeton University Press).

Oldfield, A. (1990). *Citizenship and Community: Civic Republicanism and the Modern World* (London: Routledge).

O'Neill, O. and Ruddick, W. (eds.) (1979). *Having Children: Philosophical and Legal Reflections on Parenthood* (New York: Oxford University Press).

Orr, D. (1989). Just the facts ma'am: Informal logic, gender and pedagogy, *Informal Logic, 11*, pp. 1-10.

Ortega y Gasset, J. (1946). *Mission of the University* (London: Kegan Paul).

Orwell, G. (1956). *The Orwell Reader* (New York: Harcourt, Brace).

Oser, F. (1986). *Transformation und Entwicklung: Grundlagen der Moralerziehung* (Frankfurt: Suhrkamp).

Otto, R. (1950). *The Idea of the Holy* (Oxford: Oxford University Press).

Papert, S. (1980). *Mindstorms: Children, Computers and Powerful Ideas* (New York: Basic Books).

Parekh, B. (1986). The concept of multicultural education, in: S. Modgil, G. Verma, K. Mallick, and C. Modgil (eds.) *Multicultural Education: The Interminable Debate* (London: Falmer).

Parekh, B. (1999). The logic of intercultural evaluation, in: J. Horton and S. Mendus (eds.) *Toleration, Identity and Difference* (London: Macmillan).

Parekh, B. (2000). *Rethinking Multiculturalism: Cultural Diversity and Political Theory* (London: Palgrave).

Parker, S. (1997). *Reflective Teaching in the Postmodern World: A Manifesto for Education in Postmodern* (Buckingham, UK and Philadelphia: Open University Press).

Parry, G. and Moyser, G. (1994). More participation, more democracy? in: D. Beetham (ed.) *Defining and Measuring Democracy* (London: Sage).

Pateman, C. (1988). *The Sexual Contract* (Cambridge, UK: Polity Press).

Pateman, C. (1989). *The Disorder of Women* (Cambridge, UK: Polity Press).

Pateman, C. and Grosz, E. (eds.) (1986). *Feminist Challenges: Social and Political Theory* (London and Sydney: Allen and Unwin).

Patten, P. (1989). Taylor and Foucault on power and freedom, *Political Studies, 37*, pp. 260-76.

Paul, R. (1990). *Critical Thinking: What Every Person Needs to Survive in a Rapidly Changing World* (Rohnert Park, CA: Center for Critical Thinking and Moral Critique).

Pearson, A. T. ([1980] 1984). Competence: A normative analysis, in: E. C. Short (ed.) *Competence: Inquiries Into its Meaning and Acquisition in Educational Settings* (Lanham, MD: University Press of America).

Pedretti, C. (1980). *Leonardo da Vinci Nature Studies from the Royal Library at Windsor Castle* (London: Phaidon).

Peirce, C. S. ([1868] 1992). Some consequences of four incapacitates, in: N. Houser and C. Kloesel (eds.) *The Essential Peirce*, vol. 1 (Bloomington: Indiana University Press).

Peirce, C. S. ([1878] 1992). How to make our ideas clear, in: N. Houser and C. Kloesel (eds.) *The Essential Peirce*, vol. 1 (Bloomington: Indiana University Press).

Peirce, C. S. ([1887] 1992). The fixation of belief, in: N. Houser and C. Kloesel (eds.) *The Essential Peirce*, vol. 1 (Bloomington: Indiana University Press).

Peirce, C. S. ([1887-8] 1992). A guess at the riddle, in: N. Houser and C. Kloesel (eds.) *The Essential Peirce*, vol. 1 (Bloomington: Indiana University Press).

Peirce, C. S. ([1905] 1998). Pragmatism, in: N. Houser and C. Kloesel (eds.) *The Essential Peirce*, vol. 2 (Bloomington: Indiana University Press).

Pelikan, J. (1992). *The Idea of the University: A Reexamination* (New Haven, CT and London: Yale University Press).

Pendlebury, S. (1990a). Practical reasoning and situational appreciation in teaching, *Educational Theory, 40,* pp. 171-179.

Pendlebury, S. (1990b). Liberty, community and the practice of teaching, *Studies in Philosophy and Education, 10,* pp. 263-279.

Pendlebury, S. (1993). Practical arguments, rationalization and imagination in teachers' practical reasoning, *Journal of Curriculum Studies, 25,* pp. 145-151.

Pensky, M. (ed.) (1994). *The Past as Future: Jürgen Habermas. interviewed by Michael Haller* (trans. and ed. M. Pensky; foreword by P. Hohendahl) (Cambridge, UK: Policy Press).

Perelman, L. J. (1992). *School's out: Hyperlearning, the New Technology, and the End of Education* (New York: William Morrow).

Peters, M. A. (1994). Habermas, poststructuralism and the question of postmodernity: The defiant periphery, *Social Analysis, 36,* September, pp. 1-18. Reprinted as: Habermas, poststructuralism and the question of postmodernity, in: M. A. Peters, J. D. Marshall, W. Hope, and S. Webster (eds.) (1996). *Critical Theory, Poststructuralism and the Social Context* (Palmerston North, NZ: Dummore Press).

Peters, M. A. (ed.) (1995). *Education and the Postmodern Condition* (Westport, CT and London: Bergin & Garvey).

Peters, M. A. (1996). *Postsructuralism, Politics and Education* (Westport, CT and London: Bergin & Garvey).

Peters, M. A. (1997). Poststructuralism and the French reception of Nietzsche, *Political Theory Newsletter, 8,* pp. 39-55.

Peters, M. A. (1998a). Introduction: Naming the multiple: Poststructuralism and education, in: M. A. Peters (ed.) *Naming the Multiple: Poststructuralism and Education* (Westport, CT and London: Bergin & Garvey).

Peters, M. A. (ed.) (1998b). *Naming the Multiple: Poststructuralism and Education* (Westport, CT and London: Bergin & Garvey).

Peters, M. A. (ed.) (1999). *After the Disciplines? The Emergence of Cultural Studies* (Westport, CT and London: Bergin & Garvey).

Peters, M. A. (ed.) (2000). Deranging the *Investigations*: Cavell on the figure of the child, *Educational Philosophy and Theory, 21,* pp. 88-96.

Peters, M. A. and Ghiraldelli, P. Jr. (eds.) (2001). *Richard Rorty: Philosophy, Education, and Politics* (Boulder, CO: Rowman & Littlefield).

Peters, M. A., Hope, W., Marshall, J., and Webster, S. (eds.) (1996). *Critical Theory, Post-structuralism and the Social Context* (Palmerston North, NZ: The Dummore Press).

Peters, M. A. and Lankshear, C. (1996). Postmodern counternarratives, in: H. Giroux, C. Lankshear, P. McLaren, and M. Peters (eds.) *Counternarratives: Cultural Studies and Critical Pedagogies in Postmodern Spaces* (New York and London: Routledge).

Peters, M. A. and Marshall, J. D. (1996). *Individualism and Community: Education and Social Policy in the Postmodern Condition* (London: Falmer).

Peters, M. A. and Marshall, J. D. (1999). *Wittgenstein: Philosophy, Postmodernism, Pedagogy* (Westport, CT and London: Bergin & Garvey).

Peters, M. A. and Marshall, J. D., and Smeyers, P. (eds.) (2000). *Nietzsche's Legacy for Education: Past and Present Values* (Westport, CT and London: Bergin & Garvey).

Peters, R. S. (1966). *Ethics and Education* (London: Allen & Unwin).

Peters, R. S. (1969). *Perspectives on Plowden* (London: Routledge & Kegan Paul).

Peters, R. S. (1973a). Freedom and the development of the free man, in: J. F. Doyle (ed.) *Educational Judgements* (London: Routledge & Kegan Paul).

Peters, R. S. (ed.) (1973b). *The Philosophy of Education* (Oxford: Oxford University Press).

Peters, R. S. (1974). Subjectivity and standards, in: *Psychology and Ethical Development* (London: Allen & Unwin).

Peters, R. S. (1975). The justification of education, in: R. S. Peters (ed.) *Philosophy of Education* (Oxford: Oxford University Press).

Peters, R. S. (1978). Ambiguities in liberal education and the problem of its content, in: K. A. Strike and K. Egan (eds.) *Ethics and Educational Policy* (London: Routledge & Kegan Paul).

Peterson, M., Hasker, H., Reichenbach, B., and Basinger, D. (1991). *Reason and Religious Belief: An Introduction to the Philosophy of Religion* (Oxford: Oxford University Press).

Peukert, H. (1983). Kritische Theories und Pädagogik. *Zeitschrift für Pädagogik, 30,* pp. 195-217.

Phillips, A. (1991). *Engendering Democracy* (Cambridge, UK: Policy Press).

Phillips, A. (1993). *Democracy and Difference* (Cambridge, UK: Policy Press).

Phillips, A. (1996). Dealing with difference: A politics of ideals, or a politics of presence?, in: S.

Benhabib (ed.) *Democracy and Difference* (Princeton, NJ: Princeton University Press).

Phillips, D. Z. (1993). *Wittgenstein and Religion* (London: Macmillan).

Phillips, D. Z. (ed.) (1997). *Rush Rhees on Religion and Philosophy* (Cambridge, UK: Cambridge University Press).

Piaget, J. ([1932] 1948). *The Moral Judgement of the Child* (New York: Free Press).

Piaget, J. (1971). *Insights and Illusions of Philosophy* (New York: World).

Plant, S. (1997). *Zeros + Ones* (London: Fourth Estate).

Plato (1937). *The Dialogues of Plato,* 2 vols (trans. B. Jowett) (New York: Random House).

Plato (1979). *The Symposium* (trans. W. Hamilton) (London: Penguin Books).

Pleines, J. E. (ed.) (1987). *Das Problem des Allgemeinen in der Bildungstheorie.* (Wurzburg, Germany: Königshausen und Neumann).

Poirier, R. (1987). Writing off the self, in: R. Poirier (ed.) *The Renewal of Literature* (New York: Random House).

Poirier, R. (1992). *Poetry and Pragmatism* (Cambridge, MA: Harvard University Press).

Polanyi, M. (1964). *Personal Knowledge: Towards a Post-Critical Philosophy* (New York: Harper).

Popkewitz, T. S. and Fendler, L. (eds.) (1999). *Critical Theories in Education* (New York and London: Routledge).

Poster, M. (1989). *Critical Theory and Poststructuralism: In Search of a Context* (Ithaca, NY: Cornell University Press).

Power, M. (1999). *The Audit Society* (Oxford: Oxford University Press).

Pring, R. (1995). *Closing the Gap: Liberal Education and Vocational Preparation* (London: Hodder & Stoughton).

Pring, R. (2000). *Philosophy of Educational Research* (London: Continuum).

Quinn, J. (1997). *My Education* (Dublin: Town and Country House).

Radice, B. (ed.) (1974). *The Letters of Abelard and Heloise* (trans. with Introduction by B. Radice) (London: Penguin).

Raggart, P. and Williams, S. (1999). *Government, Markets and Vocational Qualifications: An Anatomy of Policy* (London: Falmer).

Rand, R. (ed.) (1992). *Logomachia: The Conflict of the Faculties* (Lincoln, NE and London:

University of Nebraska Press).

Ransome, A. (1962). *Swallows and Amazons* (Harmondsworth, UK: Penguin Books).

Rawls, J. (1971). *A Theory of Justice* (Cambridge, MA: Harvard University Press).

Rawls, J. (1993). *Political Liberalism* (New York: Columbia University Press).

Raz, M. (1986). *The Morality of Freedom* (Oxford: Oxford University Press).

Readings, B. (1996). *The University in Ruins* (Cambridge, MA: Harvard University Press).

Reeves, M. (1988). *The Crisis in Higher Education: Competence, Delight and the Common Good* (Milton Keynes, UK: Open University Press).

Reimer, E. (1971). *School is Dead* (Harmondsworth, UK: Penguin Books).

Robertson, E. (1995). Reconceiving reason, in: W. Kohli (ed.) *Critical Conversations in Philosophy of Education* (New York: Routeldge), pp. 116-126.

Robertson, E. (1999). The value of reason: Why not a sardine can opener?, in: R. Curren (ed.) *Philosophy of Education 1999* (Urbana, IL: Philosophy of Education Society), pp. 1-14.

Rorty, A. (1985). Postmodernist bourgeois liberalism, in: R. Hollinger (ed.) *Hermeneutics and Praxis* (Notre Dame, IN: Notre Dame University Press).

Rorty, A. (1988). *Mind in Action: Essays in the Philosophy of Mind* (Boston: Beacon Press).

Rorty, A. (1998). *Philosophers of Education: Historical Perspectives* (London: Routledge).

Rorty, R. (1980). *Philosophy and the Mirror of Nature* (Oxford: Basil Blackwell).

Rorty, R. (1982). *Consequences of Pragmatism* (Minneapolis: University of Minnesota Press).

Rorty, R. (1986). Foucault and epistemology, in: D. Couzens-Hoy (ed.) *Foucault: A Critical Reader* (Oxford: Basil Blackwell).

Rorty, R. (1989). *Contingency, Irony, and Solidarity* (Cambridge, UK: Cambridge University Press).

Rorty, R. (1990a). The dangers of over-philosophication: Reply to Arcilla and Nicholson, *Educational Theory*, *40*, pp. 41-44.

Rorty, R. (1990b). Education without dogma, *Dialogue*, *2*, pp. 44-47.

Rorty, R. (1992). Trotsky and the wild orchids, *Common Knowledge*, *1*, pp. 140-153.

Rorty, R. (1999). *Philosophy and Social Hope* (Harmondsworth, UK: Penguin Books).

Rosen, M. (1997). *On Voluntary Servitude* (Cambridge, UK: Polity).

Rosenau, J. (1998). Governance and democracy in a globalizing world, in: D. Archibugi, D.

Held, and M. Köhler (eds.) *Re-imaging Political Community: Studies in Cosmopolitan Democracy* (Cambridge, UK: Polity).

Rosenblum, N. L. (ed.) (2000). *Obligations of Citizenship and Demands of Faith. Religious Accommodation in Pluralist Democracies* (Princeton, NJ: Princeton University Press).

Rothblatt, S. ([1988] 1997a). The idea of the idea of a university and its antithesis, in: *The Modern and its Discontents* (Cambridge, UK: Cambridge University Press).

Rothblatt, S. (1997b). *The Modern University and its Discontents* (Cambridge, UK: Cambridge University Press).

Rousseau, J. J. ([1762] 1957). *Émile ou de L'Éducation* (Paris: Garnier).

Ruddick, S. (1989). *Maternal Thinking: Towards a Politics of Peace* (Boston: Beacon Press).

Sagzebski, L. T. (1996). *Virtues of the Mind. An Inquiry into the Nature of Virtue and the Ethical Foundations of Knowledge* (Cambridge, UK: Cambridge University Press).

Salomone, R. C. (2000). *Visions of Schooling. Conscience, Community and Common Education* (New Haven, CT: Yale University Press).

Sandel, M. (1982). *Liberalism and the Limits of Justice* (Cambridge, UK: Cambridge University Press).

Sandel, M. (1996). *Democracy's Discontent: America in Search of a Public Philosophy* (Cambridge, MA: Harvard University Press).

Sandmark, S. (2000). *Is World-View Neutral Education Possible and Desirable? A Christian Response to Liberal Arguments* (Carlisle, UK: Paternoster Press and Stapleford Centre).

Sartre, J.-P. ([1943] 1957). *Being and Nothingness* (trans. H. Barnes) (London: Methuen).

Saussure, F. (1959). *Course in General Linguistics*, in: C. Bally and A. Sechehaye (eds.) (New York: The Philosophical Library).

SCANS (1991). *US Department of Labor, Secretary's Commission on Achieving Necessary Skills: What Work Requires of Schools* (Washington, DC: US Department of Labor).

Scheffler, I. (1960). *The Language of Education.* (Springfield, IL: Thomas).

Scheffler, I. (1965). *Conditions of Knowledge: An Introduction to Epistemology and Education* (Chicago: Scott Foresman).

Scheffler, I. ([1967] 1982). *Science and Subjectivity*, 2nd edn. (Indianapolis: Hackett).

Scheffler, I. ([1973] 1989). *Reason and Teaching* (Indianapolis: Hackett).

Scheffler, I. (1991). *In Praise of the Cognitive Emotions* (New York: Routledge).

Scheffler, I. (1995). *Teachers of My Youth. An American Jewish Experience* (Dordrecht, Netherlands: Kluwer).

Scheibe, W. ([1969] 1994). *Die Reformpädagogische Bewegung* (Weinheim, Germany and Basel, Switzerland: Taschenbuch).

Scheman, N. (1993). *Engenderings: Constructions of Knowledge, Authority and Privilege* (New York and London: Routeldge).

Schofield, H. (1972). *The Philosophy of Education—An Introduction* (London: Allen & Unwin).

Schön, D. A. (1983). *The Reflective Practitioner* (New York: Basic Books).

Schön, D. A. (1987). *Educating the Reflective Practitioner* (San Francisco: Jossey Bass).

Scott, P. (1995). *The Meanings of Mass Higher Education* (Buckingham, UK: Open University Press).

Scottish Education Department (SED) (1965). *Primary Education in Scotland (the Primary Memorandum)* (Edinburgh, HMSO).

Searle, J. (1969). *Speech Acts* (Cambridge, UK: Cambridge University Press).

Searle, J. (1992). *The Rediscovery of the Mind* (Cambridge, MA: MIT Press).

Searle, J. (1995). *The Construction of Social Reality* (London: Penguin).

Seifried, C. H. (1996). *Pragmatism and Feminism: Reweaving The Social Fabric* (Chicago: University of Chicago Press).

Seldon, A. (1986). *The Riddle of the Voucher: An Inquiry Into the Obstacles to Introducing Choice and Competition in State Schools* (London: Institute of Economic Affairs).

Seller, A. (1996). Hannah Arendt's politics of difference, in: M. Griffiths and M. Whitford (eds.) *Women Review Philosophy* (Nottingham, UK: Nottingham University Press).

Sergiovanni, T. J. (1994). *Building Community in Schools* (San Francisco: Jossey Bass).

Shanley, M. L. and Pateman, C. (eds.) (1991). *Feminist Interpretations and Political Theory* (Cambridge, UK: Polity Press).

Sherman, N. (1989). *The Fabric of Character: Aristotle's Theory of Virtue* (Oxford: Clarendon Press).

Shklar, J. (1995). *American Citizenship: The Quest for Inclusion* (Cambridge, MA: Harvard University Press).

Shohat, E. (ed.) (1998). *Talking Visions: Multicultural Feminism in a Trasnational Age* (Cambridge, MA: The MIT Press).

Shohat, E. and Stam, R. (1994). *Unthinking Eurocentricism: Multiculturalism and the Media* (London and New York: Routledge).

Siegel, H. (1988). *Educating Reason: Rationality, Critical Thinking and Education* (New York: Routledge).

Siegel, H. (1993). Not by skill alone: The centrality of character to critical thinking, *Informal Logic, 15*, pp. 163-177.

Siegel, H. (1995). "Radical" pedagogy requires "conservative" epistemology, *Journal of Philosophy of Education, 29*, pp. 33-46.

Siegel, H. (1997). *Rationality Redeemed? Further Dialogues on an Educational Ideal* (New York: Routledge).

Siegel, H. (1998). Knowledge, truth and education, in: D. Carr (ed.) *Education, Knowledge and Truth: Beyond the Postmodern Impasse* (London: Routledge), pp. 19-36.

Siegel, H. (1999). What (good) are thinking dispositions?, *Educational Theory, 49,* pp. 207-221.

Siltanen, J. and Stanworth, M. (1984). The politics of private woman and public man, in: J. Siltanen and M. Stanworth (eds.) *Women and the Public Sphere* (London: Hutchinson).

Silver, H. and Bernnan, J. (1988). *A Liberal Vocationalism* (London: Methuen).

Simon, L. (1999). *Genuine Reality: A Life of William James* (Chicago: University of Chicago Press).

Singer, P. (1997). *How Are We to Live? Ethics in an Age of Self-Interest* (Oxford: Oxford University Press).

Skilneck, M., Connell, H., Lowe, N., and Tait, K. (1994). *The Vocational Quest: New Directions in Education and Training* (London: Routledge).

Skinner, Q. (1992). On justice, the common good and the priority of liberty, in: C. Mouffe (ed.) *Dimensions of Radical Democracy: Pluralism, Citizenship and Community* (London: Verso).

Slater, D. (1995). Photopgraphy and modern vision, in: C. Jenks (ed.) *Visual Culture* (London and New York: Routledge).

Slaughter, S. and Leslie, L. (1997). *Academic Capitalism: Politics, Policies, and the Entrepreneurial University* (Baltimore, MD: Johns Hopkins University).

Slote, M. (1992). *From Morality to Virtue* (Oxford: Oxford University Press).

Slote, M. (1998). Caring in the balance, in: J. G. Haber and M. S. halfon (eds.) *Norms and Values* (Lanham, MD: Rowman & Littlefield).

Slote, M. (2001). *Morals from Motives* (Oxford: Oxford University Press).

Smith, A. (1986). *The Ethnic Origins of Nations* (Oxford: Blackwell).

Smith, R. (1987). Skills: The middle way, *Journal of Philosophy of Education, 21*(2), pp. 197-201.

Smith, R. (1999). Paths of judgment: The revival of practical wisdom, *Educational Philosophy and Theory, 31*, pp. 327-340.

Sockett, H. (1976). *Designing the Curriculum* (London: Open Books).

Sockett, H. (1987). Has Shulman got the strategy right? *Harvard Educational Review, 57*, pp. 208-219.

Spinner-Halev, J. (2000). Extending diversity: Religion in public private education, in: W. Kymlicka and W. Norman (eds.) *Citizenship in Diverse Societies* (Oxford: Oxford University Press).

Spyri, J. (1963). *Heidi* (London: Blackie).

Standish, P. (1995). Postmodernism and the education of the whole person, *Journal of Philosophy of Education, 29*, pp. 121-135.

Standish, P. (2000). Only connect: Computer literacy from Heidegger to cyberfeminism, *Educational Theory, 49*(3), pp. 417-435.

Stanley, L. (1997). *Knowing Feminisms: On Academic Borders, Territories and Tribes* (London: Sage).

Steedman, C. (1986). *Landscape for a Good Woman: A Story of Two Lives* (London: Virago).

Stehr, N. (1994). *Knowledge Societies* (London: Sage).

Stich, S. (1996). *Deconstructing the Mind* (New York: Oxford University Press).

Stocker, M. (1996). *Valuing Emotions* (Cambridge, UK: Cambridge University Press).

Strike, K. (1994). On the construction of public speech, *Educational Theory, 44*, pp. 1-26.

Strike, K. (1996). *Democracy's Discontent* (Cambridge, MA: Harvard University Press).

Stronach, I. (1990). Education, vocationalism and economic recovery: The case against witchcraft, in: G. Esland (ed.) *Education, Training and Employment* (Wokingham, UK: Addison-Wesley/Open University Press).

Sturrock, J. (1986). *Structuralism* (London: Paladin).

Sünker, H. and Krüger, H. H. (eds.) (1999). *Kritische Erziehungswissenschaft am Neubegimm?* (Frankfurt am Main: Suhrkamp).

Sussman, M. B. and Steinmetz, S. K. (eds.) (1987). *Handbook of Marriage and the Family* (New York: Plenum).

Swartz, R. J. and Perkins, D. N. (1989). *Teaching Thinking: Issues and Approaches* (Pacific Grove, CA: Midwest Publications).

Symes, C. and McIntyre, J. (eds.) (2000). *Working Knowledge: The New Vocationalism and Higher Education* (Buckingham, UK: SRHE/Open University Press).

Tamir, Y. (1993). *Liberal Nationalism* (Princeton, NJ: Princeton University Press).

Tamir, Y. (1995). *Democratic Education in a Multicultural State* (Oxford: Blackwell).

Taylor, C. (1975). *Hegel* (Cambridge, UK: Cambridge University Press).

Taylor, C. ([1977] 1985a). What is human agency? in: C. Taylor *Human Agency and Language, Philosophical Papers 1* (Cambridge, UK: Cambridge University Press).

Taylor, C. (1985b). Foucault on freedom and truth, in: *Philosophy and the Human Sciences, Philosophical Papers 2* (Cambridge, UK: Cambridge University Press).

Taylor, C. (1989). *Sources of the Self: The Making of the Modern Identity* (Cambridge, MA: Harvard University Press).

Taylor, C. (1991). *The Ethics of Authenticity* (Cambridge, MA: Harvard University Press).

Taylor, C. (1992). *Multiculturalism and "The Politics of Recognition"* (ed. A. Gutmann) (Princeton, NJ: Princeton University Press).

Taylor, C. (1995a). Overcoming epistemology, in: C. Taylor *Philosophical Arguments* (Cambridge, MA: Harvard University Press).

Taylor, C. (1995b). Explanation and practical reason, in: C. Taylor *Philosophical Arguments* (Cambridge, MA: Harvard University Press).

Telfer, E. (1975). Autonomy as an educational ideal *II*, in: S. C. Brown (ed.) *Philosophers Discuss Education* (London: Macmillan).

Tenorth, H.-E. (1994). Nachwort, in: W. Scheibe (ed.) *Die reformpädagogische Bewegung* (Weinheim and Basel: Beltz Taschenbuch), pp. 438-449.

Thatcher, A. (ed.) (1999). *Spirituality and the Curriculum* (London: Cassell).

Thayer-Bacon, B. (1992). Is modern critical thinking sexist? *Inquiry: Critical Thinking Across the Disciplines, 10,* pp. 3-7.

Thayer-Bacon, B. (1993). Caring and its relationship to critical thinking, *Educational Theory, 43,* pp. 323-340.

Thiessen, E. J. (1993). *Teaching for Commitment. Liberal Education, Indoctrination and Christian Nurture* (Montreal: McGill-Queen's University Press).

Thompson, D. (1999). Democratic theory and global society, *Journal of Political Philosophy, 7,* pp. 111-125.

Thompson, J. A. C. (trans.) (1976). *Aristotle: Ethics* (Harmondsworth, UK: Penguin).

Tillich, P. (1957). *Dynamics of Faith* (New York: Harper).

Tillmann, K.-J. (ed.) (1987). *Schultheorien.* (Hamburg: Bergmann-Hellig).

Tocqueville, A. de (1961). *Democracy in America* (New York: Schocken Books).

Tooley, J. (1992a). The prisoner's dilemma and educational provision: A reply to Ruth Jonathan, *British Journal of Educational Studies, 40,* pp. 118-133.

Tooley, J. (1992b). The "Pink Tank" on the educational reform act, *British Journal of Educational Studies, 40,* pp. 335-349.

Tooley, J. (1993a). *A Market-led Alternative for the Curriculum: Breaking the Code* (London: Tufnell Press).

Tooley, J. (1993b). Education and "public goods": Markets versus the state. Paper presented to the annual conference of the Philosophy of Education Society of Great Britain, New College, Oxford.

Tooley, J. (1994). In defence of markets in educational provision, in: D. Bridges and T. McLaughlin (eds.) *Education and the Market Place* (London: Falmer Press).

Tooley, J. (2000). *Reclaiming Education* (London: Cassell).

Turkle, S. (1996). *Life on the Screen: Identity in the Age of the Internet* (London: Weidenfeld & Nicolson).

Usher, R. and Edwards, R. (1994). *Postmodernism and Education* (London: Routledge).

Vaage, S. (2000). Innleiing, in: S. Vaage (ed.) *Learning by Dewey. Barnet, Skolen og den Nye Padagogik.* (Oslo: Gyldendal Uddannelse).

van Eemeren, F. H. et al. (1996). *Fundamentals of Argumentation Theory: A Handbook of Historical Backgrounds and Contemporary Developments* (Mahwah, NJ: Erlbaum).

van Gunsteren, H. (1978). Notes towards a theory of citizenship, in: F. Dallmayr (ed.) *From Contract to Community* (New York: Marcel Decker).

Vogt, W. P. (1997). *Tolerance and Education: Learning to Live With Diversity and Difference* (Thousand Oaks, CA: Sage).

Wach, J. (1958). *The Comparative Study of Religious* (New York: Columbia University Press).

Wacjman, J. (1988). *Feminism Confronts Technology* (University Park: Pennsylvania State University Press).

Waldron, J. (1995). Rights, in: R. E. Goodin and P. Pettit (eds.) *A. Companion to Contemporary Political Philosophy* (Oxford: Blackwell).

Walker, L. (1998). Home and away: The feminist remapping of public and private space in Victorian London, in: R. Ainley (ed.) *New Frontiers of Space, Bodies and Gender* (New York: Routledge).

Walkerdine, V. (ed.) (1989). *Counting Girls Out* (London: Virago Press).

Walkerdine, V. (ed.) (1990). *Schoolgirl Fictions* (London: Verso).

Walsh, P. D. (1978). Upgrading practical subjects, *Journal of Further and Higher Education, 2*(3), pp. 58-71.

Walzer, M. (1983). *Spheres of Justice: A Defense of Pluralism and Equality* (New York: Basic Books).

Walzer, M. (1986). The politics of Michel Foucault, in: D. Couzens-Hoy (ed.) *Foucault: A Critical Reader* (Oxford: Basil Blackwell).

Warren, M. (1996). Deliberative democracy and authority, *American Political Science Review, 90*, pp. 46-60.

Wellbery, D. (1985). Postmodernism in Europe: On recent German writing, in: S. Trachtenberg (ed.) *The Postmodern Moment* (London: Greenwood Press).

Wellman, D. T. (1977). *Portraits of White Racism* (Cambridge, UK: Cambridge University Press).

Wenger, E. (1998). *Communities of Practice: Learning, Meaning and Identity* (Cambridge, UK: Cambridge University Press).

Wertsch, J. (1985). *Vygotsky and the Social Formation of Mind* (Cambridge, MA: Harvard University Press).

West, C. (1989). *The American Evasion of Philosophy* (Madison: University of Wisconsin Press).

West, C. (1993). The new cultural of difference, in: C. West (ed.) *Keeping Faith: Philosophy and Race in America* (New York and London: Routledge).

Wharton, E. (1995). *Madame de Treymes* (London: Penguin Books).

White, J. (1973). *Towards a Compulsory Curriculum* (London: Routledge & Kegan Paul).

White, J. (1990). *Education and the Good Life. Beyond the National Curriculum* (London: Kogan Page).

White, J. (1996). Education and nationality, *Journal of Philosophy of Education, 30,* pp. 327-343.

White, J. (1997). *Education and the End of Work: A New Philosophy of Work and Learning* (London: Cassell).

White, J. T. (1909). *Character Lessons in American Biography* (New York: Character Development League).

White, P. (1996). *Civic Virtues and Public Schooling: Educating Citizens for a Democratic Society* (New York: Teachers College Press).

White, S. (1988). *The Recent Work of Jürgen Habermas: Reason, Justice and Modernity* (Cambridge, UK: Cambridge University Press).

Whitehead, A. N. (1950). *The Aims of Education and Other Essays* (London: Ernest Benn).

Whiteside, T., Sutton, A., and Everton, T. (eds.) (1992). *16-19 Changes in Education and Training* (London: David Fulton).

Whitford, M. (1991). *Luce Irigaray: Philosophy in the Feminine* (London: Routledge).

Wiener, M. (1981). *English Culture and the Decline of the Industrial Spirit, 1850-1980* (Cambridge, UK: Cambridge University Press).

Wiggershaus, R. (1995). *The Frankfurt School: Its History, Theories and Political Significance* (Cambridge, UK: Polity Press).

Wiggins, D. (1980). Deliberation and practical reason, in: A. O. Rorty (ed.) *Essay on Aristotle's Ethics* (Berkeley: University of California Press).

Wilds, E. H. and Lottich, K. V. (1970). *The Foundations of Modern Education* (New York: Holt, Rinehart & Winston).

Williams, B. (1976). Persons, character, and morality, in: A. M. Rorty (ed.) *The Identities of Persons* (Berkeley: University of California Press).

Williams, B. (1981). The truth in relativism, in: B. Williams *Moral Luck* (Cambridge, UK: Cambridge University Press).

Williams, B. (1985). *Ethics and the Limits of Philosophy* (Cambridge, MA: Harvard University Press).

Williams, K. (1996). The discipline of inclination: Michael Oakeshott's treatment of the issue of compulsion in the teacher-pupil relationship, *Westminster Studies in Education, 19,* pp. 15-23.

Williams, K. (1998). Assessment and the challenge of scepticism, in: D. Carr (ed.) *Education, Knowledge and Truth: Beyond the Postmodern Impasse* (London and New York: Routledge).

Williams, M. (1994). The significance of learning in Wittgenstein's later philosophy, *Canadian Journal of Philosophy, 24*, pp. 173-203.

Williams, P. (1993). *The Alchemy of Race and Rights* (London: Virago).

Williams, R. (1977). *Marxism and Literature* (Oxford: Oxford University Press).

Williams, R. (1981). *Culture* (London: Fontana).

Wilson, A. (1992). New maps of old terrain, *Times Higher Education Supplement,* May, 1, pp. 17-20.

Winch, C. (1995). Education needs training, *Oxford Review of Education, 21*, pp. 315-325.

Winch, C. (1996). *Quality and Education* (Oxford: Blackwell).

Winch, C. (1998). *The Philosophy of Human Learning* (London and New York: Routledge).

Winch, P. (1958). *The Idea of a Social Science and its Relation to Philosophy* (London: Routledge & Kegan Paul).

Wittgenstein, L. (1953). *Philosophical Investigations* (Oxford: Blackwell).

Wittgenstein, L. (1979). *Remarks on Frazer's* Golden Bough (ed. R. Rhees, trans. A. C. Miles) (Doncaster, UK: Brynhill Press).

Wlodkowski, R. J. and Ginsberg, M. B. (1995). *Diversity and Motivation: Culturally Responsive Teaching* (San Francisco: Jossey-Bass).

Wolf, A. (1989). Can competence and knowledge mix? in: J. W. Burke (ed.) *Competency Based Education and Training* (London: Falmer).

Woolf, V. ([1938] 1977). *Three Guineas* (Harmondsworth, UK: Penguin Books).

Wright, A. (2000). *Spirituality and Education* (London: RoutledgeFalmer).

Wringe, C. (1981). *Children's Rights.* (London: Routledge & Kegan Paul).

Young, I. M. (1990a). *Justice and the Politics of Difference* (Princeton, NJ: Princeton University Press).

Young, I. M. (1990b). *Throwing like a Girl* (Bloomington: Indiana University Press).

Young, I. M. (1996). Communication and the other: Beyond deliberative democracy, in: S. Benhabib (ed.) *Democracy and Difference: Contesting the Boundaries of the Political* (Princeton, NJ: Princeton University Press).

Young, I. (1997). Difference as a resource for democratic communication, in: J. Bohman and W. Rehg (eds.) *Democracy: Essays on Reason and Politics* (Cambridge, MA: MIT Press).

Young, I. M. (2000). *Inclusion and Democracy* (Oxford: Oxford University Press).

Young-Bruehl, E. (1982). *Hannah Arendt: For Love of the World* (New Haven, CT: Yale University Press).

Zagzebski, L. T. (1996). *The Dilemma of Freedom and Foreknowledge* (Oxford: Oxford University Press).

Zembylas, M. (2000). Something "paralogical" under the sum: Lyotard's Postmodern Condition and science education, *Educational Philosophy and Theory, 32*, pp. 159-184.

| 찾아보기 |

인 명

내 용

| 편집자 소개 |

편집자

나이젤 블레이크(Nigel Blake) 영국 개방대학교 재직. 영국교육철학회 회장

폴 스마이어스(Paul Smeyers) 벨기에 루벤의 가톨릭대학교 교육학과 교수. 교육철학 강의

리처드 스미스(Richard Smith) 영국 더럼 대학교 교육학과 교수. 종합사회과학부 고문

폴 스탠디시(Paul Standish) 영국 던디 대학교 교수. 『교육철학(*Journal of Philosophy of Education*)』 편집자

상기 편집자들은 최근 『재성찰: 포스트모더니즘 이후의 교육(*Thinking Again: Education After Postmodernism*)』(1998), 『니힐리즘 시대의 교육(*Education in an Age of Nihilism*)』(2000)을 공동 집필함.

원저자 소개 • • •

※ **하난 알렉산더**(Hanan Alexander) 이스라엘 하이파 대학교의 유대교 교육센터 및 윤리학과 교육 프로젝트 인도. 『종교교육: 영성, 성장, 변화의 신앙(*Religious Education: An Interfaith Journal of Spirituality, Growth, and Transformation*)』의 편집장. 유대교 대학교 학술부 부의장. UCLA 교육학과 강사. 『선의 재고찰: 교육과 영적 탐구(*Reclaiming Goodness: Education and the Spiritual Quest*)』(2001)의 저자

※ **샤론 베일린**(Sharon Bailin) 캐나다 사이먼 프레이저 대학교 교육학과 교수. 주요 연구 영역은 비판적 사고 및 창의성에 대한 철학적 고찰. 최근 연구로는 『특별한 결과의 성취: 창의성에 대한 에세이(*Achieving Extraordinary Ends: An Essay on Creativity*)』(1992)와 비판적 사고, 과학교육, 인식론, 이해, 비판적 사고에 대한 오해, 비판적 사고의 개념에 관한 다수의 논문이 있음.

※ **로널드 바넷**(Ronald Barnett) 영국 런던 대학교 교육학부 전문개발부서 의장, 고등교육 교수. 고등교육 및 대학 이론의 세계적인 권위자. 그의 저서 『고등교육의 관념과 경쟁력의 한계(*The Idea of Higher Education and The Limits of Competence*)』는 영국에서 우수 학술도서로 표창됨. 최근 저서로는 『초복잡성의 시대에 선 대학(*Realizing the University in an Age of Supercomplexity*)』이 있음. 런던 대학교에서 교육 부문 최고 학자로 표창받음.

※ **데이비드 블래커**(David Blacker) 미국 델라웨어 대학교 교육대학원 조교수. 『가르침의 소명: 교육자의 영원을 향한 열정(*Dying To Teach: The Educator's Search For Immortality*)』(1997)의 저자. 『미국 교육연구(*American Journal of Education*)』, 『교육이론(*Educational Theory*)』, 『교육철학(*Journal of Philosophy of Education*)』 등의 학술지에 교육철학 분야의 논문 발표. 현재 정의와 민주적 교육의 이론에 대한 저서 집필 중

※ **마이클 보닛**(Michael Bonnet) 영국 케임브리지 대학교 교육철학 교수. 『아동의 사고(*Children's Thinking*)』(1994)의 저자. 환경교육의 철학에 관한 책 집필 중

※ **데이비드 브리지스**(David Bridges) 영국 이스트앵글리아 대학교 교육응용연구센터 객원교수. 영국동부대학협회 총무. 저서로 『교육과 시장(*Education and the Market*

Place)』(1994) 등이 있음.

※ 이몬 캘런(Eamonn Callan)　미국 스탠퍼드 대학교 교육대학원 부원장, 교육학과 교수. 『시민의 양성(*Creating Citizens)*』(1997)의 저자

※ 스테판 퀴퍼스(Stefaan Cuypers)　벨기에 루벤의 가톨릭대학교 철학과 조교수. 철학과 교사훈련의 책임자. 『철학적 탐색: 정신과 행동의 철학 국제연구(*Philosophical Explorations: An International Journal for the Philosophy of Mind and Action)*』의 편집자. 최근 저서로는 『자아정체성 및 인격적 자율: 분석적 인류학(*Self-Identity and Personal Autonomy: An Analytic Anthropology)*』(2001) 등이 있음.

※ 존 달링(John Darling)　영국 애버딘 대학교 교육연구소 공동 소장. 최근 사망. 연구 관심 영역은 진보적 교육의 철학 및 역사임. 『아동중심교육 및 그 비판(*Child-Centered Education and its Critics)*』(1994)의 저자

※ 앤드류 데이비스(Andrew Davis)　영국 더햄 대학교 교육학과 교수. 고등교육을 전공하기 전 다년간 4~11세 아이들을 가르침. 분석철학을 적용하여 현실의 교육문제에 접근하는 데 관심이 많음. 『교육 측정의 한계(*The Limits of Educational Assesment)*』(1998)의 저자, 『초등 교사를 위한 수학적 지식(*Mathematical Knowledge for Primary Teachers)*』(1998)의 공저자. 현재 외부적인 기구가 교수방법을 일관적으로 부여할 수 있는 정도에 관한 연구 중

※ 프래딥 딜런(Pradeep A. Dhillon)　미국 일리노이 대학교 교육철학 조교수. 『다중적 정체성: 다문화적 의사소통의 현상학(*Multiple Identities: A Phenomenology of Multicultural Communication)*』(1994)의 저자, 『리오타르: 정당한 교육(*Lyotard: Just Education)*』(2001)의 공저자. 심미학, 언어학, 교육철학에 관한 논문들을 발표했고 현재 칸트와 국제교육에 관한 책을 집필 중

※ 조셉 던(Joseph Dunne)　아일랜드 더블린의 성패트릭 대학교 교육철학 교수. 『단순한 기초로의 회귀: 현대철학 및 아리스토텔레스의 '프로네시스'와 '테크네'(*Back to the Rough Ground: 'Phronesis' and 'Techne')*』(1993)의 저자

※ 페니 엔슬린(Penny Enslin)　남아프리카 요하네스버그의 비트바테르스란트 대학교 교육학과 교수. 주요 관심 영역은 자유민주주의와 관련된 민주주의와 시민교육. 남아프리카 시민교육, 국가 형성 및 시민성, 정치적 자유주의, 성과 시민성 등에 관한 논문 발표

※ 짐 게리슨(Jim Garrison) 미국 버지니아 공과대학교 교육철학 교수. 최근 저서로 『듀이에 관한 새로운 학문(*The New Scholarship on Dewey*)』(1995), 『듀이와 에로스(*Dewey and Eros*)』(1997) 등이 있음. 전 교육철학회 회장 역임

※ 맥신 그린(Maxine Greene) 미국 컬럼비아 대학교 교원대학 교육철학 교수. 이 대학의 예술, 사회적 사유, 교육을 위한 센터를 창립함. 전 미국교육연구협회 회장, 전 교육철학회 회장. 저서로 『상상의 전개: 교육, 예술, 사회 변화에 대한 연구(*Releasing the Imagination: Essays on Education, the Arts*)』 등이 있음.

※ 모웨나 그리피스(Morwenna Griffiths) 영국 노팅엄 트렌트 대학교 교육연구소 교수. 교육에서의 사회정의, 성, 연대성에 관한 연구 과제 수행 중. 『사회정의를 향한 교육연구: 장벽을 넘어(*Educational Research for Social Justice: Getting off the Fence*)』(1998), 『페미니즘과 자아: 정체성의 그물망(*Feminisms and the Self: The Web of Identity*)』(1995) 등의 저자

※ 폴 헤이거(Paul Hager) 호주 시드니 공과대학교 교육학과 교수. 관심 영역은 버트런드 러셀의 철학, 교육철학, 현장학습 등. 그의 저서 『러셀 철학의 발달에서의 연속성과 변화(*Continuity and Change in the Development of Russel's Philosophy*)』(1994)는 1996년 러셀 학회의 수상작임. 최근에 『삶, 일 그리고 배움: 포스트모더니티의 실제(*Life, Work, and Learning: Practice in Postmodernity*)』(2001)를 데이비드 베켓(D. Beckett)과 공동 집필함.

※ 마크 할스테드(J. Mark Halstead) 도덕교육학회 심사자. 영국 플리머스 대학교 RIMSCUE 센터장. 『교육, 정의, 문화적 다양성(*Education, Justice and Cultural Diversity*)』(1998)의 저자

※ 파드레이그 호건(Pádraig Hogan) 메이누스의 아일랜드 국립대학교 교육학과 교수. 『경험의 관리와 구애: 철학적 관점에서 본 서양 교육(*The Custody and Courtship of Experience—Western Education in Philosophical Perspective*)』(1995)의 저자. 전 아일랜드교육연구협회 회장. 학술지 『교육철학』의 편집자

※ 테리 하일랜드(Terry Hyland) 교사로서 다년간 학교 및 고등교육에 종사함. 볼튼 대학교 성인교육과정 교수. 저서로 『직업연구, 평생학습, 사회적 가치(*Vocational Studies, Lifelong Learning and Social Values*)』(1999) 등이 있음.

※ 루스 조나단(Ruth Jonathan) 영국 에든버러 대학교 교육 및 사회정책 교수. 주요 연

구 영역은 자유주의, 교육, 사회 정의 및 평등 문제. 『환상적인 자유: 자유주의, 교육, 시장(*Illusory Freedoms: Liberalism, Education, and the Market*)』(1997)의 저자. 전 영국교육철학회 회장

※ 테렌스 맥러플린(Terence H. McLaughlin)　영국 케임브리지 대학교 교육학 교수. 에드먼드 대학 철학연구 고문. 『현대 가톨릭 학교. 맥락, 정체성, 다원성(*The Contemporary Catholic School. Context, Identity and Diversity*)』(1996)의 저자

※ 제인 매키(Jane McKie)　영국 워윅 대학교 평생교육 강사. 평등한 기회, 연구 기술, 성인학습 및 교수이론 등을 강의하며 개방학습 프로그램에 관여함. 관심 영역은 심리학, 사회인류학, 종교 및 철학의 학제적 연구 등

※ 잰 매스첼라인(Jan Masschelein)　벨기에 루벤의 가톨릭대학교 교육과학부 교육철학 교수. 주요 연구 영역은 교육이론, 비판이론, 비판적 교육학, 대화의 철학 등

※ 앨 나이먼(Al Neiman)　미국 노트르담 대학교 철학박사. 박사논문은 성 어거스틴의 철학에 담긴 회의주의에 관한 내용임. 1982~1998년 노트르담 대학교 문예대학 부학장. 1998년 이래 노트르담 대학교 철학과 교수 역임

※ 넬 나딩스(Nel Noddings)　미국 스탠퍼드 대학교 교수. 최근 저서로 『가정에서 시작하기: 배려와 사회정책(*Starting at Home: Caring and Social Policy*)』(2001), 『인격 교육을 위한 정감적인 대안(*A Sympathetic Alternative to Character Education*)』(2001) 등이 있음

※ 스벤 에릭 노덴보(Sven Erik Nordenbo)　덴마크 코펜하겐 대학교 교육학과 교수. 『주체의 변증법. 철학 교수에 관한 교육적 담론(*Subject Didactics. An Educational Discussion of Teaching Philosophy*)』(덴마크어판)(1997)의 저자

※ 셜리 펜들베리(Shirley Pendlebury)　남아프리카 요하네스버그 비트바테르스란트 대학교 교육학과 교수, 교육대학원장. 주요 연구 영역은 교수에서의 실천적 지혜, 민주주의적 이론과 교육, 교육정책 및 정의에 관한 문제 등

※ 마이클 피터스(Michael Peters)　영국 글래스고 대학교 및 뉴질랜드 오클랜드 대학교 교육학 교수. 주요 연구 영역은 교육 이론 및 정책, 현대철학 등. 『교육과 포스트모던 조건(*Education and Postmodern Condition*)』(1995), 『탈구조주의, 정치, 교육(*Poststructuralism, Politics and Education*)』(1996) 등 다수의 저서가 있음.

※ 하비 시겔(Harvey Siegel) 미국 마이애미 대학교 철학과 교수. 저서로 『이성의 교육: 합리성, 비판적 사고, 교육(*Educating Reason: Rationality, Critical Thinking and Education*)』(1988), 『구원받은 합리성? 교육적 이상에 대한 재성찰(*Rationality Redeemed? Further Reflections on an Educational Ideal*)』(1997) 등이 있음.

※ 마이클 슬로트(Michael Slote) 미국 메릴랜드 대학교 철학과 교수. 『도덕성으로부터 미덕으로(*From Morality to Virtue*)』(1992)의 저자

※ 케네스 웨인(Kenneth Wain) 몰타 대학교 교육학과 교수. 교육철학 및 도덕, 정치철학을 가르침. 저서로 『평생교육의 철학(*Philosophy of Lifelong Education*)』 (1987), 『교수이론(*Theories of Teaching*)』(1992) 등이 있음.

※ 존 화이트(John White) 영국 런던 대학교 교육학부 교육철학 교수. 주 관심 영역은 다양한 교육목표들과 학교 교육과정 적용의 상관관계 등. 최근 저서로 『교육과 좋은 삶: 국가 교육과정을 넘어(*Education and the Good Life: Beyond the National Curriculum*)』(1990), 『교육과 작업의 끝(*Education and the End of Work*)』(1997) 등이 있음.

※ 패트리샤 화이트(Patricia White) 영국 런던 대학교 교육학부 교육철학 연구원. 최근 연구로 『시민의 미덕과 공립 학교교육: 민주적 사회를 위한 시민 교육(*Civic Virtues and Public Schooling: Educating Citizens for a Democratic Society*)』(1996) 등이 있음. 연구 관심사는 교육정책 및 교육 실제의 문제와 관련된 윤리학과 정치철학 등

※ 케빈 윌리엄스(Kevin Williams) 아일랜드 더블린 시립대학교 메터 다이 연구소 교육학부 부장. 주요 연구 영역은 학교 교육과정 등. 『말의 홀로서기: 현대 아일랜드 영어 교수 및 사용(*Words Alone: The Teaching and Usage of English in Contemporary Ireland*)』(2000) 편집

※ 콜린 린지(Colin Wringe) 학교 교사, 영국 킬 대학교 교육학과 연구심사관. 『아동의 권리: 철학적 연구(*Children's Rights: A Philosophical Study*)』(1981), 『교육목표의 이해(*Understanding Educational Aims*)』(1988) 등 현장 교수 및 교육철학 분야에서 다수 저작. 최근 연구 관심사는 영적, 도덕적 교육, 시민성 교육 등. 영국교육철학회 총무

역자 소개 • • •

강선보

고려대학교 교육학과 졸업(문학사)

고려대학교 대학원 교육학과 졸업(교육학 석사 및 박사)

이스라엘 벤구리온 대학교 및 미국 위스콘신 대학교 연구교수

현 고려대학교 사범대학장 및 교육대학원장, 교육학과 교수

주요 저서 및 논문: 『마르틴 부버 만남의 교육철학』(원미사, 2003), 『교육철학』(박영사, 2003), 「부버의 성인교육론」(교육철학, 1996), 「실존적 아이디어의 교육방법적 원용에 관한 연구」(한국교육사학, 1999) 등

주요 연구 관심사: 부버, 실존주의, 포스트모더니즘 등

고미숙

충북대학교 교육학과 졸업(문학사)

한양대학교 대학원 교육학과 졸업(교육학 석사)

고려대학교 대학원 교육학과 졸업(교육학 박사)

University of Illinois at Urbana-Champaign Post-Doc. 연구원

고려대학교 Post-Doc. 연구원

현 고려대학교 교육문제연구소 연구교수

주요 저서 및 논문: 『대안적 도덕교육』(교육과학사, 2005), 『교육철학』(문음사, 2006), 「현상학과 몸 교육」(한국교육학연구, 2004), 「사이버공간과 몸 교육」(교육과정평가연구, 2006), 「여성의 모성경험 분석을 통한 배려교육의 재음미」(도덕윤리과교육, 2007) 등

주요 연구 관심사: 몸 교육, 도덕교육, 배려교육, 정서교육, 대화교육 등

권명옥

한남대학교 교육학과 졸업

고려대학교 대학원 교육학과 석사(교육철학 및 교육사 전공)

고려대학교 대학원 박사과정 수료

주요 연구 관심사: 평화교육, 코메니우스

▩ 김성봉

고려대학교 사범대학 교육학과 졸업

고려대학교 대학원 석사 및 교육학 박사

고려대학교 교육문제연구소 연구조교수

현 동양대학교 교육대학원 교수

주요 저서 및 논문: 『인간주의 교육의 실천 방향』(한국학술정보, 2006), 「교육소외 계층의 교육실태와 정책과제」(한국교육개발원, 2004), 「인간주의의 가치와 학교교육의 방향」(교육의 이론과 실천, 2006) 등

주요 연구 관심사: 전인교육, 사랑의 교육, 인간 및 자연 존중교육, 지도자의 윤리, 행복 등

▩ 김희선

고려대학교 교육학과 졸업

고려대학교 대학원 석사 및 박사(교육철학 및 교육사 전공)

현 보건복지가족부 사무관

주요 논문: 「성인 학습에 대한 비판적 관점과 포스트모던적 관점의 고찰」(한국교육학 연구, 2004) 등

주요 연구 관심사: 직업교육, 성인학습, 프레이리 등

▩ 심승환

고려대학교 교육학과 졸업

고려대학교 대학원 석사(교육철학 및 교육사 전공)

미국 Loyola University of Chicago 철학박사(교육철학 전공)

고려대학교 BK21 교육학 사업단 연구교수

현 부산외국어대학교 교양연계학부 교수

주요 저서 및 논문: 『가르침과 배움의 철학』(교육과학사, 2007), 『Two Model Teachers: Jesus and Confucius』(Xlibris Corp., 2006), 「비판적 사고를 통한 배움의 의미」(교육철학, 2008), 「A Philosophical Investigation of the Role of Teachers」(Teaching and Teacher Education, 2008) 등

주요 연구 관심사: 공자, 예수, 가르침, 배움, 동서 비교철학 등

◈ 정윤경

고려대학교 교육학과 졸업

고려대학교 대학원 석사 및 박사(교육철학 전공)

한국교육과정평가원에서 제7차 교육과정에 따른 도덕교과서 제작과정에 참여

고려대학교 교육문제연구소 조교수 역임

현 전주교육대학교 초등교육과 교수

주요 저서 및 논문: 『발도르프 교육학』(학지사, 2004), 「발도르프학교의 교사교육」(교육철학, 2002), 「교사교육과 영성」(교육철학, 2006), 「반성적 교사교육에서 '반성'의 의미」(교육의 이론과 실천, 2007), 「21세기 인성교육의 방향설정을 위한 이론적 기초 연구」(공동), 「반성적 교사교육에 대한 비판적 고찰」(교육철학, 2008) 등

주요 연구 관심사: 교사교육, 전인교육, 영성교육 등

◈ 정훈

한양대학교 교육공학과 졸업

고려대학교 대학원 석사 및 박사(교육철학 및 교육사학 전공)

현 고려대학교 강사

주요 저서 및 논문: 『자발성과 협력의 프레네 교육학』(내일을 여는 책, 2009). 「노작교육의 내재적 정당화에 관한 탐색」(교육문제연구, 2009), 「교육 시장화 정책의 전제에 대한 비판적 검토」(교육철학, 2008), 「교육적 놀이의 범주화를 위한 시도: 프레네 '놀이-일' 개념으로」(교육과학연구, 2008) 등

주요 연구 관심사: 프레네 교육학, 일과 놀이의 교육적 의미, 사회철학의 주제와 교육의 연관성 등

◈ 조우진

고려대학교 영어교육과 졸업

고려대학교 대학원 석사(교육학 전공)

고려대학교 대학원 박사과정 수료(교육철학 전공)

현 유네스코한국위원회 교육팀 근무

주요 저서 및 논문: 『새로운 학교 큰 교육이야기』(내일을 여는 책, 1995), 「공생을 위한 생태윤리교육의 필요성과 방향」(고려대학교 대학원 교육학과 석사학위논문, 1998)

주요 연구 관심사: 국제교육협력, 국제이해교육, 세계시민교육, 지속가능발전교육 등

현대 교육철학의 다양한 흐름 I
The Blackwell Guide to the Philosophy of Education

2009년 5월 29일 1판 1쇄 인쇄
2009년 6월 10일 1판 1쇄 발행

편집자 • Nigel Blake · Paul Smeyers · Richard Smith · Paul Standish
옮긴이 • 강선보 · 고미숙 · 권명옥 · 김성봉 · 김희선
심승환 · 정윤경 · 정훈 · 조우진
펴낸이 • 김진환
펴낸곳 • (주) 학지사
121-837 서울시 마포구 서교동 352-29 마인드월드빌딩 5층
대표전화 • 02-330-5114 팩스 • 02-324-2345
등록 • 제313-2006-000265호
홈페이지 • www.hakjisa.co.kr

ISBN 978-89-6330-135-8 93370

가격 15,000원

역자와의 협약으로 인지는 생략합니다.
파본은 구입처에서 교환하여 드립니다.